# EL SALVADOR

## RESUMEN HISTORICO ILUSTRADO, VOLUMEN II

## (1948- 2021)

Carlos R. Colindres, BSc., MLIS.

EL SALVADOR, RESUMEN HISTORICO ILUSTRADO 1948- 2021
(Volumen II)
Editorial Segunda Fundación, Edición actualizada y aumentada.
San Salvador, El Salvador, América Central, 2021

Copyright © 2003- 2021 Carlos R. Colindres

All rights reserved. Todos los derechos reservados.

Tal como establece la Ley, queda prohibida la reproducción total o parcial de esta obra, sin previa autorización escrita del autor.

Diseño de portada, mapas e imágenes originales: Carlos R. Colindres

Editorial Segunda Fundación
editorialsf@gmail.com
El Salvador, Centro América, 2021

ISBN-13: 9798749573787

# DEDICATORIA

A Don Rafael y Doña Miriam

# TABLA DE CONTENIDO

Introducción     viii

**CAPITULO IV – De la Republica Cafetalera al Estado Neoliberal (Volumen II)**

**1 La Era del PRUD (1948- 1961)**

4.10 EL GOLPE DE ESTADO DE 1948 y EL MAYOR OSCAR OSORIO     1

4.11 EL GOBIERNO DE JOSE MARIA LEMUS     28

4.12 LA CAIDA DE LEMUS Y EL SURGIMIENTO DEL PCN     39

**2 Los Tiempos de Conciliación Nacional (1962- 1979)**

4.13 LOS TIEMPOS DEL CORONEL JULIO RIVERA     51

4.14 EL PERIODO PRESIDENCIAL DE FIDEL SANCHEZ H.     67

4.15 EL GOBIERNO DEL CORONEL ARMANDO MOLINA     91

4.16 EL GOBIERNO DEL GENERAL CARLOS H. ROMERO     118

**3 La Guerra Civil (1980- 1989)**

4.17 GOLPE DE 1979: PRELUDIO A LA GUERRA     138

4.18 LA GUERRA CIVIL: PRIMEROS AÑOS (1980- 1984)     164

4.19 LA GUERRA CIVIL: NAPOLEON DUARTE (1984- 1989)     196

**4 La Oligarquía Regresa al Poder (1989- 2009)**

4.20 ALFREDO CRISTIANI y EL PRIMER GOBIERNO DE ARENA (1989- 1994)     224

4.21 EL PERIODO DE ARMANDO CALDERON SOL (1994- 1999)     264

4.22 EL PERIODO DE FRANCISCO FLORES PEREZ (1999- 2004)     303

**CAPITULO V- El Salvador a Inicios del Siglo XXI**

5.1 ANTONIO ELIAS SACA y EL ULTIMO GOBIERNO DE ARENA (2004- 2009)     363

**5 La Izquierda Triunfa en las Urnas (2009- 2019)**

5.2 MAURICIO FUNES Y EL PRIMER GOBIERNO DEL FMLN (2009- 2014)     380

5.3 SEGUNDO GOBIERNO DEL FMLN: SALVADOR SANCHEZ CEREN (2014- 2019)     411

**6 El Surgimiento de un Caudillo (2019- presente)**

5.4 NAYIB BUKELE y SUS NUEVAS IDEAS (2019- 2024?)     457

**Bibliografía**     490

**Acerca del Autor**     507

*"Carlos R. Colindres has made a valuable contribution to understanding the complex history of El Salvador with his Resumen Histórico Ilustrado, 1501- 2001. In it he provides a convenient overview of the course of Salvadoran political history, and offers especially detailed coverage of the twentieth century."*

**Ralph Lee Woodward Jr., Ph.D.**
**Emeritus Professor of History, Tulane University**

*"Mientras la nación no pueda alimentar hasta el último de sus ciudadanos e impedir la fuga del campesinado a los Estados Unidos, mientras el pueblo salvadoreño padezca de necesidades y carezca de salud y educación suficientes, El Salvador será una caricatura de democracia. Eso es lo que somos en el año 2003, al principio del siglo XXI"*

**Ing. Rafael Colindres Selva,**
en su libro *"La Oligarquía en El Salvador: Ayer, Hoy y Siempre"*

# INTRODUCCION

**"El Salvador, Resumen Histórico Ilustrado"** (edición actualizada 2021) reúne los hechos más destacados en la vida política, económica, y social de la nación salvadoreña, desde el momento del Descubrimiento de Centroamérica a inicios del Siglo XVI, hasta llegar a los primeros años del siglo XXI.

La obra está estructurada en 2 volúmenes:

**Volumen I (1501- 1948)**

1) Descubrimiento y Conquista,
2) La Época Colonial,
3) De la Independencia a la República Cafetalera,
4) De la República Cafetalera al Estado Neoliberal (primera parte)

**Volumen II (1948- Presente)**

4) De la República Cafetalera al Estado Neoliberal (segunda parte), y
5) La República Salvadoreña a Inicios del Siglo XXI.

ESTE ES EL VOLUMEN II.

Desde que comenzamos a escribir este libro, allá por 1999, la obra fue concebida inicialmente para ser publicada en formato digital (en CD-ROM, la tecnología de punta de aquella época). Una primera versión fue presentada durante el "I Encuentro de Historia" de la Universidad de El Salvador, en 2003. En todo momento, especialmente en lo relacionado al siglo XX, tuve el apoyo de mi padre, Ing. Rafael Colindres Selva, a quien le tocó vivir —y a veces, sufrir — muchos de los hechos aquí relatados acerca del Siglo XX salvadoreño. Hacia 2009, la tecnología había evolucionado. Amazon ofrecía la posibilidad de que autores independientes (como yo) pudieran publicar sus obras en un formato propio de libro digital (ebook) desarrollado por la empresa. Para muchos que teníamos la inquietud de escribir y veíamos limitadas las posibilidades de hacerlo en nuestro propio país, por falta de recursos institucionales (recuerdo que esta obra fue propuesta a la editorial estatal. Les entregamos las 4 copias de rigor exigidas y luego de meses sin escuchar de ellos, al preguntarles por teléfono, nos dijeron simplemente que no había sido aceptada para publicación) y también debido al eterno desinterés de las autoridades locales por apoyar a nuevos escritores, esta era una oportunidad de oro. Ahora existía la posibilidad, vía Amazon.com, de que nuestros libros pudieran ser leído en unos nuevos aparatos conocidos como *kindles*.

La obra **"El Salvador, Resumen Histórico Ilustrado 1501 – 2021"** presenta, en orden cronológico, los principales sucesos acontecidos durante las primeras 5 centurias de existencia de El Salvador, incluyendo eventos políticos, guerras y conflictos, triunfos deportivos, logros académicos, sucesos religiosos, terremotos, inundaciones y otras calamidades.

Así que aquí están los primeros 500 años de esta pequeña nación bautizada con el nombre del Salvador del Mundo…

**Carlos R. Colindres,** BSc., MLIS.

# LA ERA DEL PRUD (1948- 1961)

## 4.10 EL GOLPE DE ESTADO DE 1948 y EL GOBIERNO DE OSCAR OSORIO

### 1948

**Otro Coup d'Etat en la Pequeña República Cafetera**

Pasado el mediodía del 14 de diciembre de 1948, ocurre un golpe militar que derroca al Gral. Salvador Castaneda Castro, tras el anuncio el día anterior de la Asamblea Nacional de prorrogar por dos años más el mandato del presidente. Los principales oficiales golpistas incluyen a los Teniente Coroneles Manuel de Jesús Córdova, Luis Felipe Escobar y Fidel Quintanilla; a los Mayores Oscar Bolaños, José María Lemus, Adolfo Rubio Melhado, y Miguel Angel Castillo. El Gral. Castaneda Castro y su ministro de defensa son arrestados y conducidos a la Penitenciaría Central.

En el Casino de Oficiales del Primer Regimiento de Artillería (Cuartel El Zapote), los jefes y oficiales del Ejército reunidos en Asamblea General eligen un Consejo de Gobierno Revolucionario, que estará compuesto por tres militares y dos civiles. Durante la votación, se seleccionan a un triunvirato militar compuesto por Teniente Coronel Manuel de Jesús Córdova, Mayor Oscar A. Bolaños, Mayor Oscar Osorio. Como miembros civiles, son elegidos el Dr. Reinaldo Galindo Pohl y el Dr. Humberto Acosta. El Consejo de Gobierno Revolucionario se establece en el Acuerdo No.1, el 16 de diciembre de 1948. Pocos días después, el 25 de diciembre, el

Consejo proclama los principios y objetivos del nuevo régimen cívico-militar. Grandes sectores de la población dan el apoyo al nuevo gobierno, especialmente el sector estudiantil que ve con satisfacción el nombramiento del Dr. Galindo Pohl, uno de los principales líderes universitarios de las Jornadas cívicas de 1944 que derribaron la dictadura Martinista.

## La Facción de Osorio Elimina la Competencia
Poco a poco, surge la figura del Mayor Oscar Osorio como principal cabeza del Consejo Revolucionario. Osorio y sus seguidores se deshacen rápidamente de posibles rivales en las fuerzas armadas. El 5 de enero de 1949, se acepta la renuncia del Teniente Coronel Córdova (quien es trasladado como Agregado militar, primero a Argentina y luego a Washington), quedando el gobierno formado por dos civiles y dos militares. Con la salida del Mayor Humberto Pineda Villalta, que había sido nombrado el 23 de diciembre pasado jefe de la Fuerza Armada, y que a principios del año siguiente es enviado como Agregado Militar a la Embajada salvadoreña en México (donde fallece poco después en un accidente automovilístico), el Mayor Osorio se consolida en el mando.

## Consejo de Gobierno lanza sus medidas "revolucionarias"
El nuevo Gobierno impulsa una serie de medidas socio- económicas que son aplaudidas por la mayoría del pueblo: El 21 de diciembre de 1948, se congelan los bienes muebles o inmuebles de personas que habían sido señaladas como responsables de haber cometido actos contra la Hacienda Pública (decreto No.7); El 11 de febrero de 1949 se dicta la *Ley de Tribunal de Probidad* (decreto No.69); el 30 de septiembre de 1949, se emite la *Ley de Creación del Seguro Social* (decreto No. 329); el 21 de octubre se crea el Departamento de Alfabetización (decreto No. 365); el 7 de diciembre de 1949, se establece la Cooperativa de Consumo del Ejército Nacional (decreto No. 419). Además, el Gobierno permite que los obreros industriales puedan sindicalizarse.

# 1949
## La Polémica Ley de Contratación Individual
El 1o. de junio de 1949, se promulga la *Ley de Contratación Individual de Trabajo en Empresas y Establecimientos Comerciales e Industriales*, que sería duramente cuestionada por los trabajadores, ya que la consideraban demasiado favorable para el sector empresarial en detrimento de la clase

obrera, a la que no se les permitía organizarse en sindicatos ni negociar contrataciones colectivas. Las muchas manifestaciones de protestas harían que el Consejo de Gobierno recurriera a encarcelar o expulsar a los principales dirigentes. Finalmente, las presiones harían que el Gobierno permitiera que los obreros industriales pudieran sindicalizarse.

### Se Descubre Complot contra el Gobierno

En junio de 1949, se produce un intento de Golpe de Estado por parte de fuerzas de extrema derecha que pretenden llevar de nuevo al poder al coronel Osmín Aguirre y Salinas.

### Nace el Partido Oficialista PRUD

El 22 de octubre de 1949, el Dr. Galindo Pohl y el Mayor Osorio presentan sus renuncias como Miembros del Consejo Revolucionario. Casi dos meses después, el 1° de diciembre de 1949 se aprueban los estatutos del nuevo Partido Revolucionario de Unificación Democrática PRUD, al cual se inscriben el Mayor Osorio y el Dr. Galindo Pohl, para prepararse para las nuevas elecciones presidenciales y de la nueva Asamblea Constituyente. Para su organización, los dirigentes del PRUD cuentan con asesoría de miembros del Partido Revolucionario Institucional PRI, de México.

Mayor Oscar Osorio

# 1950

### Convocatoria a Elecciones Presidenciales

El 25 de enero de 1950, el Consejo de Gobierno Revolucionario lanza una convocatoria para que la población salvadoreña elija al nuevo presidente de la República y a los nuevos diputados para la Legislatura, estableciendo la fecha de los comicios para los días 26, 27, y 28 de marzo.

## Las Elecciones Presidenciales de 1950.

Para las elecciones de marzo de 1950, el Mayor Oscar Osorio, candidato del PRUD, derrota al coronel José Ascencio Menéndez, del Partido Acción Renovadora PAR. Los comicios ocurren ante denuncias de fraude electoral.

| RESULTADOS -ELECCIONES PRESIDENCIALES de 1950 | | | | | |
|---|---|---|---|---|---|
| Partido | Votos recibidos para Presidente | % | Departamentos Ganados | Total de Diputados | % |
| PRUD | 345,139 | 53.3 | 10 | 38 | 73.1 |
| PAR | 266,271 | 41.1 | 4 | 14 | 26.9 |
| Nulos | 36,256 | 5.6 | - | - | - |
| Totales | 657,666 | 100.0 | 14 | 52 | 100.0 |

Fuente: Diario Oficial, tomo 148, número 94, mayo 4, 1950.

## Instalación de la Nueva Asamblea Constituyente

Para el 4 de mayo de 1950, son convocados los diputados electos a reunirse en el Salón Azul del Palacio Nacional Constituyente. Al día siguiente, se elige la Junta Directiva de la nueva Asamblea, la cual queda integrada de la siguiente forma:

- Dr. Reynaldo Galindo Pohl, Presidente;
- Sr. José María Peralta Salazar, Primer Vice-Presidente;
- Dr. Roberto Masferrer, Vice-Presidente;
- Dr. Rafael Cordero Rosales, 1er. Secretario;
- Mayor Roberto Rubio Melhado, 1er. Secretario;
- Dr. Raúl Anaya, 1er. Secretario;
- Dr. Ramón Fermín Rendón, 2do. Secretario;
- Teniente Coronel José Alberto Funes, 2do. Secretario;

La instalación de la Asamblea y la toma de posesión de la Junta Directiva queda programada para el 8 de mayo de 1950, día en que asisten a la sesión inaugural los dos únicos miembros restantes del Consejo Revolucionario de Gobierno, el Mayor Bolaños y el Dr. Costa, el Mayor Osorio (ahora presidente- electo), los ministros de Estado, y miembros del cuerpo diplomático, entre otros invitados especiales.

## Nuevas Leyes en Favor de la Clase Trabajadora

Las presiones de los trabajadores para lograr que se reconozcan organizaciones obreras tienen finalmente éxito. En agosto de 1950, el Gobierno decreta dos nuevas leyes, la Ley de Contratación Colectiva y la Ley de Sindicatos de Trabajadores. Esta última, sin embargo, pretendía controlar la constitución, funcionamiento y las finanzas de las nuevas organizaciones.

## Promulgan la Constitución Política de 1950

En septiembre de 1950, es emitida una nueva Carta Magna, que había tenido como base distintos anteproyectos, principalmente el de la Constitución Política elaborada por encargo del Consejo Revolucionario de Gobierno a los doctores Mauricio Guzmán, David Rosales, Fernando Basilio Castellanos y Héctor E. Jiménez. La moderna y visionaria Constitución Política de 1950, está inspirada en la venerable Carta Magna de 1886, promulgada en los tiempos del General Francisco Menéndez.

## Creación del Banco de Comercio

En 1950, se funda el Banco de Comercio de El Salvador, por un grupo de poderosas familias cafetaleras, que incluyen a Don Rafael Meza Ayau h., Don Miguel Dueñas Palomo y a las familias Hill, Regalado y García Prieto.

## UES Inaugura Instituto Tropical de Investigaciones

*"Estamos aquí, en el corazón de este grandioso paisaje de la geografía patria, dando vida a lo que será la Ciudad Universitaria, obra de amor y de esfuerzo, de conciencia cívica y de mentalidad académica, que dirá a las generaciones del porvenir cuánto valen para la cultura nacional el pensamiento creador y la acción tesonera.*

*El Instituto Tropical de Investigaciones Científicas es columna maciza de un ideal de más vastas proyecciones: gira en torno a la idea central de dotar a la Universidad de El Salvador de elementos básicos para hacer efectiva la investigación científica, especialmente en relación con los problemas de la vida nacional...*

*... Este día 13 de septiembre de 1950 será memorable para la Universidad y la ciencia salvadoreñas, porque nuestra Casa de Estudios deja hoy de ser exclusivamente*

*profesionalista y encamina sus pasos hacia los secretos promisorios de la investigación científica más noble".*

— **Dr. Carlos A. Llerena**, *Rector de la UES*

El 13 de septiembre de 1950, el Dr. Carlos Alfredo Llerena, Rector de la Universidad Autónoma de El Salvador, inaugura el nuevo Instituto Tropical de Investigaciones Científicas en los terrenos de lo que será la futura Ciudad Universitaria al final de la 25 Avenida Norte. Al acto asisten el Mayor Oscar Osorio, Presidente Electo de la República y los miembros del Consejo de Gobierno Revolucionario.

El nuevo Centro de investigaciones tendrá como Director Técnico al Dr. Adolfo Meyer- Abich, Profesor de Filosofía e Historia de las Ciencias Naturales de la Universidad de Hamburgo, Alemania, y contará inicialmente con los departamentos de Biología, Química y Geología. Posteriormente se planea establecer los Observatorios de Astronomía, Meteorología y Sismología, así como un laboratorio de Patología tropical. El nuevo Instituto alcanzaría un gran prestigio en los próximos años gracias a la participación de profesores y científicos extranjeros provenientes de numerosas instituciones académicas, entre ellas:  la Universidad de Hamburgo, la Universidad de Wisconsin, la Universidad de Yale, el Museo de Ciencias Naturales de Chicago, además contaría con el respaldo de la Legación de Francia, y otros gobiernos.  La obra es construida con una asignación inicial del Gobierno de ¢300, 000 colones, con la supervisión del Ministerio de Fomento y Obras Públicas, y realizada por los ingenieros salvadoreños Glower, Baratta, y Cristóbal Colindres Arias (abuelo del autor de este libro).

Durante su discurso, el Rector de la UES anuncia su decisión de abandonar el cargo, tras haber servido en el mismo durante casi 6 años. El Dr. Llerena, que había impulsado la modernización de la Universidad desde el inicio de su gestión, creando la Facultad de Economía en 1946 (con apoyo financiero de donantes y de la Corporación de Contadores del país), creando la Facultad de Humanidades (en 1948), estableciendo el Departamento de Educación (en 1949), e inaugurando los laboratorios de Fisiología y de Cirugía experimental en la Escuela de Medicina (julio de 1950), denuncia ser víctima de una virulenta campaña política en su contra, donde   incluso ha recibido amenazas a muerte.

## La Toma Presidencial de 1950

El Mayor Oscar Osorio asume la Presidencia el 14 de septiembre de 1950, tras resultar vencedor en los comicios de marzo pasado, en los que hubo denuncias de fraude electoral. El nuevo mandatario elige a algunos de los más distinguidos profesionales de la República para que se incorporen a su Gabinete de Gobierno.

## Gabinete de Gobierno del Coronel Oscar Osorio

Mayor Oscar A. Bolaños, Ministro de Defensa,

Teniente Coronel José María Lemus, Ministro del Interior,

Dr. Reynaldo Galindo Pohl, Ministro de Cultura,

Sr. Roberto Edmundo Canessa, Ministro de Relaciones Exteriores y Justicia,

Sr. Roberto Quiñónez, Ministro de Agricultura y Ganadería,

Dr. Manuel Héctor Salazar, Ministro de Trabajo y Previsión Social,

Ing. A. García Prieto, Ministro de Fomento y Obras Públicas,

Dr. Enrique A. Porras, Ministro de Hacienda,

Dr. J. Sol Castellanos, Ministro de Economía,

Dr. Eduardo Barrientos, Ministro de Salud y Asistencia Social.

## El Estado impulsa Diversos Proyectos Populares

El presidente Osorio, que había sido ascendido en agosto de 1950 al grado de Teniente Coronel, inicia grandes proyectos de aparente beneficio popular. Teniendo al Dr. Jorge Sol Castellanos, como Ministro de Economía y al Dr. Galindo Pohl, como Ministro de Cultura [1], y un Gabinete de gente joven, el nuevo gobierno da un gran impulso a la modernización del país.

Se construye la presa hidroeléctrica "5 de Noviembre", para impulsar la electrificación nacional (1954); se crea el Instituto de Vivienda Urbana IVU (1950), con el objetivo de resolver el enorme déficit habitacional existente en el país; se establece el Instituto Regulador de Cereales, posteriormente renombrado como Instituto Regulador de Abastecimientos IRA, con el objetivo de controlar el mercado de los granos básicos; se crea el Instituto de Educación Cooperativa; se funda el Instituto Salvadoreño de Seguridad Social ISSS (1953), con el objeto de dar cobertura médica a la fuerza laboral urbana del país que no podía cubrir los cobros privados; se inicia la construcción del moderno Puerto de Acajutla, formándose en mayo de

1952 la Comisión Ejecutiva del Puerto de Acajutla CEPA; se funda el Instituto Salvadoreño de Fomento de la Producción INSAFOP (1955), que tenía la función de promover la industrialización nacional; Se crea el Instituto Técnico Industrial ITI (1955), quedando bajo la supervisión del Ministerio de Defensa; se amplía la red de carreteras hacia el interior del país, entre ellas la carretera del Litoral en la zona costera donde se cultiva el Algodón; igualmente, se estimula la producción azucarera; son promulgadas las leyes de Impuesto sobre la Renta (1951) y sobre Impuesto de la Vialidad (1953), que buscaban estimular la constitución de sociedades anónimas con fines productivos.

# 1951

**Jacobo Arbenz Asume la Presidencia de Guatemala**

**Aparece la Amenaza "Comunista" en la vecina Guatemala**
Con la llegada a la Presidencia de Guatemala del Coronel Jacobo Árbenz Guzmán en marzo 1951, sus planes de reforma agraria y otros cambios estructurales propuestos para impulsar el desarrollo industrial en esa República, los sectores oligárquicos y militares más recalcitrantes en El Salvador ven surgir una amenaza "comunista" a sus intereses. Jacobo Árbenz es casado con la salvadoreña María Cristina Vilanova, perteneciente a una de las más distinguidas familias salvadoreñas.
Árbenz había legalizado el Partido Guatemalteco del Trabajo PGT, nombre que el Partido Comunista de ese país había tomado y mantenía

> estrechas relaciones con líderes comunistas guatemaltecos. El líder guatemalteco enfrentaba también los intereses de la poderosa transnacional norteamericana United Fruit Company, dueña de grandes terrenos en el interior del país.

**La Catedral de San Salvador es Consumida por un Incendio**

El 8 de agosto de 1951 un incendio acaba con el edificio de la Catedral Metropolitana de San Salvador, que había sido inaugurado en 1888. El fuego se inicia en el Teatro Nacional, ubicado a un costado de la Catedral, donde el departamento de películas comienza a incendiarse. La antigua imagen del Salvador del Mundo, utilizada en las procesiones religiosas, apenas logra ser rescatada. La Asamblea Legislativa declara tres días de duelo nacional, tras el siniestro en la majestuosa Catedral.

Antigua Catedral de San Salvador (años 1940s), antes de ser consumida por un incendio en 1951.

**Creación de la ODECA**

Durante el período presidencial del Coronel Osorio, los gobiernos centroamericanos crean la Organización de Estados Centroamericanos ODECA. La reunión preliminar para la creación del organismo tiene como sede la capital salvadoreña, donde se efectúa la firma de la Carta de la Organización, entre el 8 – 14 de octubre de 1951. El proyecto había sido liderado por Don Francisco Núñez Arrué y el joven Ministro de Relaciones de El Salvador, Don Roberto Edmundo Canessa, con respaldo total del gobierno salvadoreño. El Ministro de Educación del gobierno guatemalteco, Don Manuel Galich había presentado poco tiempo antes otro proyecto de integración regional.

Escudo de la ODECA

El acto inaugural se realiza el 8 de octubre en el Salón Azul del Palacio Nacional, donde el Presidente Coronel Oscar Osorio pronuncia el Discurso de Apertura. Por aclamación, el Canciller Canessa es electo Presidente de la Reunión. Asisten en representación de sus gobiernos los Cancilleres de cada país: Lic. Mario Echandi (Costa Rica), Dr. Oscar Sevilla Sacasa (Nicaragua), Sr. Manuel Galich (Guatemala), Sr. Edgardo Valenzuela (Honduras).

Como resultados de las sesiones, los Ministros aprueban veinte resoluciones y recomendaciones de carácter económico, cultural, sanitario y de representación, recogidas en el Acta firma el 14 de octubre.

El artículo 1° del referido documento establece que *"Costa Rica, El Salvador, Guatemala, Honduras, y Nicaragua constituyen la Organización de Estados Centroamericanos (ODECA) con el objeto de fortalecer los vínculos que los unen; consultarse mutuamente para afianzar y mantener la convivencia fraterna en esta región del Continente; provenir y conjurar toda desavenencia y asegurar la solución pacífica de cualquier conflicto que pudiese surgir entre ellos; auxiliarse entre sí; buscar solución conjunta a sus problemas comunes y promover su desarrollo económico, social y cultural mediante la acción cooperativa y solidaria. "* [2]

Como símbolo de la nueva institución, se crea la Bandera de la Organización de Estados Centroamericanos, de color azul y llevando un circulo blanco en centro con el Escudo de la Federación Centroamericana decretado en 1823. Se recomienda a los gobiernos de la región izar la nueva bandera de ODECA junto con la Bandera Nacional de cada República.

Finalmente, los cancilleres centroamericanos rinden homenaje al Presbítero José Matías Delgado al colocar una ofrenda floral frente al monumento en su honor en San Salvador. El Convenio firmado por los Cancilleres, bautizado como la "Carta de San Salvador" es ratificado por todos los gobiernos de la región en diciembre de ese año. El Convenio que da origen a la ODECA entra en vigencia el 9 de enero de 1952, tras ser registrada en la Secretaría General de Naciones Unidas, invitándose a Panamá a incorporarse cuando lo considere conveniente. Se establece que la primera reunión ordinaria se celebre en Guatemala, en mayo de 1953. El Salvador plantea llevar entre sus principales puntos de agenda un proyecto de defensa regional contra lo que califica como la amenaza del "imperialismo comunista".

# 1952

## La Reforma Agraria en Guatemala Provoca Reacciones Encontradas

En julio de 1952, el Congreso de Guatemala decreta implementar una Reforma Agraria en ese país, donde gran parte de la tierra fértil estaba mayoritariamente en manos de la transnacional estadounidense United Fruit Company.  Arbenz inicia también una reforma educativa en la cual se han comenzado a formar maestros de escuela para que aprendan idiomas de los distintos pueblos indígenas en el territorio guatemalteco, para ayudar a combatir los niveles de analfabetismo, pobreza, y aislamiento que sufren los pueblos Mayas.  En El Salvador, las grandes familias terratenientes cafetaleras se ven amenazadas por lo que ocurre en Guatemala, mientras que grupos obreros y estudiantiles retoman el problema de la tenencia de la tierra y comienzan a organizar serias protestas y demandas sociales en El Salvador.

## Represión en El Salvador

Gradualmente, el Gobierno de Osorio comienza a montar una campaña de desprestigio contra los líderes izquierdistas salvadoreños, anunciando nuevamente la inminente "amenaza roja". En septiembre de 1952, el abogado y Mayor Armando Calderón Nuila y dos oficiales son capturados y luego liberados por el Gobierno, tras ser señalados como supuestos organizadores de un golpe militar. A finales del mes, la Policía Nacional y la Guardia Nacional  desatan una brutal persecución de dirigentes sindicales y universitarios que están bajo sospecha de pertenecer a las fuerzas comunistas que conspiran contra el Gobierno. A petición del Coronel José María Lemus, Ministro del Interior, la Asamblea Legislativa decreta la suspensión de garantías constitucionales por espacio de 30 días. Entre los capturados y expulsados del país se encuentran los sindicalistas Salvador Cayetano Carpio, Pedro Yan, y Tula Alvarenga, también están los universitarios Mario Salazar Valiente y Roberto Carías Delgado. El jefe las operaciones "anti- comunistas" es el Mayor José Alberto Medrano, que años después fundaría la tenebrosa organización paramilitar ORDEN. En noviembre de 1952, se "legaliza" la represión, al aprobar la Asamblea la Ley de Defensa del Orden Democrático y Constitucional, también conocida como la "Ley Anticomunista".

# 1953

### Ministro Canessa Promueve Reunión en San Salvador

En febrero de 1953, el Canciller salvadoreño Roberto E. Canessa visita a sus homólogos de la región promoviendo una reunión en San José, en abril o mayo próximo. Canessa todavía sostiene su propuesta de unificar a los países de la región contra el comunismo internacional, aclarando que en ningún momento está dirigida contra el Gobierno de Guatemala.

Monumento al Salvador del mundo en la capital salvadoreña (c1950).

### Guatemala Anuncia el Retiro de la ODECA

El 4 de abril de 1953, el Ministro de Relaciones de Guatemala, Sr. Raúl

Osegueda, denuncia que existen poderosas fuerzas que desean mantener desunidos a los países centroamericanos e impedir el triunfo de la revolución democrática guatemalteca del Presidente Arbenz. Osegueda denuncia una iniciativa del Gobierno salvadoreño, apoyada por Nicaragua, Honduras, Costa Rica, y Panamá, para formar un bloque político militar que "contrarreste la penetración comunista" en el Istmo. El Canciller presenta su protesta ante las Naciones Unidas y el Consejo de Seguridad, denunciando la "Carta de San Salvador" y declarando que Guatemala se retira de la ODECA.

## La Declaración de San José

El 16 de abril de 1953, en la capital de Costa Rica, los Cancilleres de Honduras, El Salvador, Costa Rica, y Nicaragua firman la llamada "Declaración de San José", manifiestan su voluntad de mantenerse unidos y solidarios dentro de la ODECA, e invitan a Guatemala a reconsiderar su salida de este organismo. Suscriben el documento, Oscar Sevilla Sacasa (Nicaragua), Roberto Canessa (El Salvador), Fernando Lara (Costa Rica), y J. Edgardo Valenzuela (Honduras).

## Reunión Extraordinaria en Nicaragua

Entre el 10 y 12 de julio de 1953, se celebra en Managua la Primera Reunión Extraordinaria de Cancilleres centroamericanos, sin la presencia de Guatemala, que afirma no haber recibido ninguna invitación. Panamá participa con un grupo de observadores. Los principales puntos a tratar son la creación de un frente regional anticomunista y reformas a la carta original de la ODECA. Al final de la Reunión, los cancilleres reafirman que el Gobierno guatemalteco puede reincorporarse a la ODECA cuando lo estime conveniente. Tras enviar un mensaje de simpatía a la región, se rinde un homenaje al poeta Rubén Darío.

## La Resolución de Managua

El 26 de agosto de 1953, se efectúa en Managua una Segunda Reunión Extraordinaria de Cancilleres, sin la presencia del representante de Guatemala. El Gobierno salvadoreño recibe el respaldo de las restantes naciones para conformar un bloque anticomunista. Como resultado de las sesiones en Nicaragua se produce el siguiente Acuerdo:

*"La Segunda Reunión Extraordinaria de Ministros de Relaciones Exteriores Centroamericanos,*

*Considerando:*

*Que los países miembros de la ODECA fundan sus instituciones en los principios democráticos del derecho soberano de los pueblos a gobernarse por sí mismos y del respeto a los derechos y libertades del hombre;*

*Que las actividades del comunismo internacional tienden a subvertir esas instituciones mediante la esclavización de los pueblos y de los individuos;*

*Que de conformidad con el Art.1° de la Carta de la Organización de Estados centroamericanos, es deber de la Organización buscar solución conjunta a sus problemas comunes mediante la acción cooperativa y solidaria;*

*Que las Repúblicas integrantes de la Organización de Estados Centroamericanos, conscientes de la unidad de sus propósitos de defender y preservar las instituciones democráticas fundamentales de sus pueblos, son signatarias de la Resolución VI de la Segunda Reunión de Cancilleres celebrada en La Habana, Cuba; de la Declaración de México de la Conferencia de Chapultepec; de la Resolución XXXII de la Novena Conferencia Internacional Americana, celebrada en Bogotá, Colombia, y de la Declaración de Washington y la Resolución VIII de la Cuarta Reunión de Consulta de Ministros de Relaciones Exteriores, celebrada en Washington, Estados Unidos de América;*

*Que es de urgencia para la tranquilidad de sus pueblos, justamente alarmados por las actividades de los agentes del comunismo internacional, reafirmar los propósitos planteados en aquellas reuniones internacionales, adoptar medidas conjuntas de defensa y hacerlas efectivas mediante acción solidaria,*

*Resuelve:*

*1)      Reafirmar los principios democráticos como base fundamental de las instituciones de los países de Centroamérica.*

*2)      Reconocer la necesidad de mejorar las condiciones sociales, económicas y culturales de sus pueblos, como el medio más eficaz para fortalecer sus instituciones democráticas.*

*3)      Reiterar la condenación del comunismo internacional que tiende a suprimir los derechos y libertades políticas y civiles.*

*4)      Recomendar a sus Gobiernos que adopten dentro de sus respectivos territorios y de conformidad con sus preceptos constitucionales, medidas conducentes a prevenir, contrarrestar y sancionar las actividades subversivas de los agentes comunistas, y especialmente las encaminadas a:*

*a)      Impedir el uso indebido de documentos de viaje;*

*b)      Impedir la difusión y circulación de propaganda subversiva;*

*c)      Prohibir la exportación de materiales estratégicos a países dominados por gobiernos comunistas; y*

*d)        Suministrarse recíprocamente toda información sobre las actividades que desarrollen los agentes comunistas.*

5)      Recomendar asimismo a los Gobiernos de los países miembros de la ODECA que se comuniquen las medidas que adopten en cumplimiento de esta Resolución, que los Ministros encargados se consulten sobre estas materias, y si los Gobiernos lo estiman conveniente, se reúnan de conformidad con el artículo 4º de la Carta Constitutiva de la Organización.

*6)        Este documento será conocido como "Resolución de Managua"*

## La Creación del Seguro Social

*"El I.S.S. tiene por delante de sí un brillante pero largo camino que recorrer. Los sectores comprendidos deberán sobreponer a sus intereses de grupo, los intereses nacionales."*
— **Miguel Angel Gallardo**, *Primer Director General del I.S.S, 1954*

El 3 de diciembre de 1953, el Gobierno decreta una nueva "Ley del Seguro Social", que busca brindar cobertura médica a los trabajadores y empleados que no pueden cubrir cobros de salud en clínicas y hospitales privados. Con el Seguro Social, el Estado pretende lograr que se cubran riesgos por accidente, enfermedad, maternidad, invalidez, vejez, muerte y cesantía voluntaria.

El Seguro Social, implementado a partir de 1954, cubre inicialmente unos 30,000 asegurados, con pequeños consultorios en el Hospital Rosales, el Hospital de Maternidad, un Consultorio externo en la Avenida Roosevelt, así como dos Clínicas Dentales. Su primer Director fue Don Miguel Ángel Gallardo (período 1954-55), quien fuera reemplazado por el General José María López Ayala (período 1955- 57). El Gobierno cuenta con la asesoría del Instituto Mexicano del Seguro Social, para ayudar a organizar el nuevo servicio de salud. Desde un inicio en 1954, el sistema funciona con fondos asignados por el Estado y por cotizaciones de los sectores empresarial y obrero.

---

**Guatemala Denuncia Complot en su Contra**

El 30 de enero de 1954, Guatemala acusa a los Gobiernos de Estados Unidos, El Salvador, Nicaragua, Venezuela y República Dominicana, de participar en una conspiración para derrocar al Gobierno Revolucionario de Jacobo Árbenz. Entre los implicados en una supuesta invasión que se planea contra Guatemala, se encuentran el General Idígoras Fuentes y el Coronel Carlos Castillo Armas. Desde su llegada al poder, el Gobierno de Jacobo Árbenz ha enfrentado una creciente oposición de terratenientes conservadores y de miembros del ejército guatemalteco, así como del Gobierno de los Estados Unidos. El Gobierno guatemalteco ha expropiado parte de los 550,000 acres pertenecientes a la United Fruit Company, de los cuáles se estima que más del 70% eran tierras que se mantenían sin cultivar. Las expropiaciones a la compañía norteamericana, comenzaron en marzo de 1953, cuando aproximadamente 210,000 acres de tierra no cultivada fueron tomadas por el Gobierno de Árbenz, pagándole a United Fruit el valor estimado de $2.99 por acre, mientras esta exigía $75 por acre.

Las expropiaciones continúan entre octubre de 1953 y febrero de 1954, ofreciendo pagarle a la compañía $500,000 por las tierras. El gerente de la United Fruit Company, Mr. Samuel Zemurray, ha desatado una campaña contra Árbenz en la prensa y Congreso norteamericanos, acusando al Presidente guatemalteco de ser una "amenaza comunista" contra el Hemisferio Occidental. En Washington D.C., la Administración del Presidente Dwight "Ike" Eisenhower, mantiene fuertes críticas a las políticas de Árbenz, señalando a Guatemala como la cabeza de playa del Imperialismo Soviético en la región. Bajo fuertes presiones del Secretario de Estado, John Foster Dulles, la OEA lanza un comunicado condenando la infiltración Comunista en las Américas.

# 1954

## El Salvador: Medalla de Oro en Fútbol

Del 5 al 20 de marzo de 1954, se celebran en México D. F. los VII Juegos Deportivos Centroamericanos y del Caribe. El torneo es conquistado por México, seguido por Cuba y Venezuela. Los futbolistas salvadoreños logran conquistar la Medalla de Oro en futbol. La atleta salvadoreña Ana Mercedes Campos gana Medalla de Oro en el Lanzamiento de Jabalina.

## Derrocamiento del Gobierno de Árbenz en Guatemala

*"Ellos utilizan el pretexto del anti- comunismo. La verdad es muy diferente. La verdad se encuentra en los intereses financieros de la United Fruit Company y en los otros monopolios de Estados Unidos, que han invertido grandes cantidades de dinero en Latinoamérica y temen que el ejemplo de Guatemala sea seguido por otros países ... Fui elegido por una mayoría en Guatemala, pero he tenido que luchar bajo condiciones muy difíciles. La verdad es que la soberanía de un pueblo no puede ser mantenida sin los recursos necesarios para defenderla ..."*

*Jacobo Arbenz, durante su mensaje radial al pueblo de Guatemala anuncia que renuncia a la Presidencia, Junio, 1954.*

En junio de 1954, Guatemala es invadida desde Honduras por un ejército al mando del Coronel Carlos Castillo Armas. Esta fuerza militar había sido entrenada en Nicaragua, con el completo apoyo del Presidente Anastasio Somoza García. Tanto el Departamento de Estado como la CIA, participan en el derrocamiento del Presidente Árbenz, que para entonces ha sido aislado internacionalmente. El joven médico argentino Ernesto "Che" Guevara, que había llegado a Guatemala atraído por las reformas sociales impulsadas por el Gobierno de Árbenz, intenta organizar alguna forma de resistencia civil, pero no se recibe mayor apoyo del campesinado ni del ejército guatemalteco. Árbenz sale exiliado hacia México y luego a Suiza, dejando al Coronel Carlos Díaz en su lugar. Entre tanto, los victoriosos conspiradores se reúnen brevemente en San Salvador donde nombran a Castillo Armas como jefe del nuevo gobierno. Eisenhower y los Estados Unidos reconocen inmediatamente la nueva Administración.

## Inauguración de la Primera Presa Hidroeléctrica en el Río Lempa

En junio de 1954, se concluye la construcción de la primera Presa Hidroeléctrica del Río Lempa, en la zona de la Chorrera del Guayabo. La nueva Infraestructura es bautizada como "Presa 5 de Noviembre" por la Asamblea Legislativa, en conmemoración de la fecha del primer grito de independencia centroamericana, en 1811. La junta directiva de la Comisión Ejecutiva Hidroeléctrica del Rio Lempa CEL, encabezada por su Presidente el Ing. Víctor Manuel Valdés había negociado y firmado en 1948- 50, los contratos relativos a los servicios de Harza Engineering Company, consistentes en realizar los estudios topográficos, hidrológicos, geológicos, hidroeléctricos y económicos sobre la Chorrera del Guayabo, así como en la preparación de equipos eléctricos y mecánicos. En 1950, la Asamblea Nacional Constituyente había aprobado la ejecución del proyecto. Los trabajos de construcción son inaugurados por el Presidente de CEL, Víctor de Sola, y el Presidente de la República, Teniente Coronel Oscar Osorio. Durante la construcción del enorme dique de concreto en 1951, el Presidente Oscar Osorio había declarado *"Nada tan grandioso como esta obra ha habido en nuestro país, después de la creación de la República en el siglo pasado. Sólo la electricidad abundante y hasta en el último rincón del país nos puede ayudar a resolver los difíciles problemas del futuro."* [3]

### Los Aliados se Reúnen en la Frontera

El 30 de septiembre de 1954, el Presidente Osorio y el recién instalado Coronel Castillo Armas se reúnen en la frontera Guatemala- El Salvador para estrechar los lazos de "Amistad y Cooperación" entre ambos Gobiernos. El militar guatemalteco ha "reincorporado" a Guatemala a la ODECA. Poco después del Golpe contra Árbenz y su Gobierno revolucionario, se confirmaría que tanto Osorio como Somoza en Nicaragua habrían ayudado a los golpistas.

# 1955

### Osorio Escoge a su Sucesor Presidencial

A principios de 1955, El Teniente Coronel José María Lemus, que fungía como Ministro del Interior, es nombrado por el Presidente Oscar Osorio como su sucesor, sin tomar en consideración al alto mando del ejército. Su candidatura presidencial es confirmada en la 5ª. Convención Nacional de PRUD en noviembre de ese año.

### Se crea el Banco Agrícola Comercial

El 31 de enero de 1955, un grupo de empresarios, agricultores y ganaderos, encabezados por don Luis Escalante Arce y miembros de las familias Sol-

Millet, fundan el Banco Agrícola Comercial BAC. El nuevo Banco abre con el eslogan "Un Banco Progresista al Servicio de un País Progresista", permitiendo la creación de cuentas de ahorro teniendo un colón como cantidad mínima e instaurando el plan Beneficio Familiar por Defunción.

**Vicepresidente Nixon Visita San Salvador**

El 16 de febrero de 1955, arriban el Vicepresidente de los Estados Unidos, Richard M. Nixon, y su esposa Patricia, al Aeropuerto Internacional de Ilopango, en visita de dos días al país. El visitante es atendido por el Presidente Oscar Osorio. Entre las anécdotas que sobreviven de su visita están la de haber visitado una peluquería en el centro de San Salvador (el negocio sería luego rebautizado con el nombre de "Peluquería Nixon"), y la de que el Vicepresidente norteamericano también hace un espacio en su agenda para beber "horchata", la bebida típica nacional. Sin embargo, trasciende que su visita obedece a que los Estados Unidos desean agradecer personalmente al régimen militar salvadoreño, por el apoyo de las Repúblicas Centroamericanas para contener el avance del comunismo en el mundo.

El presidente Osorio recibe la visita del
vicepresidente Richard Nixon en 1955
(Foto: U.S. Department of State)

**Gobierno Crea el ITI  y el INSAFOP**

En 1955, se crea el Instituto Técnico Industrial ITI, quedando bajo la supervisión del Ministerio de Defensa. Se funda el Instituto Salvadoreño de Fomento de la Producción INSAFOP, que tenía la función de promover la industrialización nacional.

## Surgen el Partido Acción Nacional y otros Partidos Políticos

El nombramiento del Coronel José María Lemus como candidato presidencial provoca un gran descontento en amplios sectores del país. En mayo de 1955, un grupo de caficultores, algodoneros, profesionales, industriales, militares, y estudiantes forman el Partido Acción Nacional PAN, y proponen como candidato presidencial al ex -canciller Roberto Edmundo Canessa. La Junta Provisional incluye al Dr. Manuel Alférez (Presidente), al Dr. Rafael Benjamín Colindres (Secretario), y al Sr. Manuel A. Morán (Tesorero). El movimiento político, que cuenta con amplio respaldo popular, incluye a Doña Sara Meardi de Pinto, Sr. Juan Wright, Dr. Salvador Merlos, Ing. Cristóbal Colindres Arias, Capitán Héctor Montalvo, Don Jaime Ávila, y Don Ernesto Ulloa Llach, en la Junta Directiva, y tiene como Secretario General al Dr. Tony Vassiliu Hidalgo. Otros destacados profesionales que respaldan el movimiento son el Dr. Ángel Góchez Castro y el Coronel Ángel Alfaro. Otras agrupaciones aparecen en la escena política, entre ellas el Partido Auténtico Constitucional PAC, del Dr. Rafael Carranza Amaya; el Partido Institucional Demócrata PID, que lleva como candidato al Coronel José Alberto Funes (que había sido embajador en Guatemala); y el Partido Democrático Nacionalista PDN, con el Mayor Alvaro Díaz. Además de ellos participa el Partido Acción Renovadora PAR, que había sido el más serio rival del oficialista PRUD en 1950, lleva como candidato al Dr. Enrique Magaña Menéndez.

La salvadoreña Maribel Arrieta obtiene el 2°. Lugar en el
Concurso 'Miss Universe 1955' celebrado en Long Beach,
California. De izquierda a derecha, todas las finalistas: Margit
Nünke, Maribel Arrieta, Hillevi Rombin, Maureen Hingert,
Keiko Takahashi (Foto: Archivo General de la Nación )

**Salvadoreña obtiene Segundo Lugar en Concurso Miss Universe**

El 22 de julio de 1955 se realiza en Long Beach, California, la final del
concurso Miss Universe. Maribel Arrieta participa como representante de
El Salvador obteniendo el segundo lugar de la competencia (primera
finalista, un lugar que hasta la fecha ninguna otra centroamericana ha
alcanzado), y donde también había obtenido antes el título de "Miss
simpatía" (Miss Congeniality). La sueca Hillevi Rombin es la ganadora del
concurso.

**La ODECA elige a su Primer Secretario General**

El 22 de agosto de 1955, en la ciudad de Antigua Guatemala los
representantes de los países centroamericanos eligen al primer Secretario
General de la ODECA, recayendo el honor en el Dr. Guillermo Trabanino,
de nacionalidad salvadoreña, quien ha sido Alcalde de San Salvador y
recientemente nombrado Canciller de la República, en sustitución del Dr.
Roberto Canessa.

**Francisco Gavidia**

## Fallece el Maestro Francisco Gavidia

El 24 de septiembre de 1955, muere en San Salvador el poeta, cuentista, periodista, filósofo, y ensayista Don Francisco Gavidia, considerado uno de máximos representantes de la cultura salvadoreña. Gavidia, que tuviera como discípulo al gran poeta nicaragüense Rubén Darío, fue fundador del Ateneo de El Salvador, de la Academias Salvadoreñas de la Lengua y de la Historia, catedrático de la Universidad Nacional y también director de diversas instituciones académicas incluyendo la Biblioteca Nacional. El Maestro Gavidia, que ya años antes había sido declarado por la Asamblea Legislativa como "Hijo Meritísimo" de El Salvador y recibido un Doctorado Honoris Causa por parte de la Universidad, cuenta entre sus principales obras: "Júpiter" (Drama, 1895), "Historia Moderna de El Salvador" (1917-18), la "Princesa Citalá" (Teatro, 1946), "Soteer o la Tierra de Preseas" (Poema, 1949).

## Oposición Propone Reformas Electorales

En nota fechada el 28 de octubre de 1955, los Representantes de los Partidos PAN, PAC y PAR, junto con el representante del movimiento cívico Círculo Democrático Centroamericanista CDC, proponen al Presidente Osorio una serie de reformas a la Ley Electoral, que incluyen:

*a) Incorporar miembros de los partidos políticos a los Consejos Seccionales de Elecciones, que hasta el momento estaban compuestos por allegados al Gobierno y al PRUD.*

*b) Representación proporcional en las elecciones de diputados.*

*c) Realizar las elecciones en un solo día, en lugar de tres.*

*d) Evitar que funcionarios civiles y militares se valgan de sus cargos para influir en los votantes, especialmente en la población campesina.*

Las recomendaciones del CDC no serían atendidas por el Gobierno del Presidente Osorio.

### Se Incendia el Edificio Universitario

*"... Y después que todo ha pasado; después de haber visto ese lóbrego espacio vacío, todavía humeante; donde ayer no más se levantaba nuestro augusto edificio; vetusto y anticuado para muchos; reliquia que nunca debió ser profanada en concepto de todos los que por allí pasamos recibiendo tesoros de inspiración cultural e idealista; parados allí, frente a esas ilustres ruinas, frente a ese adorado templo consumido, no me resta más que elevar el corazón al Todopoderoso y pedirle su auxilio para que de éstas ruinas emerja un futuro más esplendoroso para nuestra Universidad, mediante la ayuda oportuna de las Altas autoridades patrias y del pueblo en General."*

**Dr. Romeo Fortín Magaña**, *Rector de la Universidad Nacional de El Salvador* [4]

Los Restos del Antiguo Edificio Universitario, al fondo el Palacio Nacional

El 9 de noviembre de 1955, un incendio destruye completamente el edificio central de la Universidad Nacional de El Salvador, ubicado a un costado del

Palacio Nacional y la Catedral Metropolitana. En el edificio se encontraban la Rectoría, la Secretaría General, la Tesorería, la Oficialía Mayor, la Biblioteca Central, la Librería Universitaria y las Facultades de Humanidades, Economía, y Odontología.

En junio de 1955, la Facultad de Jurisprudencia y Ciencias Sociales se había finalmente trasladado al nuevo edificio, en la futura Ciudad Universitaria, que se construía en la zona norte de la capital, al final de la 25ª Norte. Las otras dos Facultades, Ingeniería y Química y Farmacia, estaban ubicadas en el edificio conocido como Villa Fermina. Cuadrillas de autoridades, docentes, estudiantes y decenas de ciudadanos que pasaban por las calles, intentan rescatar los bienes universitarios. Entre éstos se encuentran el propio Rector Fortín Magaña y los decanos Dr. Napoleón Rodríguez Ruiz, Dr. Piloña Araujo y Dr. Salvador Merlos, quienes con ayuda de numerosas personas logran salvar parte de los documentos oficiales, muebles y otras pertenencias universitarias.

Los daños para el Alma Mater son cuantiosos, habiéndose perdido las dos terceras partes de las colecciones en Biblioteca Central, todos los materiales en la Librería, así como la mayoría de muebles, estantes, libros, y equipos en las Facultades. Del Paraninfo se logran rescatar casi todos los retratos de los Rectores; de la Rectoría se logra rescatar la totalidad del Archivo universitario. El antiguo edificio conocido como "La Casona" o "El Caserón", recientemente remodelado y pintado, databa desde 1878, cuando la que sería originalmente Casa de Huérfanos fuera asignada a la Universidad Nacional, por disposición del Gobierno central.

## Partidos de Oposición se Unen para Enfrentar al PRUD

El 16 de noviembre de 1955, los partidos PAN, PAC, PDN, PAR, y el CDC anuncian haber formado un Comité que luchará por lograr que el Gobierno implemente una serie de reformas a la Ley Electoral y para también pedir que se derogue la cuestionada Ley de Defensa del Orden Democrático y Constitucional, por considerarla precisamente inconstitucional y antidemocrática.

## Escándalos y Fraudes en la Campaña Presidencial

Desde su formación, los principales dirigentes del PAN, incluyendo al ex Canciller Canessa y al Dr. Vassiliu, son víctimas de ataques por parte del Gobierno, que los tilda de comunistas. En los mítines de los partidos de oposición, especialmente del PAN, sus militantes son acosados y provocados constantemente.

A finales de febrero de 1956, dos de los principales candidatos opositores, el Coronel Funes del PID y Canessa del PAN, son descalificados por el Consejo Central de Elecciones CCE, argumentando que el primero había sido acusado de contrabando mientras servía en la sede diplomática en Guatemala y el segundo presentaba supuestas irregularidades en su partida de nacimiento (el PRUD había acusado a Canessa, de ascendencia italiana, de no tener la nacionalidad salvadoreña). Entre tanto, surge el rumor cada vez más insistente de que el Coronel Lemus es hondureño por nacimiento, lo que le imposibilitaría poder optar a la Presidencia. Lemus y los funcionarios de Gobierno hacen grandes esfuerzos para intentar demostrar que el Coronel del PRUD es originario del Barrio Honduras, Departamento de La Unión.

Líderes de la Oposición: Merlos, Funes, Díaz, Canessa, Carranza y Menéndez
(Tomado de: Guandique 'R. E. Canessa')

# 1956
## Partidos de Oposición se Retiran de la Contienda Electoral
El 28 de febrero de 1956, los partidos PAC, PID, PAN, y PDN, denuncian ante la población salvadoreña las graves irregularidades que el Gobierno y su partido oficial han estado cometiendo contra ellos y anuncian su retiro

de las próximas elecciones presidenciales.

## Finaliza el período del Coronel Osorio

A pesar del creciente desorden político- social en El Salvador, el Coronel Osorio mantiene en todo momento el respaldo de la oligarquía, que obtiene grandes ganancias durante este período de desarrollo y grandes inversiones. El Régimen Osorista se ha beneficiado de los buenos precios que tienen el café y otros productos de exportación a mediados de la década de 1950. Sus reformas "revolucionarias" son, sin embargo, en su gran mayoría superficiales. Osorio terminaría su período en 1956, habiendo seleccionado como su sucesor a la silla presidencial al Teniente Coronel José María Lemus, su Ministro del Interior, de quien se descubriría durante la campaña electoral, que tenía nacionalidad hondureña.

De acuerdo con la UES, el Golpe de Estado de 1948, *"- como otros acontecimientos históricos no suficientemente analizados- señala el fin de toda una etapa histórica en el país. Surge el intervencionismo de Estado y al menos en la letra se abandona la propiedad territorial romana, al promulgarse en 1950 la primera Constitución moderna de la República de El Salvador.*

*Evidentemente nos encontramos ante un vuelco en la historia política del país. El pensamiento cafetalero que veía en la agricultura la única fuente de riqueza y que reconocía en los cultivos agrícolas la mejor forma de explotar —al grado que uno de sus ideólogos ha llegado a señalar que ojalá El Salvador fuese una gran finca de café — cedía ante el otro rostro de la clase explotadora salvadoreña — el rostro industrial- y la Constitución sentaba las bases para que dentro de su ámbito jurídico pudiera realizarse incluso una revolución nacional- burguesa.*

*Por supuesto el gobierno de Oscar Osorio no llegó a profundizar ninguna Reforma. Las estructuras económicas permanecieron intactas y únicamente derribó las barreras que se oponían al desarrollo industrial, abriendo de par en par las puertas para el arribo de la inversión extranjera y dictando leyes que eximían de impuestos a las industrias de transformación."* [5]

## REFERENCIAS y NOTAS:

[1] El Ministerio de Cultura, creado e impulsado por iniciativa del Dr. Reynaldo Galindo Pohl, sería desmantelado gradualmente por los militares y la oligarquía a la salida del distinguido abogado de su cargo en el Gobierno en 1956, en un nuevo golpe a la cultura y la educación del país.

[2] Guandique, Roberto Edmundo Canessa, p. 44

[3] Compañía Ejecutiva Hidroeléctrica del Río Lempa CEL, Reseña histórica de CEL, URL: http://www.cel.gob.sv

[4] Mensaje del Dr. Romeo Fortín Magaña, Revista La Universidad, Marzo de 1956, p. 35-36

[5] Secretaría de Planificación UES, Diagnóstico Global de la Universidad de El Salvador Tomo I, p.74

# 4.11 EL GOBIERNO DE JOSE MARIA LEMUS (1956- 1961)

A principios de 1955, el Teniente Coronel José María Lemus, que fungía como Ministro del Interior, es escogido por el Presidente Oscar Osorio como su sucesor presidencial. El mandatario salvadoreño decide ignorar al Alto Mando del Ejército salvadoreño y a otros sectores de la población. La candidatura de Lemus es confirmada en la 5ª. Convención Nacional de partido oficialista PRUD, en noviembre de ese año. El Teniente Coronel Lemus, llegaría al Poder gracias a un escandaloso fraude electoral. Aunque iniciaría bien su Gobierno, terminaría recurriendo, al igual que sus antecesores, a la represión estatal para controlar el descontento de la población.

## 1956

### El Coronel Lemus, Triunfador de las Elecciones de 1956

El Coronel José María Lemus, prácticamente el único contendiente electoral, resulta triunfador en las elecciones de los días 4, 5 y 6 de marzo de 1956, recibiendo arriba del 95% de los votos, ante las denuncias de un desvergonzado fraude masivo.

**Resultado de las elecciones Presidenciales de 1956**

| Partido | Candidato | Total de Votos Recibidos | Porcentaje |
|---------|-----------|--------------------------|------------|
| PRUD | Teniente Coronel José María Lemus | 677,748 | 95.19% |
| PAR | Dr. Enrique Magaña Menéndez | 11,524 | 0.02% |
| PAC | Coronel Rafael Carranza Amaya | 22,659 | 0.03% |
| Total | | 711,931 | 95.24% |

Fuente: Juan Mario Castellanos, El Salvador 1930-1960, p.256

### La Inauguración Presidencial de 1956

El 14 de septiembre de 1956, el Teniente Coronel José María Lemus, conocido popularmente como "El Turco", asume la Presidencia de la República, sin haber despejado las dudas de su presunta nacionalidad hondureña. Para esta época, la oligarquía del país, en estrecha alianza con los militares, ha comenzado a industrializarse y a desarrollar el comercio exterior.

## Gabinete de Gobierno del Coronel José Maria Lemus:

Dr. Alfonso Rochac, Ministro de Economía,
Sr. Francisco García Prieto, Ministro de Agricultura y Ganadería,
Dr. Alfonso Ortiz Mancía, Ministro de Relaciones Exteriores,
Dr. Humberto Costa, Ministro de Hacienda,
Coronel Adán Parada, Ministro de Defensa,
Dr. L. Rivas Palacios, Ministro de Salud,
Dr. Mauricio Guzmán, Ministro de Cultura,
Dr. R. Ávila Agacio, Ministro de Trabajo y Previsión Social,
Ing. Roberto Parker, Ministro de Fomento y Obras Públicas,
Dr. V. Arnoldo Sutter, Ministro de Salud y Asistencia Social.

## Nuevo Gobierno, Buenas Intenciones

El Presidente Lemus da inicio a su Presidencia haciendo un llamado a la unidad nacional y permitiendo que los exiliados políticos que lo deseen puedan retornar al país. Igualmente, Lemus deroga la cuestionada Ley de Defensa del Orden Democrático y Constitucional (emitida en 1952), que había permitido implementar medidas represivas contra los sindicatos y partidos políticos nacionales.

## Un Joven Poeta Nicaragüense Ajusticia al Tirano Somoza

*"Lo que he hecho es un deber que cualquier nicaragüense debió haber hecho hace mucho tiempo"*

*– **Rigoberto Pérez**, en una carta que su madre encontrara luego de que su hijo fuera asesinado.*

En la vecina Nicaragua, el 20 de septiembre de 1956, el joven poeta Rigoberto Pérez logra penetrar la guardia que protege al Presidente Anastasio "Tacho" Somoza García durante una campaña política, asestándole 5 disparos, matándolo en el acto. Pérez sería a su vez acribillado por los guardaespaldas del Tirano. Somoza sería reemplazado en el poder por sus hijos Luis y Anastasio "Tachito", quienes continuarían gobernando Nicaragua a su antojo con el incondicional apoyo de la corrupta Guardia Nacional.

# 1957

### Surge una Nueva Fuerza Sindical

El 17 de marzo de 1957, el Presidente Lemus inaugura el Primer Congreso Sindical Nacional, donde participan varias organizaciones obreras que buscaban lograr la promulgación de un Código de Trabajo y la aprobación de mejores leyes laborales. En agosto de 1957, el Gobierno permite la fundación de la Confederación General de Trabajadores Salvadoreños CGTS, que era dirigida por sindicalistas que pertenecían al clandestino Partido Comunista. Pocos meses más tarde, a principios de 1958 otro grupo de pequeños sindicatos crearía la Confederación General de Sindicatos de El Salvador CGS.

### La Crisis Mundial comienza a afectar la Economía Salvadoreña

Entre 1957-58, El Salvador se ve afectado por una drástica caída de los precios del café y del algodón (principales productos de exportación), consecuencia de una creciente crisis mundial que ha provocado una severa recesión en los Estados Unidos y los países industrializados en Europa. El precio por quintal de café caería de ¢170.09 colones en 1954 a apenas ¢98.77 colones (ver cuadro siguiente).

| DATOS SOBRE LA EXPORTACIÓN DEL CAFÉ, 1945 – 1960 | | | |
|---|---|---|---|
| AÑO | Precio x Quintal (en Colones) | Volumen Exportado (en Kgs.) | Valor Total (en Colones) |
| 1945 | 37.23 | 1,254,384 | 46,700,000 |
| 1946 | 49.24 | 1,047,826 | 51,600,000 |
| 1947 | 61.94 | 1,360,869 | 84,300,000 |
| 1948 | 68.96 | 1,310,869 | 90,400,000 |
| 1949 | 73.38 | 1,621,739 | 119,000,000 |
| 1950 | 102.53 | 1,506,957 | 154,505,033 |
| 1951 | 132.77 | 1,432,082 | 190,132,346 |
| 1952 | 133.36 | 1,454,808 | 194,003,772 |
| 1953 | 133.68 | 1,432,609 | 191,516,206 |
| 1954 | 170.09 | 1,352,382 | 230,029,495 |
| 1955 | 146.20 | 1,560,818 | 228,828,773 |
| 1956 | 155.74 | 1,402,183 | 218,379,484 |
| 1957 | 151.77 | 1,809,244 | 274,581,766 |
| 1958 | 120.15 | 1,749,688 | 210,228,773 |
| 1959 | 98.77 | 1,804,008 | 178,186,773 |
| 1960 | 98.52 | 1,947,853 | 191,686,987 |

Fuente: "El Salvador 1930-1960", Mario Castellanos, pag.189

La producción de granos básicos, principalmente maíz y arroz, decae también sensiblemente. El desempleo y el hambre llegan nuevamente al agro salvadoreño, causando que miles de campesinos se trasladen a la capital y cabeceras departamentales, buscando empleo y creando miserables mesones y tugurios ante la falta de oportunidades.

# 1958

### Tratado Centroamericano de Libre Comercio

En junio de 1958, los 5 países centroamericanos firman un Tratado Multilateral de Libre Comercio y el Régimen de Industrias de Integración, que busca establecer una zona de libre comercio y desarrollo industrial en la región.

### Fallece un Gran Jurista Salvadoreño

En octubre de 1958, fallece en Niza, Francia el destacado humanista salvadoreño Dr. José Gustavo Guerrero, nacido en San Salvador el 26 de

Junio de 1876. El Dr. Guerrero fue Embajador de El Salvador en diversas naciones europeas, Ministro de Relaciones Exteriores, y llegó a convertirse en Presidente de la 10ª Asamblea de la Sociedad de las Naciones, con sede en Ginebra, Suiza en 1928. Posteriormente, sirvió durante quince años como Presidente del Tribunal Permanente de Justicia Internacional, en La Haya, Holanda. En 1928, durante el desarrollo de la VI Conferencia Panamericana celebrada en La Habana, el Dr. Guerrero enfrentó valientemente al representante del Gobierno de los Estados Unidos postulando el "Principio de la No Intervención" de un Estado en los asuntos internos de otros. Los norteamericanos mantenían entonces numerosos infantes de marina en Nicaragua.

---

**Triunfo de la Revolución Cubana amenaza Dictaduras**

El 1 de enero de 1959, la dictadura de Fulgencio Batista en Cuba es derrocada por un puñado de revolucionarios liderados por el carismático Fidel Castro Ruz. El día 8 de Enero, Castro y sus comandantes entran triunfalmente a La Habana.

Enero 1, 1959. Triunfa la Revolución Cubana
(Foto: History.com)

La victoria de los rebeldes cubanos inspiraría el surgimiento de numerosos grupos guerrilleros en toda Latinoamérica y refuerza los ya existentes en Venezuela, Nicaragua, Guatemala, Argentina y otros países. En El Salvador, el triunfo de los cubanos estimuló la agitación política, principalmente en grupos estudiantiles de la Universidad Nacional que lanzaban continuos ataques y críticas al Gobierno a través del periódico Opinión Estudiantil y otras publicaciones. En Washington, el Presidente Eisenhower autoriza operaciones encubiertas para derrocar o asesinar a Fidel Castro.

---

# 1959

## VIII Juegos Centroamericanos y del Caribe

Durante el mes de enero de 1959, se realizan en Caracas, Venezuela, los VIII Juegos Centroamericanos y del Caribe. En estas competencias, el equipo salvadoreño de basketball conquista por primera vez en su historia la Medalla de Oro, dejando en el camino a los favoritos Puerto Rico y Panamá. El Equipo nacional, bajo la dirección del técnico Adolfo Rubio, esta integrado por: José Domingo Chávez Aguilar, Roberto Bondanza, César Augusto Escalante, Ricardo Guzmán Arévalo, Luis García Tobar, Mauricio "Pachín" Ibarra, José Mauricio Lemus, Juan Matéu Llort, Adolfo "Chorro de Humo" Pineda, Pío Salomón Rosales, Roberto Selva y Ernesto Rusconi Luna.

En la ronda final, el cuadro salvadoreño obtiene los siguientes resultados:

- *El Salvador 76 Panamá 73 (enero 15, 1959)*
- *El Salvador 69 Puerto Rico 57 (enero 16, 1959)*
- *El Salvador 73 Colombia 60 (enero 17, 1959)*

## Visita del Presidente Lemus a los Estados Unidos

Del 11 al 13 de marzo de 1959, el Coronel Lemus visita Washington atendiendo invitación del Presidente Dwight D. Eisenhower, preocupado por la "amenaza comunista" en la región. La comitiva presidencial que acompaña a Lemus está formada por cerca de 60 personas, entre funcionarios de gobierno, terratenientes y cafetaleros influyentes del país. Destacan en el grupo el Ministro de Economía, Dr. Alfonso Rochac; el Coronel Manuel de Jesús Córdova, Jefe del Estado Mayor del Ejército; el Dr. Jorge Sol Castellanos, asesor presidencial; los señores Tomás Regalado, Presidente de CEPA y de la Cía. Salvadoreña de Café, Rafael Meza Ayau, Presidente de la Asociación Salvadoreña de Industriales ASI, y Francisco De Sola, Presidente de la Federación de Cajas de Crédito. El Gobierno salvadoreño busca lograr mayor asistencia económica norteamericana, atrayendo nuevas inversiones al país. En la Declaración Conjunta del 13 de marzo de 1959, ambos Presidentes manifiestan su interés por la integración económica de Centro América y la creación de un mercado común en la región, considerando que dichas medidas apoyarían el desarrollo industrial, estimularían las inversiones foráneas y contribuir al mejoramiento de la situación económica de sus habitantes. Igualmente, los Presidentes analizan la posibilidad de establecer una institución bancaria de desarrollo Inter.-

americana que apoye financieramente proyectos desarrollo en la región (lo que llegaría a ser el Banco Centroamericano de Integración Económica BCIE).

## Crece la Oposición Política Contra el Gobierno Lemus

En 1959, Diversas agrupaciones políticas antagónicas al régimen de Lemus aparecen en el país, comenzando con el PRUD-Auténtico (PRUDA), formado por seguidores civiles y militares del ex Presidente Osorio, que han sido desplazados fuera de la administración Lemus. Otros grupos incluyen al Movimiento Revolucionario Abril y Mayo MRAM, nombrado de esta manera en conmemoración de las Jornadas Cívicas que derrocaran al Tirano Hernández Martínez en 1944. Esta agrupación, creada por el Partido Comunista salvadoreño, se convertiría posteriormente en el Partido Revolucionario Abril y Mayo PRAM, para poder participar en las elecciones. Diversos grupos activos del país, entre ellos miembros del antiguo PAR, los seguidores del ex canciller Roberto Canessa, líderes sindicales miembros del PCS, y viejos intelectuales del PRUD original, fundan el Partido Radical Demócrata PRD (que años después se convertiría en el Movimiento Nacional Revolucionario MNR).

## Elecciones municipales y legislativas de Mayo de 1959

En octubre de 1959, la Asamblea Nacional aprueba una nueva Ley Electoral para las elecciones legislativas y municipales de mayo próximo, la ley eleva de 2,000 a 5,000 el número mínimo de firmas necesarias para inscribir a cada partido político. El Consejo Central de Elecciones rechaza la inscripción del PRAM argumentando que muchos de los firmantes son miembros del proscrito Partido Comunista. En respuesta, los partidos PAN, PRD y PRAM, agrupados en torno al PAR forman una alianza llamada Unión Nacional de la Oposición UNO. El PAR logra ganar varios municipios importantes incluyendo los de San Salvador (donde es elegido alcalde el Dr. Gabriel Piloña Araujo), Santa Ana, y Santa Tecla.

**Los Presidentes de Honduras (Ramón Villeda), El Salvador (Lemus) y Guatemala (Miguel Idígoras), firman un acuerdo de integración, en el Poy**

# 1960

### Reunión Tripartita en El Poy, Honduras

En enero de 1960, se reúnen en el pueblo de El Poy, los Presidentes de Guatemala, Honduras y El Salvador para discutir entre otras cosas la injerencia del Comunismo en la región y una propuesta de Washington para impulsar un proceso de integración económica. A raíz de esta primera reunión, los tres países acuerdan en junio de ese año establecer una Secretaría Permanente (la Secretaría de Integración Centroamericana SIECA) y un Fondo de ayuda financiera (que luego se convertiría en el BCIE). El 13 de diciembre se firmaría el Tratado General de Integración Económica, con la participación de Nicaragua. Dos años después, Costa Rica firmaría su incorporación al Tratado.

### La Declaración de San José

En agosto de 1960, se celebra en San José, Costa Rica, la 7ª Reunión de Consulta de los Ministros de Relaciones Exteriores de las naciones miembros de la OEA. La llamada "Declaración de San José", inspirada bajo presiones del Secretario de Estado norteamericano Herter, se pronuncia en contra de la injerencia de potencias extranjeras en territorio americano, aludiendo al caso de Cuba y su relación con la Unión Soviética.

### Fuerzas de Seguridad asaltan la Universidad Nacional

El 2 de septiembre de 1960, una manifestación organizada por políticos de oposición, estudiantes y sindicalistas en el Parque Libertad y en el predio donde había estado el edificio principal de la Universidad Nacional, es salvajemente reprimida por elementos uniformados y otros en ropa de civil de la Policía Nacional.

Las oficinas centrales de la Universidad, ubicadas temporalmente en el antiguo edificio del Colegio Sagrado Corazón, donde muchos manifestantes habían buscado refugio, es asaltado por la Policía. El Rector, Dr. Napoleón Rodríguez Ruiz, el Secretario General, Dr. Cuellar Mira, y otros funcionarios son golpeados. El Sr. Mauricio Esquivel, empleado de la biblioteca universitaria, muere poco después a causa de los golpes recibidos. Don Roberto Edmundo Canessa, líder del Partido Acción Nacional y considerado el principal rival del Coronel Lemus, es arrestado por miembros de la Policía Nacional, interrogado y golpeado brutalmente hasta quedar inconsciente en la sede de la Policía Nacional. Canessa es liberado pocos días después, y obligado a salir del país, con rumbo a Guatemala el 16 de septiembre ante el constante hostigamiento de miembros del Gobierno.

Un grupo de ciudadanos encabezados por el Arzobispo de San Salvador, Monseñor Luis Chávez y González, el Dr. Enrique Córdova, y el Dr. Hermógenes Alvarado hijo, se reúne con Lemus el día siguiente, 3 de septiembre, para pedirle cesen los actos represivos. Sin embargo, el Presidente Lemus sostiene que está defendiendo al país de una conspiración comunista internacional. Dos días después, a petición del Presidente Lemus, la Asamblea Legislativa decreta el Estado de Sitio por 30 días. El 15 de septiembre, una manifestación popular que exige la derogación del Estado de Sitio es reprimida, teniendo como saldo la muerte del estudiante Rodolfo Rivas.

Nuevas medidas represivas son implementadas: se ordena la captura de los principales líderes de la oposición y la Asamblea decreta una Ley de Reglamentación de las Reuniones Públicas. Los estudiantes y obreros rechazan las medidas represivas y continúan desarrollando concentraciones para manifestar su repudio a la dictadura. Los Rectores de las universidades de Costa Rica, Honduras, Nicaragua, y un representante de la San Carlos de Guatemala, sostienen una reunión con el Presidente Lemus y logran persuadirlo de dar garantías a las autoridades, docentes, estudiantes y empleados universitarios, reparar los daños materiales ocasionados, y hacer un gesto de desagravio a las máximas autoridades de la Universidad.

**El Ex-Canciller Canessa Tras la golpiza que le dieran miembros de la Policía Nacional**
(Tomado de: Guandique 'R. E. Canessa' )

### El Estado de Sitio Impera en el Territorio

El 3 de octubre de 1960, la Asamblea Legislativa prorroga por otros 30 días el Estado de Sitio, argumentando que aún existen las causas que provocaron la medida. Los desórdenes callejeros y las manifestaciones continúan en el Centro de San Salvador y las principales ciudades del país.

### Guatemala y El Salvador condenan Intervención Extranjera

Cinco días después, el 8 de octubre de 1960 se reúne el Presidente Lemus con Ydígoras Fuentes, Presidente de Guatemala, en la zona fronteriza de San Cristóbal. Ambos manifiestan que los desórdenes internos que viven sus países son causados por la intervención comunista extranjera.

### Lemus es Derrocado, Canessa Muere en el Extranjero

En la madrugada del 26 de octubre de 1960, el Presidente Lemus es capturado en la Casa Presidencial por varios oficiales del ejército y trasladado al cuartel del Primer Regimiento de Artillería (Cuartel "El Zapote"), donde se concentran una gran cantidad de militares golpistas, encabezados por el ex Presidente Oscar Osorio. En su lugar, se nombra una Junta de Gobierno compuesta por dos militares y tres civiles: Coronel César Yanes Urías, Teniente Coronel Miguel Ángel Castillo, Dr. Rene Fortín Magaña, Dr. Fabio Castillo Figueroa, y Dr. Ricardo Falla Cáceres. Lemus abandonaría el país con rumbo a San José, Costa Rica. El hombre que enfrentó las dictaduras militares del PRUD junto con sus compañeros del Partido de Acción Nacional y otros patriotas, Don Roberto Edmundo

Canessa, muere en un Hospital de Nueva Orleáns el 27 de enero de 1961, donde se le intentaba extirpar un tumor en la cabeza, que se le había desarrollado a raíz de la golpiza recibida en septiembre pasado.

# 4.12   LA CAIDA DEL GENERAL LEMUS Y EL SURGIMIENTO DEL PCN

A finales de 1960, el Presidente Lemus es depuesto por una Junta Cívico-Militar, que cuenta entre sus miembros a destacados profesionales del país. Las reformas sociales y agrarias propuestas por la Junta, serían consideradas como amenaza directa a los intereses de la oligarquía. Al poco tiempo, se gestaría un nuevo Golpe militar, respaldado por el Gobierno de los Estados Unidos.

# 1960
### Lemus es Capturado y obligado a Renunciar
Aproximadamente a las 2:00am del día 26 de octubre de 1960, el Presidente José María Lemus es hecho prisionero y trasladado a la sede del Cuartel El Zapote, donde se le comunica que ha sido depuesto. En su lugar se constituye una Junta de Gobierno Cívico – Militar. Los gestores del golpe militar son oficiales simpatizantes del ex Presidente Oscar Osorio y del PRUD original, que habían sido hechos a un lado durante la Administración Lemus. El derrocamiento del "Tirano hondureño" Lemus es celebrado por la población en general, especialmente por sectores estudiantiles y sindicalistas que festejan en las calles del centro de la capital. Al mediodía del 26 de octubre de 1960, la nueva Junta de Gobierno brinda una conferencia de prensa desde el Cuartel El Zapote, la cual es transmitida a través de las diferentes radioemisoras del país.  Se anuncia que la Junta está formada por el Coronel César Yanes Urías, Teniente Coronel Miguel Angel Castillo, Dr. Rene Fortín Magaña, Dr. Ricardo Falla Cáceres, y el Dr. Fabio Castillo Figueroa (quien en ese momento se encuentra fuera del país).
La población es informada que el Coronel Lemus ha sido depuesto por *"venir gobernando al margen de la ley y en manifiesto atropello a la Constitución".* [1]
Inmediatamente, la Junta de Gobierno nombra el nuevo Gabinete, que incluye a las siguientes personas:

- Coronel Luis Alonso Castillo, Ministro de Defensa,
- Coronel Luis Alberto Escamilla, Ministro del Interior,
- Dr. Rolando Beneke, Ministro de Relaciones Exteriores,
- Dr. Ricardo Arbizú Bosque, Ministro de Hacienda,
- Dr. José María Méndez, Secretario General de la Junta de

Gobierno,
- Dr. Mario Castrillo Zeledón, Fiscal General

La Junta de Gobierno ofrece respetar todas las garantías constitucionales de la Carta Magna de 1950 y promete convocar prontamente a elecciones presidenciales. Los altos jefes de las desprestigiadas Policía Nacional y la Policía de Hacienda son destituidos al poco tiempo. La Junta, que goza de respaldo popular, promete desarrollar una campaña masiva de alfabetización en las ciudades y en el campo. Agrupaciones como la AGEUS, la CGTS, y el MRAM organizan comités de orientación cívica en todo el país, para apoyar al nuevo Gobierno.

## Fundación de Partido Demócrata Cristiano
A finales de noviembre de 1960, se funda el Partido Demócrata Cristiano PDC, donde participan Roberto Lara Velado, Abraham Rodríguez, Ítalo Giammattei, Juan Ricardo Ramírez Rauda, Julio Adolfo Rey Prendes, Guillermo Ungo padre, León Cuellar, y José Napoleón Duarte. El partido es promovido por sus fundadores como una tercera alternativa, entre el Capitalismo y el Marxismo.

## Estados Unidos Reconoce a la Junta Cívico-Militar
El 3 de diciembre de 1960, tras varias semanas de ocurrido el Golpe de Estado, el Embajador norteamericano Thorsten V. Kalijarvi informa a cancillería salvadoreña del reconocimiento oficial de los Estados Unidos al nuevo Gobierno Provisional. Otras naciones se unen al reconocimiento, entre ellas Cuba, Alemania Occidental, Inglaterra, Bolivia y Kuwait.

## Se funda el Partido Revolucionario de Abril y Mayo
El 8 de diciembre de 1960, el Partido Revolucionario de Abril y Mayo PRAM (brazo político del proscrito Partido Comunista) es legalizado por intervención de la Corte Suprema de Justicia, luego de que había sido de nuevo rechazado por el corrupto Consejo Central de Elecciones.

## Países Centroamericanos crean el Mercado Común Centroamericano
El 13 de diciembre de 1960, en la ciudad de Managua, los representantes de El Salvador, Guatemala, Honduras y Nicaragua suscriben el "Tratado General de Integración Económica Centroamericano". Costa Rica se uniría al Tratado en Julio de 1962 y se incorporaría un año después en 1963. Dicho Tratado es una consecuencia de los diversos acuerdos bilaterales de libre comercio celebrados entre los países centroamericanos durante la

década de los cincuenta, y contribuiría a aliviar *"... las grandes limitaciones al crecimiento del mercado nacional impuestas por la distribución desigual de los ingresos y la estructura salarial asociada al modelo de exportación, como resultado de las cuáles la mayor parte de la población carecía del poder adquisitivo necesario para generar una demanda suficiente de productos industriales ... "*, extendiendo *"... el mercado de los productos industriales salvadoreños a toda la región mediante la creación del Mercado Común Centroamericano MCCA."* [2]

Con la activación del MCCA, la industria manufacturera salvadoreña *"... creció a una tasa anual del 8.1 por ciento en promedio entre 1960 y 1970 (CEPAL, 1980, p.70). Durante el mismo período, la participación de los productos manufacturados en el valor total de las exportaciones pasó del 5.6 por ciento al 28.7 por ciento (ibídem, p.94). A mediados de los años sesenta, 64 por ciento de las exportaciones industriales del país, principalmente textiles, calzado y productos farmacéuticos, estaban dirigidas a otros países centroamericanos. La mayor parte del 36 por ciento restante se exportaba casi en su totalidad a Estados Unidos. De estos últimos productos, una parte importante eran ropa y aparatos electrónicos ensamblados en El Salvador con insumos y piezas importados en establecimientos que pertenecían a firmas estadounidenses."* [3]

Sin embargo, a pesar del crecimiento en las exportaciones de productos manufacturados, *"la industria salvadoreña era ligera – alimentos procesados, pinturas y productos de papel, baterías, alambres, focos, ensamblaje de productos prefabricados. Generalmente muy mecanizada, empleaba pocos obreros y dependía de tecnología, capital y materia prima extranjera. Pero fue suficiente para presentar a El Salvador como el 'Ruhr' de Centroamérica'."* [4]

## La Guerra Fría amenaza la Soberanía Nacional

En enero de 1961, los Estados Unidos rompen relaciones diplomáticas con Cuba y su Embajada en el país presiona para que El Salvador haga lo mismo, lo cual es rechazado por la Junta de Gobierno, basándose en el Principio de No Intervención en los asuntos internos de otras naciones. Washington, entre tanto utiliza campos aéreos en Guatemala para entrenar y entregar armamento y accesorios de parte de la CIA a grupos disidentes que se preparaban para invadir Cuba. Para entonces, es evidente que la Junta de Gobierno no cuenta con el respaldo de las fuerzas armadas ni de la oligarquía. Las libertades políticas que garantiza el nuevo Gobierno, son utilizadas por algunos sectores izquierdistas para crear mayor inestabilidad e incertidumbre. La declaración de la Junta de Gobierno de mantener relaciones diplomáticas con el Gobierno de Fidel Castro, es vista con preocupación por el Departamento de Estado de los Estados Unidos, dentro del contexto de la Guerra Fría y la "amenaza comunista" al Hemisferio Occidental. Igualmente, sectores ultra conservadores del ejército y la oligarquía terrateniente del país temen las reformas sociales y agrarias anunciadas por la Junta, por ser contrarias a sus intereses económicos. Sectores extremistas de la derecha salvadoreña han estado cuestionado la presencia en la Junta del Médico Fabio Castillo Figueroa, un destacado intelectual, a quien llegan incluso a tildar de "comunista".

### Junta Sancionan Nuevas Leyes Laborales

El 22 de diciembre de 1960, la Junta de Gobierno emite tres importantes leyes: la Ley Procesal de Trabajo, la Ley de Creación de los Tribunales de Trabajo, y la Ley Orgánica del Departamento Nacional del Trabajo, que estaban diseñadas para mejorar las condiciones laborales de la población obrera.

**Jonh F. Kennedy**
(Foto: National Archives )

## John F. Kennedy asume la Presidencia de EEUU

El 20 de enero de 1961, en Washington D.C., John Fitzgerald Kennedy es juramentado como nuevo Presidente de los Estados Unidos de América, en sustitución del veterano General Dwight Eisenhower.

En su discurso inaugural, el Presidente Kennedy manifiesta,

*"The world is very different now. For man holds in his mortal hands the power to abolish all forms of human poverty and all forms of human life. And yet the same revolutionary beliefs for which our forebears fought are still at issue around the globe--the belief that the rights of man come not from the generosity of the state but from the hand of God".*

*"... Let every nation know, whether it wishes us well or ill, that we shall pay any price, bear any burden, meet any hardship, support any friend, oppose any foe to assure the survival and the success of liberty."*

*"This much we pledge--and more".*

En los próximos meses, Kennedy se involucraría de lleno en los asuntos latinoamericanos ante la cercana "amenaza" de Cuba y su aliada, la Unión Soviética.

# 1961

## Junta de Gobierno es Derrocada por los Militares

Durante la medianoche del 24 de enero de 1961, se produce un nuevo golpe militar, apenas tres meses después de la llegada al poder de la Junta Cívico- Militar. Este alzamiento cuenta con la bendición de la Embajada de los Estados Unidos, que ha buscado evitar que otro Gobierno "izquierdista", similar al Cubano, se consolide en territorio americano.

Un grupo de militares reunidos en el Cuartel San Carlos (1er Regimiento de Infantería) en forma coordinada con la Guardia Nacional, anuncian que han tomado el Poder y convocan a los principales jefes militares del país a una reunión en el Cuartel San Carlos. Se ordena la captura de los miembros de la Junta de Gobierno y de las principales figuras políticas del país. En Asamblea General, la Fuerza Armada elige a los dos militares que han de encabezar el nuevo Gobierno, estos son el Coronel Aníbal Portillo y el Teniente Coronel Julio Adalberto "Julión" o "El Burro" Rivera (éste último había participado en la fracasada insurrección militar de 1944 contra el Tirano Maximiliano Hernández Martínez).

Varias protestas a cargo de estudiantes, miembros de partidos políticos y obreros son disueltas a balazos por miembros del Ejército. René Fortín Magaña, Ricardo Falla Cáceres, y José María Méndez, apoyados por unos tres mil manifestantes en las cercanías del Cuartel "El Zapote", intentan llegar al cuartel "San Carlos", pero son interceptados y dispersados a tiros por elementos de la Guardia Nacional. Los miembros de la Junta son arrestados. En horas del mediodía, el recién formado Directorio Cívico – Militar emite su Primer Decreto, en el que anuncia que ha asumido los tres poderes del Estado. Además del Teniente Coronel Rivera y del Coronel Portillo, se integran a formar parte del Directorio, los doctores Francisco Valiente, José Antonio Rodríguez Porth y Feliciano Avelar. De los civiles, el más conocido es el Dr. Rodríguez Porth, *"un implacable defensor de los privilegios de los ricos"*. [5]

Casi inmediatamente, la recién inaugurada Administración de John F. Kennedy reconoce al nuevo Gobierno salvadoreño. El 26 de enero de 1961, salen del país con rumbo a Guatemala, los doctores Fortín Magaña y Falla Cáceres, junto con el Coronel Oscar Osorio. El Directorio promete respetar las fechas electorales establecidas por la depuesta Junta de Gobierno. En febrero de 1961, la Fuerza Armada lanza una ambiciosa

Proclama, mediante la cual se compromete a luchar por que se tomen medidas que alivien la difícil situación económica de la población y se implemente una verdadera reforma social en beneficio de la mayoría del pueblo.

JFK lanza su programa "Alianza para el Progreso" (Foto: LIFE)

## Presidente Kennedy propone su Alianza para el Progreso

El 13 de marzo de 1961, durante una recepción en la Casa Blanca a miembros del Congreso EEUU y miembros del cuerpo diplomático de las repúblicas latinoamericanas, el Presidente John F. Kennedy presenta un plan a largo plazo para transformar y modernizar las estructuras socio-económicas al sur del Río Grande. Durante su discurso, Kennedy propone que todas las naciones del continente se unan para convertir la década de los años Sesenta, en una "década histórica de progreso democrático", que elimine el hambre y la extrema pobreza que sufren las grandes mayorías latinoamericanas,

*"Throughout Latin America, a continent rich in resources and in the spiritual and cultural achievements of its people, millions of men and women suffer the daily degradations of poverty and hunger. They lack decent shelter or protection from disease. Their children are deprived of the education or the jobs which are the gateway to a better life. And each day the problems grow more urgent. Population growth is outpacing economic growth – low living standards are further endangered and discontent -- the discontent of a people who know that abundance and the tools of progress are at last within their reach -- that discontent is growing. In the words of Jose Figueres, "once dormant peoples are struggling upward toward the sun, toward a better life."*

*If we are to meet a problem so staggering in its dimensions, our approach must itself be equally bold – an approach consistent with the majestic concept of Operation Pan America. Therefore I have called on all people of the hemisphere to join in a new Alliance for Progress -- Alianza para Progreso --a vast cooperative effort, unparalleled in magnitude and nobility of purpose, to satisfy the basic needs of the American people for homes, work and land, health and schools -- techo, trabajo y tierra, salud y escuela.*

*First, I propose that the American Republics begin on a vast new Ten Year Plan for the Americas, a plan to transform the 1960's into a historic decade of democratic progress.*

*These 10 years will be the years of maximum progress-maximum effort, the years when the greatest obstacles must be overcome, the years when the need for assistance will be the greatest... ".*

## Crisis en el Gobierno: Dimiten Miembros del Directorio

El 6 abril de 1961, renuncian a sus cargos en el Directorio, los doctores Antonio Rodríguez Porth y Francisco Valiente, al no estar de acuerdo con la Proclama de los militares ni con las reformas sociales que está promoviendo el Coronel Rivera. La renuncia genera una crisis menor en el Gobierno. El Directorio nombra un nuevo Gabinete y se comienza a trabajar en la elaboración de una serie de nuevas leyes encaminadas a implementar las reformas sociales propuestas.

---

## El Asalto a Bahía de Cochinos, Cuba

El 17 de abril de 1961, más de 1400 exiliados cubanos lanzan una invasión contra Cuba, desembarcando en la Bahía de Cochinos al suroeste de la isla caribeña, buscando derrocar al régimen del comandante Fidel Castro. Las fuerzas invasoras han sido entrenadas en territorio guatemalteco por agentes de la CIA. La operación, financiada por el Gobierno norteamericano y organizada por la CIA, termina siendo un rotundo fracaso. Los invasores son abandonados a su suerte al decidir la Administración Kennedy retirar su apoyo militar a último momento. Los exiliados son barridos en las playas y los sobrevivientes capturados por Castro y su ejército revolucionario. La fallida invasión a la isla de Cuba, acercaría aún más al Gobierno de Fidel Castro con la Unión Soviética.

---

### Alianza para el Progreso comienza a ser asimilada

En San Salvador, el Directorio Militar empieza a adoptar rápidamente la filosofía de la Alianza para el Progreso. Para junio de 1961, el Coronel Rivera, durante la inauguración de un proyecto de vivienda, declara *"... en El Salvador, la explotación del hombre por el hombre ha terminado", haciendo una clara advertencia a los sectores reaccionarios, pero también advirtiendo a los izquierdistas, "... 'Nuestro pueblo', anunció, 'no quiere el dinero sangriento con el cual los comunistas planean consumar, aquí como lo han hecho en otras partes, sus campañas de agitación y demagogia.', En otra ocasión, se hizo eco de la premisa subyacente de la Alianza para el Progreso: ' Si nosotros no hacemos las reformas, los comunistas lo harán por nosotros' ".* [6]

No todos en El Salvador, ven con entusiasmo la iniciativa norteamericana. La oligarquía salvadoreña, considera que las reformas propuestas en la Alianza pueden afectar sus intereses y terminan rechazándola. La oligarquía-criolla lanza ataques contra el Presidente Kennedy a quien considera un "comunista" por querer impulsar su programa de reformas sociales en el país, y tilda al Presidente Rivera como el "Árbenz salvadoreño", ante la amenaza de que este impulse una posible reforma agraria.

## Propuesta de la Alianza para el Progreso en Uruguay

Los Estados Unidos promueven sistemáticamente la Alianza para el Progreso en toda la región, *"... donde los países latinoamericanos se comprometen a realizar en la década de los sesenta una serie de Reformas (Agraria, tributaria, crediticia) e impulsar programas sociales de salud, vivienda, educación, etc., y los EE.UU. se comprometen a proporcionar el dinero y la asistencia técnica."* [7]

En Agosto de 1961, durante una Conferencia Inter- Americana en Punta del Este, en el Uruguay, se formulan los detalles de la Alianza para el Progreso, que pretenden lograr un crecimiento anual del 2.5% en los ingresos per cápita, el establecimiento de gobiernos democráticos, una distribución más equitativa de los ingresos, un programa de reforma agraria, y la planificación económica y social adecuada. Los países Latinoamericanos, sin la presencia de Cuba que ha comenzado a ser aislada por vecinos, se comprometen a invertir $80,000 millones de dólares durante el transcurso de los próximos 10 años. Los Estados Unidos garantizan $20,000 millones de este fondo.

En la pequeña República de El Salvador, la situación es complicada, pues Estados Unidos tiene *"... cierta influencia en el Ejército salvadoreño, pero no suficiente para que los militares adopten entusiasmadamente su estrategia; la oligarquía, teniendo sus intereses fundamentalmente en la propiedad de la tierra y los bancos, se resiste a ese tipo de reformas aceptando a regañadientes medidas que no atentaban contra la estructura de la propiedad y control sobre los medios de producción y crédito (salario mínimo, cierto control gubernamental del Banco Central, reforma dialogada de los impuestos, etc.) y apoya decididamente la integración centroamericana como una 'salida' a los problemas de la falta de mercado interno y como una forma de canalizar sus ganancias hacia la industria."* [8]

## Surge un nuevo Partido "Oficial"

El 1 de septiembre de 1961, se crea el Partido de Conciliación Nacional PCN, en la Quinta Santa Teresita de los Planes de Renderos. Sus principales fundadores son además del Teniente Coronel Julio Adalberto Rivera, los señores Heriberto Puentes, Italo Giammatei y Vicente Vilanova, estos dos últimos habían sido miembros del recién creado PDC, del cual se habían retirado por divergencias con sus colegas. El PCN se auto- define desde un principio como *"el único partido nacional que podía 'conciliar' los variados intereses de la sociedad salvadoreña, un partido en el cual agricultores y campesinos, campesinos y obreros, soldados y civiles, todos podían encontrar un hogar".* [9]

### Elecciones y la Promulgación de una nueva Carta Magna

El 17 de diciembre de 1961, se celebran las elecciones para diputados a la Asamblea Nacional Constituyente, donde el PCN resulta fácil triunfador, adjudicándose todos y cada uno de los escaños de la Asamblea Constituyente. Los tres partidos de oposición existentes, el veterano Partido Acción Renovadora PAR, el Partido Demócrata Cristiano PDC, y el Partido Social Demócrata PSD (formado por el ex Presidente Oscar Osorio) se han unido para enfrentar al PCN, creando apresuradamente una coalición llamada Unión de Partidos Demócratas UPD. Una vez electa la Asamblea Constituyente, el Dr. Eusebio Rodolfo Cordón, es nombrado Presidente provisional de El Salvador para el período del 1° de enero al 1° de julio de 1962. El Dr. Cordón debe entregar el poder al vencedor de las elecciones presidenciales programadas para abril de 1962. La Constituyente pasaría en ese momento a convertirse en Asamblea Legislativa ordinaria y se mantendría funcionando hasta las próximas elecciones legislativas de 1964.

# 1962

### Nueva Constitución Política de 1962

El 16 de enero de 1962, tras haber sido elaborada apresuradamente por la Constituyente, entra en vigencia una nueva Constitución Política, que resulta ser casi idéntica a la de 1950. Entre los pocos cambios que incluye la nueva Carta Magna, están la reducción del período presidencial, de seis a cinco años.

### Elecciones Presidenciales de 1962

El 29 de abril de 1962, siendo candidato del recién formado Partido de Conciliación Nacional PCN, el Coronel Julio "Julión" Adalberto Rivera resulta electo Presidente de la República, llevando como compañero de fórmula al Dr. Francisco "Chico" Lima, un abogado con excelentes conexiones en los Estados Unidos, donde ha servido como Embajador, y con miembros de la oligarquía salvadoreña. El PCN triunfa sin mayores problemas, pues tanto el PDC como el PAR se abstienen de participar en la contienda electoral, denunciando irregularidades en el proceso y la amenaza de otro fraude como el de diciembre pasado. Con el Coronel Rivera, se inicia un nuevo período de gobiernos militares que controlarían los destinos de El Salvador durante 20 años más, en medio de fallidos intentos de reformas sociales, corrupción, y descalabro político, llevando al país a un grave conflicto interno a finales de 1979 .... vienen los tiempos de *Conciliación Nacional.*

## REFERENCIAS:

[1] Castellanos, El Salvador 1930- 1960, p.288

[2] Acevedo, Antecedentes históricos del Conflicto, Ajuste Hacia la Paz, p.48

[3] Ibid, p.48

[4] Webre, José Napoleón Duarte y el Partido Demócrata Cristiano, p.98

[5] Ibis, p.57

[6] Ibid, p.58

[7] Oscar Menjívar y Santiago Ruíz, "La transformación agraria en el marco de la transformación nacional", p.488, ECA No. 335/336 septiembre-octubre 1976, Año XXXI

[8] Oscar Menjívar y Santiago Ruíz, "La transformación agraria en el marco de la transformación nacional", p.488, ECA No. 335/336septiembre-octubre 1976, Año XXXI

[9] Webre, José Napoleón Duarte y el Partido Demócrata Cristiano, p.100

.

# LOS TIEMPOS DE CONCILIACION NACIONAL (1962- 1979)

## 4.13  EL CORONEL JULIO RIVERA y EL PRIMER GOBIERNO DEL PCN (1962- 1967)

Con la llegada al Poder del carismático y populista Coronel Julio Adalberto Rivera y el Partido de Conciliación Nacional, se inicia una nueva época en el país. Rivera gobernaría en medio de una aceptable bonanza comercial producida a raíz de la expansión del Mercado Común Centroamericano, los beneficios económicos de la *Alianza para el Progreso* de la Administración Kennedy, y los buenos precios internacionales del café.

El Gobierno de Rivera brindaría una mayor apertura política a los sectores de oposición, impulsando la adopción de un sistema de representación proporcional en la Asamblea Legislativa, e incrementando sustancialmente el presupuesto de la Universidad de El Salvador, ayudando a convertirla en una de las mejores instituciones de Educación Superior en la región.

Para las elecciones Presidenciales de 1967, por primera vez en la historia del país, un partido político deja atrás los "caudillismos" y ofrecería un verdadero programa de Gobierno que incluye profundas reformas económicas y sociales. Ante la amenaza al *status quo*, la oligarquía y el ejército se encargan de asustar a la población con el fantasma del

Comunismo.

# 1962
### Inician los Tiempos de Conciliación Nacional
El Teniente Coronel Julio Adalberto Rivera, victorioso en las elecciones presidenciales de abril de 1962, toma posesión del cargo el 1° de julio de 1962. El Dr. Francisco "Chico" Lima asume la Vice Presidencia de la República.

Desde el inicio de su gestión, al Presidente Rivera se le otorgó *"la confianza y favor del gobierno de los Estados Unidos y El Salvador recibió generosos fondos a través de su administración. La aprobación de Estados Unidos se debió, en parte, a que Washington reconoció que Rivera deseaba promover el desarrollo de El Salvador dentro de un contexto seguro, anticomunista, capitalista y progresivo. Además de su buena disposición para alinearse con la administración Kennedy en contra de Cuba y de promover las reformas sociales y económicas recomendadas, Rivera deleitó a los Estados Unidos restaurando el orden constitucional y permitiendo una participación política más amplia. Para algunos norteamericanos, Rivera parecía estar refutando diariamente la idea de que solamente la violencia y el autoritarismo podía lograr el desarrollo o controlar la expansión del comunismo."* [1]

### Gabinete de Gobierno del Presidente Julio Rivera
Coronel Fidel Sánchez Hernández, Ministro del Interior,
Ing. Eduardo Suárez Contreras, Ministro de Planificación,
Dr. Héctor Escobar Serrano, Ministro de Relaciones Exteriores,
Prof. Ernesto Revelo Borja, Ministro de Educación,
Dr. Ernesto Ramón Lima, Ministro de Salud Pública y Asistencia Social,
Coronel Marco Aurelio Zacapa, Ministro de Defensa,
Dr. Humberto Guillermo Cuestas, Ministro de Justicia,
Dr. Abelardo Torres, Ministro de Economía,
Ing. Julio Noltenius V., Ministro de Obras Públicas,
Ing. Salvador Jáuregui, Ministro de Agricultura,
Dr. Alvaro Marino, Ministro de Hacienda,
Dr. Alberto Ulloa Castro, Ministro de Trabajo y Previsión Social

---

### La Crisis de los Misiles Soviéticos en Cuba
El 14 de octubre de 1962, un avión espía U-2 de la Fuerza Aérea de los

Estados Unidos detecta la presencia de misiles balísticos intercontinentales soviéticos, que están siendo instalados en territorio cubano. Desde la fracasada invasión a Bahía de Cochinos en abril de 1961, Castro había pedido ayuda al Premier soviético Nikita Krhuschev para defenderse ante otro posible ataque.

Ante la presencia de los misiles nucleares (capaces de destruir las principales ciudades en la costa Este de los Estados Unidos), el 22 de octubre, el Presidente Kennedy ordena establecer un bloqueo naval contra la isla de Cuba y exige a Krhuschev el retiro inmediato del armamento nuclear. Tras tensos días en que parece que ambas super-potencias van camino a un conflicto nuclear, el 28 de octubre, el Premier soviético informa a Kennedy que las instalaciones nucleares en Cuba serán desmanteladas y los misiles retirados. El Presidente Kennedy se compromete a que los Estados Unidos nunca intentarán invadir a Cuba. Aunque no se sabría por muchos años, los norteamericanos también aceptan retirar sus propios misiles nucleares estacionados en Turquía, muy cerca de la frontera soviética. Las negociaciones entre soviéticos y norteamericanos, sin siquiera tomar en cuenta al Gobierno Cubano, enfurecen al Comandante Fidel Castro.

Durante la "Crisis de Octubre", se desarrollan en San Salvador mítines de apoyo a la Revolución Cubana. Varios miembros del Partido Comunista y el PRAM, entre ellos Antonio Velasco Iglesias y Raúl Castellanos Figueroa son capturados tras intervenir en los discursos en la Plaza Libertad.

# 1963
## El Código de Trabajo
El 22 de Enero de 1963, se promulga el Código de Trabajo, que regula las federaciones y confederaciones, así como los contratos ley. A pesar de representar un significativo avance en la lucha de los trabajadores, los códigos dejan fuera a los trabajadores domésticos y agrícolas.

Dr. Romeo Fortín Magaña      Dr. Napoleón Rodríguez Ruiz      Dr. Fabio Castillo Figueroa

## Elecciones para Nuevo Rector de la Universidad Nacional

En marzo de 1963, el médico fisiólogo, Dr. Fabio Castillo Figueroa, que participara como miembro de la Junta de Gobierno instalada tras el derrocamiento del Dictador Lemus, es electo nuevo Rector de la Universidad de El Salvador UES, para el período 1963- 1967. El Dr. Castillo, que se encontraba en el exilio desde los sucesos de 1961, inicia una profunda reforma universitaria que contempla la modernización, democratización y desarrollo de la educación superior. Gracias a su gestión, se retomaría el estudio de las Ciencias Naturales que habían desaparecido desde 1879; se traerían experimentados docentes extranjeros a formar nuevos profesionales. La Universidad Nacional, que entonces contaba únicamente con su sede central en San Salvador, crearía centros regionales en Santa Ana y San Miguel, antes del fin de la década; se completaría la construcción de una moderna Ciudad Universitaria equipada con excelentes edificios, laboratorios y bibliotecas; se cuadruplicaría la población estudiantil, pasando de 2,154 estudiantes en 1961, hasta tener 10,583 en 1971, brindando facilidades de ingreso a alumnos de escasos recursos económicos.

La amistad del Dr. Castillo con el Presidente Rivera, que databa desde los tiempos en que ambos combatieran a la Dictadura del General Hernández Martínez, ayudaría a que el Gobierno incrementara significativamente el presupuesto de la UES en los próximos años, convirtiéndola en una institución de gran prestigio en toda la región latinoamericana.

## Gobierno propicia cambios en la Ley Electoral

*"Honra a mi Gobierno esa iniciativa de ley, porque el sistema de elección proporcional contribuirá decididamente al afianzamiento de nuestra democracia, y hará que el cuerpo*

*representativo sea una mejor expresión de los deseos y concepciones de la voluntad popular."*

**Coronel Julio A. Rivera,** *Presidente de EL Salvador* [2]

El 1º de julio de 1963, durante su primer informe de Gobierno el Presidente Julio A. Rivera accede a las demandas de la oposición en cuanto establecer un sistema de representación proporcional en la Asamblea Legislativa, mediante el cual los partidos minoritarios puedan ganar algunos asientos en proporción a los votos obtenidos en las urnas (hasta entonces el partido que obtuviera la mayoría de los votos en cada Departamento de la República, se llevaba todos los escaños de dicho Departamento). El Decreto que reforma la ley electoral (Decreto No.365) introduciendo la elección proporcional en la asamblea legislativa es publicado el 14 de agosto de 1963.

---

**El Asesinato del Presidente Kennedy**

El viernes 22 de noviembre de 1963, el Presidente norteamericano John F. Kennedy muere asesinado a tiros durante un recorrido por la ciudad de Dallas, Texas. Su presunto asesino, el ex-marine Lee Harvey Oswald, es muerto de un tiro dos días después, a manos de un gangster llamado Jack Ruby. Lyndon B. Johnsson es juramentado como nuevo Presidente de los Estados Unidos apenas un par de horas luego del fallecimiento del Presidente norteamericano.

La noticia del Magnicidio conmovería sensiblemente al mundo entero, incluyendo por supuesto a El Salvador. Sin embargo, no todos lamentarían la muerte del Presidente, a quien la oligarquía -criolla, a través de su prensa amarillista liderada por los dos matutinos de mayor circulación, había tildado de ser un "comunista". Para Latinoamérica, la muerte de Kennedy tendría un sabor doblemente amargo, pues aunque su sucesor declararía que mantendría su apoyo al programa "Alianza para el Progreso", la substancial ayuda financiera prometida por Kennedy iría desapareciendo en los siguientes años, en gran parte debido al creciente involucramiento militar de los Estados Unidos en la convulsionada y remota república del Vietnam, en el sur-este asiático.

---

**Gobierno crea la Administración de Telecomunicaciones**

En septiembre de 1963, se crea la Administración Nacional de

Telecomunicaciones ANTEL, con el objetivo de mejorar los servicios telefónicos e impulsar el desarrollo de las telecomunicaciones en todo el país. ANTEL tiene como primer Presidente al Coronel Mario Guerrero.

# 1964

## Se crea la Paramilitar Agrupación ORDEN

En 1964, el Presidente Rivera y el General José Alberto Medrano, Director de la Guardia Nacional, crean un cuerpo paramilitar llamado Organización Democrática Nacionalista ORDEN. Su objetivo era *"... la actividad antirrevolucionaria de diversa clase, particularmente entrenamiento impartido por la Guardia Nacional para operaciones militares antiguerrilleras".* [3]

ORDEN, llego a contar entre sus filas a miles de campesinos, a quienes el pueblo llegó a bautizar como "orejas" o soplones. Estas fuerzas paramilitares apoyarían a la Guardia Nacional en el "mantenimiento" del orden en las zonas rurales del país, hasta que fuera disuelta a finales de 1979, ante señalamientos de ser responsable de graves violaciones de los derechos humanos.

## Elecciones para Diputados en 1964

En marzo de 1964, se realizan las elecciones para diputados a la Asamblea Legislativa. Esta es la primera vez que se pone a prueba el sistema de representación proporcional, que permitiría a los partidos minoritarios obtener alguna representación en el cuerpo legislativo, dependiendo de los votos recibidos. Pocos días antes de la elecciones, el Presidente Rivera había convocado a representantes de los partidos participantes, para asegurarles que las elecciones serían completamente libres y que no habrían presiones ni intromisiones de ningún tipo por parte de los cuerpos de seguridad ni del Ejército. A la reunión asisten: Don Guillermo Ungo padre, Dr. Abraham Rodríguez, e Ing. Napoleón Duarte por el Partido Demócrata Cristiano PDC; Agustín Alvarenga y José Ramírez Avalos por el Partido Acción Renovadora PAR; y el Dr. Francisco "Chachi" Guerrero, por el Partido de Conciliación Nacional PCN.

**Napoleón Duarte es juramentado como Alcalde**

(1964, Fuente: Autobiografía de J.N. Duarte)

El PDC obtiene el triunfo en las elecciones para consejo municipal de San Salvador, al ser electo el carismático Ing. José Napoleón Duarte como nuevo Alcalde, derrotando a Oscar Eusebio Argueta del PCN y al Dr. Gabriel Piloña Araujo del PAR. El triunfo en la Alcaldía capitalina, significa la primera victoria política de importancia que los Demócrata Cristianos obtienen desde su creación en 1960.

| Resultados de las Elecciones Legislativas de 1964 | | | |
|---|---|---|---|
| Partido | Total de Votos Válidos | No.Diputados | Porcentaje |
| PCN (Partido de Conciliación Nacional) | 173,620 | 32 | 58.6% |
| PDC (Partido Demócrata Cristiano) | 77,315 | 14 | 26.1% |
| PAR (Partido Acción Renovadora) | 45,499 | 6 | 15.3% |
| | 296,434 | 52 | 100% |

Fuente: Base de datos Políticos de las Américas. (1999) El Salvador : Elecciones a la Asamblea Legislativa/ Legislative Assembly Elections 1964. [Internet]. Georgetown University y Organización de Estados Americanos OEA. En: http://www.georgetown.edu/pdba/Elecdata/ElSal/saleg64.html 29 de octubre 2001.

## El Viaje del Rector Castillo a Moscú

En los meses de mayo/ julio 1964, el Rector de la Universidad de El Salvador, Dr. Fabio Castillo Figueroa, junto con el Dr. Guillermo Manuel Ungo, como colaborador de la Rectoría, viajan a Europa, haciendo escala en el Reino Unido, Francia, Alemania y la URSS. El viaje de los funcionarios de la Universidad estrechando lazos académicos con distintos países europeos, no habría trascendido de no ser porque el Dr. Castillo firma con la Universidad de Lomonosov, en Moscú, un acuerdo amplio para realizar intercambios académicos y científicos. El acuerdo es firmado con el Rector de la Universidad soviética, Dr. Ivan Petrovsky, y el Vicerrector K. Ivanov, y ratificado por el Consejo Superior Universitario de la UES, el 24 de julio de 1964. Además, durante el viaje, el Rector Castillo logra, entre otros acuerdos, conseguir un determinado número de becas de parte del Consejo de Educación Británico, y el Ministerio de Cooperación Económica de Alemania, ofrece amplia ayuda en equipos para los laboratorios de Física, Química, Biología y Ciencias Naturales. Al regreso de la Comitiva académica de la UES, el Coronel Fidel Sánchez Hernández, Ministro del Interior, anuncia que no permitirá el ingreso al país de los profesores soviéticos. Ante la negativa del Ministro, el Rector Castillo lo invita a debatir públicamente en televisión, las razones por las cuáles se objeta la entrada de los docentes.

EL RECTOR CASTILLO y EL MINISTRO SANCHEZ HERNANDEZ, a la izq. el joven RAFAEL MENJIVAR

## Debate Televisivo entre el Rector de la UES y el Ministro de Defensa

El 30 de julio de 1964, por primera vez en la historia nacional, se lleva a cabo un debate político en la televisión salvadoreña, al desarrollarse una discusión entre el Dr. Fabio Castillo, Rector de la UES, con el Coronel Sánchez Hernández, Ministro del Interior, quien cuenta con la autorización del Presidente Rivera. El Rector defiende su visita a la Unión Soviética: *"La visita que hice a la URSS fue con la posibilidad de establecer relaciones culturales, académicas y científicas con la Universidad de Moscú... ... La Universidad tiene el derecho de establecer relaciones con todas las universidades del mundo, como gozan todas, excepto las de los países de Latinoamérica ..."*

Los argumentos del Ministro Sánchez son categóricos: *"El Gobierno no interviene en las actividades de la Universidad. Pero el Gobierno tiene el derecho, de acuerdo a la Constitución, de velar por la seguridad del Estado... ... El Gobierno no se opone a la investigación científica, se opone al ingreso de actividades comunistas..."* [4]

A los docentes soviéticos no se les permitiría jamás la entrada al territorio nacional. El debate televisivo, lejos de calmar los ánimos, encendería las pasiones y los ataques cada vez más virulentos contra la Universidad Nacional, de parte de las fuerzas conservadoras más recalcitrantes de la oligarquía criolla y del Ejército. Los sectores burgueses presionarían al Gobierno para que permitiera la creación de universidades privadas, donde sus hijos e hijas no fueran contaminados con ideas foráneas, subversivas y comunistas.

## Autoridades Universitarias Respaldan Convenio con Rusia

En agosto de 1964, el Consejo Superior Universitario, máxima autoridad académica de la Universidad de El Salvador emite un acuerdo dando su completo apoyo al Convenio con la Universidad de Lomonosov. Dos meses después, en octubre la Asamblea General Universitaria, integrada por las autoridades y los sectores docente y estudiantil de la UES, daría su respaldo al Rector Castillo y al Convenio con los académicos soviéticos. Sin embargo, no todos dentro de la Universidad están de acuerdo con lo que ocurre en su interior.

## Crisis Dentro del PCN

El Dr. Francisco Lima, Vicepresidente de la República, renuncia en 1964 al cargo de Embajador en los Estados Unidos, *"acusando al gobierno de Rivera de insensibilidad ante el compromiso con los pobres"*. [5]

El Dr. Lima es expulsado del PCN, pero mantiene su cargo de Vicepresidente, dedicándose frecuentemente a criticar a su propio gobierno.

**Empiezan los Problemas Internos en la UES**
El 20 de noviembre de 1964, el Decano de la Facultad de Ingeniería, Ing. Roque Molina, y varios docentes se declaran "independientes" de la Universidad de El Salvador. La acción es declarada ilegal por el Consejo Superior Universitario y éste aprueba el nombramiento del Ing. Enrique Cuellar como nuevo Decano, quien había sido propuesto por estudiantes que se habían tomado violentamente las instalaciones de la facultad.

# 1965

### Fuerte terremoto Destruye parcialmente la Ciudad Capital
Al amanecer del 3 de mayo de 1965, aproximadamente a las 4:00am, tras una serie de temblores que se habían sentido desde el mes de febrero, ocurre en San Salvador un fuerte terremoto. El epicentro del sismo, *"... se ubicó a 10 km del Centro de San Salvador [en la zona de San Marcos] y el foco de profundidad de 8 km. La magnitud se estimó como de 6 a 6¼ [en la escala Richter], no hubo registros del terremoto, pero con cálculos que hicimos con el Dr. Rosenblueth, con métodos indirectos obtuvimos una aceleración de 0.76g."* [6]

Además de la ciudad capital, el terremoto afectó principalmente a las poblaciones de Soyapango, Mejicanos, Ilopango, Santo Tomás, y San Marcos.

Durante el terremoto, se *"registraron 120 muertos y 500 golpeados de gravedad. Ocho aviones del Comando Sur de los E.U.A. trajeron víveres y equipo para 5,000 damnificados.*

*La mayor parte de casas colapsadas fueron las antiguas casas de bajareque. Las de Hormigón armado y Sistema Mixto soportaron bastante bien la conmoción, exceptuando unos edificios de varios pisos como el de la Facultad de Ingeniería y Rectoría de la Universidad de El Salvador; la Federación de Cajas de Crédito, el Edificio Comercial Rubén Darío y otros que sufrieron daños quedaron en pie.*

*La Alcaldía Municipal prohibió las reparaciones de casas y edificios y el Poder Ejecutivo decreto 3 días de duelo.*

*Se calculó en 3 millones de colones las pérdidas materiales.*

*Con este van 24 terremotos en la ciudad capital, con intervalos de 2 a 79 años. El Alcalde Municipal de ese entonces, Ing. José Napoleón Duarte dio la orden de no reparar las casas y edificios dañados como el Edificio Darío y otros hasta que fueran revisados, por los daños sufridos, y no se cumplió."* [7]

A raíz del sismo, el Gobierno salvadoreño invita al Dr. Emilio Rosenblueth, experto científico mexicano, y a otros expertos a realizar estudios sobre la magnitud y origen del sismo, puesto que a la fecha no existían en el país instrumentos de medición e investigación en el área. El Dr. Rosenblueth propone al Gobierno la adopción temporal del Código de Diseño Sísmico de Acapulco, Guerrero, para ser adoptado en futuras construcciones, mientras el país elabora su propio código y reglamentos.

### Fundan la Universidad Centro Americana "José Simeón Cañas"

El 24 de marzo de 1965, la Asamblea Legislativa aprueba el anteproyecto de Ley de Universidades Privadas (Decreto Legislativo No.244, publicado en el Diario Oficial del 30 de marzo). En septiembre de 1965, se funda la *Universidad Centro Americana "José Simeón Cañas"*, así nombrada en honor del prócer salvadoreño que propusiera la abolición de la esclavitud. Una vez aprobados sus estatutos (por Acuerdo Ejecutivo No.06173, del 1 de septiembre de 1965, publicado en el Diario Oficial, el 13 de septiembre de ese año), se instala una Junta de Directores compuesta por cinco sacerdotes jesuitas. La inauguración oficial de la nueva Universidad ocurre el 15 de septiembre. A principios de 1966, dan inicio las clases en las instalaciones de la Iglesia Don Rúa, contando con 357 estudiantes. De esta forma, la UCA se convierte en la primera universidad privada del país, iniciando sus labores educativas con tres Facultades: Economía, Ingeniería Industrial (con especialidades en las áreas de eléctrica, química y mecánica), y Ciencias del Hombre y la Naturaleza (esta última fue fundada hasta 1969, ofreciendo las carreras de letras, psicología y filosofía). La UCA, dirigida por sacerdotes jesuitas, había surgido en buena medida debido a la *"inquietud entre algunos sectores de la élite económica y de la Iglesia respecto a la 'influencia marxista' ..."* [8] en la Universidad Nacional, que había comenzado a tener cada vez más presencia en la vida política nacional.

# 1966

### Campaña Sucia contra la Universidad Nacional

A principios de 1966, las autoridades de la Universidad de El Salvador se enteran  que por orden del Ministro del Interior, varias obras solicitadas por la Librería Universitaria han sido confiscadas por ser consideradas "propaganda comunista". Las 8 obras "rojas" detenidas en el correo son: "El Capital", de Carlos Marx; "La Historia de las Religiones", de Ambrogio Donini; "Manual del Materialismo Histórico", de Konstantinov; y 5 tomos de la "Enciclopedia Popular".

La noticia del decomiso es distorsionada maliciosamente en artículos del Diario de Hoy del 28 de abril de 1966, donde se "informa" a la opinión pública que "La Universidad importa propaganda roja" y que "continuos decomisos de material subversivo son realizados en las Oficinas de Correos Nacionales".

El 4 de marzo de 1966, el Rector Fabio Castillo, envía carta al Coronel Sánchez Hernández, Ministro del Interior, pidiéndole rectificar el "atropello":

*"...Entiendo, Sr. Ministro, que la humanidad ya vivió sus siglos XV, XVI, y XVII con todo su lastre de persecuciones, de inquisición, de quemas de libros y autores en las hogueras europeas y americanas. Es, desde todo punto de vista inconveniente y totalmente inútil, tratar de revivir la inquisición, aunque no niego que nosotros la estamos sufriendo.*

*Vuelvo a repetir a usted, aquello que le exprese en una nota hace aproximadamente dos años: tratar de impedir por la censura la lectura de ninguna clase de libros es imposible (está demostrado históricamente). Las ideas no pueden detenerse en las fronteras y aduanas. Las ideas no usan pasaporte y es inútil que usted ponga retenes para pararlas en los caminos.*

*La actitud de su Secretaría al ordenar el decomiso de tales libros, viola elementales derechos humanos y leyes naturales, además de constituir una nueva violación de los derechos universitarios y de la autonomía universitaria que usted en más de una oportunidad ha violado flagrantemente, tal como lo hice ver en oportunidad anterior.*

*Le suplico al señor Ministro, que medite qué sucederá en nuestra sociedad si cada uno de nosotros tratase de impedir que los demás leyesen libros que contienen ideas con las cuales nosotros no estamos de acuerdo. Le suplico igualmente, que medite sobre la significación del acto cometido por la Oficina de Correos y que compare esa actitud de censura con las persecuciones inquisitoriales de los siglos XV, XVI, y me diga si encuentra alguna diferencia.*

*En consecuencia, Señor Ministro, le pido que gire sus instrucciones inmediatas para que se corrija este incalificable atropello de que es víctima no solamente la institución sino la ciudadanía salvadoreña*

*Atentamente*

*"Hacia la Libertad Por la Cultura"*

*Fabio Castillo, Rector"* [9]

## Elecciones para Diputados en 1966

En 1966, se celebran en El Salvador las elecciones municipales y legislativas. Aunque hay señalamientos de abusos e irregularidades, la oposición logra obtener casi el 40% de los escaños para diputados y varias alcaldías pequeñas. El Ing. José Napoleón Duarte vuelve a ganar la Alcaldía de San Salvador. Participa en la contienda electoral, el recién creado Partido Republicano de Evolución Nacional PREN, que al no haber conseguido la mínima cantidad de votos requeridos en las elecciones de 1966 termina desintegrándose. Igualmente, participa un pequeño partido de ultra-derecha llamado Partido Popular Salvadoreño.

| Resultados de las elecciones legislativas de 1966 | | | |
|---|---|---|---|
| **Partido** | **Total de Votos Válidos** | **No. Diputados** | **Porcentaje** |
| **PCN** | **206,005** | **32** | **53.49%** |
| PDC | 120,145 | 15 | 31.22% |
| PAR | 26,674 | 2 | 6.92% |
| PREN | 22,941 | 2 | 5.96% |
| PPS | 9,300 | 1 | 2.41% |
| TOTAL | 385,065 | 52 | 100.00% |

Fuentes: Rubén Zamora, "¿Seguro de vida o Despojo? Análisis político de la transformación agraria, ECA No.335-336, Septiembre- Octubre 1976, Año XXXI, p.514; Alistair White, El Salvador, p.261; y Stephen Webre, José Napoleón duarte y el PDC, p.117.

# 1967

## La Campaña Presidencial de 1967

Para las elecciones del 5 de marzo 1967, el Presidente Rivera ha escogido al General Fidel Sánchez Hernández, como su candidato presidencial, la propuesta es ratificada poco después por la cúpula del PCN. El Partido Demócrata Cristiano PDC postula a su Secretario General, el Dr. Abraham Rodríguez, como candidato a la Presidencia, y al Ing. Mario Pacheco como candidato a la Vicepresidencia. Su programa de gobierno se centra en temas que contemplan el desarrollo humano, la familia, y la eficiencia administrativa.

Por su parte, el Partido de Acción Renovadora PAR, lleva como candidato al Dr. Fabio Castillo Figueroa, el ex Rector de la Universidad de El Salvador. El PAR propone un verdadero programa de Reforma Agraria, que consiste en *"la expropiación de la tierra que excediera 150 manzanas en propiedad individual, pagándole en dinero o en bonos con vencimiento de casi veinte años, la tierra sería distribuida en lotes de 6 manzanas a quienes la cultivaban o a quienes cultivaban otras tierras que no eran de su propiedad pero no expropiadas; las tierras para el café, algodón y caña de azúcar serían cultivadas por 'asociaciones económicas' fundadas por individuos privados o por el Estado, de modo que las unidades productivas no fueran divididas".* [10]

El programa de Gobierno del PAR, incluye otras reformas consideradas "radicales" por la ultra derecha salvadoreña: mayor inversión en obras públicas para disminuir el desempleo, mayor inversión en viviendas, controles en los precios de las medicinas, etc.

Mitin del PAR en la Plaza Libertad

El PAR se convierte en víctima de una intensa campaña de desprestigio y ataques. Sectores extremistas de la oligarquía-criolla presionan al Gobierno de Rivera para que prohíba la participación del PAR en la contienda electoral, argumentando que la Constitución de la República no permite la actividad comunista en el país. Los principales medios de comunicación se confabulan para bloquear la propaganda proselitista del PAR. El folleto que habla sobre la propuesta de Reforma Agraria, titulado "Todos los nunca se llegan", se tiene que imprimir en el extranjero ante la negativa a que sea impreso en el país.

En San Vicente, el obispo Pedro Arnoldo Aparicio y Quintanilla lanza una condena pública contra la dirigencia del PAR, llegando al extremo de amenazar con excomulgar a cualquier persona que se incorpore a esta agrupación política.

Según narra el investigador norteamericano Alistair White, el PAR *"fue seriamente obstaculizado en la elección presidencial de 1967, habiéndosele negado el acceso a los medios de comunicación y el libre tránsito de sus partidarios durante la campaña. Se usaron rudas tácticas de terror anticomunistas con el PAR, con carteles que decían PAR = Comunismo= Muerte. Y las iniciales del partido se emplearon para formar la palabra "PAR...edón"* [11]

El ultraderechista Partido Popular Salvadoreño PPS, propone al Mayor retirado Álvaro Martínez, quien además de haber sido miembro del ejército es también un terrateniente cafetalero, que ha trabajado para la Compañía Salvadoreña del Café como gerente. El Mayor Martínez lleva al Dr. Agustín Alvarenga como compañero de fórmula. Alvarenga había sido miembro del PAR hasta el triunfo de la línea izquierdista del Dr. Fabio Castillo, cuando decide abandonar al partido y formar el PPS en 1966. El candidato oficialista Sánchez Hernández concentra sus ataques no contra el PDC, supuestamente su principal contendiente, sino contra el Dr. Fabio Castillo y el PAR, acusándolos de pertenecer al comunismo internacional.

| Resultados de la Elecciones Presidenciales de 1967 | | | |
|---|---|---|---|
| **Partido Político** | **Candidato** | **Votos Válidos Recibidos** | **Porcentaje** |
| PCN | Coronel Fidel Sánchez Hernández | 267,447 | 54.4% |
| PDC | Dr. Abraham Rodríguez | 106,358 | 21.6% |
| PAR | Dr. Fabio Castillo Figueroa | 70,978 | 14.4% |
| PPS | Mayor Alvaro Martínez | 47,111 | 9.6% |
| | | 491,894 | 100.00% |

Fuente: Rubén Zamora, "¿Seguro de vida o Despojo? Análisis político de la transformación agraria, ECA No.335-336, Septiembre- Octubre 1976, Año XXXI, p.514; y Alistair White, El Salvador, p.259, 261.

En las elecciones del marzo de 1967, el PCN recibe más del 54% de los votos válidos, mientras que en segundo lugar quedan Abraham Rodríguez y el PDC, con apenas un 22%. La campaña del PCN de la "psicosis del miedo" ante la presunta amenaza comunista, como la había llamado el Dr. Abraham Rodríguez, había triunfado y el Partido oficial se encaminaba a cinco años más de gobierno.

## REFERENCIAS

[1] Stephen Webre, José Napoleón Duarte y el Partido Demócrata Cristiano, p.100

[2] 1er Informe de Gobierno del Presidente Julio Rivera, julio 1º de 1963

[3] White, El Salvador, p.265

[4] La Prensa Gráfica, 1o. de agosto de 1964

[5] Webre, José Napoleón Duarte y el PDC, p.118

[6] Colindres Selva, Notas sobre los Terremotos en El Salvador, p.7

[7] Rogelio Monterrosa Sicilia, Guerra y Terremoto en El Salvador 1980 – 1986, p.20-21

[8] White, El Salvador, p.305

[9] Universidad de El Salvador, "La Universidad y el Diario de Hoy", p.64-65

[10] White, El Salvador, p.257

[11] Ibid, p.268

# 4.14 EL PERIODO PRESIDENCIAL DE FIDEL SANCHEZ H. (1967- 1972)

"Aspiramos al poder ¿Para qué? – Bien podría yo, compañeros de UNO y convencionistas Demócratas Cristianos, extenderme en estadísticas para pintar con caracteres aparentemente técnicos el cuadro deprimente de nuestra realidad, pero me abstendré de hacerlo porque más elocuente que las cifras es la dramática situación en que vive la mayoría de los salvadoreños; el obrero sin trabajo, el agricultor sin crédito y cargado de impuestos, el campesino sin tierra, el oficinista sin empleo, el niño sin escuela, el maestro sin sueldo, el ama de casa que no puede hacer nada frente al aumento del costo de la vida, el padre de familia sin techo, la madre sin salud, el comerciante sin compradores, el joven sin futuro."

Aunque no han hecho nada para resolver los grandes problemas del país, los mismos Ministros de Estado se ven obligados año con año a reconocer esta situación en las memorias que presentan a la Asamblea Legislativa. Vivimos en una hora en que como se ha dicho con tanta insistencia, América Latina está a las puertas de una segunda revolución, en que los pueblos luchan por salir de la miseria, la ignorancia, la desnutrición y la dependencia económica, política y cultural. En este momento se nos plantea a los salvadoreños este mismo reto por lo que pedimos al pueblo que se una, que se organice cada vez mejor, que adquiera plena conciencia   de su papel en la lucha política y se disponga a dar con nosotros la batalla contra las fuerzas que lo oprimen y lo explotan, contra la imposición y el fraude electoral, contra la violencia represiva que se cierne sobre nuestra patria.

Si hoy se me pidiera que lo expresara en pocas palabras[el programa de Gobierno de la UNO] yo diría: En lo político: la vigencia y vivencia de una democracia real; en lo social: la organización del pueblo para la solución de sus propios problemas; en lo económico: no vamos a destruir riqueza para repartir miseria, vamos a crear riqueza para hacer justicia".

— **Ing. José Napoleón Duarte**, parte del discurso que pronunciara cuando fue electo candidato presidencial por la Unión Nacional Opositora UNO, publicado en La Prensa Gráfica, el 27 de octubre de 1971.

# 1967

## Toma de posesión del General Sánchez Hernández

El 1° de julio de 1967, asume la Presidencia de la República el General Fidel Sánchez Hernández. El Dr. Humberto Guillermo Cuestas, es juramentado como nuevo Vicepresidente. Sánchez Hernández llega a Casa Presidencial, luego de una tensa y sucia campaña electoral, en la que el principal contendiente, el Partido Acción Renovadora PAR y su líder Dr. Fabio Castillo, son tildados de "comunistas" por la Oligarquía y un amplio sector del Ejército, que busca atemorizar a la población. El Presidente Sánchez Hernández impulsaría su propio programa de Reforma Educativa (que incluía la novedosa idea de Televisión Educativa) y un modesto plan piloto de "Reforma Agraria".

## Gabinete de Gobierno del Presidente Sánchez Hernández

Dr. Enrique Mayorga Rivas, Secretario de la Presidencia,
Coronel Fidel Torres, Ministro de Defensa,
Dr. Rafael Glower Valdivieso, Ministro de Economía, (Alfonso Rochac, 1968; Armando Interiano, 1969)
Francisco Peña Trejo, Ministro de Justicia, (Rafael Ignacio Funes, 1969)
Ing. Enrique Cuellar, Ministro de Obras Públicas,
Ing. Enrique Alvarez Córdova, Ministro de Agricultura y Ganadería,
Ing. Walter Béneke, Ministro de Educación,
Vicente Amado Gavidia Hidalgo, Ministro de Hacienda,
Dr. Humberto Guillermo Cuestas, Ministro del Interior,
Dr. José Francisco Guerrero, Ministro de Relaciones Exteriores

**El "Ché" Legendario**

## La Muerte del Che Guevara

El 8 de octubre de 1967, la noticia de la captura y muerte de médico revolucionario Ernesto "Che" Guevara en Bolivia, sacude al mundo. El legendario "Che" es emboscado, hecho prisionero y luego fusilado por el ejército boliviano en el pequeño poblado de La Higuera. El médico argentino se había convertido en un símbolo de la juventud revolucionaria latinoamericana y pasaría ahora a ser permanente inspiración de la lucha contra las dictaduras militares latinoamericanas y contra el "imperialismo" norteamericano.

### Primera Gran Huelga General de ANDES

A finales de octubre de 1967, la Asociación Nacional de Educadores Salvadoreños ANDES (que había sido fundada en 1965 y cuyos Estatutos fueran aprobados el 21 de junio de 1967) se declara en huelga general exigiendo mejoras salariales y la aprobación del propuesto Instituto Magisterial de Prestaciones Sociales IMPRES.

Para entonces, los maestros y educadores habían *"tomado conciencia que heredaban la sumisión política e ideológica de los regímenes militares. El partido oficial (Pro-Patria 1932, PRUD 1950, y PCN 1961- 79) los humillaba obligándolos a pronunciarse y desfilar como Frentes Magisteriales apoyando incondicionalmente a los candidatos en los procesos electorales a cambio de prebendas y algunos privilegios (plazas, traslados, aumentos salariales, etc)."* [1]

Además, ANDES rechaza tajantemente la reforma educativa que estaba siendo desarrollada por el Ministro de Educación Walter Béneke. Muchos maestros temían el proyecto de Televisión Educativa que consideraban los dejaría sin empleo. La huelga en la que participan cerca de 80,000 simpatizantes, dura hasta el mes de febrero de 1968. Aunque no consigue que se cree el IMPRES, el gremio de educadores *"alcanza tres logros importantes: respeto por el gremio, poner al descubierto el origen de su explotación y de otros sectores, además la elevación de una conciencia colectiva hacia un proceso irreversible de liberación. ANDES puso al descubierto la crisis del sistema educativo nacional"*. [2]

Durante los días 26, 27 y 28 de marzo de 1968, ocurren manifestaciones de protesta en San Salvador en apoyo a ANDES, que terminan siendo violentamente reprimidas por la Guardia Nacional, comandada entonces por el General "Chele" Medrano. Surge en este período la "Mano Blanca", un grupo paramilitar que comienza a intimidar y amenazar a muerte a los sindicalistas. La madrugada del 28 de marzo, supuestos Guardias Nacionales asesinan a líder obrero Saul Santiago Conteras, que fuera capturado el 26 por la noche mientras formaba parte de los manifestantes en la Cartonera Centroamericana, carretera a Ilopango. Junto con él habían sido arrestados decenas de maestros y estudiantes. El cuerpo de Contreras mutilado y salvajemente golpeado es arrojado a una calle de la Colonia Zacamil, desde un Jeep de la Guardia Nacional. Otro dirigente obrero Oscar Gilberto Martínez también sería torturado y asesinado.

# 1968

### Elecciones para Diputados en 1968

En las elecciones legislativas de 1968, el PDC logra llegar a 19 escaños en la nueva Asamblea, mientras que un nuevo partido de orientación social-demócrata creado en 1965, llamado Movimiento Nacional Revolucionario MNR, alcanza a ocupar dos asientos en legislatura. Sin embargo, el PCN mantiene el control de la Asamblea al obtener 27 curules. El PAR había sido finalmente proscrito por el Gobierno, luego de las elecciones presidenciales de 1967.

### Presidente Johnson Visita El Salvador

El 7 de julio de 1968, el Presidente norteamericano Lyndon B. Johnson llega a San Salvador en visita oficial donde se reúne con los mandatarios de la región. La agenda tratada por los mandatarios incluye las reformas a la Carta de Constitución de la Organización de Estados Centroamericanos ODECA, para tratar de poner fin a las diferencias limítrofes entre varias naciones. Además, el Presidente Johnson plantea el interés de su país de continuar con el programa de la "Alianza para el Progreso", iniciada durante la Administración Kennedy. Durante la breve estancia del Presidente norteamericano, se realizan protestas en San Salvador principalmente por la presencia militar estadounidense en Vietnam, pero además por la presencia del Presidente López Arellano de Honduras (país en el que ya había ocurrido varios incidentes de acosamiento contra los salvadoreños residentes en esa nación) y del dictador nicaragüense Anastasio Somoza Debayle.

Julio 6, 1968. Lyndon Johnson y el coronel Fidel "Tapón" Sánchez Hernández ofrecen una conferencia de prensa(Foto: LBJ Library)

**El Salvador en los Juegos Olímpicos de México 68**
Entre el 12 y el 27 de octubre de 1968, se celebran en México los XIX Juegos Olímpicos de Verano. Para El Salvador, es la primera vez que una Selección Nacional de Fútbol (principal deporte practicado en el país) clasifica a un torneo olímpico. El equipo Nacional tiene una muy modesta participación al perder con Hungría 0-4, con Israel 1-3, y apenas empatar con la débil representación de Ghana 1-1. El plantel de jugadores que participa en los juegos olímpicos, serviría de base del equipo nacional que lograría clasificar por primera vez en la historia a un Mundial de Fútbol.

**El Salvador enfrenta a Honduras en la Ruta a la Copa del Mundo**
Durante el torneo de clasificación al Mundial México 70 por la zona

CONCACAF (Confederación Norte, Centroamericana y del Caribe), deben enfrentarse El Salvador contra Honduras, y Estados Unidos contra Haití, para resolver quien será el único participante al Mundial. En el primer partido de ida, el 8 de junio de 1969, El Salvador viaja a Tegucigalpa, Honduras, perdiendo contra los hondureños 0-1, por un gol del defensor Welsh. Este sería el último partido en la selección salvadoreña del brillante jugador migueleño Juan Francisco "Cariota" Barraza. El 15 de junio, se realiza el juego de vuelta en el Estadio Flor Blanca, en San Salvador. Esta vez, El Salvador logra una clara victoria de 3 – 0, con dos goles de "Mon" Martínez y uno de Elmer Acevedo. Con este resultado, se empata la serie, por lo que la FIFA determina se efectúe un último partido definitorio en cancha neutral. Finalmente, el 27 de junio de 1969 se juega en el Estadio Azteca el tercer juego para definir quien pasa a la siguiente ronda. Durante los 90 minutos de tiempo reglamentario, el partido finaliza empatado 2-2, con dos goles de "Mon" Martínez por los salvadoreños, y dos goles del hondureño "Chula" Gómez. En el tiempo extra, Mauricio "Pipo" Rodríguez anota el definitivo tercer gol salvadoreño, dando la victoria al cuadro cuzcatleco. El Salvador pasa así a la siguiente ronda, a enfrentar al equipo de Haití, que ha derrotado en dos encuentros a los Estados Unidos.

# 1969
## Estalla la "Guerra del Fútbol" entre El Salvador y Honduras

*"¿Cómo es posible que un hombre pueda caminar con seguridad por la superficie de la luna y no pueda, por su nacionalidad, caminar sin peligro por las veredas de Honduras?"*
— *Fidel Sánchez Hernández, 1969*

El 14 de julio de 1969, antes de que la Comisión Interamericana de Derechos Humanos se haya pronunciado sobre denuncias del Gobierno salvadoreño acerca de violaciones a los derechos de los inmigrantes cuzcatlecos en territorio hondureño, se desata el conflicto armado entre El Salvador y Honduras. El breve enfrentamiento entre las dos repúblicas, llegaría ser conocido mundialmente como "La Guerra del Fútbol", argumentándose que habían iniciado a causa de los encuentros clasificatorios para el torneo México '70. (Tanto la prensa amarillista hondureña y salvadoreña, así como la prensa internacional, habían explotado incidentes ocurridos durante los partidos de fútbol, avivando los sentimientos nacionalistas y el odio entre los países vecinos).

Al anochecer del día 14 de julio, la pequeña Fuerza Aérea salvadoreña bombardea el aeropuerto de Toncontín, en Tegucigalpa. El ejército salvadoreño penetra rápidamente en territorio hondureño atacando en dos grandes frentes. Durante el ataque a la región occidental, llega a ocupar las ciudades de Nueva Ocotepeque y Santa Rosa de Copán, mientras que el frente centro-oriental avanza con rumbo a Tegucigalpa. Honduras contraataca bombardeando los tanques de petróleo en Acajutla y Cutuco, así como el aeropuerto de Ilopango. La guerra dura cuatro días, hasta que finalmente el avance salvadoreño es detenido por intervención de la Organización de Estados Americanos OEA y el Gobierno de los Estados Unidos, que logran imponer un cese al fuego. Se estima que durante el breve conflicto, se producen aproximadamente unos 4,000 muertos, habiendo sufrido ambas partes grandes pérdidas de vidas civiles. Cada país gasta cerca de $20 millones de dólares en armamento, equipo, combustible, etc, lo que representa una fortuna para la época.

Apolo 11 Llega a la Luna

## Guerra en Centroamérica mientras el Hombre camina en la Luna

*"That's one small step for [a] man, one giant leap for mankind."*
— **Neil Armstrong**, *mientras daba el primer paso sobre la Luna*

El 20 de julio de 1969, el astronauta norteamericano Neil Armstrong se convierte en el primer ser humano en poner pie en la superficie de la Luna. Armstrong, junto con "Buzz" Aldrin y Michael Collins, conforman la tripulación del Apolo 11, que partiera de la Tierra el día 16 de julio pasado. Mientras este glorioso momento para la Humanidad ocurre, dos pequeñas repúblicas Centroamericanas, sumidas en décadas de pobreza, injusticia social y dictaduras militares, se declaraban en guerra entre sí, en un breve conflicto que dejaría miles de muertos y desquebrajaría el incipiente proyecto de integración económica regional.

### El Gran Desfile de la Victoria

El 6 de agosto de 1969, en presencia de cerca de medio millón de personas que invaden las principales calles de San Salvador, se realiza el Desfile de la Victoria Militar, encabezado por el Presidente Sánchez Hernández, que concluye en Estadio Nacional de la Flor Blanca. Gracias al fervor patriótico de miles de salvadoreños, el Gobierno y la Fuerza Armada tendrían por un breve lapsus el respaldo masivo de la población, pero las continuas vacilaciones y la falta de acción del Gobierno para impulsar verdaderas reformas económicas, sociales y políticas en beneficio de las mayorías, ocasionarían que nuevamente la ciudadanía buscara otras alternativas.

### Huracán Francelia pasa por Costas Centroamericanas

En septiembre de 1969, el huracán Francelia causa graves daños en El Salvador y especialmente en Honduras.

### El Golpe Legislativo de 1969

El 4 de noviembre de 1969, teniendo apenas el quórum mínimo de 31 diputados, la Junta Directiva de la Asamblea Legislativa, encabezada por los Doctores Benjamín Interiano y Rómulo Carballo Alvarez, es depuesta por los diputados de oposición. En su lugar es nombrada una nueva Junta Directiva que está formada por 8 diputados "progresistas" del PCN y uno del PPS. El Dr. Juan Gregorio Guardado y el Sr. Rafael Rodríguez González, son electos nuevos Presidente y VicePresidente. El "Curulazo" o "Golpe Legislativo" ocurre bajo acusaciones de incapacidad de la anterior Directiva, que había evitado por largo tiempo tocar varios anteproyectos relacionados con la Reforma Agraria.

**Medrano es destituido del cargo de Director de la Guardia Nacional**

A finales del mes de diciembre de 1969, el Coronel Oscar Gutiérrez es nombrado nuevo Director de la Guardia Nacional, en sustitución del General José Alberto Medrano, de quien se rumora ha estado conspirando para dar un golpe de estado.

# 1970

## Asamblea Convoca a Congreso sobre Reforma Agraria

Durante los días del 5 al 10 de enero de 1970, se celebra el Primer Congreso Nacional sobre Reforma Agraria, convocado por la "rebelde" Asamblea Legislativa. El Congreso es inaugurado por el Presidente de la República, Coronel Fidel Sánchez Hernández.

Una de las Mesas de Trabajo, define claramente el concepto de Reforma Agraria, que desde años anteriores ha sido "satanizado" por la Oligarquía terrateniente, como parte de la amenaza comunista:

"1. La Reforma Agraria es un proceso que consiste fundamentalmente en la justa distribución de la tierra y agua, cualquiera que sea el régimen de propiedad por adoptarse

*2. Para que la tierra sea adecuadamente utilizada, la reforma agraria debe garantizar los siguientes derechos:*

*a) Crédito agrícola oportuno y adecuado*

*b) Comercialización*

*c) Asistencia Técnica que asegure la productividad*

*3. El fin de la Reforma Agraria es la promoción integral del hombre salvadoreño*

*4. La garantía para que la reforma agraria se realice en forma efectiva y sea irreversible es la organización del campesino, a efecto de que el mismo tome en sus manos su propio destino y participe directa, activa y creadoramente en el desarrollo del país.*

*5. La Reforma Agraria debe estar enmarcada dentro de la política económica-social del país"* [3]

Participan en la actividad 4 sectores:

*Gobierno:*
- Ministerio de Agricultura y Ganadería MAG
- Instituto de Colonización Rural ICR
- Administración de Bienestar Campesino
- Federación de Cajas de Crédito
- Banco Hipotecario de El Salvador
- Instituto Salvadoreño del Seguro Social

- Consejo Nacional de Planificación y Coordinación Económica CONAPLAN
- Centro Nacional de Productividad

*Asociaciones Sindicales:*
- Confederación General de Sindicatos
- Federación de Sindicatos Textiles, Similares y conexos
- Federación de Sindicatos de Trabajadores de Servicios Varios, similares y conexos
- Federación de Sindicatos de Trabajadores de Alimentos, Bebidas y Similares
- Federación Unitaria Sindical de El Salvador
- Unión Nacional de Obreros Cristianos
- Sindicato de Trabajadores del ISSS
- Federación de Sindicatos de la Industria de la Construcción, Similares y Transporte
- Central de Trabajadores Organizados Salvadoreños
- Federación de Sindicatos de Trabajadores de la Industria del Alimento, el Vestido, Textiles y Conexos de El Salvador

*Empresa Privada:*
- Asociación Nacional de la Empresa Privada ANEP *
- Cámara de Comercio e Industria de El Salvador *
- Asociación Salvadoreña de Industriales ASI *
- Asociación Nacional de Agricultores ANA *
- Asociación Cafetalera de El Salvador *
- Asociación Amigos de la Tierra *
- Cooperativa Algodonera Salvadoreña Ltda. *
- Cooperativa Azucarera Salvadoreña *
- Sociedad de Comerciantes e Industriales *
- Asociación de Ganaderos de El Salvador *
- Asociación Salvadoreña Agropecuaria *
- Compañía Salvadoreña del Café *
- Parcelaciones S.A. *

*Organizaciones No-Gubernamentales:*
- Partido de Conciliación Nacional PCN
- Partido Demócrata Cristiano PDC
- Partido Popular Salvadoreño PPS
- Unión Democrática Nacionalista UDN
- Movimiento Nacional Revolucionario MNR
- Universidad de El Salvador UES
- Facultad de Ciencias Económicas UES

- Facultad de Ciencias Agronómicas UES
- Facultad de Jurisprudencia y Ciencias Sociales UES
- Departamento de Sociología de la Facultad de Ciencias y Humanidades
- Universidad Centroamericana "José Simeón Cañas"
- Curia Metropolitana
- Asociación de Periodistas de El Salvador
- Centro de Estudios Jurídicos
- Federación de Abogados
- Federación de Cooperativas de Ahorro y Crédito FEDECACES
- Colegio de Profesionales de Ciencias Económicas
- Asociación de Agrónomos
- Asociación de Abogados de Oriente
- Asociación de Abogados de Occidente
- Instituto Salvadoreño de Estudios Sociales Económicos *

\* Estas instituciones se retiran del Congreso, durante el primer día de conferencias

La Mesa Directiva del Congreso queda integrada de la siguiente manera:
*Dr. Juan Gregorio Guardado, Presidente*
*Dr. José Antonio Rodríguez Porth, Vicepresidente (sector empresarial)*
*Sr. Carlos Hidalgo, Vicepresidente (sector obrero)*
*Sr. José Humberto Girón, Vicepresidente (sector gubernamental)*
*Dr. Guillermo Manuel Ungo, Vicepresidente (sector no gubernamental)*
*Dr. Mauricio Rosales, Secretario General*
*Sr. Ernesto Mauricio Magaña, Relator*
*Vocales: Dr. Rafael Rodríguez González (diputado por el PCN), Sr. Benjamín Wilfrido Navarrete (diputado por el PPS), Lic. Julio Adolfo Rey Prendes (diputado por el PDC), Br. Rodrigo Antonio Gamero (diputado por el MNR)*

Se instalan seis Comisiones de Trabajo, cada una para desarrollar un tema principal:

**Tema I- Situación Agraria en El Salvador.**
*Presidente: Ricardo Urioste; Secretario: Miguel Angel Araujo;*
**Tema II- Conceptos de Reforma Agraria.**
*Presidente: Rafael Glower Valdivieso; Secretario: Nicolás Rigoberto Monge López;*
**Tema III- Legislación de Reforma Agraria.**
*Presidente: Mario Castrillo Zeledón; Secretario: Roberto Escobar García;*
**Tema IV- Aspecto Institucional de la Reforma Agraria.**
*Presidente: Rafael Menjívar; Secretario: Jaime Chacón*
**Tema V- La Organización y Participación de los Beneficiarios de la Reforma Agraria.**

*Presidente: Hipólito Calles Chicas; Secretario: José Inocente Alas*
## Tema VI- *El Problema del Financiamiento de la Reforma Agraria en El Salvador.*
*Presidente: Alfredo Chedraui; Secretario: José Roberto Bracamonte*

El sector privado se retira del Congreso el primer día, argumentando que éste se ha convertido más bien en un evento político y no técnico, que servirá de propaganda de los comunistas y socialistas para las próximas elecciones. En realidad, los empresarios están preocupados de que algunas de las resoluciones sean implementadas por la Asamblea Legislativa, afectando sus intereses personales. Desde fuera, la empresa privada se dedica a lanzar críticas y ataques. Sin embargo, el Congreso se desarrolla con éxito y al final del encuentro se emiten una serie de valiosas recomendaciones.

### Elecciones para Diputados y Concejos Municipales en 1970
Para las elecciones del 8 de marzo de 1970, el partido de Gobierno desarrolla su campaña proselitista, manipulando y aprovechando el enorme fervor nacionalista existente a raíz del reciente conflicto armado con Honduras. Tanto el Gobierno como la Fuerza Armada cuentan con un amplio respaldo popular tras el rompimiento de hostilidades contra ese país. El PCN logra una contundente victoria al ganar 252 concejos municipales de 261 totales. El PDC gana apenas 8 municipios, incluyendo el de San Salvador donde el Dr. Carlos Herrera Rebollo, sucesor del Ing. Duarte, derrota al candidato del PCN, Coronel Mario de Jesús Velásquez, uno de los "héroes" de la guerra contra Honduras.

| Resultados de las Elecciones Legislativas de 1970 | | | |
|---|---|---|---|
| Partido | Total de Votos Válidos | No. Diputados | Porcentaje |
| PCN | 315,560 | 34 | 59.5% |
| PDC | 142,659 | 16 | 28% |
| MNR | 8,832 | 0 | 1.5% |
| UDN | 32,169 | 1 | 6% |
| PPS | 28,606 | 1 | 5% |
| | 527,826 | 52 | 100.00% |

Fuente: Rubén Zamora, "¿Seguro de vida o despojo? Análisis político de la transformación agraria", ECA No.335-336, Septiembre- Octubre 1976, Año XXXI, p.514; y Stephen Webre, José Napoleón Duarte y el PDC, p.183)

**El Salvador Asiste por Primera Vez a una Copa del Mundo**
Durante el período del 31 de mayo al 21 de junio de 1970, se celebra en la República Mexicana, la Copa del Mundo México 70. Al evento asisten 14 naciones clasificadas (Alemania Federal, Bélgica, Brasil, Bulgaria, Checoslovaquia, El Salvador, Israel, Italia, Marruecos, Perú, Rumania, Suecia, Unión Soviética, y Uruguay), el Campeón del Mundo (Inglaterra), y los anfitriones (México). Entre las novedades del Torneo, se encuentra el uso de tarjetas amarillas y rojas para sancionar el juego ilegal o violento de los jugadores.

La Selección Mundialista de México'70

Es la primera vez que El Salvador participa en un Mundial (de hecho, la primera participación de una selección centroamericana). El Salvador queda ubicado en el Grupo 1, junto con México, Bélgica y la Unión Soviética. La selección titular cuenta con: Raúl "Araña" Magaña, Roberto "Burra" Rivas, Salvador "Chamba" Mariona, Saturnino "Ninon" Osorio, Mauricio Manzano, Jorge Vásquez, José A. "Ruso" Quintanilla, Salvador Flamenco, Mauricio "Pipo" Rodríguez, Juan Ramón "Mon" Martínez, y Ernesto Aparicio. Los salvadoreños, dirigidos por el Técnico chileno Hernán Carrasco Vivanco, reciben tres derrotas consecutivas, sin lograr anotar un tan sólo gol:  0 – 3 contra Bélgica (3 de junio); 0 – 4 contra México (7 de junio); cayendo finalmente 0 – 2, al enfrentar a la Unión Soviética (10 de junio). La final de la Copa Mundial, se juega el 21 de Junio de 1970, en el Estadio Azteca de Ciudad de México. El cuadro de Brasil, repleto de estrellas, derrota a Italia por el marcador de 4 a 1, con goles de Pelé, Gerson, Jairzinho y Carlos Alberto. Por la escuadra italiana descuenta Bonisegna. Brasil conquista a perpetuidad la famosa copa Jules Rimet, al ser el primer país en ganar el Campeonato Mundial en tres ocasiones. La Copa Jules Rimet sería robada a mediados de los Ochenta en Brasil, sin que jamás volviera a saberse de ella.

## Allende Gana las Elecciones Presidenciales en Chile

El 24 de octubre de 1970, el candidato socialista por el partido Unión Popular UP, Salvador Allende gana las elecciones presidenciales chilenas. La UP obtiene la victoria con el respaldo de los partidos socialista, comunista y radical, que se han unido en coalición derrotando al candidato demócrata cristiano Radomiro Tomic y a Jorge Allesandri de la derecha. El programa de gobierno de Salvador Allende propone un "Socialismo con rostro humano" que considere el desarrollo de las instituciones democráticas, la justicia social, y la nacionalización de las riquezas nacionales, de la banca y de las riquezas básicas. Una de las primeras medidas "revolucionarias" del nuevo Gobierno sería la nacionalización del cobre en julio de 1971. Este mineral había sido explotado durante más de 30 años por empresas transnacionales de los Estados Unidos. En El Salvador, la derecha conservadora aprovecha el resultado de la elección chilena para atacar al PDC, acusando al saliente Presidente suramericano, el demócrata cristiano Eduardo Frei, *"de socavar los cimientos de la sociedad chilena con la promulgación de reformas sociales irresponsables, preparando así el camino para la esclavización comunista del país. La conclusión explícita más corriente era que El Salvador bien podría correr idéntica suerte si el PDC llegaba al poder"*.

## La Discutida Ley de Avenamiento y Riego

En noviembre de 1970, el Gobierno de Sánchez Hernández decreta la Ley de Avenamiento y Riego, que *"propone establecer distritos de riego en zonas donde la tierra era explotada deficientemente y promover su desarrollo a través de inversión privada como estatal. Uno de los objetivos establecidos era el incremento de la producción de la producción de alimentos para el mercado doméstico. También se esperaba que la asignación de recursos para el mejoramiento de las condiciones en el campo significaría mejores oportunidades de empleo para los trabajadores rurales y, por lo tanto, tendería a desalentar la migración a las ciudades".* [4]

Uno de sus principales impulsores es el Ing. Enrique Álvarez Córdova, Ministro de Agricultura y Ganadería, quien es miembro de una distinguida familia cafetalera que consideraba urgente prestar atención a las demandas de los campesinos. Sin embargo, la nueva Ley es cuestionada duramente por los grandes terratenientes del país, llegando incluso a rumorarse la posibilidad de un golpe de estado.

A pesar de las protestas de sectores conservadores, se crea el primer "Distrito de Riego y Avenamiento No.1 Zapotitán", (Decreto Legislativo No.214, del 29 de enero de 1971), como una unidad técnico- administrativa, dependiente del Ministerio de Agricultura y Ganadería, en el fértil valle de Zapotitán al occidente del volcán de San Salvador. El Distrito de Riego tiene una extensión superficial de cuatro mil quinientas ochenta (4,580) hectáreas y sus límites territoriales están comprendidos en jurisdicción de los municipios de Ciudad Arce, Sacacoyo, San Juan Opico y Colón, del Departamento de la Libertad; Armenia en el Departamento de Sonsonate y El Congo del Departamento de Santa Ana;

### Crisis en el Mercado Común Centroamericano
El 31 de diciembre de 1970, el General Oswaldo López Arellano, Presidente de Honduras, anuncia el Decreto Legislativo No.97, mediante el cual la República de Honduras se retira del Mercado Común Centroamericano. Honduras activa el Arancel Centroamericano de Aduanas para aplicarse a las importaciones provenientes de cualquier país, violando de esta manera el Tratado General de Integración Centroamericana. En represalia, Guatemala y Costa Rica cierran sus fronteras a productos hondureños.

Fuente Luminosa y la antigua Embajada de los EE.UU. en San Salvador
(inicios 1970s).

# 1971

## Secuestro del Empresario Ernesto Regalado Dueñas

El 11 de   febrero de 1971, es secuestrado el reconocido industrial, Don Ernesto Regalado Dueñas, miembro de dos de las más poderosas familias terratenientes del país, cuando salía de su casa en la Colonia Escalón, en San Salvador. En su auto es encontrada una nota exigiendo el pago de dos y medio millones de colones como rescate (equivalentes a un millón de dólares). Su cuerpo es encontrado sin vida el 19 de febrero, en la calle San Antonio Abad, con señales de tortura. El Gobierno señalaría y juzgaría como responsables del homicidio a varias personas que formaban el llamado "Grupo": Ricardo Sol, Luisa Eugenia Castillo de Sol, Alfonso Rivas Mira, Carlos Adalberto Menjívar, y Jorge Cáceres Prendes. El secuestro y asesinato del empresario Regalado Dueñas, marca el inicio de un oscuro período en la vida nacional, al desatarse a partir de entonces una ola de secuestros que se incrementarían alarmantemente hacia el final de la década.

La prensa nacional informa acerca del asesinato del empresario Ernesto Regalado Dueñas

## El General Medrano es arrestado bajo cargos de Homicidio

El exdirector de la Guardia Nacional, Coronel José Alberto Medrano es arrestado acusado de haber dado muerte la noche del 11 de febrero de 1971 al detective Cecilio Zamora Arteaga. Medrano es llevado ante los Tribunales, pero poco después dejado en libertad argumentándose que había actuado en defensa propia. Posteriormente, el Gobierno admitiría que el detective asesinado pertenecía al cuerpo de investigadores del caso Regalado Dueñas.

## Se forman las Fuerzas Populares de Liberación

Un año atrás, en 1970, se produce una grave crisis al interior del Partido Comunista Salvadoreño PCS. Cayetano Carpio, José Dimas Alas y otros dirigentes, que favorecen la lucha armada deciden abandonar al PCS y forman un grupo político que poco tiempo después, el 1º de abril de 1971, se constituiría en las Fuerzas Populares de Liberación "Farabundo Martí" (FPL), llevando el nombre del líder comunista que muriera fusilado en el levantamiento campesino de 1932. La nueva agrupación está formada principalmente por obreros y estudiantes comunistas y socialcristianos.

Los primeros miembros de las FPL, señala Martín Alvarez en su análisis sobre el FMLN, *"... buscaban constituir un verdadero partido marxista –leninista de nuevo tipo, que fuera capaz de dirigir las acciones pacíficas, pero también de llevar al proletariado al poder mediante la lucha armada. Plantearán una estrategia revolucionaria político-militar de guerra prolongada del pueblo, pues preveían que una vez que derrotaran a la alianza oligárquico-militar, identificada como su principal enemigo, deberían enfrentarse al imperialismo norteamericano.*

*También desarrollaron teóricamente una estrategia centroamericanista, que consideraba que la liberación de una nación del área era imposible sin una coordinación con los otros pueblos del istmo, debido a la presión que ejercerían los Estados Unidos."* [5]

## Segunda Gran Huelga General de ANDES
El 8 de julio de 1971, el gremio de educadores ANDES *"inicia su segunda gran batalla con una huelga que duró 53 días y en la que participaron 10,000 maestros (as) de los 14,000 (existentes), esta vez para combatir y protestar por la imposición de la Ley General de Educación que oficializaba la Reforma Educativa inconsulta. Además renovó sus exigencias por mejores condiciones económicas y sociales para garantizar la profesión del educador (a)."* [6]

Los maestros protestan por los retrasos del Gobierno en aprobar la propuesta de ley de salarios escalafonados. El conflicto entre las autoridades del Ministerio de Educación y los maestros, termina siendo resuelto gracias a la mediación del Arzobispo de San Salvador, Monseñor Luis Chávez y González. Nuevamente, la huelga de los maestros obtiene amplio respaldo popular, especialmente de sectores obreros y estudiantiles, estos últimos llegarían a formar el Movimiento Estudiantil Revolucionario de Secundaria MERS. El 30 de julio de 1971, a raíz de la huelga de educadores se crea el Frente de Unidad Popular FUP, que llegaría a estar integrado por numerosas agrupaciones sindicales.

## Surge la Unión Nacional Opositora
En septiembre de 1971, el Partido Demócrata Cristiano PDC, el Movimiento Nacional Revolucionario MNR, y la Unión Democrática Nacionalista UDN, anuncian que han establecido una alianza para las próximas elecciones presidenciales de febrero de 1972, creando de esta forma la Unión Nacional Opositora UNO. El PDC, siendo el mayor de los tres partidos, se reserva el derecho de proponer al candidato presidencial, nominando por unanimidad al Ing. José Napoleón Duarte. Como

compañero de fórmula, Duarte lleva al Dr. Guillermo Manuel Ungo, quien es el Secretario General del MNR.

### Aparece un nuevo Grupo Guerrillero

Hacia finales de 1971, se forma "El Grupo", que sentaría las bases para la formación del Ejército Revolucionario del Pueblo ERP. La nueva organización clandestina, se declara marxista- leninista y está compuesta por disidentes demócrata-cristianos y del PCS, que consideran que es imposible seguir luchando por alcanzar el poder político por la vía pacífica ante los continuos fraudes del Gobierno. Entre los primeros dirigentes del ERP se encuentran Sebastián Urquilla, Lil Milagro Ramírez y Joaquín Villalobos.

# 1972

### El Escandaloso Fraude Electoral de 1972

El 20 de febrero de 1972, se celebran las elecciones para Presidente de la República, en medio de un ambiente tenso, donde ocurren numerosas provocaciones y agresiones contra miembros de la oposición. Durante la campaña proselitista, un simpatizante de la UNO muere de un disparo proveniente de un francotirador que se supone pertenecía a la Guardia Nacional.

**La Fórmula de la Unión Nacional Opositora: Napoleón Duarte y Guillermo Ungo**

Por parte del oficialista Partido de Conciliación Nacional PCN, participan el Coronel Arturo Armando Molina y el Dr. Enrique Mayorga Rivas, como candidatos a Presidente y Vicepresidente. La Unión Nacional Opositora

UNO, que lleva a Duarte y a Ungo como candidatos, plantea dentro de su programa de gobierno un plan de Reforma Agraria gradual, llevada en forma conjunta con reformas educativas y tecnológicas. El programa de Gobierno de la UNO planteaba en síntesis, *"un límite legal en las dimensiones de las propiedades y un programa positivo para destruir el latifundio."* [7]

Participan además, dos pequeños partidos de derecha, el Frente Unido Democrático Independiente FUDI, el del "gallito", respaldado por un amplio sector de terratenientes agricultores que proponen al General José Alberto Medrano, exdirector de la Guardia Nacional y al Sr. Raúl Salaverría Durán, miembro de una de las principales familias caficultoras de Ahuachapán; y El Partido Popular Salvadoreño PPS, el de "la casita", con el Dr. José Antonio Rodríguez Porth y el Dr. Guillermo Ernesto Palomo, como candidatos a la Presidencia y Vice Presidencia, respectivamente. Estos dos últimos grupos políticos, PPS y FUDI, son apoyados por la oligarquía ultra- conservadora que ha comenzado a distanciarse de los militares y del partido oficial, ante sus intentos de querer implementar reformas socio-económicas en el país. El día de la elección, una gran cantidad de votantes asiste a las urnas, a pesar de que en muchas partes los únicos autobuses del servicio público a los que se les permite circular son los contratados por el PCN. Los resultados preliminares indican que la UNO lleva una clara ventaja sobre el PCN. Una vez terminadas la horas establecidas de votación, autoridades del Consejo Central de Elecciones CCE, encabezadas por su Presidente, el Dr. José Vicente Vilanova, comienzan a transmitir los primeros resultados por radio y televisión, mostrando únicamente los de aquellos sitios donde el PCN ganaba. A eso de las 2:00am las transmisiones del CCE salen repentinamente del aire.

Según narra el Ing. Duarte en su autobiografía, el Gobierno había hecho mal los cálculos para cometer el fraude. El Presidente Sánchez Hernández, *"... había subestimado el número de votos falsos que su candidato necesitaría. Los jefes del partido oficial recibieron 200,000 cédulas de identidad falsas para usar doblemente, pero no las usaron lo suficiente. A las 5 a.m., nuestro partido anunció los resultados finales obtenidos de los reportes enviados por nuestros delegados en los sitios de votar: la UNO tenía 327,000 votos contra 318,000 del gobierno. Tan pronto como el candidato del Gobierno escuchó esto, Molina aseguró que el había recibido 370,000 votos. El consejo electoral oficial cambió al otro extremo, quitándole 30,000 votos a la UNO pero manteniendo los votos a favor del gobierno en 318,000. La confusión duró hasta que el gobierno pudiera arreglar suficientes cajas de votación falsas para obtener su falsa victoria..."* [8]

Cuando la señal de televisión regresa pocas horas después de la interrupción, el conteo oficial del CCE había cambiado muchos de los resultados provenientes de los sitios electorales en el interior del país, otorgando una diferencia de apenas un poco más de 9,800 votos ... esta vez a favor del Coronel Molina.

Debido a que ninguno de los dos candidatos alcanza el 51% de los votos totales que exigía la Constitución, la decisión final es trasladada a la Asamblea Legislativa, bajo control de los diputados del PCN. La Asamblea rápidamente ratifica al Coronel Molina como Presidente electo de El Salvador. Una manifestación de simpatizantes de la UNO en la Plaza Libertad, protestando por lo que consideraba otro descarado fraude del Gobierno, es reprimida violentamente por las fuerzas de seguridad.

| Resultados "Oficiales" para las Elecciones Presidenciales de 1972 | | | |
|---|---|---|---|
| Partido | Candidato | Votos Recibidos | Porcentaje |
| PCN | Coronel Arturo Armando Molina | 334,600 | 43.42% |
| PDC | Ing. José Napoleón Duarte | 324,756 | 42.14% |
| FUDI | General José Alberto Medrano | 94,367 | 12.25% |
| PPS | Dr. José Antonio Rodríguez Porth | 16,871 | 2.19% |
| TOTALES | | 770,594 | 100.00% |

Fuentes: Rubén Zamora, "¿Seguro de vida o despojo? Análisis político de la transformación agraria", ECA No.335-336, Septiembre- Octubre 1976, Año XXXI, p.514 y Alistair White, El Salvador, p.323

## Elecciones Municipales y Legislativas de 1972

Apenas unos días después del fraude presidencial de febrero, el país se ve inmerso en otros comicios, esta vez para elegir alcaldes y diputados. Las elecciones se realizan el 12 de marzo de 1972. Debido a que el CCE había eliminado a los principales candidatos de la planilla de la UNO para diputados en San Salvador, utilizando una serie de argucias y tecnicismos, el

PCN logra una fácil victoria. Esto ocurre a pesar de que los simpatizantes de la UNO siguen la estrategia de anular sus votos para diputados (de acuerdo con la ley electoral, si la cantidad de votos anulados sobrepasa la cantidad de votos válidos, debe realizarse una nueva elección), logrando conseguir más votos anulados que válidos. Sin embargo, el CCE y el Gobierno oficializan los resultados dando el triunfo a los candidatos del PCN, que logra una cómoda mayoría de 39 diputados para la Legislatura. La UNO obtiene apenas 9 asientos legislativos, 3 son para el PPS y 1 para el FUDI. En San Salvador, el Dr. Carlos Herrera Rebollo del PDC, es re-Alcalde electo de la ciudad, derrotando a la candidata Yolanda de Novoa (PCN), y al industrial Roberto Quiñónez Meza (PPS).

## Frustrado Intento de Golpe de Estado Militar

En las primeras horas del día 25 de marzo de 1972, se escucha en San Salvador el ruido de ametralladoras, pequeñas explosiones y el continuo motor de aviones de la Fuerza Aérea sobrevolando la capital. Militares jóvenes encabezados por el Coronel Benjamín Mejía, Comandante del 1er Regimiento de Artillería, lanzan un golpe militar, aparentemente a favor del candidato de la UNO. Por unas breves horas, el Presidente Sánchez Hernández es mantenido prisionero en el Cuartel El Zapote. Los rebeldes tienen el control de los cuarteles "El Zapote" y "San Carlos", ambos ubicados en zonas estratégicas de la capital. Duarte es contactado directamente por el Coronel Mejía, quien le pide su ayuda para evitar que ocurra un mayor derramamiento de sangre. Duarte acepta apoyar a los rebeldes y envía por la radio un mensaje pidiendo el respaldo de la ciudadanía, para que se una al levantamiento y coloque barricadas en las calles, impidiendo que refuerzos del Gobierno entren a la ciudad.

**Duarte es Entrevistado en Guatemala tras la golpiza que recibiera por los cuerpos de seguridad salvadoreños**
(1972, Fuente: Autobiografía de J.N. Duarte)

Sin embargo, las principales fuerzas militares del país, la Fuerza Aérea, la Guardia Nacional, la Policía de Hacienda, Policía Nacional y varias unidades del ejército, están del lado del General Sánchez Hernández. Desde Nicaragua, el General Anastasio Somoza Debayle ofrece su apoyo militar al Presidente salvadoreño. El movimiento rebelde no tarda en ser sofocado, tras cruentos enfrentamientos en varias zonas de San Salvador que dejan numerosos muertos y heridos en las calles. Se desata la represión contra los líderes del movimiento y seguidores Demócrata Cristianos. Duarte es sacado violentamente de la residencia de un diplomático venezolano en el país, golpeado brutalmente en las instalaciones de la Policía Nacional, enjuiciado por un Consejo Militar y finalmente expulsado a Guatemala. Tras una breve estadía en Miami, el Ing. Duarte se radicaría en Venezuela.

El robo descarado de la elección Presidencial de febrero de 1972, provocaría más frustración, agitación y repudio popular, haciendo que más salvadoreños desistieran de la vía democrática/ pacífica para alcanzar el Poder y se integraran a los movimientos armados o a las agrupaciones populares de masas que intentarían muy pronto presionar por cambios económicos y sociales.

## REFERENCIAS

[1] Castro Hernández, Crisis del orden social capitalista en El Salvador: enfoque sociológico- histórico de la década 70, p.10

[2] Ibid, p.10

[3] Dictamen de la Comisión 2 sobre Conceptos de Reforma Agraria, "LA situación agraria en EL Salvador", Revista La Universidad Año XCV No.1, Enero-febrero, 1970, p.89.

[4] Ibid, p.188

[5] Martín Álvarez, FMLN: análisis y evolución, en Internet: http://www.ucm.es/info/cecal/encuentr/areas/politica/2p/martin

[6] Castro Hernández, Crisis del orden social capitalista en El Salvador: enfoque sociológico- histórico de la década 70, p.11

[7] Webre, José Napoleón Duarte y el PDC, p.202

[8] Duarte, My Story, p.75-76; traducción del Autor

# 4.15 GOBIERNO DEL CORONEL ARTURO ARMANDO MOLINA (1972- 1977)

Con la llegada del Coronel Arturo Molina a la Presidencia de la República en 1972, se inicia un Tercer período consecutivo del Partido de Conciliación Nacional. El nuevo Gobierno se destacaría por desatar una violenta persecución contra la Iglesia Católica y contra organizaciones campesinas, principalmente FECCAS (Federación Cristiana de Campesinos Salvadoreños) y la UTC (Unión de Trabajadores del Campo).
El Coronel Presidente, argumentando la penetración "roja" en el país, llegaría al extremo de intervenir militarmente a la única universidad estatal, provocando el éxodo de valiosos profesionales docentes. Molina intentaría - sin éxito- montar un modesto programa de reforma agraria, que sería atacado furiosamente por la cúpula agro-empresarial del país. Durante este período, comenzarían a formarse los grandes movimientos de masas (FAPU, BPR, LP-28), ante la creciente represión estatal y la falta de oportunidades socio-económicas y políticas. Un hombre humilde, sabio y conservador, originario del oriente del país, surgiría en medio de la crisis, convirtiéndose en poco tiempo, en "la voz de los sin voz" . El Gobierno de Molina terminaría tal como había comenzado, envuelto en otro escandaloso fraude electoral.

## 1972
### Toma de posesión del Coronel Molina
El 1° de julio de 1972, tras el fraude electoral de principios de año, asume la Presidencia de la República el Coronel Arturo Armando Molina, mientras el Dr. Enrique Mayorga Rivas es juramentado como Vice-Presidente. En su discurso inaugural, el Coronel Molina ofrece cambios estructurales y reformas sociales, las cuales implementará "con definición, decisión y firmeza". A pesar de las múltiples promesas de campaña, el régimen del Coronel Molina se destacaría por aplicar *"… una política brutalmente contraria a los intereses populares. En todo momento reprimió la participación opositora legal, y golpeó de modo más endurecido otras formas de participación en que se expresa la conciencia política: sindicatos, cooperativas, asociaciones comunales, etc. Todo ello como parte de una política al servicio del capital financiero nacional y extranjero. Realizando grandes ganancias sobre la base de la explotación y la represión del pueblo."* [1]

**Gabinete de Gobierno del Presidente Arturo Armando Molina**
Dr. Enrique Mayorga Rivas, Vicepresidente y Ministro de la Presidencia,
Dr. Fabio Hércules Pineda, Ministro de Justicia, (Dr. José Enrique Silva, Ministro de la Presidencia),
Coronel Carlos Humberto Romero, Ministro de Defensa,
Coronel Federico Castillo Yánez, Subsecretario de Defensa,
Dr. Julio Ernesto Astacio, Ministro de Salud Pública y Asistencia Social,
Coronel Roberto Escobar García, Ministro de Agricultura y Ganadería,
Lic. Atilio Vieytez, Ministro de Planificación,
Ing. Salvador Arias, Viceministro de Agricultura,
Ing. Mauricio Alfredo Borgonovo Pohl, Ministro de Relaciones Exteriores
Sr. Agustín Martínez Varela, Ministro del Interior,
Dr. Guillermo Hidalgo Qüelh, Ministro de Economía,
Sr. Vicente Amado Gavidia Hidalgo, Ministro de Hacienda (Rigoberto Antonio Martínez Renderos, 1976),
Sr. Rogelio Sánchez, Ministro de Educación.

La Universidad Nacional es Ocupada Militarmente

**La Universidad Nacional es Intervenida por los Militares**
En horas del mediodía del 19 de julio de 1972, a menos de un mes de haber asumido el poder, el Gobierno del Coronel Molina, argumentando que la universidad *"había caído en las manos de los comunistas"* [2], autoriza a la Fuerzas Armadas para atacar con tanquetas y aviones las instalaciones Universidad de El Salvador UES, dejando numerosos heridos y capturando a gran cantidad de estudiantes y docentes.

El asalto contra el Alma Mater, confabulado por los Tres Poderes del Estado y llevado a cabo por la Guardia Nacional, la Policía Nacional y el Ejército, significa *"la ejecución de una acariciada venganza en contra de la única institución que se había atrevido a señalar el fraude electoral, a favor del partido de los militares el PCN, en perjuicio de la UNO, cometido por el Dr. Vicente Vilanova desde el Consejo Central de Elecciones, demostrándoselo a la nación entera, la que muy poco pudo hacer aparte de tirar tachuelas a la calle y agua caliente a las tanquetas, como se lo pidió angustioso el Ing. Duarte, desde una emisora metropolitana, en una fallida intentona insurreccional."* [3]

Antes del operativo militar, la Asamblea Legislativa emite el nefasto Decreto Legislativo No.41, derogando la Ley Orgánica de la UES (emitida por Decreto Legislativo N° 122, del 22 de enero de 1951), argumentando irregularidades en las elecciones de las nuevas autoridades universitarias. Igualmente se declaran cesantes todas las actuales autoridades, funcionarios y empleados, y se crea una "Comisión Normalizadora" que deberá encargarse de "custodiar y administrar" el Patrimonio de la institución. Posteriormente, la Corte Suprema de Justicia declara la legalidad de la intervención, a pesar de la supuesta "Autonomía" universitaria.

El Rector de la Universidad, Dr. Rafael Menjívar, junto con el Secretario General, Dr. Miguel Sáenz Varela, el Fiscal de la UES, Dr. Luis Arévalo, y otros funcionarios, se trasladan al recinto Legislativo para intentar averiguar que ocurre, pero son golpeados y arrestados por los cuerpos de seguridad de la Asamblea. El Gobierno organiza una persecución selectiva contra profesores y administrativos de la Universidad. El Rector Menjívar y otros reconocidos académicos del país, incluyendo al Dr. Fabio Castillo Figueroa y el ex –Secretario General, Dr. Mario Flores Macall, son expulsados del país. Los laboratorios y bibliotecas, considerados entre los mejores de la región son saqueados o dañados por los militares. La UES permanecería bajo ocupación militar hasta septiembre de 1973, cuando el Gobierno impusiera un nuevo Rector, nuevas autoridades y nuevas leyes (la Asamblea Legislativa decretaría una nueva Ley Orgánica, el 5 de octubre de 1972).

# 1973
### Aparece otro Grupo Político Militar de Izquierda
En 1973, tras las viciadas elecciones presidenciales del año anterior, surge la Organización Revolucionaria de los Trabajadores ORT, fundada por obreros, campesinos y estudiantes de izquierda. La nueva agrupación se

declara ser marxista-leninista y anuncia a los medios de prensa que buscará tomar el poder por la vía armada.

## El Golpe de Estado en Chile

El 11 de septiembre de 1973, el General Augusto Pinochet encabeza un golpe de estado contra el Presidente Salvador Allende, luego de largos meses de gran agitación social en Chile en los que sectores ultra-conservadores se han dedicado a atacar las reformas socialistas impulsadas por el Gobierno. El Mandatario chileno muere en el Palacio de la Moneda en Santiago, tras haber anunciado por radio que no abandonará su puesto. "Allende no se Rinde, Milicos!", se oye gritar al Presidente antes de que se suicide. Cientos de Ministros, diputados, legisladores y seguidores del Presidente son perseguidos y asesinados. Tiempo después, el mundo se enteraría que la CIA y el Departamento de Estado norteamericano habían participado en la conspiración contra el Gobierno legítimamente constituído del Dr. Allende. La CIA, Pinochet y otros militares suramericanos participarían en la "Operación Condor", montada para eliminar posibles opositores políticos a las dictaduras militares de la región. La Dictadura de Pinochet se convertiría en modelo e inspiración para los regímenes militares que se implantarían en toda Latinoamérica durante las décadas de los Setentas y Ochentas, desde la Argentina hasta la región centroamericana, particularmente en El Salvador y Guatemala.

# 1974

**Asamblea decreta la Construcción del Aeropuerto Internacional**

El 16 de mayo de 1974, la Asamblea Legislativa, considerando principalmente, *"Que debido al incremento del tráfico aéreo de pasajeros y carga y a los requerimientos de las aeronaves modernas, el actual Aeropuerto de Ilopango, a corto plazo, no alcanzará a llenar su cometido lo cual redunda en detrimento de la economía nacional ..."*, decreta la *Ley Para la Construcción, Administración y Operación del Nuevo Aeropuerto Internacional de El Salvador* (Decreto No. 600), en la zona del litoral del Departamento de La Paz.

**Ley Transitoria para Desplazados por Proyecto Cerrón Grande**

El 4 de junio de 1974, la Asamblea Legislativa de El Salvador, considerando:

*"I.- Que la construcción de la Presa Hidroeléctrica de Cerrón Grande es un proyecto de utilidad pública de gran beneficio nacional y que por efecto de dicha construcción será necesario reubicar a la población que actualmente vive en el área que será inundada, cuyos recursos no le permiten hacerlo por sí misma;*

*II.- Que es necesario adquirir terrenos en las áreas aledañas al embalse para construir las viviendas y proveer áreas de tierra laborables a las familias que serán reubicadas;*

*III.- Que una vez realizada la obra física comprendida dentro del plan de Reubicación es necesario distribuir las viviendas y parcelas agrícolas entre las familias comprendidas dentro del Programa;*

*IV.- Que el desarrollo y realización del Proyecto Cerrón Grande es responsabilidad de la Comisión Ejecutiva Hidroeléctrica del Río Lempa (CEL), la que no llenaría a satisfacción los fines del Proyecto, si no se garantiza la realización del programa de reubicación de pobladores, de conformidad con los compromisos contraídos al respecto;"*

AL emite Decreto No. 623, conteniendo la Ley Transitoria Para La Ejecución Del Programa De Reubicación De Pobladores Desplazados Por El Embalse de la Presa Cerrón Grande. El proyecto de Cerrón Grande sería duramente criticado no solo por afectar numerosas comunidades campesinas que serían afectadas por el Embalse que se construiría al sur del Departamento de Chalatenango, sino porque estaría ubicado en una zona rica en sitios arqueológicos.

## Huracán Fifí Azota Costa Atlántica Centroamericana

En septiembre de 1974, el Huracán Fifí golpea fuertemente la región norte de Honduras, causando la muerte de más de 8,000 personas, destruyendo casi el 80% de la cosecha bananera, la mayoría de la flota pesquera e instalaciones de Puerto Cortés, y puentes, carreteras, acueductos, etc. En El Salvador, el paso de la tormenta ocasiona inundaciones y deslaves, dejando numerosas familias damnificadas y cuantiosos daños materiales.

## Renuncia Rector de la Universidad Nacional

En septiembre de 1974, ante los crecientes desórdenes y manifestaciones estudiantiles, renuncia el Dr. Juan Allwood Paredes, Rector de la Universidad de El Salvador, que había sido impuesto por el Gobierno tras la intervención militar dos años atrás. La comunidad estudiantil exige y presiona al Gobierno para que retire a la Policía de la Ciudad Universitaria (muchos de los miembros de este cuerpo de seguridad han pertenecido a los represivos cuerpos de seguridad del país). Además, exige que se le permita participar en la elección del Rector y autoridades, y que se permita una mayor cuota anual de alumnos de nuevo ingreso.

## La Organización de Frentes de Masas Continúa

En 1974, las nacientes agrupaciones revolucionarias cambian de estrategia para enfrentar la espiral de violencia y la represión provenientes del Gobierno. Los primeros en tomar este camino son el Ejército Revolucionario del Pueblo ERP y las Fuerzas Populares de Liberación FPL, que buscan *"... dar respuesta a la reacción popular ante los fraudes electorales y el aumento de la represión que llevó a cabo el Gobierno de Molina (1972-1976). Esta reacción, en un contexto de despidos masivos, bajos salarios y movilización de los trabajadores, amenazaba con superar a las propias agrupaciones político-militares, estructuradas hasta el momento en función de sus necesidades militares..."* [4]

Influenciado por el ERP, surge en 1974 el Frente de Acción Popular Unificada FAPU, integrado por profesores, estudiantes, obreros e incluso sacerdotes católicos "progresistas", identificados con el Concilio Vaticano II y la Conferencia de Medellín.

## Asamblea decreta la Construcción de Central Azucarera El Jiboa

El 19 de noviembre de 1974, la Asamblea Legislativa decreta la Ley para el Desarrollo de una Central Azucarera para la Zona Central del país (Decreto No.136). La construcción, operación, mantenimiento y explotación de la Central Azucarera estará a cargo del Instituto Salvadoreño de Fomento Industrial (INSAFI).

# 1975

### Se crean los Ferrocarriles Nacionales de EL Salvador

El 22 de mayo de 1975, el Gobierno emite un decreto que fusiona a Ferrocarril Nacional de EL Salvador FENASAL, de la empresa *International Railways of Central America IRCA*, y a Ferrocarril de El Salvador FES, perteneciente a The Salvador Railways Company, en una sola empresa llamada Ferrocarriles Nacionales de El Salvador FENADESAL (decreto legislativo No.269). La administración de FENADESAL es otorgada a la Comisión Ejecutiva Portuaria Autónoma CEPA.

### ERP ejecuta al Poeta Roque Dalton

El 10 de mayo de 1975, el poeta revolucionario Roque Dalton es ejecutado por sus propios compañeros del Ejército Revolucionario del Pueblo ERP, tras haber sido sometido a un "consejo de guerra" bajo acusaciones de insubordinación y de pertenecer a la Agencia Central de Inteligencia CIA. Sus restos son supuestamente arrojados en una zona poco poblada de Quezaltepeque y luego aparentemente devorados por los animales. Los principales líderes del ERP, Alejandro Rivas Mira, Vladimir Rogel y Joaquín Villalobos, serían señalados como responsables de haber ordenado la muerte de Dalton. El legendario escritor, había regresado al país en 1973 para incorporarse al ERP, disfrazado bajo la identidad de "Julio Delfos Marín".

ROQUE DALTON,
alias" JULIO DELFOS" en 1973

### Gobierno crea al ISTA

El 26 de junio de 1975, la Asamblea Legislativa, considerando *"Que es obligación del Estado asegurar a los habitantes de la República el goce del bienestar económico y los principios de justicia social, que respondan a la existencia digna del ser humano"*, decreta la Ley de Creación del Instituto de Transformación Agraria ISTA (decreto No.302). Como Director propietario de la nueva Institución agraria es nombrado el Ing. José Octavio Duarte.

### El Polémico Evento Miss Universe en el "País de la Sonrisa"

Durante el mes de julio de 1975, utilizando como logo promocional la frase "El Salvador, País de la Sonrisa", se realiza en el país el Concurso de Miss Universe. Es la primera vez que este evento se desarrolla en un país latinoamericano. De acuerdo con el Gobierno del Coronel Molina, se espera convertir a El Salvador en el centro turístico de la región centroamericana. El Instituto Salvadoreño de Turismo ISTU, presidido por el joven empresario Don Roberto Poma, se encarga de organizar el evento.

**El Presidente Molina y la Triunfadora del Concurso Miss Universe 1975**

La final del Concurso de belleza, se celebra el 21 de julio de 1975, en el Gimnasio Nacional, teniendo como anfitrión al reconocido animador Bob Barker. El Jurado calificador está compuesto por una serie de celebridades, que incluyen a los actores Peter Lawford y Ernest Borgnine, al escritor León Uris, a la exMiss El Salvador Maribel Arrieta de Thuret, y a la cantante Sarah Vaughan. Entre las doce semifinalistas, se encuentra la representante de El Salvador, Carmen Elena Figueroa. Al final del evento, resulta triunfadora Miss Ann Pohtamo, de Finlandia, de 19 años.

## La Masacre Estudiantil del 30 de julio
El 25 de julio de 1975, el Ejército y la Guardia Nacional ocupan el Centro Universitario de Occidente de la Universidad de El Salvador, ubicado en la ciudad de Santa Ana, donde un grupo de estudiantes se preparan a salir en un desfile "bufo", para protestar por el despilfarro de dinero que había hecho el Gobierno en el Concurso de "Miss Universo 1975", que se había realizado en el país, a pesar de las grandes necesidades de la población más pobre. Muchos estudiantes son golpeados y arrestados por los cuerpos de

seguridad. El desfile "bufo" se había convertido desde hacía algún tiempo en una tradición para las fiestas patronales de la ciudad. Los estudiantes utilizaban el desfile para criticar las acciones o inacciones políticas del Gobierno y para burlarse de sus funcionarios.

En protesta por el asalto al Centro Universitario, el día 30 de julio se convoca a una manifestación estudiantil en San Salvador, que sale por la tarde desde la Ciudad Universitaria en San Salvador. Antes de iniciar, los estudiantes son advertidos por los cuerpos de seguridad para que desistan de participar en la marcha de protesta. Durante el recorrido por la 25 Avenida Norte, llegando a la altura de la Policlínica Salvadoreña, a eso de las 4:30pm *"... El Ejército y la Guardia Nacional, en forma premeditada, atacaron la pacífica manifestación a la altura del puente a dos niveles a inmediaciones del Seguro Social de San Salvador; los resultados de esta acción represiva fueron muy lamentables dejando un gran número de capturados y asesinados; entre las víctimas mortales se tienen: Carlos Fonseca, Balmore Cortez Vásquez, María E. Miranda, José Domingo Aldana, Carlos Humberto Hernández, Roberto Antonio Cabezas, Reynaldo Hasbún, Eber Gómez Mendoza. Las víctimas fueron mucho más; las cifras exactas se desconocen; aquí se presentan únicamente los nombres de algunos dirigentes estudiantiles ya que muchas familias tuvieron temor a proporcionar los nombres para no ser objeto de represión. La responsabilidad de esta brutal masacre se le atribuye al entonces Ministro de Defensa, Gral. Carlos Humberto Romero."* [5]

La masacre es condenada por las máximas autoridades de la Universidad de El Salvador, la Iglesia Católica, los partidos de oposición y otros organismos nacionales. Numerosos estudiantes, obreros y seminaristas ocupan durante varios días la Catedral Metropolitana exigiendo la liberación de los estudiantes detenidos.

### Una nueva agrupación de Masas: el BPR

En agosto de 1975, durante la ocupación de la Catedral Metropolitana en protesta por los sucesos del 30 de julio, nace otra agrupación de masas: el Bloque Popular Revolucionario BPR. El BPR, inicialmente quedaría conformado por la Federación Cristiana de Campesinos Salvadoreños FECCAS, la agrupación de maestros ANDES 21 de JUNIO, los movimientos estudiantiles Universitarios Revolucionarios UR-19, el Movimiento de Estudiantes Revolucionarios de Secundaria MERS, y la Unión de Pobladores de Tugurios UPT.

## Aparece la FALANGE

En Agosto de 1975, un cuerpo paramilitar autollamado Fuerzas Armadas de Liberación Anti-Comunista de Guerras de Eliminación FALANGE, lanza un comunicado amenazando con eliminar a los "comunistas" que quieren apoderarse del país, entre ellos incluye al clero, a miembros de partidos de oposición, funcionarios de gobierno, e incluso a miembros del propio ejército.

## Gobierno Crea el INPEP

El 16 de octubre de 1975, la Asamblea Legislativa decreta la Ley del Instituto Nacional de Pensiones de Empleados Públicos INPEP (decreto No.373), la cual *"tendrá por objeto el manejo e inversión de sus recursos económicos destinados al pago de prestaciones, para la cobertura de los riesgos de invalidez, vejez y muerte, de los empleados públicos, en la forma que se prescribe en esta ley."*

El INPEP se mantendrá operando hasta finales de la década de los Noventas, cuando fueran implementadas las Administradoras de Fondos de Pensión (AFPs), bajo control de manos privadas.

Salarrué

## Muere el Maestro Salarrué

Noviembre 27, 1975. Este día muere en San Salvador el gran cuentista Salvador Salazar Arrué, autor de las clásicas obras "Cuentos de Barro", "Cuentos de Cipote", "Trasmallo", y muchas otras. Salarrué, quien padecía de cáncer en el estómago, muere en medio de la pobreza. Meses antes, el cuentista había rechazado recibir al presidente-coronel Molina, quien al parecer habría ofrecido ayuda económica a cambio de fotografiarse junto al convaleciente Salarrué. Meses atrás, en 1974, han fallecido su esposa Zélie y su gran amiga de letras, la poetisa Claudia Lars. Poca gente se hace presente a la funeraria donde son velados los restos del talentoso escritor.

# 1976

## La Organización de Masas Continúa: Surge el PRTC

El 25 de enero de 1976, miembros de la Organización Revolucionaria de los Trabajadores ORT, fundan el Partido Revolucionario de los Trabajadores Centroamericanos PRTC, que crearía su propia organización de masas bautizada como Liga para la Liberación, que a finales de 1979 se convertiría en el Movimiento de Liberación Popular MLP.

## El PCN y las Elecciones Municipales y Legislativas de 1976

El 14 de marzo de 1976, se desarrollan en el país nuevas elecciones municipales y legislativas. El Partido de Conciliación Nacional PCN participa como único contendiente, al decidir la oposición no participar como protesta por las arbitrarias modificaciones hechas por el Gobierno a la Ley Electoral, buscando impedir o dificultar la participación de candidatos no oficialistas. Varios miembros de la oposición también denuncian haber sido amenazados por escuadrones paramilitares de ultraderecha. El PCN "arrasa" en las elecciones, obteniendo todos los 54 diputados en la Asamblea Legislativa y triunfando en todos los 261 municipios.

## Asamblea Emite Ley de Defensa Civil

El 8 de abril de 1976, la Asamblea Legislativa emite el Decreto No. 498, que contiene la Ley de la Defensa Civil. La Ley plantea crear un Sistema de Defensa Civil, como parte integrante de la Defensa Nacional, que tendrá como finalidad "... proteger y ayudar a la población para superar las consecuencias de desastres o calamidades públicas". El Sistema de Defensa será coordinado por un Comité Nacional, formado por el Ministro del Interior (quien presidirá) y los ministros de Defensa, Agricultura y Ganadería, Salud Pública y Asistencia Social, y Obras Públicas.

La nueva legislación considera como desastres o calamidades públicas, *"... las consecuencias de fenómenos físicos o naturales, acciones armadas o de trastornos sociales que afectaren el orden público, el normal desarrollo de las actividades económicas en la República o la vida, salud o patrimonio de sus habitantes".*

## Inicia el Primer Intento de Transformación Agraria

El 29 de junio de 1976, la Asamblea Legislativa decreta la creación del Primer Proyecto de Transformación Agraria, firmado el día siguiente por el poder Ejecutivo, para su publicación en el Diario Oficial. Este primer distrito consiste de un área de 150,000 acres aproximadamente, entre San Miguel y Usulután, utilizados principalmente para el cultivo de algodón y a la ganadería, la cual sería dividida entre más de 10,000 familias campesinas.

El 1° de julio de 1976, en su discurso ante la Asamblea Legislativa celebrando su cuarto año de Gobierno, el Presidente Molina se refiere a la Ley de Transformación Agraria:

"Nada ni nadie nos hará retroceder un solo paso en la Transformación Agraria". "El 16 de junio de 1975, fecha que será una de las claves de la historia patria, la Asamblea Legislativa, a propuesta del Poder Ejecutivo, emitió la Ley de Creación del Instituto Salvadoreño de Transformación Agraria (ISTA), para afrontar, con definición y firmeza, la decisión de resolver el problema de la tenencia de la tierra"

*'... tenemos que aprender a identificar a los grandes enemigos de la transformación agraria: aquellos pocos que rechazan el seguro de vida para la libre empresa y el régimen democrático, con el objeto de mantener privilegios injustos y los comunistas y sus aliados que tratarán de detenernos...'*

*"... Y en este nuevo amanecer, quiero elevar el reconocimiento especial a mis compañeros, los miembros de la Fuerza Armada, que han sido, son y serán partícipes y, al mismo tiempo garantes de la Transformación Nacional, contra cualquiera que trate de oponérsele"* [6]

A partir de entonces, la Asociación Nacional de la Empresa Privada ANEP, junto con el recientemente aparecido Frente de Agricultores de la Región Oriental FARO y diversas organizaciones "fantasmas", cuyos comunicados comienzan a aparecer en los periódicos, desatan una campaña sistemática de ataques contra el proceso de reformas que el Gobierno intenta emprender.

El 15 de septiembre de 1976, durante su discurso conmemorando un aniversario más de la Independencia nacional, el Presidente Molina declara:

*"La única sorpresa que reconozco haber dado a los que no me conocen, es que solo prometo lo que estoy seguro de poder cumplir ... La Fuerza Armada es parte vibrante del pueblo salvadoreño, cuya seguridad hemos jurado defender todos sus miembros, con*

*sacrificio de nuestras vidas si fuere necesario, y estamos seguros de que la Seguridad Nacional es imposible, si subsisten las condiciones de sub-desarrollo y de injusticia social de nuestras mayorías.... Para que su gallarda expresión en este desfile no se transforme en duro y justificado reproche a nosotros por no haber sentado las bases de una Patria mejor, es que en este 15 de septiembre de 1976, con el pensamiento puesto en los próceres y en el Supremo Hacedor, les repito, y de una vez por todas, que no daremos un paso atrás en el camino de la Transformación Nacional y que continuaré dándole todos mis esfuerzos hasta el último día de mi mandato, con definición, decisión y firmeza".* [7]

La Universidad Centro Americana UCA, que en sus escritos analiza y respalda la propuesta de reforma agraria, sufre varios atentados con bombas. De los ataques se responsabiliza una nueva organización paramilitar llamada "Unión Guerrera Blanca", la tenebrosa UGB.

**Inauguración de Planta Geotérmica en la zona Occidental**
El 9 de julio de 1976, el Presidente Molina inaugura oficialmente la planta Geotérmica de Ahuachapán, que cuenta con una capacidad instalada de 60,000 kilovatios. En esta época, se inician proyectos de investigación en las zonas termales de San Vicente, Berlín, y Chinameca. El Salvador se convierte en el segundo país de América Latina y el octavo del mundo que utiliza vapores subterráneos para producir energía eléctrica.

**El Fin del Intento de Reforma Agraria**
Los terratenientes de las zonas afectadas por el proyecto agrario en Usulután y San Miguel, *"... formaron una nueva organización, FARO, para luchar contra la reforma, mientras proliferaban los derechistas escuadrones de la muerte. Las iniciales de la Unión Guerrera Blanca eran grabadas en las casas de supuestos organizadores campesinos, y la Falange enviaba amenazas de muerte a los proponentes de las reformas.*

*Con el estilo que los ha caracterizado por cincuenta años, la oligarquía montó una mordaz campaña en la prensa, calificando a Molina como un comunista con máscara de militar. Molina hizo campaña, los rechazó, pero finalmente sucumbió. Canceló el proyecto piloto, en lugar de ser expulsado por un golpe que se rumoraba, y terminó su período presidencial con el estilo tradicional: represión, en dosis nunca antes tan elevadas, para matar la contaminación que se estaba esparciendo en el campo."* [8]

En octubre de 1976, luego de tres meses de enfrentamientos entre el Gobierno y la empresa privada, y a pesar de la "firmeza" manifestada en repetidas ocasiones por el Presidente Molina para mantener el proceso de Transformación Nacional, el Gobierno termina cediendo ante el poder de la oligarquía, que ha amenazado con descapitalizar al país. El Gobierno modifica sensiblemente la Ley del ISTA, transformándola a favor y beneficio de la clase terrateniente que la objetaba.

*"Esta Ley"*, dice el sacerdote Jesuita Ignacio Ellacuría, *"tras la batalla presentada contra el Estado por la ANEP (Asociación Nacional de la Empresa Privada), ha sido radicalmente transformada. En vez de una Ley de transformación se ha preferido la transformación de la Ley".* [9]

Las diecisiete reformas efectuadas, *"... el 19 de octubre de 1976 por la Asamblea Legislativa a la Ley del ISTA y al decreto de creación del Primer Distrito de Transformación Agraria no solamente han dejado sin efecto los contenidos de las versiones previas de esos documentos, sino que han creado una situación jurídica mucho más favorable a los intereses de la oligarquía terrateniente de lo que era antes de que se diera la Ley del ISTA. No se ha invalido simplemente la idea de la Transformación Agraria; se le ha dado un contenido nuevo, ni inocuo ni inocente, sino positivamente a favor de los grandes terratenientes. A los que vimos con esperanza la Ley solo nos cabe decir: 'más te valiera no haber nacido' "* [10]

## Nueva crisis en la Universidad Nacional, se Forma el CAPUES

En septiembre de 1976, el Gobierno impone a la comunidad universitaria el Consejo de Administración Provisional de la Universidad de El Salvador CAPUES, buscando ejercer un mayor control sobre la Universidad Nacional, emitiendo reglamentos y normas represivas contra la población estudiantil y apoyándose en una Policía universitaria que en su mayoría estaba compuesta por ex -policías y guardias nacionales.

### Jimmy Carter asume Presidencia de los Estados Unidos

"The world is still divided by ideological disputes, dominated by regional conflicts, and threatened by danger that we will not resolve the differences of race and wealth without violence or without drawing into combat the major military powers. We can no longer separate the traditional issues of war and peace from the new global questions of justice, equity, and human rights.

It is a new world, but America should not fear it. It is a new world, and we should help to shape it. It is a new world that calls for a new American foreign policy -- a policy based on constant decency in its values and on optimism in our historical vision."

— **Jimmy Carter**, Discurso sobre Derechos Humanos y Política Exterior, 1977

El 20 de enero de 1977, el demócrata Jimmy Carter es juramentado como nuevo Presidente de los Estados Unidos, tras haber derrotado en las elecciones de noviembre pasado al Presidente interino Gerald Ford, quien gracias al escándalo de Watergate, reemplazaba al fallido Richard M. Nixon. El Presidente Carter declara que su Gobierno impulsará una nueva forma de política exterior que contemple la defensa de la justicia, la igualdad, y los derechos humanos.

# 1977

### Presidente del ISTU es Secuestrado por la Guerrilla

El 27 de enero de 1977, es secuestrado en la exclusiva Colonia Escalón, el Sr. Roberto Poma, Presidente del Instituto Salvadoreño de Turismo ISTU y alto ejecutivo de la empresa DIDEA S.A., por comandos del Ejército Revolucionario del Pueblo ERP. Su cuerpo es encontrado el 25 de febrero, luego de que la familia pagara el rescate solicitado y fueran liberados varios presos políticos. Aparentemente, Roberto Poma había sido herido de un balazo en el hombro durante el operativo en que fuera capturado, muriendo por la severa hemorragia.

Fuente: El Mundo

Roberto Poma es
Secuestrado

## Se Inaugura la Presa de Cerrón Grande

El 17 de febrero de 1977, el Presidente Molina inaugura oficialmente la nueva central generadora hidroeléctrica de Cerrón Grande, habiendo formado un gigantesco embalse en una área al sur del Departamento de Chalatenango. Dos nuevos puentes son construidos en la Troncal del Norte, sobre los ríos Acelhuate y Lempa. El Gobierno había sido criticado por ambientalistas y arqueólogos que denunciaban que la zona escogida para el embalse estaba considerada como una de las más ricas zonas arqueológicas en el país. Muchas familias campesinas que habitaban en la zona, se ven obligadas a buscar refugio en otras partes, principalmente en la capital.

## Elecciones Presidenciales de 1977, otro Fraude Masivo

El 20 de febrero de 1977, se celebran los comicios presidenciales para el período 1977- 1982. Por el Partido de Conciliación Nacional, participan el General Carlos Humberto Romero y el Dr. Julio Ernesto Astacio, como candidatos a Presidente y Vicepresidente, respectivamente. La Democracia Cristiana, el Movimiento Nacional Revolucionario y la Unión Democrática Nacionalista, se integran nuevamente en la coalición de centro- izquierda Unión Nacional Opositora UNO, llevando como candidatos al Coronel retirado Ernesto Claramount Rozeville y al Dr. José Antonio Morales Erlich (éste último ha servido como Alcalde de San Salvador).

Cncl. Ernesto Claramount

Esta vez, el fraude resulta aún más escandaloso que el de 1972, pues en muchos sitios las urnas de votación ya se encuentran llenas de papeletas. Numerosos observadores de la oposición son forzados a retirarse de los lugares de conteo de votos, donde se había evidenciado que la UNO llevaba una clara ventaja sobre el PCN.

| Resultados oficiales de las Elecciones Presidenciales de 1977 | | | |
|---|---|---|---|
| Partido | Candidato | Total de Votos en las 920 urnas libres | Total de votos "oficiales" |
| PCN | Carlos Humberto Romero | 120,972 | 812,281 |
| UNO | Ernesto Claramount Rozeville | 157,574 | 394,661 |
| | | | |

Fuente: Stephen Webre, José Napoleón Duarte y el PDC

Según narra Stephen Webre en su libro "José Napoleón Duarte y el PDC", la oposición sólo estuvo presente en 920 de las 3540 urnas del país, pero en éstas, Claramount derrotó fácilmente a Romero, sin embargo el resultado final favoreció al candidato del PCN por una diferencia de casi 500,000 votos.

**Sacerdote es Torturado por Guardia Nacional**
El 21 de febrero de 1977, el religioso Rafael Barahona de la parroquia de Tecoluca, en San Vicente, es detenido y golpeado brutalmente por miembros de la Guardia Nacional. Otros religiosos y catequistas en el interior del país, han comenzado a ser hostigados por los cuerpos de seguridad y por la paramilitar ORDEN, por el apoyo que están dando a los

campesinos para organizar sus comunidades.

Oscar A. Romero se Convierte en Arzobispo de San Salvador

## San Salvador tiene Nuevo Arzobispo

El 22 de febrero de 1977, en la iglesia de San José de la Montaña, Monseñor Oscar Arnulfo Romero toma posesión de su cargo como Arzobispo de San Salvador, en sustitución de Monseñor Luis Chávez y González, quien había anunciado su retiro al cumplir los setenta y cinco años, tras haber servido en el cargo desde 1938. Al momento de ser elegido por el Vaticano, Monseñor Romero se encontraba sirviendo como obispo en la diócesis de Santiago de María. Romero, un sacerdote considerado demasiado conservador para muchos, se convierte en el Cuarto Arzobispo en la historia del país. Al momento del retiro del venerable Monseñor Chávez y González, la Iglesia salvadoreña se encuentra claramente comprometida con los principios del Concilio Vaticano II y de la Conferencia de Obispos latinoamericanos en Medellín de 1968, que procuran velar por los derechos de los más pobres y oprimidos. Monseñor Romero enfrentará el período más difícil y amargo en la historia de la Iglesia salvadoreña, institución que desde mediados de la década es perseguida y calumniada por la extrema derecha.

## Masacre en la Plaza Libertad

Desde las viciadas elecciones del 20 de febrero de 1977, los líderes opositores Claramount y Morales Erlich, junto con cerca de 40,000 simpatizantes de la UNO, se concentran a denunciar el fraude ocupando por varios días la Plaza Libertad. Mientras ocurre la ocupación de la Plaza, la Coalición opositora presenta un recurso de nulidad ante el Consejo Central de Elecciones CCE, pero este es rápidamente desestimado.

Fuerzas militares acordonan la Plaza Libertad donde una manifestación popular protesta por el masivo fraude electoral del 28-febrero-1977 (Foto: Diario CoLatino)

La madrugada del 28 de febrero de 1977, luego de que el Padre Alfonso Navarro oficiara una misa, *"... el gobierno llevó a la policía en carros blindados y dispersó la muchedumbre, dejando talvez 40 ó 50 manifestantes muertos. Claramount y unos 1,500 partidarios huyeron y buscaron refugio en la iglesia del Rosario, ubicada al lado de la Plaza, donde amigos del cuerpo de oficiales y representantes de la Cruz Roja eventualmente lo convencieron de rendirse y aceptar el exilio en Costa Rica."* [10]

El área donde ocurre el ataque, es cercada por los cuerpos de seguridad. La sangre de las víctimas en las calles, es lavada por miembros del cuerpo de bomberos.

El resultado electoral de marzo de 1977, *"... fue prácticamente un asalto al poder. En algunos lugares no se realizó ni siquiera votación. Todo se redujo a un descarado 'relleno' de urnas, conexo con un operativo de fuerza y arbitrariedad. El desalojo de los militantes de la UNO en la plaza Libertad, se efectuó con una capacidad de cerco y disparos desproporcionados; los militares en situación de retiro, alineados tras la bandera del bloque opositor, fueron reprimidos, llamándoseles a 'disponibilidad', es decir, una situación militar sin destino o cargo, de Alta en el Estado Mayor General."* [12]

## Gobierno Decreta Estado de Sitio; Surgen las LP-28

El 28 de febrero de 1977, el mismo día de la masacre en el centro capitalino, la Asamblea Legislativa decreta la suspensión de las garantías constitucionales en toda la República, durante un período de 30 días, a raíz de los graves desórdenes acontecidos con motivo de las recientes elecciones. En respuesta a la represión desatada en la Plaza Libertad, el Ejército Revolucionario del Pueblo crea su propio frente de masas, denominado Ligas Populares 28 de Febrero, que estarían integradas por miembros de organizaciones campesinas, sindicalistas, grupos estudiantiles y otros sectores de la población.

## Conferencia Episcopal se Manifiesta sobre Eventos Recientes

El 5 de marzo de 1977, la Conferencia Episcopal salvadoreña se reúne para analizar la delicada situación que están viviendo algunos religiosos en el interior del país. Asisten al encuentro, Monseñor Pedro Arnoldo Aparicio (Presidente de la Conferencia, obispo de la diócesis de San Vicente), Monseñor Romero (electo Vice-Presidente de la Conferencia), y los obispos Monseñor Arturo Rivera y Damas, Monseñor Benjamín Barrera (obispo de la diócesis de Santa Ana) y su auxiliar Monseñor Marco René Revelo. No asiste a la reunión el Vicario castrense, Monseñor Eduardo Alvarez (diócesis de San Miguel). Al final de la reunión, los obispos acuerdan hacer público un comunicado en el que piden el cese a la violencia.

## Se aprueba Contrato para Construcción del Aeropuerto Cuzcatlán

El 11 de marzo de 1977, aparece publicado en el Diario Oficial el acuerdo aprobando la celebración del contrato entre la Comisión Ejecutiva Portuaria Autónoma CEPA y la empresa japonesa Hazama Gumi Limited de Tokio, para la construcción del futuro Aeropuerto Internacional "Cuzcatlán", a un costo de más de ¢46,000,000 colones . Según lo planificado, el nuevo Aeropuerto debía iniciar operaciones en 1980.

## Asesinato del Padre Rutilio Grande

*"Si fuera un funeral sencillo hablaría aquí -queridos hermanos- de unas relaciones humanas y personales con el Padre Rutilio grande, a quien siento como un hermano. En momentos muy culminantes de mi vida él estuvo muy cerca de mí y esos gestos jamás se olvidan; pero no es para pensar en lo personal, sino para recoger de ese cadáver un*

*mensaje para todos nosotros que seguimos peregrinando.*

*El mensaje quiero tomarlo del mismo Papa, presente aquí en su representante, el señor nuncio...*

*El mensaje de Paulo VI, cuando nos habla de la evangelización, nos dá la pauta para comprender a Rutilio Grande. 'Qué aporta la iglesia a esta lucha universal por la liberación de tanta miseria?'. Y el Papa recuerda que en el Sínodo de 1974 las voces de los obispos de todo el mundo, representadas principalmente en aquellos obispos del tercer mundo, clamaban: 'La angustia de estos pueblos con hambre, en miseria, marginados'. Y la Iglesia no puede estar ausente en esa lucha de liberación; pero su presencia en esa lucha por levantar, por dignificar al hombre, tiene que ser un mensaje, una presencia muy original, una presencia que el mundo no podrá comprender, pero que lleva el germen, la potencia de la victoria, del éxito. El Papa dice: 'La Iglesia ofrece esta lucha liberadora del mundo, hombres liberadores, pero a los cuales les dá una inspiración de fé, una doctrina social que está a la base de su prudencia y de su existencia para traducirse en compromisos concretos y sobre todo una motivación de amor, de amor fraternal".*

— *Arzobispo Oscar A. Romero*, *"Homilía en la Misa Exequial del Padre Rutilio Grande", 14 de marzo de 1977*

Rutilio Grande, párroco de
Aguilares
(Foto: Diario CoLatino)

La tarde del 12 de marzo de 1977, el sacerdote Jesuita Rutilio Grande, que tiene a su cargo la parroquia del pueblo de Aguilares, muere asesinado mientras se conduce en su vehículo hacia El Paisnal, su lugar natal. Con él, mueren acribillados el señor Manuel Solórzano, de 70 años de edad, y el menor Nelson Rutilio Lemus, que apenas tiene 15 años. El propio Presidente Molina se encarga de informar lo sucedido al Arzobispo Romero, dándole sus condolencias y prometiéndole una exhaustiva investigación. Por la noche, Monseñor Romero se presenta en el poblado de Aguilares a despedirse de su amigo. El asesinato de Rutilio Grande *"fue un momento de crisis y conversión personal para el tímido y erudito Arzobispo. A pesar del Estado de sitio todavía vigente después de las elecciones, convocó manifestaciones de duelo por el sacerdote muerto y por sus dos acompañantes. Envió una carta al Presidente Molina exigiendo una investigación y declarando que, como Arzobispo, no asistiría a actos oficiales hasta que los asesinatos fueran esclarecidos."* [13]

Un comunicado del Arzobispado, difundido por su emisora radial YSAX, informa al pueblo que la Iglesia ha decretado la Excomunión para todos los autores materiales e intelectuales que han participado en los homicidios. Tres días de duelo son decretados, anunciando que el siguiente domingo no habrá misa en ninguna de las iglesias excepto en la Catedral Metropolitana.

### Gobierno Militar Rechaza Ayuda de los EEUU

El 17 de marzo de 1977, el Presidente Molina anuncia que El Salvador rechaza cualquier ayuda militar de los Estados Unidos, argumentando intromisión del Congreso norteamericano en los asuntos internos del país. El Congreso se encontraba realizando investigaciones a raíz de las denuncias de graves violaciones a los Derechos Humanos en El Salvador.

### La Misa Única por el Padre Grande

*"Queridos sacerdotes, permanezcamos unidos en la verdad auténtica del Evangelio, que es la manera de decir, como Cristo, el humilde sucesor y representante suyo aquí en la Arquidiócesis: El que toca a uno de mis sacerdotes, a mí me toca..."*
*—Arzobispo Oscar A. Romero, "Homilía La Misa Única", 20 de marzo de 1977.*

El Domingo 20 de marzo de 1977, se celebra en la Catedral Metropolitana, una Misa única en memoria del sacerdote jesuita Rutilio Grande. La decisión de Monseñor Romero de celebrar una sola misa, es duramente criticada por el Gobierno, por sectores de la derecha, y por el propio Nuncio Apostólico, Monseñor Emmanuelle Gerada. Sin embargo, ese domingo, más de 100,000 personas se congregan en las afueras de la Catedral, en claro respaldo al nuevo Arzobispo. Monseñor Romero establece una oficina permanente para denunciar violaciones a los derechos humanos. A partir de entonces, el Arzobispado se dedicaría a escribir una columna especializada en el semanario Orientación, así como a utilizar su estación radial YSAX, para difundir noticias relacionadas con la situación de los derechos humanos en el país.    En poco tiempo, las Homilías dominicales de Monseñor Romero, se convertirían en el programa radial más popular del país y prácticamente en la única fuente confiable de lo que acontecía en el territorio nacional.

Marty Feldman entrega el Oscar a Mejor Corto-metraje al productor salvadoreño André Guttfreund en el Pabellón Dorothy Chandler, en Los Ángeles, California.

## Salvadoreño Gana un Premio Oscar

La noche del 28 de marzo de 1977, durante la 49° Entrega de los Premios de la Academia en Hollywood, California, el salvadoreño André Guttfreund y el estadounidense Peter Werner reciben de manos del actor Marty Feldman el Oscar a Mejor Cortometraje (Short Film) por "In the Region of Ice". Guttfreund, nacido en San Salvador en 1946, hijo de un diplomático alemán y una artista rumana, se convierte así en el primer Centroamericano en ganar el prestigioso premio.

## "Haga Patria, Mate un Cura!"

Durante la Semana Santa de 1977, en la imprenta del Arzobispado es colocado un artefacto explosivo que causa serios daños a la maquinaria, dejándola inoperable. Se incrementan las amenazas contra la estación radial YSAX. Numerosos sacerdotes y catequistas son víctimas de insultos y calumnias, siendo acusados de promover y dirigir la violencia en el país. Comienzan a aparecer en la capital volantes con la consigna *¡Haga Patria, mate un cura!*

## Las FPL secuestran al Canciller de la República

El 19 de abril de 1977, es secuestrado en San Salvador el Ing. Mauricio Alfredo Borgonovo Pohl, Ministro de Relaciones Exteriores de El Salvador, por un comando de las Fuerzas Populares de Liberación FPL. A cambio del Ministro, las FPL exigen la inmediata libertad de 37 presos políticos, permitiéndoseles a éstos abandonar el país sin problemas. Además, los guerrilleros exigen la publicación de un "Manifiesto al Pueblo salvadoreño y centroamericano" que deberá ser difundido en todos los periódicos, radioemisoras y canales de televisión del país.

## Reunión entre el Presidente Molina y la Iglesia Católica

El 20 de abril de 1977, se reúnen en Casa Presidencial, el Presidente Molina y los obispos de El Salvador. Atienden la reunión, el General Carlos Humberto Romero y el Dr. Julio Ernesto Astacio, Presidente y Vicepresidente electos. Durante la reunión, el Presidente Molina solicita a los obispos "que hagan reflexionar a los sacerdotes – sobre todo a los extranjeros- acerca de su actuación, para que el clero actúe con estricto apego a la ley, evitando así el deterioro de las relaciones Iglesia –Estado".

## El Arzobispo Romero Viaja a Roma

El 26 de abril de 1977, Monseñor Romero parte hacia Roma para informar a su Santidad, el Papa Paulo VI, sobre lo ocurrido en el país durante las últimas semanas. El Santo padre alienta a Monseñor para que continúe con su defensa por los derechos humanos de los más pobres.

## Encuentran el Cadáver del Canciller de la República

El Ministro Mauricio Borgonovo Pohl es "ajusticiado" por las FPL; su cuerpo es encontrado sin vida la noche del 10 de mayo de 1977. El Gobierno del Presidente Molina había rechazado las demandas de los secuestradores, negando que tuviera en su poder a los supuestos presos políticos que las FPL exigían fueran liberados. Se especula en San Salvador que la verdadera razón del Gobierno para no negociar con el grupo guerrillero era que todos los "desaparecidos" habían sido ya eliminados.

## El Asesinato del Padre Alfonso Navarro

El 11 de mayo de 1977, el sacerdote Alfonso Navarro Oviedo es atacado a tiros dentro de la casa de la Parroquia de la Resurrección, en la Colonia Miramonte de San Salvador, muriendo posteriormente en el Centro de Emergencias. Durante el ataque es herido de gravedad el menor Luis

Alfredo Torres. Del hecho se responsabiliza la extremista Unión Guerrera Blanca UGB, quien manifiesta haber asesinado al sacerdote en venganza por la muerte del Canciller Borgonovo.

Padre Alfonso Navarro

## Obispos Condenan Estado de Violencia; Asalto a Parroquia

El 17 de mayo de 1977, el Arzobispo Romero y los cinco obispos del país, emiten una declaración condenando la violencia y el odio imperantes en el país, haciendo un llamado *"a la reflexión, al diálogo y a la unidad"*. Sería la última vez que los obispos se mostrarían unidos ante la nación. El mismo día de la reunión de obispos en San Salvador, el Ejército expulsa brutalmente a un grupo de campesinos que ocupaban terrenos alquilados en la hacienda San Francisco, en el Paisnal, cerca del poblado de Aguilares. Los soldados asesinan en el campanario de la iglesia de Aguilares, a un muchacho que trata de alertar a la población y luego ocupan el templo. El operativo militar deja unos 40 muertos y decenas de capturados, entre ellos un sacerdote. Cuando el Arzobispo Romero, viaja a Aguilares para recuperar el Santo Sacramento, los soldados no le permiten ingresar al templo y disparan en su interior arrojando las hostias al suelo.

## Gobierno Captura y Expulsa a Sacerdotes

Los Padres jesuitas José Luis Ortega (Párroco de Guazapa), Salvador Carranza (Vice-Párroco de Aguilares), y Marcelino Pérez (Co-adjutor de Aguilares), son detenidos por los cuerpos de seguridad y luego expulsados del país. En mayo de 1977, los padres Higinio e Inocencio Alas, solicitan visas al embajador de los Estados Unidos, Sr. Ignacio E. Lozano jr., ante las amenazas a muerte recibidas. Días más tarde, los dos sacerdotes son escoltados al Aeropuerto Internacional por el Arzobispo de San Salvador y el Nuncio Apostólico.

## UGB amenaza a sacerdotes jesuitas

El 20 de junio de 1977, el grupo terrorista *Unión Guerrera Blanca UGB* anuncia que todos los Jesuitas en El Salvador deberán abandonar el país antes del 20 de julio, caso contrario serán eliminados sistemáticamente. A días de ser juramentado como nuevo Presidente de la República, el General Carlos Humberto Romero, ante el escándalo que la amenaza provoca a nivel mundial, anuncia que se brindará protección a los sacerdotes. La fecha límite llega sin que se cumplan las amenazas de los extremistas de la derecha.

## Concluye el Régimen del Coronel Molina

Al finalizar el período del Coronel Molina en junio de 1977, el país se encuentra en estado de gran agitación. La represión militar se ha agudizado y muchos opositores al régimen militar consideran que los espacios están ya agotados para realizar cambios por la vía pacífica. Mientras Molina se establece tranquilamente en Panamá, el Gobierno del General Carlos Humberto Romero, el 4°. en forma consecutiva del Partido de Conciliación Nacional, sería recibido por un creciente descontento popular. El General enfrentaría numerosas manifestaciones de repudio en su contra. Al igual que su antecesor, Carlos H. Romero recurriría a la represión para acallar a sus opositores. La creciente inestabilidad política, llevaría al nuevo Gobierno militar al colapso total a finales de 1979.

## REFERENCIAS

[1] López Vallecillos, "La Unidad Popular y el surgimiento del Frente Democrático Revolucionario", p.188

[2] Webre, José Napoleón Duarte y el PDC, p.238

[3] Ulloa, La Utopía continúa, p.52

[4] Martín Alvarez, FMLN: análisis y evolución, en Internet: http://www.ucm.es/info/cecal/encuentr/areas/politica/2pmartin

[5] Quezada, 25 años de Estudio y Lucha: una cronología del movimiento estudiantil, p. 37-38

[6] Ignacio Ellacuría, "A sus órdenes, mi capital", p.640, en: ECA No.337, Noviembre de 1976, Año XXXI

[7] Castro Morán, Función Política del Ejército Salvadoreño en el Presente siglo, p.238

[8] Armstrong, El Salvador: el Rostro de la Revolución, p.84-85

[9] Ignacio Ellacuría, "La transformación de la Ley del ISTA", p.747, ECA, No.338, Año XXXI, Diciembre de 1976

[10] De Sebastián, "De la transformación agraria a la defensa del latifundio", p.759, ECA, No.338, Año XXXI, Diciembre de 1976

[11] Webre, José Napoleón Duarte y el PDC, p.252

[12] López Vallecillos, "La Unidad Popular y el surgimiento del Frente Democrático Revolucionario", p.188

[13] Armstrong, El Salvador: el rostro de la revolución, p.92

# 4.16 LA EPOCA DEL GENERAL CARLOS HUMBERTO ROMERO (1977 - 1979)

*"Tengo plena conciencia de que es necesario atacar en su origen las causas que engendran el descontento y que sirven de motivación a otras doctrinas políticas para criticar el sistema en que vivimos y hasta para perpetrar acciones delictivas que han llenado de pesar la conciencia honesta de la humanidad.*

*Conozco la situación de injusticia social en que viven muchos de nuestros hermanos, razón por la que estoy decidido a realizar, en mi período, los cambios necesarios para alcanzar el bien común que debemos disfrutar los salvadoreños"*

**—General Carlos H. Romero**, *Discurso Inaugural, julio de 1977*

Durante los años de Gobierno del general Carlos Humberto Romero, ocurren en el país numerosos secuestros de empresarios nacionales y extranjeros, tomas de ministerios y radiodifusoras, y manifestaciones de repudio contra el Gobierno. En respuesta, el Estado incrementa la represión contra sacerdotes, obreros, campesinos y estudiantes.

La Iglesia católica salvadoreña y su nuevo Arzobispo, identificados con el Concilio Vaticano II y la Conferencia de Medellín de 1968, continúan siendo blanco de los ataques de ANEP, FARO, y organizaciones fantasmas.

El Gobierno militar se verá presionado por la administración Carter, para que cese la represión y convoque a elecciones adelantadas. El orgulloso general Romero haría un último intento por mantenerse en el poder, al hacer un llamado desesperado a los sectores "activos" del país.

## 1977

### Toma de Posesión del General Romero

El 1° de julio de 1977, asume la Presidencia de la República, el General Carlos Humberto Romero, quien llega al poder tras el fraude de febrero pasado. El Dr. Julio Ernesto Astacio, Ministro de Salud Pública durante el Gobierno de Molina, es juramentado como nuevo Vicepresidente. Al acto asisten miembros de las misiones diplomáticas, el nuncio apostólico, y numerosas personalidades públicas. Sin embargo, no asiste el recién nombrado Arzobispo de San Salvador, Monseñor Oscar Arnulfo Romero, en protesta porque no ha habido avances en las investigaciones de los asesinatos de los Padres Grande y Navarro. El resto de obispos del país, excepto Monseñor Álvarez y Monseñor Barrera, tampoco se presenta a la inauguración presidencial.

Junio 1, 1977. el general Carlos H. Romero recibe la banda presidencial (Foto: Diario El Mundo)

## Gabinete de Gobierno del Presidente Romero

Dr. Julio Ernesto Astacio, Vicepresidente de la República y Ministro de la Presidencia,

Dr. Armando Leónidas Rojas, Ministro del Interior,

Dr. René López Bertrand, Ministro de Hacienda,

Lic. Roberto Ortiz Avalos, Ministro de Economía,

Dr. Rafael Flores y Flores, Ministro de Justicia,

General Federico Castillo Yánez, Ministro de Defensa y Seguridad Pública,

Ing. José Rutilio Aguilera Carreras, Ministro de Agricultura y Ganadería,

Dr. José Antonio Rodríguez Porth, Ministro de Relaciones Exteriores.

## Muere asesinado un ex – Presidente de la República

El 12 de julio de 1977, el Coronel Osmín Aguirre y Salinas, uno de los principales responsables de la Masacre campesina de 1932, cuando era Director de la Policía Nacional y que en octubre de 1944 participara en un Golpe de Estado que le declarara como Presidente Provisorio de El Salvador, muere acribillado frente a su casa en la 15ª Calle Oriente, en San Salvador, mientras conversa con uno de sus familiares. Aguirre y Salinas tenía entonces 88 años de edad; de su muerte se responsabiliza un comando de las   Fuerzas Populares de Liberación "Farabundo Martí" FPL.

## Organizaciones Internacionales Investigan Persecución Religiosa

El 21 de julio de 1977, se realiza una audiencia sobre la persecución religiosa en El Salvador.   El Subcomité del Congreso de los Estados Unidos que tiene a su cargo la audiencia es presidido por Donald M. Fraser. Se presentan testimonios de personas que han seguido de cerca la situación religiosa en El Salvador, entre ellas el del padre José Inocencio Alas, exilado recientemente a los EEUU, la congresista Mary Rose Oakar, el ex – embajador de EEUU en El Salvador, Sr. Ignacio Lozano; el sacerdote Jesuita James Richard, y el Sr. Richard Arellano.   Durante este mes, los Estados Unidos detienen un préstamo de $90 millones de dólares del Banco Interamericano de Desarrollo BID a El Salvador, destinados a un proyecto de construcción de una presa hidroeléctrica. El Presidente Jimmy Carter informa al Gobierno del General Romero que debe mejorarse la situación de los derechos humanos antes de que pueda continuar recibiendo ayuda económica.

## Romero se Reúne con Romero

El 10 de Agosto de 1977, se realiza una reunión privada entre el General Carlos H. Romero y Monseñor Oscar A. Romero, buscando mejorar las deterioradas relaciones Estado-Iglesia. El Arzobispo plantea una agenda de tres puntos: 1) resolver la situación de los sacerdotes perseguidos y asesinados, 2) buscar un mejor entendimiento entre los militares y la Iglesia, y 3) analizar la posibilidad de realizar cambios estructurales para mejorar las condiciones de vida de la población.   Ambos acuerdan continuar las reuniones para analizar lo planteado. Sin embargo, con el tiempo sería evidente que el Gobierno militar no tenía voluntad de resolver los problemas.

**Jimmy Carter y Omar Torrijos, durante la firma de los Tratados del Canal de Panamá**

## Los Tratados Carter- Torrijos

En 1977, el Presidente Jimmy Carter hace lo honorable al comprometerse con Panamá a devolverle el control de la zona del Canal. En Septiembre de ese año, Carter y el General Omar Torrijos, Jefe de Gobierno de Panamá, ratifican en Washington D.C. los Tratados Carter- Torrijos, que establecen un programa de desmantelamiento de todas las instalaciones norteamericanas en la zona del Canal de Panamá, garantizando la salida de las fuerzas militares de Estados Unidos y la entrega del Canal al Gobierno panameño en 1999.

## Fundación de la Universidad Matías Delgado

El 15 de septiembre de 1977, se funda en San Salvador la Universidad "José Matías Delgado". Sus Estatutos son aprobados el 14 de diciembre de 1977. La nueva universidad se convertiría en la nueva alternativa para los sectores pudientes del país, que preferirían no enviar a sus hijos ni a la UES, satanizada como "refugio de comunistas", ni a la UCA, con sus curas admiradores de la "teología de la liberación".

## Guerrilla Asesina al Rector de la Universidad Nacional

El 16 de septiembre de 1977, frente a uno de los portones de entrada a las instalaciones universitarias, muere asesinado a balazos el Dr. Carlos Alfaro Castillo, Rector de la Universidad de El Salvador, junto con varios de sus guardaespaldas. Del hecho se responsabilizan las Fuerzas Populares de Liberación FPL. El Dr. Alfaro Castillo, un odontólogo terrateniente convertido en Rector, era considerado por los estudiantes y docentes como parte del aparato interventor y represivo que la Dictadura Militar había colocado en la Máxima Casa de Estudios del País. Como respuesta a la muerte del Rector, el Gobierno suprime al Consejo Superior Universitario y a la Asamblea General Universitaria, máximas autoridades de la UES, sustituyéndolos por el Consejo de Administración Provisional de la UES (CAPUES), desempeñando temporalmente el cargo de Rector, el Ing. Agr. Salvador Enrique Jovel.

### Ocupaciones de Radiodifusoras en Varias Ciudades
Durante septiembre de 1977, los comandos guerrilleros de las FPL y el ERP ejecutan una serie de ocupaciones o "tomas" de estaciones de radio en San Salvador (Radio Monumental, Radio La Romántica y Radio Exitos); en San Miguel (Radio Ondas Orientales y Radio Chaparrastique); en Usulután (Radio Novedades); en Santa Ana (Radio Musical); y en otras ciudades del país, emitiendo varios comunicados al pueblo denunciando la corrupción y represión del Estado.

### Las Polémicas Declaraciones de Monseñor Revelo
A principios de octubre de 1977, Monseñor Marco René Revelo, Obispo auxiliar de la diócesis de Santa Ana, emite una serie de polémicas declaraciones, mientras asiste al Sínodo de Obispos en la ciudad de Roma. Según Monseñor Revelo, muchos de los sacerdotes y catequistas que realizan su labor en el interior del país, están siendo influenciados por el Partido Comunista salvadoreño. A su regreso a San Salvador, Revelo sería confirmado como obispo auxiliar de San Salvador. Para entonces, ya se sabía de profundas divisiones internas entre los obispos salvadoreños, algunos de los cuáles habían comenzado a criticar abiertamente a su Arzobispo.

### Washington Reanuda Asistencia Económica al Gobierno Salvadoreño
En octubre de 1977, luego de que el General Romero levantara el Estado de Sitio que había sido impuesto desde febrero pasado, los Estados Unidos aprueban el préstamo de $90 millones de dólares al Gobierno salvadoreño y nombran a su nuevo embajador en San Salvador, el Sr. Frank J. Devine, quien traería entre sus encargos oficiales el tratar de mejorar las tensas relaciones entre el Gobierno y la Iglesia.

### Paro Laboral es Reprimido Violentamente
En octubre de 1977, los empleados de las empresas La Cascada

(embotelladora de refrescos gaseosos), Diana (fábrica de boquitas y golosinas) y del Rastro Municipal de Soyapango se van al paro general, exigiendo mejoras salariales. La respuesta del Ejecutivo es violenta, dejando como resultado varios trabajadores muertos y heridos.

## Ejército Asalta la Población de Osicala

Durante la primera semana de noviembre de 1977, el Ejército realiza un operativo militar en el pequeño poblado de Osicala, en el Departamento de Morazán, violentando la iglesia y dejando varias personas muertas.

## Muere Asesinado un Prominente Hombre de Negocios

El 12 de noviembre de 1977, muere acribillado el conocido empresario Raúl Molina Cañas, tras resistirse a un intento de secuestro. A raíz del hecho, la empresa privada exige al Gobierno reaccionar con mano dura contra los grupos populares de izquierda que se responsabilizan del asesinato.

## BPR Ocupa Ministerio del Trabajo

En noviembre de 1977, el Bloque Popular Revolucionario BPR ocupa el Ministerio de Trabajo en San Salvador, manteniendo como rehenes a los Ministros de Trabajo y Economía durante varios días.

## Gobierno Emite Polémica Ley de Defensa y Garantía de Orden Público

El 24 de noviembre de 1977, la Asamblea Legislativa decreta la Ley de Defensa y Garantía del Orden Público (decreto No.407), la cual es ratificada por el Presidente Romero un día después.

En el corazón del polémico Decreto, se encuentra el Artículo 1, según el cual:

*"Art.1.- Son contrarias al régimen democrático establecido por la Constitución Política, las doctrinas totalitarias y cometen delito contra el orden público constitucional, quienes, para implantar y apoyar tales doctrinas ejecuten los actos siguientes:*

*1º- Los que cometieren rebelión o sedición, o en general se alzaren contra el Gobierno legalmente constituido;*

*2º- Los que induzcan de palabra, por escrito o por cualquier otro medio, a uno o más miembros de la Fuerza Armada a la indisciplina o a la desobediencia de sus superiores jerárquicos o de los Poderes constituidos del Gobierno de la República;*

*3º- Los que sin autorización legítima importen, fabriquen, transporten, distribuyan, vendan o acopien clandestinamente, armas, proyectiles, municiones, explosivos, gases asfixiantes, venenosos o lacrimógenos y cualquier otro agresivo químico o bacteriológico; y los aparatos para proyectarlos, o materiales destinados su fabricación;*

*4°- Los que inciten, provoquen o fomenten la rebelión o sedición;*

*5°- Los que conspiren o atenten en cualquier forma contra el régimen constitucional y la paz interior del Estado;*

*6°- Los que celebren, concierten o faciliten reuniones que tengan por objeto deponer al Gobierno legítimamente constituido;*

*7°- Los que propaguen, fomenten o se valgan de su estado o condición personal, ya sea de palabra o por escrito o por cualquier otro medio, doctrinas que tiendan a destruir el orden social, o la organización política y jurídica que establece la Constitución Política;*

*8°- Los que se relacionen con personas u organizaciones extranjeras con el objeto de recibir instrucciones y auxilios de cualquier naturaleza, para llevar a cabo alguno d los delitos contemplados en esta ley;*

*9°- Los que faciliten recursos u otra clase de medios a personas u organizaciones, nacionales o extranjeras para ejecutar en El Salvador alguno de los delitos a que se refiere esta ley;*

*10°- Los que, siendo funcionarios o empleados públicos, no den cumplimiento, por dolo o culpa, a las leyes, reglamentos, decretos u órdenes que, en circunstancias graves y especiales, impartan las autoridades superiores;*

*11°- Los que planifiquen o proyecten, inciten o realicen el sabotaje, la destrucción, la paralización o cualquier otra acción u omisión que tenga por objeto alterar el desarrollo normal de las actividades productoras del país, con el fin de perjudicar la economía nacional o de perturbar un servicio público o servicios esenciales a la comunidad;*

*12°- Los que destruyan, inutilicen o interrumpan instalaciones de los servicios públicos o de los servicios esenciales a la comunidad, o inciten a la ejecución de cualesquiera de los mismos hechos;*

*13°- Los que se reunieren o asociaren con el objeto de preparar o ejecutar cualesquiera de los delitos contemplados en la presente ley;*

*14°- Los que participen en alguna organización que sustente doctrinas anárquicas o contrarias a la democracia, o que se inscriban como miembros de ella;*

15°- Los que propaguen de palabra, por escrito o por cualquier otro medio en el interior del país, o envíen al exterior, noticias o informaciones tendenciosas o falsas destinadas a perturbar el orden constitucional o legal, la tranquilidad o seguridad del país, el régimen económico o monetario, o la estabilidad de los valores y efectos públicos; los que den cabida en los medios masivos de difusión a tales noticias e informaciones y los salvadoreños que encontrándose fuera del país divulguen en el exterior noticias e informaciones, de la misma naturaleza;

*16°- Los que faciliten, a cualquier título y a sabiendas, inmuebles o locales para reuniones destinadas a ejecutar o concertar actos contra la paz pública, la seguridad interior del Estado o el régimen legalmente establecido;*

*17°- Los que cometieren atentado contra la persona de los presidentes de los Poderes del Estado, diputados y demás funcionarios a que se refiere el artículo 211 de la Constitución Política;*

*18°- Los que cometieren: asesinato; secuestro; traición; inteligencia con estado extranjero; terrorismo; violación o allanamiento masivo del lugar de trabajo de un funcionario público, robo a mano armada a instituciones públicas, de crédito o que funcionen con dineros del público; incendios y explosión u otros estragos simples o agravados.*

*Esta polémica y represiva ley, "dio a las fuerzas armadas carta blanca para confiscar tierras, disolver huelgas, reprimir manifestaciones y realizar arrestos arbitrarios."* [1]

*El decreto legislativo, "era la clásica ley contra la sedición, proscribiendo toda crítica al gobierno, y estableciendo severas restricciones a la libertad de asociación, comunicación e intercambio de información. No sólo quienes lo propiciaran, sino también quienes admitieran la existencia del así llamado desorden social, estaban sujetos a juicio criminal."* [2]

## Terroristas Desatan una Violenta Ola de Secuestros y Asesinatos

Los secuestros y asesinatos por parte de grupos paramilitares de derecha o de izquierda, que habían ido en aumento desde finales de 1977, se intensifican en 1978. Decenas de personas sospechosas de participar en organizaciones campesinas, sindicatos y gremios de trabajadores comienzan a ser perseguidos, capturados y "desaparecidos" por la Guardia Nacional y otros cuerpos de seguridad, apoyados por miembros de ORDEN. Muchos de los crímenes son atribuidos a los "Escuadrones de la Muerte".

Por su parte, la extrema izquierda responde montando una serie de operativos que tienen como fin: 1) recaudar fondos para sus operaciones militares a través de rescates por miembros de la oligarquía y funcionarios de gobierno secuestrados, 2) hacer conciencia entre la población nacional y la comunidad internacional sobre lo que acontece en el territorio salvadoreño, y 3) eliminar a los "enemigos del pueblo".

Durante el período 1978-79 destacan los siguientes operativos de la guerrilla y agrupaciones de masas de la izquierdista salvadoreña:

- Las FARN se atribuyen varios secuestros: el Ing. Gustavo Cartagena, Presidente de CEPA (abril, 1978); el Presidente de INSINCA, el japonés Fujio Matsumoto,(mayo 1978, posteriormente encontrado asesinado); el Gerente Kjell Bjork de la empresa sueca McEricsson (agosto 1978); el Sr. Fritz Schiutema, Gerente de Phillips de El Salvador (Noviembre 1978); Ian C. Massie y Michael Chatterton del Banco de Londres y América del Sur (Noviembre 1978); el ejecutivo japonés Takakazu Susuki de INSINCA (diciembre 1978); Ernesto Liebes, Cónsul de Israel en El Salvador (enero 1979).
- Las FPL asesinan al Dr. Rubén Alfonso Rodríguez, exPresidente de la Asamblea Legislativa (septiembre 1978); asesinan al Sr. Roberto Saade Hanania, presidente de la empresa Nylon S.A. (Noviembre 1978);
- El BPR ocupa durante una semana las embajadas de Panamá, Costa Rica y Venezuela, así como la sede de la Cruz Roja (abril 1978)
- El FAPU ocupa la embajada mexicana y la sede la Cruz Roja (enero 1979), el grupo de ocupantes de la embajada recibe asilo político del Gobierno de México, el otro grupo sin embargo es apresado y llevado a prisión.

# 1978

## Conferencia Internacional sobre Ingeniería Sísmica

En medio del caos político que vive el país, del 9 al 14 de Enero de 1978, se realiza en el Hotel Sheraton de El Salvador, la "I Conferencia Centro Americana de Ingeniería Sísmica", que llega a contar con la presencia de los más destacados expertos sísmicos a nivel mundial. El evento es patrocinado por la prestigiosa Lehigh University, por la Universidad Centroamericana "José Simeón Cañas", y por el Ministerio de Obras Públicas. Al evento inaugural, asisten el Presidente Carlos Humberto Romero y el Alcalde de San Salvador , Ing. Napoleón Gómez. La Conferencia es atendida por más de 400 expertos sísmicos provenientes de los Estados Unidos, Canadá,

México, Sudamérica, Turquía, Japón, Taiwán, y otros países.

I Conferencia Sísmica, en la gráfica: Ing. Colindres, Dr. Zeevari, Ing. Napoleón Gómez (Alcalde de San Salvador), Dr. Newmark, y Dr. Fang

El Comité Organizador está constituido por:

- Ing. Rafael Colindres Selva (co-Chairman del evento, experto sísmico salvadoreño)
- Dr. Hsai-Yang Fang (co-Chairman, Lehigh University)
- Ing. Leonardo Zeevaert (UNAM)
- Dr. Nathan M. Newmark (University of Illinois)
- Dr. Kenneth L. Lee (UCLA)
- Dr. Lian Finn (University of British Columbia)
- Dr. C. Martin Duke (UCLA)

Como resultado de la Conferencia, se publican dos volúmenes titulados "Central American Conference on Earthquake Engineering", conteniendo las ponencias presentadas. Igualmente, se presenta al Gobierno de El Salvador y a su Ministerio de Obras Públicas, una propuesta conjunta de un nuevo código sísmico para El Salvador ("Seismic Code Regulations for San Salvador, El Salvador, firmado por el Vicerrector de Investigaciones de Lehign University, Dr. J.F. Libsch, y el Ing. Rafael Colindres Selva, experto en estructuras). La propuesta jamás sería considerada por el Gobierno.

## Muere Asesinado en Nicaragua el Periodista Pedro J. Chamorro

El 10 de enero de 1978, en Managua es asesinado a tiros el Director del periódico La Prensa de Managua, Pedro Joaquín Chamorro, uno de los principales críticos de la dictadura somocista. Aunque el dictador Anastasio Somoza Debayle lamenta públicamente el incidente y ordena una investigación, el pueblo nicaragüense le considera responsable del mortal atentado. En la capital, se producen violentos disturbios. La muerte de Chamorro marca el inicio del fin de la dictadura somocista, que sería derrocada el año siguiente, a manos del Frente Sandinista de Liberación Nacional FSLN, movimiento que llegaría a contar con amplio respaldo popular.

### Monseñor Romero Recibe Doctorado Honoris Causa

El 17 de febrero de 1978, Oscar Arnulfo Romero, recibe en la abarrotada Catedral Metropolitana el grado de Doctor Honoris Causa de parte de Georgetown University, en reconocimiento a su labor como defensor de los derechos humanos y la justicia social en el país. Al acto asisten el Rector de la prestigiosa universidad norteamericana, el sacerdote jesuita Timothy S. Healy, y los obispos salvadoreños Gregorio Rosa Chávez, Arturo Rivera, y Marco Revelo. El evento es ignorado por la gran prensa nacional.

### Violentos Enfrentamientos

El 17 de marzo de 1978, en San Salvador una manifestación de campesinos pertenecientes a las organizaciones FECCAS y UTC que protestaban por la falta de apoyo gubernamental al agro, es disuelta a tiros por elementos de la policía dejando como saldo varias personas muertas. En el poblado de San Pedro Perulapán, al oriente de la capital, miembros de ORDEN y la Guardia Nacional se enfrentan con miembros de la UTC y FECCAS, dejando un número no determinado de muertos y personas capturadas.

### El Arzobispo Romero Viaja Nuevamente a Roma

En junio de 1978, Monseñor Romero, acompañado por Monseñor Arturo Rivera y Damas, viaja a una Congregación de Obispos en la "Ciudad Eterna". Durante su estadía en Roma, Monseñor Romero se entrevista con el Cardenal Baggio, para intentar aclarar la gran cantidad de controvertidas noticias que se reciben desde El Salvador. Baggio se encuentra especialmente preocupado por las divisiones entre los obispos salvadoreños. Muchas de las denuncias de los mismos obispos, mencionan que el Arzobispo Romero esta "politizando" y "dividiendo" a la Iglesia y a su pueblo. El 21 de junio, Monseñor Romero es recibido por el Santo Padre, el Papa Paulo VI, quien le alienta a seguir adelante en su labor pastoral.

## En Nicaragua, el Comandante Cero Captura el Palacio Nacional

El 22 de Agosto de 1978, Edén Pastora, alias "Comandante Cero", y un grupo de comandos sandinistas del FSLN asaltan el Palacio Nacional en Managua, tomando cerca de 1,000 prisioneros, incluidos un primo y un sobrino del Dictador Anastasio Somoza. Los sandinistas logran que el Gobierno nicaragüense libere a 59 prisioneros políticos y les entregue un rescate estimado en medio millón de dólares, escapando finalmente hacia Panamá. La exitosa operación del FSLN pone en ridículo los dispositivos de seguridad de la Guardia Nacional de Nicaragua y atrae la atención y las simpatías del pueblo nicaragüense.

## Miembros del CAPUES Asesinan a Decano de la UES

El 18 de septiembre de 1978, muere a tiros el Dr. Carlos Alberto Rodríguez, Decano de la Facultad de Ciencias Económicas de la Universidad de El Salvador. Días antes, miembros de la policía del Consejo de Administración Provisional de la UES (CAPUES) habían tenido una acalorada discusión con el Decano, amenazándolo frente a estudiantes y docentes. El Dr. Rodríguez se oponía a la presencia del intimidante cuerpo de seguridad del CAPUES, que para entonces tenía sometida a la comunidad universitaria a un régimen represivo. La muerte del Decano haría que decenas de docentes, apoyados por estudiantes y trabajadores, decretaran un paro de labores de casi 6 meses de duración que culminaría finalmente con la destitución del CAPUES, dejando el control temporal de la Universidad en manos de un Consejo Directivo Provisional, encargado de coordinar la elección de nuevas autoridades .

## Monseñor Romero es Propuesto al Premio Nobel de la Paz

En noviembre de 1978, el Arzobispo Romero es propuesto por el Parlamento Británico ante la Academia Sueca como candidato al Premio Nobel de la Paz, en reconocimiento por su labor humanística en defensa de los derechos de los más pobres en el país. Una delegación inglesa que arriba al país para entrevistarse con el Arzobispo, con el Presidente y funcionarios de gobierno, y con miembros de la oposición política, encuentran una "cárcel clandestina" en un cuartel de la Guardia Nacional.

Aunque el premio sería otorgado finalmente a la Madre Teresa de Calcuta, la candidatura de Monseñor Romero serviría para dar a conocer mundialmente la grave situación que vive la pequeña república.

## Juan Pablo II inicia su Pontificado

En Roma, el 16 de octubre de 1978, el Cardenal Karol Woytila de Polonia se convierte en el nuevo Pontífice de la Iglesia Católica, adoptando el nombre de Juan Pablo II, en memoria del Juan Pablo I, que muriera sorpresivamente el 26 de agosto, tras suceder al Papa Paulo VI (fallecido en agosto pasado). Es la primera vez que un sacerdote no italiano asume el alto cargo desde 1523. El Pontificado de Juan Pablo II, se caracterizará por mantener posiciones más conservadoras que sus predecesores. El Santo Padre, pronto se convertiría en el Papa más viajero de la historia, llevando su doctrina eclesiástica a todo el mundo. Durante su apostolado, el Papa visitaría El Salvador en dos ocasiones, primero en 1983 durante uno de los períodos más convulsionados de la historia centroamericana, y luego en 1996, tras la firma de los Acuerdos de Paz.

### Muere Sacerdote en Supuesto Enfrentamiento

*"Yo les suplico, que no se dejen impresionar por los primeros juicios, sobre todo cuando son interesados y amañados. Por eso la Iglesia, que quiere reflejar en la tierra la justicia de Dios, la llama a sus hijos: Esperen, reflexionemos, analicemos los hechos; y ha nombrado una comisión investigadora de estas muertes. Y ya estamos recogiendo datos, indicios que contradicen rotundamente muchas de las noticias escandalosas de nuestros periódicos y nuestras radios. A Neto Barrera, lo flagelaron; Neto Barrera tiene un documento, extendido por un médico forense, que delata torturas espantosas. Neto Barrera debió sufrir muchísimo, antes de entregar su espíritu al juicio del Señor. No es justo entonces que se juzgue a un muerto, que ya no puede hablar ni puede quejarse de los dolores que se le infligieron con criterios interesados de la tierra ..."*

— *Arzobispo Oscar A. Romero, "Homilía del Funeral del Padre Ernesto Barrera Motto, 29 de noviembre de 1978*

El 28 de noviembre de 1978, muere en un supuesto enfrentamiento armado el sacerdote Rafael Ernesto "Neto" Barrera. Otros tres presuntos guerrilleros mueren en la balacera contra la Guardia Nacional. Para el Gobierno, la muerte del religioso es la prueba palpable de que la Iglesia participa en "actos subversivos" contra el Estado.

# 1979

## Guardia Nacional Realiza un Violento Cateo

El 20 de enero de 1979, efectivos de la Guardia Nacional atacan un retiro espiritual para jóvenes, conocido como El Despertad, en las afueras de la capital, matando al sacerdote Octavio Ortiz Luna y a cuatro jóvenes, dos de ellos menores de edad. De acuerdo con el Gobierno, estas personas se encontraban en un supuesto centro de adiestramiento de las FAPU, en la colonia San Antonio Abad. El Gobierno había presentado el incidente como un enfrentamiento armado entre los jóvenes y los cuerpos de seguridad.

## OEA Publica Informe acerca de Violaciones a Derechos Humanos

En enero de 1979, mientras el General Carlos H. Romero se encuentra de visita oficial en México, negociando un convenio petrolero con esa nación, la Comisión Interamericana de Derechos Humanos CIDH, publica un informe censurando los graves abusos a los derechos humanos en El Salvador. Miembros de la CIDH han visitado el país en 1978 y se han entrevistado con familiares de las víctimas de la represión militar. Durante su breve estancia, un grupo de inspectores de la CIDH accidentalmente descubre una de las "cárceles clandestinas" donde son torturados los "enemigos políticos" del Estado. El informe de la CIDH concluye criticando severamente a la Ley de Defensa y Garantía del Orden Público. Interrogado por la prensa mexicana, el mandatario salvadoreño niega que en El Salvador existan desaparecidos o presos políticos, ni que haya persecución de la iglesia. El General también acusa al Arzobispo Romero de realizar prédicas de carácter político. Poco después, ante las presiones nacionales e internacionales, la polémica ley sería derogada por el Gobierno militar.

## La Conferencia Episcopal en Puebla, México

Entre el 26 de enero y el 12 febrero de 1979, se realiza en la ciudad de Puebla, México, la Tercera Asamblea Latinoamericana de Obispos, la cual es inaugurada por el nuevo pontífice Juan Pablo II. Al cónclave religioso, asisten los obispos Pedro Arnoldo Aparicio y Marco René Revelo en carácter oficial, representando a la Conferencia Episcopal Salvadoreña CEDES. También viaja Monseñor Romero, en su calidad de consultor de la Pontificia Comisión para América Latina. Desde su llegada, el Arzobispo salvadoreño, reconocido ya mundialmente por su lucha en favor de los derechos humanos, es constantemente consultado por la prensa internacional, acerca de los asesinatos y expulsiones de sacerdotes, y las desapariciones y asesinatos políticos que sufre El Salvador. Monseñor Aparicio, quien ya antes ha manifestado sus desacuerdos con el Arzobispo Romero, declara en México, que *"los jesuitas eran responsables de la violencia en El Salvador, que Mons. Romero se había dejado influenciar por sacerdotes marxistas, que las personas desaparecidas en El Salvador simplemente se habían escondido o se habían unido a las guerrillas, que sacerdotes rebeldes entrenaban niños para ser guerrilleros."* [3]

### Graves Disturbios en la Capital Salvadoreña

El 1° de abril de 1979, una manifestación de las LP-28 es reprimida violentamente, dejando tres personas muertas. Poco después, el día 6 de abril, el FAPU se toma las instalaciones de la Catedral Metropolitana para velar los cuerpos de dos manifestantes muertos por la Guardia Nacional.

### Monseñor Romero se Reúne con Juan Pablo II

El 7 de mayo de 1979, Monseñor Romero es recibido en Roma por el Papa Juan Pablo II, durante la visita que hiciera para participar en el acto de beatificación de un sacerdote catalán. El Papa le manifiesta nuevamente la preocupación del Vaticano por la falta de unidad entre los obispos salvadoreños y por la grave problemática que atraviesa el país. Al final de la reunión, el Santo Padre recomienda a Monseñor Romero tener *"audacia y valor, junto con equilibrio y prudencia"* [4]

Monseñor Romero y Juan Pablo II

## BPR Ocupa Embajadas, Crece la Represión

A principios de mayo de 1979, las Embajadas de Francia, Venezuela y Costa Rica son ocupadas por miembros del BPR, que exigen la liberación de varios personas, entre ellas Oscar López, Facundo Guardado, Ricardo Mena, y Marciano Meléndez, quienes han sido capturados por la Guardia Nacional. El día 8 de mayo de 1979, la Policía y la Guardia Nacional abren fuego contra cerca de 300 manifestantes del BPR que se han tomado la Catedral exigiendo la liberación de varios de sus compañeros. La masacre deja 23 personas muertas. La presión popular consigue que Facundo Guardado y José Ricardo Mena sean liberados por las autoridades el 11 de mayo. La Embajada de Venezuela, que también había sido ocupada por el BPR, para exigir la liberación de los restantes miembros de su agrupación, se ve envuelta en otro violento acto represivo el 22 de mayo, al disparar las fuerzas de seguridad contra un grupo de manifestantes que llevaba agua y alimentos a los ocupantes de la sede diplomática, dejando 14 muertos.

## El General Romero convoca al Diálogo Nacional

El 17 de mayo de 1979, los numerosos hechos de violencia que se desarrollan en todo el país, llevan al Gobierno del General Romero a convocar a un diálogo nacional, que termina siendo visto con escepticismo y desconfianza por las principales fuerzas de oposición. El desesperado intento de diálogo, cuyas reuniones durarían cerca de dos meses, sería un rotundo fracaso para el Presidente Romero. En el país comienzan a oírse rumores de un posible golpe militar.

Dr. Antonio Herrera Rebollo

## FPL Asesina al Ministro de Educación

El 23 de mayo de 1979, muere asesinado el Dr. Carlos Antonio Herrera Rebollo, Ministro de Educación, y quien fuera Alcalde de San Salvador por el Partido Demócrata Cristiano. El Dr. Herrera Rebollo había sido acusado de "traidor" por el movimiento popular y asesinado por la guerrilla de las Fuerzas Populares de Liberación FPL, en venganza por los muertos en la Embajada venezolana. A raíz del hecho, la Asamblea Legislativa decreta el Estado de Sitio en todo el territorio.

## Muere Acribillado Otro Sacerdote

*"Aquellos que tienen en sus manos la fuerza del poder controlar estas fuerzas de infierno y de asesinato tienen que controlarlas. Cuando se quiere, se hace. Recuerdo cuando amenazaba la misma institución fantasma [la UGB] a los padres Jesuitas, el Presidente de la República hizo un llamamiento a la cordura y se detuvo la amenaza. Luego, se puede cuando se quiere.*

*¿Hasta cuándo vamos a estar soportando estos crímenes sin ninguna reivindicación de justicia? ¿Dónde está la justicia de nuestra patria? ¿Dónde esta la Corte Suprema de Justicia? ¿Dónde está el honor de nuestra democracia si han de morir así las gentes como perros, y se quedarán sin investigar las muertes como la del Padre Rafael? Yo pido y exijo en nombre de la ciudadanía que se investigue y que se ponga coto a esta espiral creciente de violencia, siendo así que, por lo menos, una de las ramas está bajo el control de quienes pueden detenerla."*

*Arzobispo Oscar Arnulfo Romero, "Homilía en el Funeral del Padre Rafael Palacios", 21 de junio de 1979.*

El 17 de junio de 1979, en Santa Tecla muere acribillado a balazos el sacerdote Rafael Palacios. Del hecho se responsabiliza la UGB, como represalia por la muerte de un oficial del Ejército el día anterior.

## Triunfa la Revolución Sandinista en Nicaragua

El 19 de julio de 1979, el ejército Sandinista entra triunfalmente a la ciudad de Managua tras caer los últimos bastiones de la Guardia Nacional de Somoza. El dictador logra huir, dejando sumido al país en una severa crisis, con una deuda externa de más de 1,400 millones de dólares, con las reservas monetarias prácticamente agotadas, y con las principales cosechas destruidas por la cruenta guerra. La familia Somoza había gobernado Nicaragua por casi 43 años, explotándola como si fuera su hacienda particular. La caída de la dictadura provocaría pánico en los Gobiernos militares de las pequeñas repúblicas vecinas y en el propio Washington, donde el Presidente Carter sería culpado por sectores ultraconservadores de haber "perdido" otro país a causa de su errada política exterior (Carter era ya criticado duramente por la pérdida de la lejana y rica nación petrolera del Irán, ahora en manos del Ayatollah Komheini, un fanático líder religioso).

### Muere Otro religioso a Manos de la Guardia Nacional

El 4 de agosto de 1979, Alirio Napoleón Macías, el párroco de San Esteban Catarina, Departamento de San Vicente, muere abatido a balazos. El sacerdote Macías había denunciado días atrás, varios operativos violentos realizados por la Guardia Nacional, que habían tenido como resultado el asesinato de varias personas.

### Emisarios de la Administración Carter presionan al General Romero

A inicios de agosto de 1979, el vicesecretario de Estado para América Latina, Viron P. Vaky, se reúne con el general Carlos H. Romero, presionándolo para que adelante las elecciones presidenciales de 1982, ante el creciente caos político que vive el país. Después se sabría que el general Romero se discute fuertemente con el funcionario estadounidense por interferir en los asuntos internos salvadoreños. Otro diplomático estadounidense, William Bowdler, realiza al menos otras dos visitas no anunciadas, reuniéndose con el general Romero. Washington teme que El Salvador se convierta en "otra Nicaragua" y se alinee con Cuba y la Unión Soviética.

### FPL Asesina a Hermano del General Romero

A principios de septiembre de 1979, el profesor Javier Romero, hermano del Presidente de la República, muere asesinado por un comando de las Fuerzas Populares de Liberación.

## Surge el Foro Popular

El 4 de septiembre de 1979, ante la aguda crisis política que azota al país, un grupo de fuerzas sindicales, gremiales y políticas decide unirse y establecer el Foro Popular, integrado por tres partidos de oposición y once agrupaciones sindicales:

*Partido Demócrata Cristiano PDC, Movimiento Nacional Revolucionario MNR, Unión Democrática Nacionalista UDN, Partido Unionista Centroamericano PUCA, Federación Nacional Sindical de Trabajadores Salvadoreños FENASTRAS, Confederación Unitaria de Trabajadores Salvadoreños CUTS, Federación Unitaria sindical Salvadoreña FUSS, Federación de Sindicatos de la Industria de la Construcción, el Transporte, Similares y Conexos FESINCONSTRANS, Federación de Sindicatos de Trabajadores de la Industria del Alimento, Vestido, Textil, Similares y conexos de El Salvador FESTIAVTCES, Sindicato Textil de Industrias Unidas STIUSA, Asociación de Trabajadores Agropecuarias y Campesinos de El Salvador ATACES, Central Campesina Salvadoreña CCS, Central de Trabajadores Salvadoreños CTS,* Ligas Populares 28 de Febrero.

El Foro Popular plantea *"... formular un programa amplio de todos los sectores del pueblo para poder afrontar los problemas en forma global. Implícitamente (El Foro) reconocía que ninguna organización por sí misma tenía la solución de los problemas del país. Cualquier pretensión de exclusión, no significaba otra cosa que el fracaso del proyecto y la profundización de la crisis."* [5]

La nueva agrupación es la más grande alianza político-social desde los tiempos de la Unión Nacional Opositora UNO, que participara en las elecciones de 1972 y 1977. El Foro Popular sentaría las bases para la creación de la Coordinadora Revolucionaria de Masas y posteriormente del Frente Democrático Revolucionario, que junto con el FMLN se convertiría en el principal grupo opositor del Gobierno y la Fuerza Armada.

La Plataforma del Foro Popular, señala *"... la necesidad de que se respete la participación de todos los sectores en la vida democrática del país; la vigencia de la libertad sindical, gremial y política. En cuanto a cuestiones de orden económico, hay que señalar las medidas que hagan posible el acceso de los campesinos al uso y propiedad de la tierra, proporcionándoles facilidades para la producción agropecuaria, así como la protección en el área de control de precios de los granos básicos, energía y agua. Con toda seguridad, la Plataforma puede considerarse como una contribución importante en la búsqueda de acuerdos, expresando el sentir de la mayoría del pueblo salvadoreño."* [6]

## Los Últimos Días del Gobierno del General Romero

Hacia el mes de septiembre de 1979, *"cada pulgada de todas las paredes del centro de San Salvador estaba cubierta con pintas proclamando 1980 como el año de la liberación de El Salvador. Se realizaban casi diariamente marchas de protesta en contra de Romero: 'si Nicaragua venció, El Salvador vencerá', era la consigna de los manifestantes. Las ligas populares ocuparon el Ministerio de Trabajo, exigiendo la liberación de 500 prisioneros políticos; al margen de los sindicatos oficialistas, el FAPU dirigió huelgas e interrupciones de trabajos en fábricas por todo el país; el BPR celebró su congreso nacional en un cine del centro de San Salvador; y las guerrillas atacaron el Palacio Nacional en la más atrevida acción hasta entonces."* [7]

Es evidente para la población, que el Gobierno del General Romero no se sostendrá por mucho tiempo más. Todos, o casi todos, esperaban el estallido de la revolución y la toma del poder por fuerzas de izquierda opositoras al régimen militar. Sin embargo, un grupo de jóvenes oficiales del Ejército salvadoreño se adelantarían a la insurrección popular que se estaba gestando ... con un Golpe de Estado "casi" incruento.

## REFERENCIAS

[1] Carlos Acevedo, Antecedentes históricos del Conflicto, Ajuste hacia la paz, p.53

[2] Armstrong, El Salvador: el rostro de la revolución, p.97

[3] Brockman, La Palabra Queda, p.233

[4] Ibid, p.240

[5] López Vallecillos, "La Unidad Popular y el surgimiento del Frente Democrático Revolucionario", p.189

[6] Ibid, p.190

[7] Armstrong, El Salvador: el rostro de la revolución, p.112

.

# LA GUERRA CIVIL (1979- 1992)

## 4.17 EL GOLPE MILITAR DE 1979: PRELUDIO A LA GUERRA CIVIL

*"Queremos decirles a todos los salvadoreños que es cierto, vivimos una hora muy incierta. ¿Qué nos espera el 1980? ¿Será el año de la guerra civil? ¿Será el año de la destrucción total? ¿No habremos merecido de Dios la misericordia con tanta sangre que se ha derramado ya, porque tal vez se ha derramado con odio, con represión, con violencia? Que el señor tenga ante este porvenir incierto, misericordia de nosotros. Yo no quiero ser pesimista porque les quiero decir a Ustedes, que la fuerza que nos debe sostener es la oración." -- **Arzobispo Oscar Romero**, Homilía del 31 de diciembre de 1979.*

*"The privilege of the great powers is to watch catastrophe from the terrace" -- **Robert White**, Embajador de los Estados Unidos en El Salvador*

A mediados de octubre de 1979, cuando la mayoría de la población espera la caída del régimen militar del General Romero a manos de las organizaciones populares de centro- izquierda, un grupo de jóvenes oficiales del Ejército asume el poder y forma una Junta provisional de gobierno, anunciando elecciones y reformas.

La bandera roja de las "Ligas
Populares 28 de Febrero" ondea en
una de las múltiples protestas (Foto:
El Universitario, UES).

A las pocas semanas del golpe militar, los sectores más conservadores del
Ejército y la oligarquía se apoderan nuevamente del control del país y la
represión se recrudece. A pesar del incremento de asesinatos y
"desaparecidos" políticos por parte de los Escuadrones de la Muerte y los
cuerpos de seguridad, los Estados Unidos continúan su apoyo al Régimen.

El asesinato del Arzobispo de San Salvador, de los dirigentes del Frente
Democrático Revolucionario (la principal fuerza opositora del país), y de
cientos de profesionales, campesinos, obreros y estudiantes, haría
inminente el estallido de la Guerra Civil.

# 1979
### Golpe Militar contra el General Carlos H. Romero
El 15 de octubre de 1979, un grupo de militares jóvenes derroca al
Gobierno del Presidente Carlos Humberto Romero, quien parte con rumbo
a Guatemala. Una Junta de Gobierno provisional encabezada por los

Coroneles Jaime Abdul Gutiérrez y Adolfo Arnoldo Majano asume el poder, sin que ocurra derramamiento de sangre. Majano pertenece al grupo de oficiales jóvenes que han conspirado para deponer al General Romero, mientras que Gutiérrez representa a los sectores conservadores del ejército. El Alto Mando del ejército presenta al pueblo la Proclama de la Fuerza Armada, en la que se promete el cese a la violencia y la corrupción, el respeto a los derechos humanos, la implementación de medidas que lleven a una más justa distribución de la riqueza nacional, y el mejoramiento de las relaciones externas del país.

El 16 de octubre, se establece el Toque de Queda y el Estado de Sitio, suspendiendo todas las garantías constitucionales por 30 días. Algunas organizaciones populares como las LP-28 y el ERP llaman al pueblo a alzarse en armas, ocupando temporalmente la ciudad de Mejicanos. El nuevo Gobierno es reconocido prontamente por la Administración del Presidente Jimmy Carter, que considera el golpe militar como el menor de los males posibles, considerando lo ocurrido en Nicaragua. Un día después, el 17 de octubre, la Junta Militar pide a ambas extremas de izquierda y derecha que depongan sus armas, advirtiendo que no tolerará acciones terroristas. La Junta también invita a diversas agrupaciones políticas para que participen en el nuevo Gobierno. Miembros de la oposición política y de la sociedad en general deciden tentativamente apoyar a la Juventud Militar. Los militares invitan a incorporarse a la Junta Revolucionaria de Gobierno, a tres reconocidos profesionales, el Dr. Guillermo Manuel Ungo (Secretario General del MNR y miembro del Foro Popular), el Dr. Román Mayorga Quiroz (Rector de la UCA), y el empresario Mario Andino, representante de la ANEP. Se nombra un nuevo Gabinete de Gobierno, que incluye a miembros de distintas organizaciones de centro – izquierda, así como miembros del sector ultra conservador de las Fuerzas Armadas:

## Gabinete de la Primera Junta Revolucionaria de Gobierno

Ing. Enrique Álvarez Córdova, Ministro de Agricultura y Ganadería,
Lic. Salvador Samayoa, Ministro de Educación,
Dr. Ernesto Arbizú Mata, Ministro de Hacienda,
Dr. Gabriel Gallegos Valdés, Ministro de Trabajo,
Dr. Luis Nelson Segovia, Ministro de Justicia,
Dr. Carlos Enrique Castro Garay, Ministro del Interior,
Ing. Manuel Enrique Hinds, Ministro de Economía,
Ing. Héctor Dada Hirezi, Ministro de Relaciones Exteriores,

Dr. Héctor Oquelí Colindres, Vice Ministro de Relaciones Exteriores,
Lic. Rubén Zamora Rivas, Ministro de la Presidencia.
Dr. Mario Zamora Rivas, Fiscal General de la República,
Coronel José Guillermo García, Ministro de Defensa.

La Junta de Gobierno anuncia las primeras acciones "revolucionarias": se anuncian elecciones para febrero de 1982; se dictan medidas para restringir la posesión de tierras a un máximo de 100 hectáreas; se disuelve la represiva Organización Democrática Nacionalista ORDEN, una agrupación de defensa civil que había sido fundada por el General José Alberto Medrano a mediados de los años Sesentas para vigilar a la población campesina; y se ordena el desmantelamiento de Agencia Nacional de Servicios Especiales de El Salvador ANSESAL, encargada de desempeñar tareas de inteligencia del Estado, también fundada por el General Medrano. A pesar de las promesas y esfuerzos de la Junta Revolucionaria de Gobierno, los principales aparatos represivos como la Policía Nacional, la Guardia Nacional, la Policía de Hacienda, y la misma ORDEN (que sigue operando clandestinamente en el campo) se mantienen en operación.

Las organizaciones populares como el Frente de Acción Popular Unificada FAPU, las Ligas Populares 28 de Febrero LP-28, y el Bloque Popular Revolucionario BPR, continúan presionando por reformas reales. Durante este período ocurren numerosas ocupaciones o "tomas" de embajadas, ministerios, haciendas, estaciones de radio, y de la Catedral Metropolitana, por parte de sindicatos, gremios y otras organizaciones populares. Los manifestantes reclaman mejoras salariales, programas de reforma agraria, el cese a la violencia institucional, liberación de presos políticos, juicio a antiguos funcionarios de Gobierno involucrados en actos delictivos y represivos. Los cuerpos de seguridad responden violentamente, ametrallando a las diversas manifestaciones. El 29 de octubre, la Guardia Nacional abre fuego sobre una de estas manifestaciones, dejando 21 personas muertas. La cifra de asesinados y "desaparecidos" se incrementa cada día. Pronto se vuelve evidente que la Junta de Gobierno no tiene control efectivo sobre el Ejército ni mucho menos sobre los Escuadrones de la Muerte, que han intensificado su campaña de "limpieza".

### Napoleón Duarte Regresa al país
Tras 7 años de exilio, el 25 de octubre de 1979 regresa al país el Ing. José

Napoleón Duarte quien ha estado viviendo en Venezuela. El líder democristiano encuentra a su llegada que *"... nadie parece estar en control, ni la Junta, ni las fuerzas de seguridad ni la guerrilla. Los oficiales del Ejército peleaban entre sí, insatisfechos con la dirección que estaba tomando el Gobierno. Habían organizado un Golpe de Estado, pero no controlaban el Gobierno. Ni el Gobierno los controlaba a ellos. En octubre de 1979 había un vacío de poder, donde todos trataban de tomarlo pero nadie estaba a cargo. Los Ministerios estaban divididos entre los grupos políticos. Peleando entre sí, hablaban elocuentemente acerca de ideales, pero no podían administrar el Gobierno."* [1]

### El Ultimátum a las Fuerzas Armadas

El 28 de diciembre de 1979, varios miembros del Gabinete de Gobierno exigen al Comité Permanente de la Fuerza Armada COPEFA cumplir con las siguientes demandas: expulsión de la Junta del Sr. Mario Andino, subordinar la Fuerza Armada bajo el mando de la Junta de Gobierno y hacer que las fuerzas de seguridad eviten involucrarse en desalojos violentos en fábricas, haciendas, y en instituciones públicas y privadas. El 29 de diciembre, ante el rechazo del COPEFA a las demandas, los Ministros Córdova, Samayoa y Gallegos presentan su renuncia, junto con el subsecretario de Juventud y Deportes, Lic. Antonio Martínez Uribe, y el Subsecretario de Educación, Roberto Antonio Barahona.

# 1980

### Reunión de Emergencia en el Arzobispado

Una reunión urgente, donde se encuentran presentes Monseñor Oscar A. Romero y miembros de la Junta Revolucionaria de Gobierno, se celebra el 2 de enero de 1980, en el Arzobispado de San Salvador. El encuentro tiene por objeto analizar las recientes renuncias de miembros del Gabinete y de la Corte Suprema, ante la nueva crisis que amenaza al país.

### La Primera Junta Revolucionaria de Gobierno se Desmorona

El 3 de enero de 1980, los doctores Ungo y Mayorga Quiroz, denunciando el rumbo al que está siendo llevada la Junta de Gobierno, presentan sus renuncias, provocando que los restantes funcionarios del Gabinete hagan lo mismo, incluyendo al sub-Secretario del Interior, el Coronel e Ing. René Francisco Guerra y Guerra, uno de los líderes de la llamada Juventud Militar que diera el golpe militar del 15 de Octubre (el Coronel Guerra sufriría un atentado a pocos días de haber renunciado, por lo que saldría exiliado del país). El 8 de enero, el joven Ministro de Educación, Lic. Salvador Samayoa anuncia en un acto público en uno de los Auditóriums de la Universidad de El Salvador, que se ha incorporado al movimiento popular de masas. Poco después, el Ing. Mario Andino también presenta su dimisión. La Junta queda formada únicamente por dos Coroneles. Del Gabinete, queda solamente un ministro, el Dr. Rubén Zamora (miembro del PDC). Gradualmente, los militares más conservadores, encabezados por el nuevo Ministro de Defensa, se apoderan de los puestos claves en las Fuerzas Armadas, desplazando a la juventud militar que había propiciado el Golpe de Estado. Entre estos militares se encuentran: Coronel Nicolás Carranza (exdirector de la Guardia Nacional, ahora Viceministro de Defensa), Coronel Reynaldo López Nuila, Director de la Policía Nacional, Coronel Eugenio Vides Casanova, Director de la Guardia Nacional, Coronel Francisco Morán, Director de la Policía de Hacienda.

Los cinco integrantes de la 1ª. Junta Revolucionaria de Gobierno (los civiles Mario Andino, Guillermo Ungo, Román Mayorga Quiroz, y los coroneles golpistas Abdul Gutiérrez y Arnoldo Majano) ofrecen una conferencia de prensa a finales de 1979 (Foto: Diario CoLatino)

**Pacto Fuerza Armada – PDC: Surge la 2da Junta de Gobierno**
El 9 de enero de 1980, bajo fuertes presiones de los Estados Unidos por legitimizar un nuevo gobierno que enfrente la "amenaza marxista", la Democracia Cristiana firma un pacto de alianza con su antigua némesis, las Fuerzas Armadas. Esta Segunda Junta Revolucionaria de Gobierno, queda formada además de Majano y Gutiérrez, por dos demócrata - cristianos, el Ing. Héctor Dada Hirezi y el Dr. José Antonio Morales Erlich, junto con el ciudadano independiente, Dr. José Ramón Avalos Navarrete. La Junta

Militar Democristiana anuncia que pronto pondrá en marcha la nacionalización de la Banca y del Comercio Exterior de los principales productos (algodón, café, y azúcar), así como una implementación de un extenso programa de Reforma Agraria. Las tres medidas propuestas constituirían un fuerte golpe contra la oligarquía criolla, que aún no se sobrepone a los rápidos cambios que ocurren en el país.

**Agrupaciones de Izquierda crean la Coordinadora Político Militar**
El 9 de enero de 1980, líderes de los principales grupos guerrilleros anuncian en conferencia de prensa la formación de la Coordinadora Político Militar; entre ellos se encuentran Salvador Cayetano Carpio (FPL), Ernesto Jovel (FARN), Fermán Cienfuegos (FARN), Mélida Anaya Montes (FPL), y Shafick Handal (PCS).

Las organizaciones populares LP-28, BPR, FAPU, UDN, y MLP firman una alianza para enfrentar a la dictadura militar. Esto ocurre en el auditórium de la Facultad de Derecho de la UES (Foto: Diario CoLatino)

**Organizaciones populares forman la Unidad Revolucionaria**
El 11 de enero de 1980, en el auditórium de la Facultad de Jurisprudencia de la Universidad de El Salvador, las agrupaciones de izquierda UDN, BPR, FAPU, y LP-28 establecen el Comité Coordinador de la Unidad Revolucionaria, que más tarde pasaría a llamarse Coordinadora Revolucionaria de Masas CRM. Los dirigentes fundadores de la "Coordinadora" incluyen a Juan Chacón (Secretario General del BPR), Leoncio Pichinte (LP-28), Mario Aguiñada Carranza (Secretario General de UDN), y Alberto Ramos (Secretario General del FAPU).

Roberto D'aubuisson

**Surge un Nuevo Líder de la Extrema Derecha**

Para enero de 1980, la oligarquía del país ha comenzado a reorganizarse para enfrentar a los militares reformistas y a las agrupaciones populares de izquierda.    Al Movimiento Nacionalista Salvadoreño, fundado por el cafetalero Alfredo Mena Lagos, se unen miembros del Frente Femenino, el Movimiento Pro Paz y Trabajo, y los terratenientes de FARO, que junto con la ANEP habían socavado el proyecto de reforma agraria en los años del Coronel Molina.  El nuevo movimiento, bautizado como Frente Amplio Nacionalista FAN, amenaza con impedir que se realicen las reformas anunciadas por la Junta de Gobierno. Con éste propósito, FAN ha comenzado a emitir mensajes  radiales y televisivos atacando las propuestas del Gobierno y denunciando a supuestos "comunistas". En los programas de televisión, junto a empresarios y cafetaleros aparece un oscuro y hasta entonces desconocido oficial, el ex -Mayor Roberto D'Aubuisson Arrieta, quien  fuera uno de los subjefes de la recién desmantelada Agencia Nacional de Servicios Especiales de El Salvador ANSESAL, encargada de proporcionar "informes" de inteligencia a las Fuerzas Armadas. D'Aubuisson acusa al Coronel Majano, al Dr. Mario Zamora Rivas, a otros miembros del PDC, así como a decenas de profesionales, sindicalistas, y estudiantes de ser parte de una conspiración internacional para convertir a El Salvador en un satélite comunista. El Mayor D'Aubuisson sería posteriormente catalogado como "Asesino patológico" ("pathological killer") por el embajador norteamericano Robert White.


**Los Centros Regionales de la Universidad Nacional Bajo Ataque**

Los días 13 y 20 de febrero de 1980, varios locales del Centro Universitario de Oriente en San Miguel, son saqueados e incendiados por los cuerpos de seguridad del Estado, quienes realizan numerosas capturas de docentes y estudiantes. El Centro Universitario de Occidente en Santa Ana, también es víctima de ametrallamientos el 14 de febrero.

## Gigantesca Manifestación de la CRM

El 22 de enero de 1980, se estima que más de 200,000 personas atienden el llamado de la Coordinadora Revolucionaria de Masas para conmemorar el aniversario de la insurrección campesina de 1932. La gigantesca manifestación, la más grande en la historia de El Salvador, es disuelta violentamente por cuerpos de seguridad, que disparan desde lo alto del Palacio Nacional y otros edificios, dejando más de 60 muertos y numerosos heridos. Numerosos manifestantes buscan refugio en el campus de la Universidad de El Salvador, provocando un inmediato cerco de sus instalaciones por parte del Ejército y la Guardia Nacional.

Miembros del anticomunista FAN- Frente Amplio Nacional
(Roberto D'Aubuisson, José Ricardo Paredes, Manuel Muyshondt,
y María Palomo de Méndez) brindan conferencia de prensa
donde niegan haber participado en la masacre del pasado 22 de
enero (Foto: Diario CoLatino)

En represalia por la masacre en el centro de la capital, miembros de las LP-28 ocupan la sede del Partido Demócrata Cristiano para denunciar al PDC por mantenerse en la Junta apoyando a la dictadura militar y para exigir que varios de sus militantes capturados sean liberados inmediatamente. A pesar de que los dirigentes del PDC piden a los cuerpos de seguridad no intervenir, el 12 de febrero miembros de la Policía de Hacienda, toman por asalto el edificio matando a los líderes del grupo rebelde.

**Continúan los Atentados contra la YSAX**

El 18 de febrero de 1980, la estación radial YSAX, emisora del Arzobispado de San Salvador, es destruida por obra de uno de los más notorios Escuadrones de la Muerte, la Unión Guerrera Blanca UGB. Las homilías dominicales de Monseñor Romero, única fuente de información del pueblo salvadoreño ante la estricta censura del Gobierno, continúan siendo transmitidas por Radio Noticias del Continente, de Costa Rica, donde esta estación también sufriría un atentado.

Mario Rivas Zamora

**Muere Asesinado uno de los Principales Líderes del PDC**

El 22 de febrero de 1980, mientras se encuentra dando una fiesta en su casa, el Dr. Mario Zamora Rivas, que recientemente había sido nombrado Procurador General de la República, muere asesinado por un grupo de hombres armados que penetran a su residencia. Días antes, el Dr. Zamora y otros políticos, habían sido acusados por el Mayor D'Aubuisson de pertenecer a las filas comunistas. El Dr. Zamora, que tenía gran influencia dentro del PDC, había mencionado estar en contra de la participación de la Democracia Cristiana en el Gobierno, ante la incontrolable ola de violencia en la que se encontraban envueltas las Fuerzas Armadas.

**EEUU restablece la Apoyo Económico a la Junta de Gobierno**

El 27 de febrero de 1980, el Gobierno de los Estados Unidos inicia un plan de ayuda de $50 millones de dólares que habían sido ofrecidos a la Junta de Gobierno. Se incluyen además $4.8 millones de dólares en ayuda militar no-letal (camiones, gas lacrimógeno, equipo de radio, etc).

## Duarte se Incorpora a la Junta de Gobierno

El 4 de marzo de 1980, renuncia el Dr. Héctor Dada Hirezi de la Junta Revolucionaria de Gobierno, huyendo al extranjero ante amenazas contra su vida. El lugar del Ing. Dada Hirezi sería cubierto días después, cuando el 10 de marzo fuera juramentado el Ing. José Napoleón Duarte como nuevo miembro de ésta Tercera Junta Revolucionaria de Gobierno.

## El Gobierno Lanza sus Programas "Revolucionarios"

El 5 de marzo de 1980, la Junta Revolucionaria de Gobierno, anuncia la Ley Básica de Reforma Agraria (decreto 153). Se decreta el Estado de Sitio y se envían soldados al campo para custodiar las tierras expropiadas. El Instituto Salvadoreño de Transformación Agraria ISTA, a cargo de José Rodolfo Viera, se encarga de supervisar la transferencia de tierras. Viera es a la vez Secretario General de la Unión Comunal Salvadoreña UCS. El norteamericano Roy Prosterman recibe el encargo de diseñar el programa de transformación agraria salvadoreño. Prosterman había participado en la planificación de la Reforma Agraria en Vietnam en los años Setentas.

El 8 de marzo de 1980, se decreta la Nacionalización de la Banca Privada, que persigue dos objetivos principales: facilitar préstamos a medianos y pequeños empresarios y agricultores (antes reservados exclusivamente a los ricos terratenientes y empresarios), y evitar que la oligarquía continúe con el saqueo de las pocas divisas con que aún cuenta el país.

## Atentado contra el Arzobispo

El lunes 10 de marzo de 1980, es descubierta una maleta conteniendo más de 70 cartuchos de dinamita en la Basílica Sagrado Corazón, donde Monseñor Romero había impartido una misa el día anterior en memoria del líder demócrata cristiano Mario Zamora Rivas, que fuera asesinado días atrás. Al acto habían asistido numerosos miembros del Gabinete de Gobierno y de la Democracia Cristiana.

## Renuncian Líderes Democristianos

*"... Condenando enérgicamente la represión que se realiza de manera continua y la intervención extranjera que se proyecta, por medio suyo, comunicamos al Partido Demócrata Cristiano, nuestra renuncia irrevocable como miembros del mismo. Queremos dejar constancia de que continuamos creyendo en los principios de la democracia y del socialcristianismo a los cuales continuaremos dando nuestra adhesión durante el resto de nuestras vidas; pero que nos retiramos de esa agrupación política por considerar*

*inadmisible el proceder de una dirigencia claudicante y entreguista"*
- *Carta de Renuncia de disidentes de la* **Democracia Cristiana**

El 10 de marzo de 1980, el PDC sufre una profunda división interna al presentar su renuncia irrevocable varios de sus miembros más destacados, entre ellos Roberto Lara Velado, Rubén Zamora Rivas, y Alberto Arene, quienes manifiestan su rechazo a participar en el Gobierno militar. Rubén Zamora y otros formarían el Movimiento Popular Social Cristiano MPSC, que poco después se uniría al MNR y a otras fuerzas políticas para formar al Frente Democrático Revolucionario FDR.

**Coordinadora Revolucionaria convoca a otro masivo Paro General**
La Coordinadora Revolucionaria de Masas hace un llamado a paro general para el 17 de marzo de 1980, para protestar por las masacres, la represión selectiva, los retenes y demás abusos de la Junta Militar Democristiana. El paro termina siendo un éxito al lograr suspender labores en más del 70% de negocios y fábricas. A raíz de la manifestación, la Universidad de El Salvador vuelve a ser víctima de un cerco militar "preventivo" para evitar según el Ejército, que *"fuese atacada por grupos de extrema derecha".* [2]

Monseñor Oscar Romero, durante una de sus homilías

**La Ultima Homilía de Monseñor Romero**
En la homilía del domingo 23 de marzo de 1980, Monseñor Oscar Romero pide, exige a la Junta de Gobierno y a los cuerpos de seguridad el cese inmediato a la violencia:
*"... Yo quisiera hacer un llamamiento de manera especial a los hombres del ejército, y en*

*concreto a las bases de la guardia nacional, de la policía, de los cuarteles...*

*Hermanos, son de nuestro mismo pueblo, matan a sus mismos hermanos campesinos y ante una orden de matar que dé un hombre, debe de prevalecer la Ley de Dios que dice: NO MATAR... Ningún soldado está obligado a obedecer una orden contra la Ley de Dios... Una ley inmoral, nadie tiene que cumplirla... Ya es tiempo de que recuperen su conciencia y que obedezcan antes a su conciencia que a la orden del pecado... La Iglesia, defensora de los derechos de Dios, de la Ley de Dios, de la dignidad humana, de la persona, no puede quedarse callada ante tanta abominación. Queremos que el Gobierno tome en serio que de nada sirven las reformas si van teñidas con tanta sangre...*

*En nombre de Dios, pues y en nombre de este sufrido pueblo, cuyos lamentos suben hasta el cielo cada vez más tumultuosos, les suplico, les ruego, les ordeno .... que cesen la represión!"*

La Homilía, transmitida por la recién restablecida radio YSAX, es recibida con grandes ovaciones de los fieles asistentes. El llamado a la insubordinación de los soldados no sería perdonado por la extrema derecha.

## Monseñor Romero Muere Asesinado

*"Al arzobispo Romero y Galdámez. Con el debido respeto, yo nunca me he dirigido a él de una forma negativa, mejor dicho nunca he hablado de él, quiero pedirle a Monseñor, porque me dijo mentiroso, si con lo que voy a seguir probando veremos quién es el mentiroso y quien está defendiendo a quien. Quiero recordarle con todo respeto a Monseñor que cuando un superior pierde la razón, el inferior le pierde respeto. Usted, Monseñor en sus homilías, no tiene ni la prudencia cuando se refiere a entidades de la Fuerza Armada (FA) como cuerpos represivos. Eso daña, Monseñor. ¿Cómo quiere usted que lo respeten los agentes de seguridad, cómo quiere que los respeten las tropas si usted los denigra y los ensucia en su homilías? ¿Por qué Monseñor, usted apoya la violencia?...." -- Roberto D'Aubuisson, 1980*

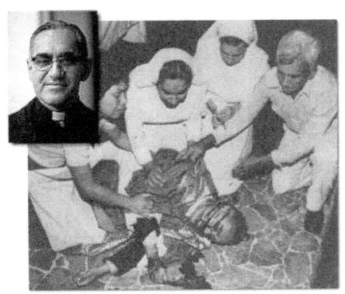

Monseñor Oscar A. Romero, Herido de Muerte

Aproximadamente a las 6:25pm del 24 de marzo de 1980, Monseñor Oscar Arnulfo Romero, Arzobispo de San Salvador, es herido de un balazo en el pecho mientras oficia una misa en la capilla del Hospital La Divina Providencia, en la colonia Miramonte. Monseñor Romero moriría pocos minutos después en la Policlínica salvadoreña. Testigos mencionan la presencia de un vehículo Volkswagen rojo en el cual huye el francotirador. El Gobierno decreta 3 días de duelo por la muerte de Monseñor Romero; la Coordinadora Revolucionaria de Masas decreta 8 días de duelo y 4 días de paro nacional. Igualmente, los colegios, escuelas católicas y escuelas públicas decretan la suspensión de clases durante tres días, como muestra de dolor por la muerte del religioso.

Marzo 30, 1980. Caos y Muerte durante el funeral Monseñor Romero

## Disturbios Frente a Catedral Metropolitana

El 30 de marzo de 1980, durante los funerales del Arzobispo en la Catedral Metropolitana, se desarrollan violentos disturbios al estallar una pequeña bomba en la plaza frente al edificio de la Catedral y al ser atacada a balazos la enorme multitud de más de 100,000 personas que asiste al sepelio, con disparos provenientes desde el Palacio Nacional. La gente entra en pánico y trata de refugiarse al interior del templo. Se estima que mueren unas 50 personas y más de 600 salen gravemente heridas.

Para las exequias de Monseñor, habían asistido numerosos obispos, cardenales, y representantes de gobiernos amigos, así como gran cantidad de miembros de la prensa, radio y televisión mundial. La Comisión de la Verdad de Naciones Unidas concluiría en 1992, que el Mayor Roberto D'aubuisson había dado la orden de asesinar a Monseñor Romero.[3]

## Surge el Frente Democrático Revolucionario

A pocos días de la muerte de Monseñor Romero, el 1° de abril de 1980 las principales agrupaciones de izquierda deciden unirse, fundando el Frente Democrático Salvadoreño FDS. Participan en el nuevo organismo el MNR, el recién creado MPSC formado por disidentes del PDC, la Universidad de El Salvador, diversas federaciones sindicales independientes, y asociaciones de profesionales.

Conferencia de Prensa del FDR en México,
De izq. a der.: Héctor Oqueli Colindres, Napoleón
Rodriguez Ruiz, Enrique Alvarez Córdova, Guillermo
Manuel Ungo y Rafael Menjívar

El 18 de abril de 1980, el FDS pasaría a convertirse en el Frente Democrático Revolucionario FDR, integrado para entonces por:

- Coordinadora Revolucionaria de Masas CRM (que aglutina a los movimientos populares BPR, FAPU, UDN, y LP-28),
- Movimiento Nacional Revolucionario MNR,
- Movimiento Independiente de Profesionales y Técnicos de El Salvador MIPTES,
- Movimiento de Liberación Popular MLP,
- Movimiento Popular Social Cristiano MPSC,
- Federación Sindical Revolucionaria FSR,
- Federación Nacional sindical de Trabajadores Salvadoreños FENASTRAS,
- Federación Unitaria Sindical de Trabajadores de la Industria de Alimento, Vestido, Textiles Similares y conexos FESTIAVTSCES,
- Federación Unitaria Sindical de El Salvador FUSS,
- Sindicato Textil de Industrias Unidas S.A. STIUSA,
- Sindicato de Trabajadores del Instituto Salvadoreño del Seguro Social STISSS,
- Asociación General de Estudiantes Universitarios Salvadoreños AGEUS.
- Universidad de El Salvador UES y la Universidad Centroamericana UCA ( participan como miembros observadores).

Ese día, el FDR lanza su *Primera Declaración*, donde se definen como principales objetivos a nivel nacional:

- Movilizar e incorporar al proceso de liberación a todos los sectores honestos genuinamente representativos de nuestro pueblo, aglutinándolos en torno a la Plataforma Programática del Gobierno Democrático Revolucionario

- Contribuir a crear conciencia de que sólo el pueblo puede conducir su revolución, impulsando los verdaderos cambios de las estructuras, necesarios para resolver los problemas nacionales.

El ex Ministro de Agricultura durante los tiempos de los coroneles Sánchez Hernández y Molina, Ing. Enrique Alvarez Córdova, es elegido como Presidente del FDR.

### D'Aubuisson es Arrestado en Santa Tecla

El 8 de mayo de 1980, en la finca San Luis de Santa Tecla, son arrestados el ex -Mayor Roberto D'Aubuisson, los Mayores Roberto Mauricio Staben y Jorge Adalberto Cruz, los capitanes Álvaro Rafael Saravia, José Alfredo Jiménez y Víctor Hugo Vega y varios civiles, entre ellos Ricardo "el Gringo" Valdivieso, Fernando Sagrera, Amado Antonio Garay y otros. Los cuerpos de seguridad confiscan varios documentos, incluyendo uno titulado "Cuadro General de la Organización de la Lucha Anti-Marxista en El Salvador", donde se menciona la eliminación de Monseñor Romero y otras personas. Días antes, D'Aubuisson había acusado al Coronel Adolfo Arnoldo Majano y al democristiano José Antonio Morales Erlich de ser infiltrados de los comunistas en el Gobierno. Los presuntos conspiradores son llevados al Cuartel San Carlos. Ante amenazas de los Escuadrones de la Muerte para que sean liberados inmediatamente, y la fuerte presión de la oligarquía y de un amplio sector del ejército, los reos son puestos en libertad en pocos días. Los confundidos integrantes del PDC, que habían amenazado con retirarse del gobierno si D'Aubuisson era liberado, terminan quedándose a "co- gobernar" con los militares.

### Majano Comienza a ser Marginado

El 14 de mayo de 1980, la Fuerza Armada anuncia que el Coronel Jaime Abdul Gutiérrez ha sido designado para presidir la segunda Junta

Revolucionaria de Gobierno, como Comandante en Jefe del Ejército, cargo que desempeñaba anteriormente el Coronel Adolfo Majano, quien se mantiene aún como miembro de la Junta. Días después, el Coronel Majano lanza una enérgica condena contra la violencia de izquierda y derecha, denunciando la amenaza de una conspiración de extrema derecha.

## "El Sumpul", cuadro de Carlos Cañas (1984)

### Matanza en el Río Sumpul

El 14 de mayo de 1980, en las cercanías del caserío Las Aradas, Departamento de Chalatenango, aproximadamente 300 campesinos (entre hombres, mujeres y niños), que huyen de la persecución de la Guardia Nacional y miembros de ORDEN, son acribillados intentado cruzar el Río Sumpul, hacia Honduras, donde las tropas de ese país les bloquean el paso [4]. La Fuerza Armada niega que el operativo haya tenido lugar.

### UES Otorga Doctorado Honoris Causa a Monseñor Romero

*"Este 14 de mayo de 1980 entra como un torbellino de luz y fuerza telúrica en los anales de la historia de esta Universidad, de la Iglesia progresista católica salvadoreña y de todo el pueblo, porque este día, en alguna medida, se está dando una reivindicación a un hijo del pueblo, de ese pueblo 'del cual fue voz y conciencia'. Tal como él lo decía: 'Soy la voz de los sin voz'. Esa voz tonante del profeta que no tiembla ante el poder de los tiranos y pudo decirle mentiroso al mentiroso aunque estuviera rodeado de fusiles. Esa*

*voz que imprecó la represión en contra del pueblo y condenó la explotación y el crimen. Esa voz tan querida por los que aman la libertad, tan temida por la oligarquía y la tiranía militar, tan llena de esperanza y justicia social para los pobres y oprimidos. Esa voz era el Pastor, era el cordero, era el hermano, era el compañero Monseñor Oscar Arnulfo Romero y Galdamez...."* -- **Félix Antonio Ulloa**, *Rector UES*

El 14 de mayo de 1980, la Universidad de El Salvador otorga el título Doctor Honoris Causa en forma Póstuma a Monseñor Oscar A. Romero, asesinado recientemente por un Escuadrón de la Muerte. El acto, realizado en el Auditórium de la Facultad de Jurisprudencia, es presidido por el Presidente de la Asamblea General Universitaria de la UES, Ing. José Armando Oliva y el Rector Félix Antonio Ulloa. Además asisten otras autoridades universitarias y miembros del FDR. A nombre de Monseñor Romero, recibe el Doctorado Post Mortem, el Obispo Arturo Rivera y Damas, quien tres años después se convertiría en el nuevo Arzobispo de San Salvador.

**Agrupaciones de Izquierda crean la DRU**
El 22 de mayo de 1980, se funda la Dirección Revolucionaria Unificada DRU, con las siguientes organizaciones: Fuerzas Populares de Liberación FPL, Ejército Revolucionario del Pueblo ERP, Partido Comunista Salvadoreño PCS, y Resistencia Nacional RN, teniendo como principales líderes a Salvador Cayetano Carpio, Jorge Shafick Handal y Joaquín Villalobos. Mediante la DRU, se establece una sola dirección revolucionaria unificada, con una sola estrategia y táctica político- militar de las agrupaciones de izquierda.

**Escuadrones de la Muerte se unen en un solo Ejército Anticomunista**
A finales del mes de mayo de 1980, los principales medios de comunicación del país reciben una Proclama del recién formado Ejército Secreto Anticomunista informando que todos los grupos paramilitares de extrema derecha se han unido, anunciando "el inicio de un plan metodológico de operaciones estratégicas y objetivos, para limpiar el honor pisoteado de nuestra patria centroamericana y dar a conocer el exterminio físico de tres cabecillas del Partido Comunista Salvadoreño y otros". Firman la proclama, la Unión guerrera Blanca (UGB), el Escuadrón de la Muerte (EM), el Frente Anticomunista para la Liberación de Centroamérica (FALCA), la Mano Blanca (MB), la legión del Caribe (LC), la Organización para la Liberación

del Comunismo (OLC), y la Brigada Anticomunista Salvadoreña "Maximiliano Hernández Martínez".

## La Coordinadora convoca a otro exitoso Paro General

Durante el 24 y 25 de junio de 1980, se produce un masivo paro general convocado por la Coordinadora Revolucionaria de Masas. Se estima que el 90% de los negocios se mantienen cerrados.

(26 de junio de 1980)

**La UES es ocupada por Efectivos del Ejército y Guardia Nacional**

## Universidad Nacional es Ocupada por los Militares

El 26 de junio de 1980, la Universidad de El Salvador es cercada y atacada por efectivos del Ejército y la Guardia Nacional, quienes destruyen parte de sus instalaciones, matando a unos 25 estudiantes y efectuando numerosas capturas. La UES, considerada por la Fuerza Armada como uno de los principales "refugios de subversivos", en donde las agrupaciones populares se reunían y organizaban, sería cerrada y mantenida bajo ocupación militar durante casi cuatro años, hasta mediados de 1984. A pesar de la intervención militar, la Universidad de El Salvador continuaría funcionando parcialmente "en el exilio", con sus oficinas administrativas ubicadas en uno de los pisos de la Corte de Cuentas de la República y viéndose forzada a alquilar otros locales en la capital.

## Otra Huelga General, esta vez no recibe Masivo Apoyo Popular

En agosto de 1980, altos dirigentes del FDR hacen un llamado a una "huelga general progresiva" para los días 13, 14, y 15 próximos, con el objetivo de paralizar completamente el comercio y la industria, demandando el cese del "genocidio" por parte de la Junta Militar Democristiana.  La huelga tiene poco éxito debido a distintas razones: la amenaza de muerte que se cierne sobre quien apoye las acciones izquierdistas; la gran cantidad de amenazas recibidas de parte de la extrema derecha contra aquellos negocios que suspendan labores; la fuerte presencia del ejército y la policía en las principales calles y avenidas.

Los Comandantes del FMLN: Handal, Villalobos, Cienfuegos, Sánchez Cerén, Jovel

## Surge el Frente Farabundo Martí para la Liberación Nacional

El 10 de octubre de 1980, los cincos principales grupos guerrilleros existentes en el país, las Fuerzas Populares de Liberación FPL, Ejército Revolucionario del Pueblo ERP, las Fuerzas Armadas de Liberación FAL, las Fuerzas Armadas de Resistencia Nacional FARN, y el Partido Revolucionario de los Trabajadores Centroamericanos PRTC, forman el Frente Farabundo Martí para la Liberación Nacional FMLN, que lleva el nombre del líder comunista que participara en el alzamiento obrero-campesino de 1932.

## Muere asesinado el Rector de la Universidad de El Salvador

El 28 de octubre de 1980, llegando a la entrada principal de la Universidad de El Salvador, a la altura de la sucursal del Banco Salvadoreño, es ametrallado el vehículo donde se conducen el Ing. Félix Antonio Ulloa, Rector de la UES, y su motorista, el Sr. Francisco Alfredo Cuellar. Recientemente, el Rector Ulloa había firmado la incorporación de la UES al

FDR. Desde entonces y con mayor frecuencia, el Ing. Ulloa había estado recibiendo amenazas a muerte.

## El Salvador y Honduras firman Acuerdo de Paz

El 30 de octubre de 1980, bajo la mediación del renombrado jurista peruano José Luis Bustamante y Rivero, los Gobiernos de Honduras y El Salvador firman en Lima, Perú, un Tratado General de Paz que restablece las relaciones diplomáticas entre ambas naciones a más de 10 años de ocurrida la "Guerra de las 100 horas" o "Guerra del fútbol" que estallara en julio de 1969. La guerra había surgido principalmente debido a las crecientes disputas fronterizas entre los dos países y a constantes fricciones debido a la presencia en Honduras de más de 300,000 salvadoreños que habían emigrado a ese país en busca de tierras y de empleo.

La frontera entre El Salvador y Honduras, que tiene una longitud de aproximadamente 374.5 kilómetros, queda delimitada en un 65% dentro del Tratado General de Paz. Las áreas conflictivas quedarían pendientes de resolución, hasta que años después se pidiera la mediación de la Corte Internacional de Justicia.

## Conferencia Episcopal Norteamericana Exige Cese de Ayuda Militar

A mediados de 1980, la Conferencia Católica norteamericana en Washington, exige al Gobierno de los Estados Unidos el cese de toda asistencia militar a la Junta de Gobierno salvadoreña.

Frente Democrático Revolucionario          (Foto: Iván Montecinos)

## Comité Ejecutivo del FDR es Exterminado

El 27 de noviembre de 1980, un Escuadrón de la Muerte penetra sin mayores problemas a la oficina del Socorro Jurídico del Arzobispado, que funcionaba en el Colegio Externado de San José, capturando a 5 miembros de la Junta Directiva del FDR y dos asistentes: el Ing. Enrique Álvarez Córdova (Presidente del FDR), Juan Chacón (BPR), Manuel Franco (UDN), Humberto Mendoza (MLP), Enrique Barrera (MNR), José María Maravilla y Francisco Barrera. Sus cuerpos aparecen luego con señales de tortura y estrangulamiento. La autodenominada Brigada Anticomunista Salvadoreña "Maximiliano Hernández Martínez" se hace responsable de los asesinatos. Solamente el dirigente Leoncio Pichinte de las LP-28 se salva de ser secuestrado, por no haber llegado a tiempo a la reunión.

El 4 de diciembre, son sepultados los restos de los dirigentes del FDR, en la Catedral Metropolitana. El momento es aprovechado para presentar la nueva dirigencia: Ing. Eduardo Calles (del Movimiento Independiente de Profesionales Técnicos), Carlos Gómez (MLP), Leoncio Pichinte (LP-28), Juan José Martell (Movimiento Popular Social Cristiano), Napoleón Rodríguez Ruiz (FAPU), Manuel Quintanilla (UDN), y Francisco Rebollo (BPR). Los funerales se desarrollan en medio de grandes desórdenes en el centro de la capital. Para evitar mayores incidentes, la Junta de Gobierno había anunciado que los cuerpos militares permanecerían acuartelados.

## Religiosas norteamericanas son Secuestradas y Asesinadas

El 4 de diciembre de 1980, aparecen los cuerpos sin vida de 3 monjas y una trabajadora social estadounidenses en el cantón Santa Teresa, San Antonio Masahuat. Las religiosas, miembros de la Orden Maryknoll que trabajaba en Chalatenango brindando apoyo a familias desplazadas por la represión, estaban desaparecidas desde el día martes 2 de diciembre, cuando Ita Ford y Maura Clark habían ido al Aeropuerto Internacional de Comalapa a recoger a sus compañeras Jean Donovan y Dorothy Kagel, quienes llegaban para incorporarse a la labor social en el país. En el trayecto entre Comalapa – San Salvador, las religiosas habían sido interceptadas y llevadas con rumbo desconocido.

## Estados Unidos Suspende Ayuda Militar

El 5 de diciembre de 1980, el Gobierno del Presidente estadounidense Jimmy Carter ordena el congelamiento de $25 millones de dólares en ayuda financiera, hasta que no se investigue y resuelva quien cometió los asesinatos de las monjas, y hasta que no ocurran cambios importantes en la estructura del Alto Mando militar.

## Majano es finalmente Expulsado de la Junta de Gobierno

El 7 de  diciembre de 1980, una asamblea general de las Fuerzas Armadas decide expulsar al Coronel Adolfo Majano de la Junta Revolucionaria de Gobierno. La Junta anuncia planes para reestructurar al Gobierno. De esta forma, quedan fuera del Gobierno y del Alto Mando de las Fuerzas Armadas todos los oficiales jóvenes que habían propiciado el golpe del 15 de octubre contra el General Romero. La Tercera Junta Revolucionaria de Gobierno queda constituida de esta forma por el Coronel Jaime Abdul Gutiérrez, y los civiles José Napoleón Duarte, José Antonio Morales Erlich y José Ramón Avalos Navarrete, quienes entregarían el poder al abogado Álvaro Magaña a mediados de 1982.

## FMLN anuncia el Inicio de una Ofensiva Militar Prolongada

El 14 de diciembre de 1980, en un lugar secreto al que han sido llevados varios periodistas nacionales y extranjeros, los dirigentes Shafick Handal del PCS, Fermán Cienfuegos de las FARN, y Miguel Martínez de las FPL anuncian en conferencia de prensa que han ordenado a sus combatientes tomar posiciones de combate en todo el territorio nacional. La guerrilla salvadoreña se ha propuesto lanzar su ofensiva final antes de que el recién electo candidato presidencial estadounidense Ronald Reagan, asuma el poder en 1981.

---

### La ONU tiene nuevo Secretario General

El 15 de diciembre de 1980, el diplomático peruano Javier Pérez de Cuellar es electo nuevo Secretario General de las Naciones Unidas, en sustitución del controversial austríaco Kurt Waldheim (señalado de haber sido colaborador de los nazis durante la Segunda Guerra Mundial). El Dr. Pérez de Cuellar permanecerá en el cargo hasta diciembre de 1991, y jugará un destacado papel en las negociaciones de paz entre el Gobierno salvadoreño y la guerrilla del FDR-FMLN.

---

## Washington y el BID continúan su Asistencia Financiera al País

Para el 19 de diciembre de 1980, el Gobierno de Estados Unidos, preocupado por la escalada "comunista" en El Salvador, reanuda su programa de ayuda económica por $25 millones de dólares, luego de que la Comisión enviada por el Presidente Carter para investigar el caso de las Monjas asesinadas, había indicado que no habían encontrado evidencia de que el Alto Mando del Ejército salvadoreño estuviera involucrado en el secuestro y asesinato de las religiosas. Varios días después, el Banco Interamericano de Desarrollo BID aprueba un préstamo de más de $45 millones de dólares a El Salvador, los cuáles servirán para financiar el programa de Reforma Agraria.

## Duarte es designado Presidente Provisional

El 21 de diciembre de 1980, el Ing. José Napoleón Duarte y el Coronel e Ing. Jaime Abdul Gutiérrez son juramentados como Presidente y Vicepresidente provisionales de El Salvador. Este mismo mes de diciembre, Duarte asiste a la reunión de mandatarios latinoamericanos y del Primer Ministro español, en la isla de Santa Marta, Colombia, para conmemorar el 150° Aniversario de la muerte del Libertador Simón Bolívar. Para entonces, el Coronel Majano, completamente desplazado por sus compañeros de armas, ya es considerado "como desertor, por encontrarse de alta y desobedecer la orden emanada del Alto Mando" [5] , al negarse a aceptar ser enviado como agregado militar a España. Majano buscaría refugio primero en Guatemala y luego en México, donde se le concedería asilo político.

## Junta de Gobierno Emite Decreto de Estabilización Económica

El 22 de diciembre de 1980, la Junta Revolucionaria de Gobierno emite el Decreto No. 544, conteniendo la *Ley Temporal de Estabilización Económica*, que busca controlar la creciente espiral inflacionaria. La Ley de Estabilización contempla controles a los precios de granos básicos (arroz, frijol, azúcar, maíz y maicillo) de acuerdo con lo establecido por el Instituto Regulador de Abastecimientos IRA; la regulación de los servicios médicos, odontológicos y hospitalarios; la regulación de arrendamientos de edificios, apartamentos, casas, y predios; prohibición de incrementos a las cuotas de escolaridad y matrícula de los colegios; congelamiento de salarios de servidores públicos, entre otras medidas de emergencia. La Ley también establece que deberá adelantarse en sesenta minutos la hora nacional, desde el día 11 de enero de 1981, hasta el día 21 de marzo del mismo año.

**Concluye el Año Más Violento en la Historia Nacional**

Con la llegada de Napoleón Duarte a la Presidencia de la Junta Revolucionaria de Gobierno, termina el año 1980, posiblemente el más tenebroso y salvaje en la historia del país. La escalada irracional de violencia deja miles de muertos, que incluyen al Arzobispo de San Salvador, al Rector de la Universidad Nacional, a numerosos dirigentes políticos, incluyendo al Comité Ejecutivo del FDR, a estudiantes de secundaria y universitarios, y a miles de campesinos y obreros.

La represión gubernamental, ha cerrado todo espacio para encontrar una solución pacífica a la compleja situación nacional. El país entero espera que en cualquier momento se desate la tan anunciada ofensiva de los grupos guerrilleros, que llevan meses entrenando en las montañas.

## REFERENCIAS

[1] Duarte, Napoleón, Duarte my story, p.102

[2] Manifiesto de la Asamblea General Universitaria de la Universidad de El Salvador del 21 de marzo de 1980, publicado en el periódico El Universitario

[3] Ver Informe de la Comisión de la Verdad, p.172- 188

[4] Ver informe de la Comisión de la Verdad, p.165- 169

[5] La Prensa Gráfica, "El Conflicto en El Salvador", p.33

# 4.18 LA GUERRA CIVIL: PRIMEROS AÑOS (1980- 1984)

*"Concerning El Salvador, I think there's one thing you have to say about the situation there: it is almost a kind of civil war. When that is happening, and if reforms are needed and admitedly reforms are needed- you do not try to fight a civil war and institute reforms at the same time. Get rid of the war, then go forward with the reforms".* --**Ronald Reagan**, *1980.*

*"En nuestro país no hay guerra civil, nuestra patria sufre el ataque de los medios informativos internacionales, sufre una invasión comunista"* -- **Roberto D'Aubuisson**, *1982.*

La violencia y desorden político-social en El Salvador desatan una sangrienta guerra civil a principios de enero de 1981, cuando el Frente Farabundo Martí para la Liberación Nacional FMLN lanza su largamente anunciada "Ofensiva General". Mientras la guerra civil se libra en la pequeña nación, la administración Reagan hace grandes esfuerzos por hacer aparecer el conflicto como parte de la *Guerra Fría* donde el Gobierno salvadoreño enfrenta al expansionismo soviético. Washington parece ignorar los graves problemas socio-económicos y la injusticia en que vive la mayoría de la población salvadoreña.

## 1981

### Asesinan al Presidente del ISTA junto con 2 Norteamericanos

La noche del 3 de enero de 1981, el Sr. José Rodolfo Viera, Presidente del Instituto Salvadoreño de Transformación Agraria, y los asesores agrarios Michael Hammer y Mark David Pearlman, del American Institute For Labor Development AIFLD, son asesinados en el Hotel Sheraton por miembros de la Guardia Nacional. Sus asesinos materiales, José Dimas Valle Acevedo y Santiago Gómez González, ambos pertenecientes a la Guardia Nacional, serían liberados con la Amnistía General de 1987.[1]

### El FMLN lanza su Ofensiva General

El 10 de enero de 1981, aproximadamente a las 6:00pm, el Frente Farabundo Martí para la Liberación Nacional FMLN, lanza su "Ofensiva

General", atacando numerosas guarniciones en todo el país, especialmente en Chalatenango, San Miguel, La Unión, Zacatecoluca, Santa Ana, Mejicanos Cuscatancingo, Soyapango e Ilopango. El 14 de enero de 1981, el Gobierno saliente de Jimmy Carter decide enviar ayuda militar de emergencia por $5 millones de dólares, en pertrechos y municiones, para ayudar a sostener en el poder al ejército, argumentando que Nicaragua y Cuba están proveyendo de armas a los rebeldes salvadoreños. La Junta Revolucionaria de Gobierno decreta el Toque de Queda desde las 7:00pm hasta las 5:00am, que se mantendría en pie hasta octubre de 1981. La ofensiva guerrillera termina el 17 de enero, cuando el FMLN ordena que sus fuerzas se replieguen. Como resultado de alzamiento armado queda un número no determinado de muertos y heridos en todo el territorio nacional.

### Presidente Carter habla sobre la Situación Salvadoreña

El 16 de enero de 1981, en su último discurso dirigido al pueblo de los Estados Unidos, el Presidente Jimmy Carter habla sobre el apoyo que su Gobierno esta dando a la Junta Revolucionaria en El Salvador: *"... In El Salvador, we have supported the efforts of the Junta to change the fundamental basis of an inequitable system and to give a stake in a new nation to those millions of people, who for so long, lived without hope or dignity. As the government struggles against those who would restore an old tyranny or impose a new one, the United States will continue to stand behind them."* [2]

## Nuevo Presidente Republicano en la Casa Blanca

El 20 de enero de 1981, el republicano Ronald W. Reagan asume la Presidencia de los Estados Unidos, mientras que su compañero de fórmula, George Herbert Bush, quien había fungido como director de la CIA en los años Setentas, es juramentado como nuevo VicePresidente. Reagan, ha manifestado recientemente que su Gobierno planea otorgar un significativo incremento en ayuda militar y económica a la Junta de Gobierno en El Salvador. Al poco tiempo de asumir el poder Ejecutivo, el Presidente Reagan autoriza enviar varios "green berets" o "Boinas verdes", como asesores para entrenar al ejército salvadoreño en el uso de modernas técnicas contra- insurgentes que ayuden a derrotar a la guerrilla del FMLN. Para calmar los temores del público estadounidense en cuanto a que El Salvador se convierta en otro Vietnam, Reagan limita el número máximo de asesores militares a 55, ordenándoles evitar entrar en zonas de combate. Los asesores no tienen permitido llevar armamento pesado, sino únicamente pistolas.

### El Reporte Woerner: Evaluación de la FAES

La Junta Militar Democristiana, encabezada por el Ing. José Napoleón Duarte, solicita apoyo a los Estados Unidos para desarrollar una estrategia nacional de contrainsurgencia, la cual requiere inicialmente una evaluación de las Fuerzas Armadas salvadoreñas. La tarea es asignada al Brigadier General Fred Woerner, quien se establece con un equipo de expertos civiles y militares en San Salvador. Woerner publica el informe Report of the El Salvador Military Strategy Assistance Team en Noviembre de 1981 (muchas de las secciones de este documento permanecen aún clasificadas). En resumen, el informe del Brigadier Woerner presenta un cuadro de guerra prolongada que podría durar como mínimo 5 años y que requiere una fuerte inversión de los Estados Unidos. Para Duarte y el Ejército queda claro que no podrán ganar la guerra sin el apoyo y los recursos estratégicos, militares y financieros del Gobierno norteamericano: *"... the so-called Woerner Report developed a national military strategy for El Salvador, an overall military assessment for the United States, and a security assistance program suggesting how the United States could assist the Salvadoran military strategy. In essence, the military strategy called for the ESAF (El Salvador's Armed Forces) to protect the salvadorean people and resources for several years from a defensive crouch. Offensive operations could begin only after the ESAF increased the number of personnel, outfitted units with modern American equipment, and trained its personnel in counterinsurgency operations. The report's candid* *description of E.S.AF capabilities shocked the Reagan administration, as did the price tag ($300 million) and the amount of time required to win (estimated at 5 years). The severity of the situation began to sink in. For Duarte, the report suggested the E.S.AF could not win without assistance and advice from the United States."* [3]

(Embajada EEUU)

**Embajadores Robert White y Deane Hinton**

### El Embajador White es Removido de su Cargo

El 2 de febrero de 1981, el nuevo Secretario de Estado norteamericano, Alexander Haig, anuncia que el polémico Robert White ha sido removido de su cargo como embajador acreditado en El Salvador. En su lugar es nombrado temporalmente Frederic Chapin, quien llega al país ese mismo mes. Haig declararía durante las primeras semanas de la Presidencia Reagan que El Salvador sería el lugar donde los EEUU "marcarían la línea" contra la "interferencia comunista" en el continente americano. En Junio de 1981, llegaría al país Deane Hinton, designado por Washington como nuevo Embajador. Hinton inmediatamente se dedicaría a presionar al Gobierno para que los asesinos de las monjas norteamericanas fueran llevados ante la justicia.

### Administración Reagan Presenta el "Libro Blanco"

En febrero de 1981, la Administración Reagan da a conocer a la prensa el "Libro Blanco" (White Paper), que supuestamente contiene evidencias definitivas de que el conflicto en El Salvador es producto de la agresión armada del bloque soviético a través de Cuba. El "Libro Blanco", elaborado por el Departamento de Estado, se basa en cientos de documentos clasificados del FMLN, que habían sido capturados a finales de 1980. Según la Administración Reagan, los documentos confirman una conspiración comunista para derribar al Gobierno salvadoreño e instalar un régimen marxista- leninista leal a la Unión Soviética. Apenas una semana después de publicado el documento, el Gobierno de Reagan envía 20 asesores militares adicionales a El Salvador, junto con $25 millones de dólares en ayuda militar.

## La Universidad Nacional Recibe Otro Golpe a su Autonomía

El 27 de febrero de 1981, la Universidad de El Salvador, funcionando *"En el Exilio"*, recibe otro golpe de parte de la Junta cívico- militar. La Tercera Junta de Gobierno, emite el Decreto No. 603 mediante el cual *"se suspenden los pagos de salarios, dietas, viáticos, gastos de representación, etc. que tuvieren por razón de su cargo o misiones oficiales de la Universidad de El Salvador, los siguientes funcionarios: Rector, Vice-Rector, Fiscal, Secretario General, Auditor Externo, Decanos, Vice-Decanos y Directores de los Centros Regionales...".*

La crisis generada a nivel nacional por el cierre de la más grande Universidad del país y la única pública, haría que comenzaran a surgir numerosas universidades privadas, la mayoría bautizadas como universidades "chatarra" o "de garage", ya que no cumplían con los requisitos mínimos para impartir educación de calidad. Solamente en el año de 1981, aparecerían en el país 10 nuevas universidades, siendo éstas: Tecnológica, Francisco Gavidia, Evangélica de El Salvador, De Oriente, Salvadoreña Alberto Masferrer, Nueva San Salvador, Gerardo Barrios, Católica de Occidente, Leonardo Da Vinci, y Técnica Latinoamericana.

## Se elige nuevo Consejo Central de Elecciones

A principios de marzo de 1981, es integrado el nuevo Consejo Central de Elecciones CCE, presidido por el Dr. Jorge Bustamante, y por los señores Ing. Ernesto Rodríguez Rivas y Dr. Antonio Guevara Lacayo. El Dr. Bustamante, un médico enérgico, estricto y disciplinado, anuncia varios días después que habrá elecciones para una Asamblea Constituyente a principios de 1982.

## Doctrina Reagan: Sandinistas (Nicaragua) y Guerrilla (El Salvador)

*"Las revoluciones no son exportables como la Coca Cola o los periódicos. Estas no pueden ser producidas en un lugar y luego enviadas fuera. Las Revoluciones ocurren cuando las condiciones en un país en particular están a favor del cambio"*
*-- **Nora Astorga**, Embajadora de Nicaragua ante las Naciones Unidas.*

El 9 de marzo de 1981, Reagan autoriza a la Agencia Central de Inteligencia CIA para que utilice $19 millones de dólares para realizar operaciones clandestinas en Nicaragua y en el resto de Centroamérica. Los Sandinistas enfrentarían principalmente a dos movimientos armados y entrenados por los norteamericanos: la Fuerza Democrática Nicaragüense  FDN (que operaría a lo largo de la frontera con Honduras) y la Alianza Revolucionaria Democrática ARDE (que funcionaría en la frontera sur con Costa Rica). Estas agrupaciones serían bautizadas por el Gobierno Sandinista como los "contrarrevolucionarios" o Contras, una fuerza mercenaria compuesta por muchos ex - Guardias Nacionales de Somoza y miembros de la oligarquía nicaragüense, a la que Reagan llegaría a describir como "el equivalente moral" de George Washington, Thomas Jefferson y otros fundadores de la nación del Norte *("the moral equal  of our founding fathers")*. Según un informe de la propia CIA al Congreso de los Estados Unidos, hacia diciembre de 1982, los Contras ya contarían entre sus filas con unos 4,000 hombres.

## La  Extrema Derecha Anuncia la Fundación de ARENA

*"Cuando en la amada patria, extrañas voces se oyeron* **los nacionalistas surgieron diciendo así: patria Sí, comunismo No… El Salvador será la tumba, donde los rojos terminarán"**
*Himno del Partido* **ARENA**

El 2 de mayo de 1981, en el Hotel Cortijo Reforma de Guatemala, el mayor Roberto D'Aubuisson y miembros de la oligarquía salvadoreña, anuncian la creación de la Alianza Republicana Nacionalista ARENA. D'Aubuisson, que había sido descrito por el embajador norteamericano Robert White como un "asesino patológico", se convertiría en el líder indiscutible de la nueva fuerza política.  ARENA sería inscrita como partido político el 30 de septiembre de 1981, teniendo entre sus fundadores a Roberto D'Aubuisson Arrieta, Ricardo Avila Moreira, Gloria Salguero Gross, Mario Emilio Redaelli, Miguel Muyshondt, Roberto Cornejo Arango, Oscar Cerrato, René Goodall, Ricardo Orlando Valdivieso,  entre otros.

---

### El Papa Juan Pablo II sufre un Atentado

*"Voy a matar al Papa como protesta contra el imperialismo de la Unión soviética y los Estados Unidos y contra el genocidio que se está llevando a cabo en* **El Salvador** *y Afganistán" --***Mehmet Ali Agca,** *en nota encontrada en uno de sus bolsillos tras haber disparado contra Juan Pablo II*

---

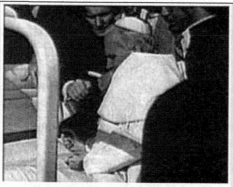

**Juan Pablo II Sufre un Atentado**

El 13 de mayo de 1981, en la Plaza de San Pedro, su Santidad Juan Pablo II es atacado a tiros por Mehmet Ali Agca, un joven turco de 23 años de edad. El Papa es trasladado urgentemente a un hospital en la ciudad de Roma y logra ser salvado luego de una operación en Hospital Gemelli que dura cerca de 6 horas, mientras su atacante es puesto bajo arresto. Posteriormente, Agca sería juzgado y condenado a cadena perpetua.

**José López Portillo y Francois Miterrand**

## Declaración Franco-Mexicana Reconoce al FDR- FMLN

El 28 de agosto de 1981, los Gobiernos de México y Francia emiten una declaración conjunta reconociendo al FDR- FMLN como una "fuerza política representativa", e insta al Gobierno salvadoreño y a la Guerrilla a sentarse a la mesa de negociaciones para terminar el conflicto. El documento es firmado por el Presidente  mexicano José López Portillo y por el Presidente francés Francois Miterrand.   El reconocimiento otorgado al FDR- FMLN es un fuerte golpe a la política exterior de la Administración Reagan, que ha tratado de presentar a la guerrilla salvadoreña como una fuerza extremista menor, sin mayor respaldo local ni internacional.

**FMLN destruye el Puente de Oro**

El 15 de octubre de 1981, comandos especiales del FMLN logran volar el "Puente de Oro", el mayor del país, ubicado sobre el Río Lempa, entre los departamentos de San Vicente y Usulután, aislando al oriente del país. La Guerrilla se ha dedicado desde el inicio de la guerra a realizar acciones de sabotaje a la infraestructura económica, destruyendo puentes, sistemas de tendido eléctrico, unidades de transporte, carreteras, etc.

**El Salvador Clasifica al Mundial España82**

Durante el mes de noviembre de 1981, se efectúa en Honduras la Hexagonal de Fútbol de la CONCACAF, para determinar a las dos selecciones nacionales que participaran en el mundial de España '82. Participan en el Torneo seis países: México, Canadá, Haití, Cuba, El Salvador, y Honduras. De acuerdo con las nuevas reglas de FIFA, por primera vez en la historia de la CONCACAF, sus equipos tienen aseguradas dos plazas a una Copa Mundial. El Salvador obtiene 2 victorias, 2 empates, y 1 derrota, los que bastan para que la selección clasifique por segunda ocasión en su historia futbolística a un Mundial, dejando en el camino a la favorita selección Azteca.

La Selección Nacional de Fútbol en 1981

Entre las victorias de la escuadra salvadoreña, destaca el encuentro con los Aztecas, que cuentan entre sus jugadores a las estrellas Hugo Sánchez y

Leonardo Cuellar. El juego se realiza en horas de la noche el viernes 6 de noviembre en el Estadio Nacional de Tegucigalpa. El encuentro había comenzado a paralizar las actividades en el país desde tempranas horas de la tarde. En jugada iniciada por Jorge "Mago" González desde el medio campo, Ever Hernández logra el remate anotando el único gol del partido, aproximadamente al minuto 37 del segundo tiempo. La victoria es histórica, siendo apenas la segunda vez que El Salvador vence a una escuadra mexicana en un torneo internacional.

**Resultados de la Hexagonal de Fútbol Honduras '81**

| País | JJ | JG | JE | JP | GF | GC | Puntos |
|------|----|----|----|----|----|----|--------|
| Honduras | 5 | 3 | 2 | 0 | 8 | 1 | 8* |
| El Salvador | 5 | 2 | 2 | 1 | 2 | 1 | 6* |
| México | 5 | 1 | 3 | 1 | 6 | 3 | 5 |
| Canadá | 5 | 1 | 3 | 1 | 6 | 6 | 5 |
| Cuba | 5 | 1 | 2 | 2 | 4 | 8 | 4 |
| Haití | 5 | 0 | 2 | 3 | 2 | 9 | 2 |

* Equipos clasificados al Mundial España'82

(Foto: Susan Meiselas)

El Mozote: La Masacre que Nunca Ocurrió

### La Masacre en El Mozote y Otros Caseríos

Los días 11, 12 y 13 de diciembre de 1981, unidades del Batallón élite Atlacatl, que se encuentran participando en el operativo militar "Operación Rescate" junto con la 3ª Brigada de Infantería de San Miguel, dan muerte a los pobladores de los caseríos El Mozote, La Joya, Ranchería Los Toriles y otros, en el Departamento de Morazán. El Batallón Atlacatl, entrenado y equipado por el Ejército norteamericano para servir como fuerzas de "reacción inmediata", se encuentra bajo el mando del Coronel Domingo Monterrosa. El gobierno y la Fuerza Armada salvadoreña negaría que el hecho ocurriera. La Masacre permanecería oculta del público hasta los primeros meses de 1982, cuando se publicaría un reportaje especial en el periódico New York Times, a cargo del periodista Raymond Bonner [4].

# 1982

### Destruyen la Tipografía Vanguardia

El 10 de enero de 1982, varias bombas destruyen la Imprenta y Tipografía Vanguardia, propiedad del Sr. Luis Villalobos López, quien es secuestrado. El empresario es padre del dirigente del ERP, Joaquín Villalobos.

### Ataque a la base militar de Ilopango

El 27 de enero de 1982, el FMLN lanza un ataque contra la Fuerza Aérea concentrada en la base militar del aeropuerto de Ilopango, al oriente de la capital. Los comandos guerrilleros logran destruir en tierra cerca del 70% de las naves militares. De acuerdo con el periódico New York Times del 7 de febrero de 1982, son destruidos 5 aviones Ouragan, 3 aviones de transporte C-47, y 6 helicópteros UH-1H Huey.

### Mayor D'Aubuisson sufre atentado

A principios de marzo de 1982, el Mayor Roberto D'Aubuisson de ARENA sufre un atentado del cual resulta levemente herido. Del hecho se responsabiliza el FMLN.

**PERIODISTAS HOLANDESES
QUE MURIERAN EN MEDIO
DE UN COMBATE**

## Periodistas Holandeses Asesinados en Chalatenango

La tarde del 17 de marzo de 1982, 4 periodistas holandeses acompañados por varios miembros del FMLN que servían de guías, mueren en un confuso incidente donde se ve involucrado el Batallón Atonal de la Fuerza Armada, en la zona de Santa Rita, Chalatenango. El único sobreviviente de la emboscada, el guerrillero "Martín", sería llevado a Holanda, donde testificaría posteriormente sobre lo acontecido ese día en Chalatenango. El equipo holandés, dirigido por el periodista Koos Jacobous Andries Koster, se encontraba en el país para cubrir las próximas elecciones a la Asamblea Constituyente. Los otros periodistas eran Jan Cornelius Kuiper Joop, Hans Lodewiijk, y Johannes Jan Willemsen.

## Elecciones para Asamblea Constituyente

El 28 de marzo de 1982, se realizan en el país las elecciones para una nueva Asamblea Constituyente. Los partidos de izquierda y la guerrilla, anuncian que no participaran por falta de garantías. Los comicios se realizan en medio de una situación tensa, escuchándose esporádicamente bombas y enfrentamientos armados en San Salvador y el resto del país. La Asamblea Constituyente (que cuenta con un total de 60 diputados) queda conformada de la siguiente manera:

| RESULTADOS DE LAS ELECCIONES LEGISLATIVAS 1982- 85 | | | |
|---|---|---|---|
| **PARTIDO** | **TOTAL DE VOTOS VALIDOS** | **No.DIPUTADOS** | **PORCENTAJE** |
| **Demócrata Cristiano** | **546,218** | **24** | **41.83%** |
| Alianza Republicana Nacionalista | 402,304 | 19 | 30.81% |
| Partido de Conciliación Nacional | 261,153 | 14 | 20.01% |
| Acción Democrática | 43,929 | 2 | 3.37% |
| Partido Popular Salvadoreño | 39,504 | 1 | 3.02% |
| Partido de Orientación Popular | 12,574 | - | 0.96% |
| TOTALES | 1,305,682 | 60 | 100.00% |

Fuente: Concejo Central de Elecciones

El recién formado partido ARENA resulta victorioso, pues en alianza con el PCN logra el control de la Asamblea. Roberto D'Aubuisson es nombrado Presidente de la Asamblea Constituyente y dos miembros del PCN, María Julia Castillo y Hugo Roberto Carrillo, ocupan las Vice Presidencias. La Asamblea ratifica como vigente la Constitución Política de 1962 y designa como Presidente Provisorio de la República al Dr. Álvaro Magaña (un banquero que ha servido a los empresarios más poderosos del país) y a tres Vice Presidentes, los doctores Pablo Mauricio Alvergue (PDC), Mauricio Gutiérrez Castro (ARENA), y Raúl Molina Martínez (PCN). El Dr. Magaña asume la Presidencia del país el 2 de mayo de 1982, cargo que ocuparía hasta las elecciones de mediados de 1984.

**La Guerra de las Malvinas**

Sorpresivamente, el 2 de abril de 1982, por orden de Leopoldo Galtieri, el "General Majestuoso" (como le bautizara Ronald Reagan), dictador en turno en la Argentina , cientos de tropas ocupan las Islas Malvinas (Falklands para los ingleses), en el cono Sur. La medida es ampliamente respaldada por la población argentina y por los países latinoamericanos, incluyendo a El Salvador. Argentina había estado reclamando sus derechos sobre las islas desde el siglo XIX, cuando Gran Bretaña las ocupara en 1833. Desde Inglaterra, la "Dama de Hierro" Margaret Thatcher, Primera Ministra de Gran Bretaña, anuncia que envia a la *Royal Navy* a recuperar los islotes. El conflicto concluye el 14 de junio, luego de la ocupación británica de Puerto Stanley y la rendición incondicional de las fuerzas argentinas. La derrota desacreditaría aún más al Gobierno militar argentino, acelerando la restauración del Gobierno civil en 1983.

### Estados Unidos envía nuevos aviones para la Fuerza Aérea

En junio de 1982, el Gobierno de Ronald Reagan aprueba el envío de aeronaves de refuerzo para la Fuerza Aérea salvadoreña, para reemplazar los aparatos destruidos en el ataque guerrillero del mes de enero pasado. Los aviones enviados por Estados Unidos son: ocho A-37 "DragonFly" y 4 aviones de observación 0-2A. Además, son destacados otros once helicópteros Huey UH-1Hs.

### Guerrilla captura el Viceministro de Defensa

El 16 de junio de 1982, en las cercanías de San Fernando, Departamento de Morazán, es derribado por el FMLN un helicóptero del Ejército, donde viaja el Coronel Francisco Adolfo Castillo, quien es tomado prisionero. Varios días después, sus acompañantes son encontrados muertos en el sitio donde yacen los restos de la aeronave.

### El Silencioso Terremoto de 1982

El 19 de junio de 1982, a la 0 horas y 22 minutos ocurre en la zona central del país un sismo que tiene una duración aproximada de 12 segundos y una magnitud de 7.0 grados en la Escala Richter. El epicentro es localizado a 70 km al sur oeste de la capital salvadoreña, en la costa. Los mayores daños ocurren en las ciudades de San Salvador, Ahuachapán, Ataco, Comasagua, San Pedro Nonualco, San Juan Tepezontes y San Miguel Tepezontes. El fuerte temblor llega a sentirse en Guatemala, Honduras y Nicaragua. En el país, el Gobierno reporta oficialmente los siguientes daños: unas 40 personas muertas, aproximadamente 5000 damnificados, más de 300 viviendas destruidas completamente y unas 1300 dañadas de gravedad, la mayoría de ellas fabricadas a base de bahareque y adobe, también ocurren daños en la carretera Panamericana, en la red eléctrica y acueductos del país.

## El Salvador Participa en el Mundial España '82

En junio de 1982 se celebra en ciudades españolas la Copa del Mundo, participando por primera vez 24 equipos nacionales (en lugar de 16, como en torneos anteriores). Bajo las nuevas reglas de la FIFA, participan 13 equipos europeos, 3 de América del Sur, 2 de CONCACAF (Honduras y El Salvador), 2 de Asia/ Oceanía, junto con Argentina (campeona en 1978) y España, el país anfitrión. El Salvador queda ubicado en el Grupo C, junto a Argentina, Bélgica (subcampeona europea) y Hungría. El equipo "cuzcatleco" es dirigido por el Técnico Mauricio "Pipo" Rodríguez, con apoyo de Salvador Mariona y José Castro. Félix Castillo Mayorga es el presidente de la Federación Salvadoreña de Fútbol FEDEFUT.

La escuadra nacional está conformada por: Luis Ricardo Guevara Mora, Eduardo Hernández, y José Luis Munguía (arqueros); Mario "Macora" Castillo, Francisco "Paco" Jovel Cruz, Carlos Humberto "Imacasa" Recinos, Francisco "Pancho" Osorto, Ramón Alfredo Fagoaga, y Jaime Alberto "Chelona" Rodríguez (defensas); Joaquín Alonso Ventura, José Luis Rugamas, Norberto "Pajaro" Huezo Montoya, Miguel Angel Arévalo, Mauricio "Tuco" Alfaro, Guillermo Ragazzone (volantes); Luis Baltasar "Pele" Zapata, Jorge Alberto "Mago" González Barillas, José María

"Mandingo" Rivas, Silvio Romeo Aquino, y Ever Hernández (delanteros). A pesar de las expectativas de la afición por conseguir una primera victoria en un Mundial, el equipo salvadoreño pierde todos sus encuentros, incluyendo una humillante derrota de 10 a 1 de parte de Hungría. El único gol salvadoreño es anotado por Luis Baltazar "Pelé" Zapata. En los otros encuentros, El Salvador cae 1-0 ante Bélgica (Ludo Coeck, 19´), y 2-0 ante los argentinos de Diego Maradona (Daniel Passarella 22´ y Daniel Bertoni 52´).

La debacle del equipo salvadoreño en España '82 sumiría al fútbol salvadoreño en una depresión que muchos años después no ha sido posible superar. A pesar de ser el deporte favorito a nivel nacional, los dirigentes continuarían enfrentando eventos internacionales en forma improvisada y paternalista. Algunos jugadores salvadoreños lograrían ubicarse en equipos extranjeros. El "Mago" González pasaría al Cádiz de España, donde convertido en el "Mágico" por la afición española brillaría con luz propia durante varios años. Jaime Rodríguez jugaría con los "Panzas Verdes" del León, México. Durante el Mundial España '82, El resto de los equipos americanos, incluyendo a la estelar escuadra de Brasil, con sus talentosos jugadores Zico, Falcao, Junior, y el doctor Sócrates, serían eliminados antes de llegar a semifinales. La sorpresiva escuadra italiana del veterano arquero Dino Zoff y el hombre gol, Paolo Rossi, derrotarían a Alemania 3-1 en la final de la Copa celebrada el 11 de julio de 1982, en Madrid.

## Masacre en El Calabozo

El 22 de agosto de 1982, más de 200 personas, entre hombres, mujeres y niños, son muertos por efectivos del Batallón Atlacatl, en el sitio denominado El Calabozo, junto al río Amatitán, Departamento de San Vicente. Según reporta el Informe de la Comisión de la Verdad [6], las víctimas se habían concentrado en ese sitio, huyendo de un operativo militar en la zona. El Ministro de Defensa niega a la prensa que la masacre haya tenido lugar.

**Nuevos Líderes en el Kremlin, la Guerra Fría en Pleno Apogeo**

El 10 de noviembre de 1982, fallece en Moscú el Premier Leonid Brezhnev, quien había servido como líder la Unión Soviética durante aproximadamente 18 años. Dos días después, es electo como sucesor el ex- director de la KGB, Yuri Andropov, quien destacaría por sus políticas represivas y el sofocamiento de disidentes políticos. El reinado de Andropov no duraría mucho tiempo, pues a finales de 1983 caería gravemente enfermo, muriendo en febrero de 1984, sucediéndole en el cargo de máximo líder del soviet Supremo, el también veterano Konstantin Chernenko.

Con la llegada de Ronald Reagan a la Presidencia de los Estados Unidos y su advertencia de que no permitirá el expansionismo soviético, el mundo viviría nuevamente momentos de gran tensión, en los que estaría latente la amenaza de una guerra nuclear. América Central pasaría a convertirse en uno de los principales escenarios de las rivalidades entre las Super-potencias. La situación en El Salvador y Nicaragua, sería vista por Washington como una agresión directa a sus intereses en el Hemisferio Occidental. Al morir Konstantin Chernenko en marzo de 1985, es electo el burócrata Mikhael Gorbachev, como nuevo Secretario General del Soviet Supremo. Gorbachev iniciaría una serie de profundas reformas políticas y económicas en la Unión Soviética.

### Inundaciones en el país y la Tragedia de Montebello

En septiembre de 1982, las fuertes lluvias causan graves inundaciones principalmente en los departamentos de Ahuachapán, Sonsonate, La Libertad, La Paz, y San Salvador. Numerosos cultivos de maíz, café y otros, son destruidos. En la capital salvadoreña, la colonia Montebello, construida en una zona de alto riesgo al pie del volcán de San Salvador, es parcialmente sepultada por un mar de lodo, piedras y troncos de árboles, dejando un número no determinado de muertos. En total, a causa de los temporales en el país se registran unos 630 muertos y más de 10,000 personas damnificadas.

---

**Congreso EEUU Prohibe Acciones Desestabilizadoras contra Nicaragua**

En diciembre de 1982, el Congreso norteamericano, controlado por el Partido Demócrata, a través de la Enmienda Boland (presentada por el congresista Edward Boland) prohíbe dar apoyo financiero del Gobierno de los Estados Unidos a los Contras que buscan derrocar al Gobierno Sandinista en Nicaragua.

---

# 1983

### Surge el Grupo Contadora

En enero de 1983, los Ministros de Relaciones Exteriores de México, Colombia, Panamá y Venezuela se reúnen en la isla de Contadora, en Panamá, con el propósito de promover una salida pacífica a los conflictos en América Central mediante negociaciones multilaterales que permitan la solución de los problemas políticos, económicos y sociales en la región. De esta manera, se crea el Grupo Contadora, iniciativa que cuenta con el apoyo de los Presidentes Miguel de la Madrid (México), Belisario Betancour (Colombia), Luis Herrera Campins (Venezuela) y Ricardo de la Espriella (Panamá).

### Estado Mayor enfrenta Problemas internos en Sensuntepeque

El 6 de enero de 1983, el Comandante del 2° Destacamento Militar, Coronel Sigifredo Ochoa Pérez, en Sensuntepeque, Departamento de Cabañas, se declara en rebeldía al rechazar el nombramiento que le ha hecho el Alto Mando de la Fuerza Armada de trasladarse a Uruguay como agregado militar. Ochoa exige que el General Guillermo García abandone su cargo de Ministro, por *"haber traicionado la Proclama de la Fuerza Armada del 15 de octubre de 1979, al permitir actos de corrupción personal, política, de administración dentro de la Fuerza Armada".* [7]

Tras tensas negociaciones en las que participa una Comisión militar encabezada por el Coronel Eugenio Vides Casanova (Director de la Guardia Nacional), el Coronel Domingo Monterrosa (Comandante del

Batallón Atlacatl), el Coronel Jaime Ernesto Flores (Comandante de la 3ª Brigada de Infantería), y el Coronel Juan Bustillo (Comandante de la Fuerza Aérea), y en las que incluso interviene brevemente el Embajador norteamericano Deane Hinton, el 11 de enero de 1983, se logra un acuerdo mediante el cual el Coronel Ochoa Pérez acepta trasladarse al Consejo Interamericano de Defensa, en Washington. A cambio, el Alto Mando se compromete a remover de su puesto al General García antes de 90 días.

## FMLN Lanza operativo militar en el oriente del país

El 15 de enero de 1983, la guerrilla salvadoreña lanza una ofensiva militar en el oriente del país, ocupando temporalmente varias poblaciones en el Departamento de Morazán. Días después, el 29 de enero, cerca de 500 combatientes del FMLN destruyen las comandancias de la Guardia Nacional y la Policía Nacional en la ciudad de Berlín, Usulután, que tiene una población aproximada de 30,000 personas. Al llegar los primeros refuerzos del Ejército dos días después, las guerrillas ya se han marchado tras haber quemado las bodegas de café.

## Guerrilla hiere a un asesor militar norteamericano

El 3 de febrero de 1983, el Sgt. Jay Thomas Stanley, especialista en comunicaciones norteamericano, es herido en una pierna por ráfagas de ametralladora de la guerrilla, mientras se transportaba en un helicóptero de la Fuerza Aérea salvadoreña sobre el Departamento de Usulután, apenas a unos 10 kilómetros de la ciudad de Berlín. El suceso genera controversias en Estados Unidos, pues se supone que los asesores norteamericanos deben mantenerse fuera de zonas de combate.

## Visita de la Embajadora Kirkpatrick

*"I believe this area is colossally important to the U.S. national interest. I think we are dealing here not ... with some sort of remote problem in some farflung part of the world. We are dealing with our own border when we talk about the Caribbean and Central America and we are dealing with our own vital national interest."*
*—Jeanne Kikpatrick, 1982*

El 9 de febrero de 1983, llega a El Salvador en visita oficial de tres días, la Sra. Jeanne Kirkpatrick, Embajadora de los EEUU ante la ONU, uno de los principales funcionarios de la Administración Reagan, en su lucha contra la influencia "comunista" en la región.

## La Masacre de Las Hojas

El 22 de febrero de 1983, 16 campesinos son detenidos en un operativo militar en la zona del Cantón Las Hojas [8], en el Departamento de Sonsonate y posteriormente encontrados muertos por miembros de la Asociación Nacional Indígena ANIS, con señales de haber sido torturados.

**Marianela García Villas**
**Presidenta CDHES**

## Presidenta de la Comisión de Derechos Humanos es Asesinada

El 16 de marzo de 1983, la Sra. Marianela García Villas, Presidenta de la Comisión de Derechos Humanos No- Gubernamental CDHES, es asesinada aparentemente por miembros de los cuerpos de seguridad. La Sra. García Villas había abandonado el país a finales de 1981, luego de que su nombre apareciera en dos "listas", una de ellas del paramilitar Escuadrón Maximiliano Hernández Martínez, señalándola como "traidora".

## Juramentan a la Nueva Comisión de Paz

Producto del llamado "Pacto de Apaneca" entre el Presidente Alvaro Magaña y los principales partidos de derecha (PDC, PCN, y ARENA), el 28 de febrero de 1983 queda integrada la Comisión Nacional de Paz, por los señores Francisco Quiñónez, José Guillermo Trabanino y Monseñor Marco René Revelo.

## Visita de su Santidad Juan Pablo II a Centroamérica

El 2 de marzo de 1983, en Costa Rica su Santidad el Papa Juan Pablo II inicia una gira por la región Centroamericana. En su viaje Pastoral No.17 fuera de Italia, el Santo Padre visita Costa Rica, Nicaragua, Panamá, El Salvador, Guatemala, Honduras, y Belice. Al momento de su llegada, la región Centroamericana vive las sangrientas guerras civiles en Guatemala y

El Salvador, la "ocupación militar" de Honduras por parte de los Estados Unidos, y la ofensiva de los "Contras" en Nicaragua.

Diario Co-Latino

**Juan Pablo II Visita Tumba de Monseñor Oscar A. Romero**

El 6 de marzo de 1983, Juan Pablo II llega a El Salvador en visita oficial de un día. Durante su ingreso a la capital, la 7ª calle poniente es rebautizada como Alameda Juan Pablo II. El "Papamóvil", vehículo que transporta al Pontífice, se desvía a la Catedral Metropolitana, donde el Papa hace un breve visita a la tumba de Monseñor Oscar A. Romero. Durante su visita a Nicaragua, Juan Pablo II amonesta públicamente al sacerdote Ernesto Cardenal por participar abiertamente en el Gobierno Sandinista. Durante su homilía en Managua, el Santo Padre es interrumpido constantemente por gran parte de la muchedumbre que grita una y otra vez "¡Poder Popular! ¡Poder Popular!"

**Mueren en Nicaragua Altos Dirigentes del FMLN**
El 6 de abril de 1983, es asesinada en Managua, Mélida Anaya Montes (Comandante Ana María), alta dirigente de las FPL. A los pocos días se suicida Salvador Cayetano Carpio (Comandante Marcial), antiguo sindicalista y fundador del grupo guerrillero, al enterarse que Anaya Montes fue muerta por un cercano colaborador. De acuerdo con las investigaciones de las autoridades nicaragüenses, el responsable del asesinato es Rogelio Bazzaglia, de la Comandancia General de las FPL. La "purga" de la Comandante "Ana María" ocasionaría que numerosos intelectuales salvadoreños que simpatizaban con la guerrilla, entre ellos el ex-Rector de la

UES, Dr. Rafael Menjívar y otros, desistieran de apoyar a los izquierdistas.

(Imágenes Libres/CEPAZ)

**Los Comandantes Marcial y Ana María:**
**Cayetano Carpio y Mélida Anaya Montes**

## Monseñor Rivera se Convierte en el Nuevo Arzobispo

En abril de 1983, después de casi tres años de estar sirviendo como Administrador Apostólico de San Salvador, el Vaticano nombra finalmente a Monseñor Arturo Rivera y Damas como nuevo Arzobispo de la capital. Monseñor Rivera, uno de los más cercanos colaboradores y amigos de Oscar Arnulfo Romero, continuaría denunciando los excesos de los cuerpos de seguridad en su lucha "antisubversiva" y criticando la asistencia militar norteamericana al régimen salvadoreño.

## Renuncia el Ministro de Defensa

Bajo fuertes rumores de que el Comandante de la Fuerza Aérea, Coronel Juan Ramón Bustillo, ha amenazado con una rebelión de no renunciar el Coronel José Guillermo García de su cargo como Ministro de Defensa, éste presenta su dimisión al Presidente Magaña. La renuncia de García es aceptada por el Mandatario el 17 de abril de 1983. De acuerdo con los rumores, su dimisión es parte del pacto que surgiera en Sensuntepeque por las diferencias con el Coronel Ochoa Pérez. El lugar de García sería ocupado por el General Eugenio Vides Casanova, hasta entonces Director de la Guardia Nacional.

## Reagan Presenta Propuesta de Paz para América Central

*"It would be hard to find many Americans who aren't aware of our stake in the Middle East, the Persian Gulf, or the NATO line dividing the free world from the Communist bloc. And the same could be said for Asia.*

*But in spite of, or maybe because of, a flurry of stories about places like Nicaragua and El Salvador and, yes, some concerted propaganda, many of us find it hard to believe we have a stake in problems involving those countries.*

*Too many have thought of Central America as just that place way down below Mexico that can't possibly constitute a threat to our well-being. And that's why I've asked for this session. Central America's problems do directly affect the security and the well-being of our own people. And Central America is much closer to the United States than many of the world trouble spots that concern us. So, we work to restore our own economy; we cannot afford to lose sight of our neighbors to the south. El Salvador is nearer to Texas than Texas is to Massachusetts. Nicaragua is just as close to Miami, San Antonio, San Diego, and Tucson as those cities are to Washington, where we're gathered tonight...*

*.... Now, before I go any further, let me say to those who invoke the memory of Vietnam, there is no thought of sending American combat troops to Central America. They are not needed ... and, indeed, they have not been requested there. All our neighbors ask of us is assistance in training and arms to protect themselves while they build a better, freer life ...."* — **Ronald Reagan**, *Discurso ante el Congreso, 1983*

El 27 de abril de 1983, el Presidente Ronald Reagan ofrece un discurso ante el Congreso de los Estados Unidos sobre la situación en El Salvador y en la Nicaragua Sandinista, proponiendo al Congreso establecer un esfuerzo bipartidista conjunto para El Salvador y el resto de países centroamericanos. En resumen, Reagan propone: 1) Ante décadas de desigualdades e indiferencias, apoyar los esfuerzos democráticos, reformas, y libertades para la población; 2) Ante la recesión mundial, y en el caso del sabotaje económico que vive El Salvador por parte de la guerrilla, apoyar el desarrollo económico; 3) En respuesta a la amenaza de Cuba y Nicaragua, apoyar la seguridad de las naciones afectadas; y finalmente 4) Apoyar el diálogo y las negociaciones internas y entre los países de la región. Además, el Presidente Reagan pide al Congreso la aprobación de $600 millones de dólares en asistencia para América Central, para el año fiscal de 1984, es decir "... menos de la décima parte de lo que los norteamericanos gastarán este año en juegos de video"

## Asamblea Emite nueva Ley de Amnistía

El 4 de mayo de 1983, la Asamblea Constituyente emite el Decreto No. 210, Ley de Amnistía y Rehabilitación Ciudadana, diseñada para *"... personas pertenecientes a grupos u organizaciones políticas de cualquier ideología que se encuentren procesados, condenados, detenidos en vías de investigación, o no hubieren sido sometidos a ningún procedimiento penal por los delitos a que se refiere esta Ley"*. Más de 500 presos políticos son liberados antes de finalizar el mes de junio. Se ofrece el "perdón" a los guerrilleros que renuncien al conflicto armado antes del 4 de julio.

### Las FPL Asesinan Asesor Norteamericano
El comando urbano "Clara Elizabeth Ramírez" de las FPL, da muerte el 25 de mayo de 1983 al Comandante Albert Schaufelberger, dentro de las instalaciones de la UCA. Schaufelberger es el segundo oficial de más alto rango entre los asesores de los Estados Unidos en El Salvador. El Presidente Reagan anuncia desde Washington que la muerte del oficial *"no va a cambiar nuestra actitud sobre la ayuda económica o militar que estamos suministrando al país"* [9]

### Presidente Magaña Visita la Casa Blanca
El 17 de junio de 1983, el Presidente provisional de El Salvador, Dr. Álvaro Magaña, es recibido en la Casa Blanca por el Presidente Reagan. Magaña apela a los miembros del Congreso de los EEUU, para que continúen brindando asistencia financiera al país, ante la "amenaza común" que enfrentan ambas naciones.

### La Masacre en Quebrada Seca
De acuerdo con reportes de la Embajada de los Estados Unidos en San Salvador, la guerrilla dio muerte a 42 soldados que se habían rendido durante un enfrentamiento en el puente de Quebrada Seca, en junio de 1983.

### Embajador Hinton es relevado del cargo
El Departamento de Estado norteamericano anuncia que a partir de septiembre Thomas Pickering será quien reemplazará al embajador Deanne Hinton, quien partió de regreso a los Estados Unidos el 15 de julio de 1983, junto con su nueva esposa salvadoreña.

### Se crea la Comisión Kissinger
El 19 de julio de 1983, el Presidente Reagan firma la Orden Ejecutiva No. 12433 autorizando el establecimiento de una Comisión bipartita para Centro América, cuyos objetivos son estudiar la naturaleza de los intereses de los Estados Unidos en la región centroamericana y la amenaza a esos intereses. La Comisión Bipartidista, encabezada por el ex- Secretario de Estado Henry Kissinger, formalizada el 4 de agosto de 1983, queda

conformada por 12 miembros:

- Henry A. Kissinger, Secretario de Estado en las administraciones Nixon y Ford,
- William Clements Jr., ex Gobernador de Texas,
- Lane Kirkland, Presidente de AFLCIO,
- Potter Stewart, ex Juez de la Suprema Corte,
- Robert S. Strauss, Abogado y miembro del Partido Demócrata,
- Nicholas Brady, Empresario,
- Carlos F. Díaz, Profesor de Economía de la Universidad de Yale,
- Henri G. Cisneros, Alcalde de San Antonio, Texas,
- Wilson S. Johnson, Presidente de la Federación Nacional de Negocios Independientes,
- John Silber, Presidente de la Universidad de Boston,
- William B. Walsh, Presidente de Project Hope.
- Richard M. Scammon, Consultor político,

### Intento de Diálogo entre Gobierno y FDR- FMLN

En los meses de agosto y septiembre de 1983, a instancias del Grupo Contadora, se reúnen primero en San José, Costa Rica y luego en Colombia, las delegaciones de la Comisión Nacional de Paz del Gobierno y la Guerrilla salvadoreña para iniciar una ronda de negociaciones de Paz. El FDR-FMLN rechaza las ofertas presentadas por la Comisión gubernamental.

### Inaugurase una Nueva Central Hidroeléctrica

El 15 de septiembre de 1983, el Presidente Álvaro Magaña inaugura la Central Hidroeléctrica "15 de septiembre", ubicada a unos 90 kilómetros de San Salvador, entre San Vicente y Usulután. La Central cuenta con una capacidad inicial de 180,000 kilovatios.

### La Comisión Kissinger visita El Salvador

La Comisión bipartita nombrada por el Presidente Ronald Reagan para buscar una solución política en Centro América arriba en El Salvador el 12 de octubre de 1983. La Comitiva, encabezada por Henry Kissinger y otros funcionarios, se reúnen con el Presidente Magaña y dirigentes de los partidos políticos. Entre los días 9 y 16 de octubre, la Comisión Kissinger, visita además Panamá, Costa Rica, Guatemala, Honduras, y Nicaragua. Un segundo viaje de la Comisión se realiza entre el 12 – 15 de diciembre, teniendo como destinos México y Venezuela.

### FMLN asalta base militar en Chalatenango
En Noviembre de 1983, la guerrilla del FMLN lanza un fuerte ataque contra la base militar de El Paraíso, en Chalatenango, dando muerte a cerca de 100 soldados.

### Visita del Vice Presidente de los Estados Unidos
El 9 de diciembre de 1983, el Vicepresidente George H. Bush visita El Salvador. Bush condena públicamente a los nefastos Escuadrones de la Muerte y exige el retiro de varios oficiales de la Fuerza Armada por excesivas violaciones a los derechos humanos. Antes de partir, Bush entrega al Gobierno una lista de nombres de civiles y militares sospechosos de participar en los grupos paramilitares "ilegales", mejor conocidos como "Escuadrones de la Muerte". Durante un almuerzo con los principales líderes políticos del país, incluyendo a Roberto D'Aubuisson y a Napoleón Duarte, Bush demanda que sea suspendido el brutal exterminio de personas consideradas opositoras al régimen, ante el creciente y escalofriante número de asesinatos de los últimos meses.

### Nueva Constitución de la República
Antes de que finalice el tercer año del conflicto armado entre el Gobierno y la guerrilla salvadoreña, el 15 de diciembre de 1983, la Asamblea Constituyente presidida por el Mayor D'Aubuisson decreta una nueva Carta Magna para la República, tras largos meses de debate.

# 1984

### La Iniciativa para la Cuenca del Caribe Entra en Vigencia
El 1° de enero de 1984, entra en vigencia la Iniciativa para la Cuenca del Caribe ICC (Caribbean Basin Trade Initiative), otorgada por el Gobierno de los Estados Unidos a varios países en el Caribe y Centroamérica (El Salvador incluido). La ICC otorga preferencias arancelarias a toda mercancía fabricada, producida, cultivada en cualquiera de los países beneficiados o que hubiera sido sustancialmente transformada en uno de ellos. La medida busca ayudar a aliviar la difícil situación económica en los países más pobres de la región.

## FMLN destruye Puente Cuscatlán

El 1º de enero de 1984, comandos guerrilleros destruyen el Puente Cuscatlán en San Marcos Lempa. Los continuos actos de sabotaje a la energía eléctrica del FMLN, dejan paralizadas las regiones norte y oriental del país.

## Comisión Kissinger presenta Reporte Final

El reporte y recomendaciones finales de la Comisión bipartita presidida por Henry Kissinger para analizar la situación en América Central, son entregados el 11 de enero de 1984.

La Comisión Kissinger recomienda:

- *Que sea enviada a la región, ayuda norteamericana por un valor de $8,000 millones de dólares, durante un período de 5 años, hasta 1989.*

- *Que se incremente significativamente la ayuda militar norteamericana*

- *Que la ayuda militar a El Salvador sea condicionada al progreso del tema de derechos humanos, incluyendo el inicio de elecciones libres y el fin de las actividades de los llamados "escuadrones de la muerte"*

- *La campaña librada por la guerrilla anti- Sandinista, que favorece un arreglo negociado, no sea desmantelada;*

- *Que el Presidente Reagan y los líderes centroamericanos se reúnan para decidir sobre un plan de desarrollo económico de largo plazo;*

- *Los Estados Unidos deben considerar el uso de la fuerza contra el Gobierno izquierdista en Nicaragua, como último recurso, si rehúsa detener su apoyo a los movimientos guerrilleros en otros países;*

- *La Comisión no recomienda utilizar fuerzas militares norteamericanas para combatir en Centro América.* [10]

## Estados Unidos Anuncia cuantiosa ayuda financiera

El 13 de enero de 1984, el Presidente Ronald Reagan anuncia que El Salvador recibirá $600 millones de dólares en ayuda económica durante los años 1984 y 85.

## Salesianos Fundan Nueva Universidad

El 8 de marzo de 1984, los sacerdotes salesianos fundan la Universidad

Don Bosco. El nuevo centro de estudios superiores inicia sus actividades académicas en mayo de 1985, con dos Facultades: Ingeniería y Humanidades, en las instalaciones del antiguo Instituto Internacional Don Bosco. Sería hasta 1992, que la Universidad se trasladaría a la sede del proyecto salesiano La Ciudadela Don Bosco, un nuevo y moderno campus ubicado en el municipio de Soyapango (uno de los más populosos en el Área Metropolitana de San Salvador), junto con el Colegio Don Bosco.

## Muere Periodista Norteamericano

El 16 de marzo de 1984, el estadounidense John Hoagland, un veterano fotógrafo de la guerra de Vietnam que se encontraba cubriendo la cruenta guerra civil en El Salvador, muere de varios disparos mientras realizaba su labor periodística. El nombre de Hoagland había aparecido frecuentemente en las listas de los "Escuadrones de la muerte", quienes denunciaban que sus reportajes estaban parcializados a favor de las fuerzas guerrilleras del FMLN.

## Elecciones Presidenciales en El Salvador

*"La prensa internacional y la Vox Populi involucran al mayor D'Aubuisson en el asesinato de Monseñor Romero, de ser director intelectual y promotor de los tristemente célebres escuadrones de la muerte y en sus presentaciones utiliza un vocabulario procaz, indecente y vulgar"*
— *Lic. José Humberto Posada*, Representante Legal del PDC

| Elecciones Presidenciales - Resultados Primera Vuelta (25 de marzo de 1984) | | | |
|---|---|---|---|
| Partido | Candidato | Votos | Porcentaje |
| PDC | José Napoleón Duarte | 549,727 | 43.4% |
| ARENA | Roberto D'Aubuisson | 376,917 | 29.8% |
| PCN | José Francisco Guerrero | 244,556 | 19.3% |
| AD | René Fortín Magaña | 43,939 | 3.5% |
| PPS | Francisco Quiñónez Avila | 24,395 | 1.9% |
| PAISA | Roberto Escobar García | 15,530 | 1.2% |
| MERECEN | Juan Ramón Rosales y Rosales | 6,645 | 0.5% |
| POP | Gilberto Trujillo | 4,677 | 0.4% |
| | | 1,266,386 | 100.00% |

Fuente: Consejo Central de Elecciones

El 25 de marzo de 1984, se celebran las elecciones para elegir presidente. Participan como Candidatos, José Napoleón Duarte (PDC), Roberto

D'Aubuisson (ARENA), y José Francisco "Chachi" Guerrero (PCN), entre los principales candidatos. La participación de D'Aubuisson había sido impugnada por el PDC, por carecer de "moralidad notoria", pero desestimada por el Consejo Central de Elecciones. El Ing. Duarte recibe el 43.4% de los votos y debe ir a segunda vuelta al no alcanzar el mínimo del 50% requerido para ser declarado ganador de los comicios.

### Discurso Radial de Reagan sobre la Situación en El Salvador

*"The struggling democracies of Costa Rica, Honduras, and El Salvador are being threatened by a Soviet bloc and Cuban-supported Sandinista army and security forces in Nicaragua that has grown from about 10,000 under the previous government to more than 100,000 in less than 5 years.*

*Last year alone, the Soviet bloc delivered over $100 million in military hardware. The Sandinistas have established a powerful force of artillery, multiple-rocket launchers, and tanks in an arsenal that exceeds that of all the other countries in the region put together... What I've said today is not pleasant to hear, but it's important that you know Central America is vital to our interests and to our security. It not only contains the Panama Canal, it sits astride some of the most important sea lanes in the world -- sea lanes in which a Soviet-Cuban naval force held combat maneuvers just this week.*

*The region also contains millions of people who want and deserve to be free. We cannot turn our backs on this crisis at our doorstep. Nearly 23 years ago, President Kennedy warned against the threat of Communist penetration in our hemisphere. He said, ``I want it clearly understood that this government will not hesitate in meeting its primary obligations which are to the security of our nation." We can do no less today.*
*I have, therefore, after consultation with the Congress, decided to use one of my legal authorities to provide money to help the Government of El Salvador defend itself."*

*— **Ronald Reagan**, Radio Address to the Nation on Central America, April 14, 1984*

El 14 de abril de 1984, durante su habitual mensaje radial al pueblo de los Estados Unidos, el presidente Ronald Reagan acusa a Nicaragua, Cuba, y la Unión Soviética de querer implantar el comunismo en la región. Reagan anuncia que su Administración continuará brindando asistencia financiera y militar al Gobierno salvadoreño.

### Duarte Triunfa en la Segunda Ronda Electoral
En medio de acciones de sabotaje de la guerrilla del FMLN, la segunda vuelta electoral se realiza el 6 de mayo de 1984, entre los dos candidatos que

obtuvieran los mejores resultados en marzo pasado: Duarte y D'Aubuisson. Napoleón Duarte resulta victorioso al obtener el 53.6% del voto popular. El 11 de mayo de 1984, el Ing. Duarte es declarado Presidente Constitucional de la República por el Consejo Central de Elecciones. Aunque D'Aubuisson y otros miembros de ARENA denuncian que hubo fraude a favor de los "pescados" del PDC, el resultado final se mantendría firme. Duarte, que según ARENA había recibido fondos del Gobierno norteamericano para realizar su campaña, recibiría pocos días después la noticia de que el Congreso de los EEUU había aprobado $61.7 millones de dólares en ayuda militar y financiera.

Fuente: Consejo Central de Elecciones

| Elecciones Presidenciales - Resultados Segunda Vuelta (6 de mayo 1984) | | | |
|---|---|---|---|
| Partido | Candidato | Votos | Porcentaje |
| PDC | José Napoleón Duarte | 752,625 | 53.6% |
| ARENA | Roberto D'Aubuisson | 651,741 | 46.4% |

## Presidente Reagan pide Contrarrestar la Ofensiva Comunista

*"... Central America is a region of great importance to the United States. And it is so close: San Salvador is closer to Houston, Texas, than Houston is to Washington, DC. Central America is America. It's at our doorstep, and it's become the stage for a bold attempt by the Soviet Union, Cuba, and Nicaragua to install communism by force throughout the hemisphere.*

*When half of our shipping tonnage and imported oil passes through Caribbean shipping lanes, and nearly half of all our foreign trade passes through the Panama Canal and Caribbean waters, America's economy and well-being are at stake.*

*Right now in El Salvador, Cuban-supported aggression has forced more than 400,000 men, women, and children to flee their homes. And in all of Central America, more than 800,000 have fled -- many, if not most, living in unbelievable hardship. Concerns about the prospect of hundreds of thousands of refugees fleeing Communist oppression to seek entry into our country are well-founded.*

*What we see in El Salvador is an attempt to destabilize the entire region and eventually move chaos and anarchy toward the American border."*

*— **Ronald Reagan**, Address to the Nation on United States Policy in Central America, May 9, 1984*

El 9 de mayo de 1984, a pocos días de la victoria electoral de Napoleón Duarte, el presidente Ronald Reagan dirige un mensaje en directo por televisión y radio al público estadounidense en el que habla nuevamente sobre la amenaza de la Unión Soviética, Cuba, y la Nicaragua Sandinista, quienes buscan instalar regímenes comunistas en el continente americano. Al final de su discurso, Reagan hace un llamado al Congreso EEUU, controlado por los Demócratas, para que apruebe los fondos solicitados por su Administración que permitirán suministrar al ejército salvadoreño municiones, helicópteros de rescate, accesorios médicos, y otros materiales.

## Viceministro de Defensa es Liberado por la Guerrilla
El 11 de mayo de 1984, es liberado por el FMLN el Coronel Francisco Adolfo Castillo, quien había sido mantenido prisionero desde mediados de 1982.

## Asesinos Materiales de las Monjas Norteamericanas son Condenados
El 23 de mayo de 1984, los 5 Guardias Nacionales acusados de haber secuestrado, violado y asesinado a 4 monjas de la orden Mariknoll en el mes de diciembre de 1980, son sentenciados por el juez Bernardo Rauda Murcia a 30 años de prisión. Un día después, el Congreso de los Estados Unidos aprueba ayuda de emergencia por un monto de $67 millones de dólares a El Salvador.

## Inicia el Primer Gobierno Democráticamente Electo en 50 Años
Con la victoria electoral de Napoleón Duarte y lo que queda del Partido Demócrata Cristiano, inicia una nueva etapa en la vida nacional. Duarte continuaría en estrecha alianza con la Administración Reagan y con el Estado Mayor de la Fuerza Armada, esperanzado en traer la paz al país, ya fuera por vía de las negociaciones o derrotando militarmente a la guerrilla. Sin embargo, su Gobierno sería atacado por todos los frentes: por la oligarquía, que controlaba las principales empresas e industrias y estaba en completo desacuerdo con las políticas económicas de los democristianos; por la guerrilla, que mantendría sus continuos actos de sabotaje a la infraestructura económica; y por su mejor aliado, el Gobierno de Estados Unidos, que presionaría para que El Salvador siguiera las políticas económicas y militares diseñadas por el Departamento de Estado.

## REFERENCIAS

[1] De acuerdo con el Informe de la Comisión de la Verdad de Naciones Unidas, dos terratenientes que habían sido afectados con la Reforma Agraria son señalados como autores intelectuales de los homicidios, Ricardo Sol Meza y Hans Christ, junto con el teniente Rodolfo Isidro López Sibrián. Estos individuos jamás son llevados a juicio.

[2] President Carter's State of the Union Address 1981, January 16, 1981.

[3] Brozenick, Small wars, big stakes: coercion, persuasion, and airpower in counter revolutionary war, p.157- 158

[4] La Fuerza Armada salvadoreña negaría que los hechos ocurrieran. De igual forma, altos funcionarios de la Administración Reagan, entre ellos Thomas Enders y Elliot Abrams, declararían bajo juramento ante el Congreso EEUU que la matanza nunca ocurrió. Sería hasta las primeras excavaciones en 1992, tras firmados los Acuerdos de Paz, que pudieron encontrarse las primeras evidencias de la matanza. La Masacre en la zona de El Mozote, es la peor registrada en toda la historia del conflicto armado. De acuerdo con la Oficina de Tutela Legal del Arzobispado en San Salvador, se estima que por lo menos 765 personas fueron asesinadas. Un equipo argentino de antropología forense realizó las primeras exhumaciones a finales de 1992, encontrando en el Mozote los restos de 143 personas: 131 pertenecientes a niños menores de 12 años, 5 adolescentes, y 7 adultos, incluyendo el cuerpo de una mujer que se encontraba embarazada al momento del crimen. Restos de otras 37 personas fueron encontradas en octubre de 2001, en La Joya y Jocote Amarillo (23 pertenecen a niños menores de 14 años, 3 hombres y 11 mujeres, una de ellas también en estado de preñez).

[5] Ver Informe de la Comisión de la Verdad, p.92- 100

[6] ver Informe de la Comisión de la Verdad, p.169- 171

[7] La Prensa Gráfica, El Conflicto en El Salvador, p.55

[8] Ver Informe de la Comisión de la Verdad, p.100- 108

[9] La Prensa Gráfica, El conflicto en El Salvador, p.61

[10] Traducido por el autor del documento titulado "The Kissinger Commission", URL: http://www.uscubacommision.org/htm/kisscom.htm

[Accesado: 2001]

# 4.19 LA GUERRA CIVIL: EL GOBIERNO DE NAPOLEÓN DUARTE (1984-1989)

A doce años del fraude electoral de 1972, llega finalmente a la Presidencia de la República el Ing. José Napoleón Duarte, convirtiéndose en el primer Presidente civil electo democráticamente en El Salvador desde 1931. Duarte y su gobierno militar-democristiano, cuentan con el completo respaldo de la administración Reagan, que ha prometido toda la asistencia logística, financiera y militar necesaria para derrotar a la guerrilla del FMLN. A mediados de la década y del conflicto armado, la ciudad capital sería sacudida por un fuerte terremoto que dejaría como saldo más de 1,000 muertos, aproximadamente 300,000 personas sin hogar y cuantiosos daños materiales.

Ronald Reagan recibe al presidente José Napoleón Duarte en 1987
(Foto: Reagan Library)

## 1984

### Duarte Asume la Presidencia de la República

El Ing. José Napoleón Duarte, se convierte en el primer Presidente civil electo en los últimos 53 años, al ser juramentado el 1º de junio de 1984 como Presidente Constitucional de El Salvador. Su compañero de fórmula, el Lic. Rodolfo Antonio Castillo Claramount, es juramentado como nuevo

Vicepresidente. Durante su campaña, Duarte ha prometido implementar reformas diseñadas para beneficiar a la clase trabajadora; iniciar negociaciones con el FDR- FMLN para buscar una solución pacífica al conflicto armado; y llevar a la justicia a los violadores de derechos humanos. A pesar de las buenas intenciones, el antiguo carisma del líder de la DC no serviría de mucho para solucionar los complejos y angustiosos problemas que sufre la nación salvadoreña.

**Gabinete de Gobierno del Presidente Duarte:**
General Eugenio Vides Casanova, Ministro de Defensa,
Coronel Reynaldo López Nuila, Viceministro de Defensa y Seguridad,
Dr. Fidel Chávez Mena, Ministro de Planificación,
Dr. Julio Adolfo Rey Prendes, Ministro de la Cultura y Comunicaciones,
Sr. Roberto Viera, Viceministro de Cultura y Comunicaciones,
Dr. Jorge Eduardo Tenorio, Ministro de Relaciones Exteriores,
Prof. José Alberto Buendía Flores, Ministro de Educación,
Ing. Luis López Cerón, Ministro de Obras Públicas,
Dr. Julio Alfredo Samayoa, Ministro de Justicia,
Dra. Dina Castro de Callejas, Viceministra de Justicia,
Lic. Lázaro Tadeo Bernal, Ministro de Trabajo,
Dr. Rafael Flores y Flores, Procurador General,
Dr. José Francisco Guerrero, Fiscal General.

**Guerrilla Ocupa Temporalmente la Presa de Cerrón Grande**
El 21 de junio de 1984, fuerzas rebeldes se apoderan de la Presa Hidroeléctrica del Cerrón Grande, ubicada entre los Departamentos de Chalatenango y Cabañas, a unos 78 kilómetros de San Salvador.

**Designación del Nuevo Consejo Central de Elecciones**
El 26 de julio de 1984, la Asamblea Legislativa nombra al nuevo Consejo Central de Elecciones, teniendo al Dr. Mario Samayoa (PDC) como Presidente, y a Francisco Merino (ARENA) y Arturo Ramírez Méndez (PCN) como Vicepresidentes.

**Diálogo entre Gobierno y FDR- FMLN en La Palma**
*"I congratulate President Duarte for his great courage and foresight. His offer Monday to sit down next week with the guerrillas without preconditions and without arms to discuss their participation in the democratic system in El Salvador is an act of statesmanship. I applaud his leadership and support his decision. It appears as though the guerrillas have accepted President Duarte's offer. If only the commandantes in Nicaragua would make*

*the same offer to the resistance forces there, we would all be much closer to true peace in Central America."*
— **Ronald Reagan**, *ante el anuncio del Presidente Duarte de celebrar negociaciones con el FDR-FMLN*

El 15 de octubre de 1984, luego de una invitación que hiciera días antes el Presidente Duarte en la sede de Naciones Unidas a la Guerrilla, se reúnen en La Palma, Departamento de Chalatenango, una Comitiva Presidencial, encabezada por el mismo Duarte, con miembros de la guerrilla salvadoreña del FDR-FMLN. Ambas partes acuerdan volver a reunirse en Noviembre próximo en el poblado de Ayagualo.

**El PResidente Duarte se Dirige a la Población
en La Palma, Chalatenango**

## Muere Comandante de la 3ª Brigada de Infantería

El 23 de octubre de 1984, en Joateca, Morazán, muere el Coronel Domingo Monterrosa al explotar una bomba dentro del helicóptero donde se transportaba junto con ocho oficiales, dos religiosos y tres camarógrafos del Comité de Prensa de la Fuerza Armada COPREFA. El Coronel Monterrosa, que había también dirigido desde su creación en 1981 el Batallón de Infantería de Reacción Inmediata "Atlacatl", era considerado por sus compañeros de armas y por oficiales norteamericanos como el mejor oficial salvadoreño en la lucha contrainsurgente. Los detalles sobre su muerte son confusos. El ejército salvadoreño aparentemente se había apoderado de la estación transmisora de Radio Venceremos. Monterrosa decide llevar personalmente el equipo a bordo de su helicóptero, junto con otros oficiales y varios periodistas. Aparentemente, un explosivo colocado dentro del radio transmisor explota en el aire. Poco después, el Ejército Revolucionario del Pueblo ERP se responsabilizaría por el operativo.

---

**Reagan es re-electo Presidente de los Estados Unidos**
El 7 de noviembre de 1984, Ronald Reagan resulta triunfador en los comicios presidenciales derrotando ampliamente a su rival Demócrata Walter Mondale. De acuerdo con la revista Time, tras la aplastante victoria, *"Reagan will have an easier time getting funding to bolster the regime of José Napoleón Duarte in El Salvador. The challenge is to keep Duarte alive, literally as well as politically, while he tries to negotiate with the leftist rebels without losing support of the military or provoking Salvador's violent right wing".* [1]

---

### Segundo Diálogo entre Gobierno y Guerrilla

El 30 de noviembre de 1984, se reúnen nuevamente representantes del Gobierno y del FDR- FMLN para intentar dar una salida negociada al conflicto. Esta vez, el lugar de encuentro es el poblado de Ayagualo, en el Departamento de La Libertad. Los encuentros en La Palma y Ayagualo terminarían fracasando, pues ambas fuerzas no logran ponerse de acuerdo en sus propuestas. El Presidente Duarte *"ofrece amnistía y legalización del FMLN para que participe como partido político en las elecciones, a cambio del abandono de las armas. El FMLN respondió con una contrapropuesta que implicaba su participación en un gobierno provisional que llamaría a elecciones y reorganizaría las Fuerzas Armadas".* [2]

# 1985

### FAES Inicia Operativos en las Zonas Central y Nororiental

El 12 de enero de 1985, el Ejército salvadoreño lanza la operación "Torola 5" en los alrededores de Cacaopera, Morazán. En el operativo participan cerca de 4,000 efectivos militares. Días después, la Fuerza Armada da inicio a un nuevo operativo en la zona del Cerro de Guazapa, y en las áreas de Chalatenango, Cuscatlán y Cabañas.

### Reagan Hace un Llamado para Ayudar a Centroamérica

*"One of the most inspiring developments of recent years is the move against communism*

*and toward freedom that is sweeping the world. In the Soviet Union and Eastern Europe, we see the dissidents; in Poland, the Solidarity movement. We see freedom fighters in Afghanistan, Ethiopia, Cambodia, and Angola. These brave men and women are fighting to undo the infamous Brezhnev doctrine, which says that once a nation falls into the darkness of Communist tyranny, it can never again see the light of freedom.*

*Nowhere do we see this more than in Nicaragua, whose Sandinista government is a Marxist-Leninist clique that broke the hearts of the freedom-loving people of their country by imposing a brutal dictatorship soon after taking control in 1979 ...*

*... And now the free people of El Salvador, Honduras, and, yes, of Nicaragua ask for our help. There are over 15,000 freedom fighters struggling for liberty and democracy in Nicaragua and helping to stem subversion in El Salvador. They're fighting for an end to tyranny and its only reliable product: cruelty. They are our brothers. How can we ignore them? How can we refuse them assistance when we know that, ultimately, their fight is our fight? We must remember that if the Sandinistas are not stopped now, they will, as they have sworn, attempt to spread communism to El Salvador, Costa Rica, Honduras, and elsewhere.*

*The freedom fighters are putting pressure on the Sandinistas to change their ways and live, not as Communist puppets, but as peaceful democrats. We must help. Congress must understand that the American people support the struggle for democracy in Central America. We can save them, as we were once saved, but only if we act and now."*

— **Ronald Reagan**, *Discurso Radial a la Nación sobre Centro América, Febrero 16, 1985.*

El 16 de febrero de 1985, continuando con su campaña contra el Gobierno Sandinista en Nicaragua, el Presidente Ronald Reagan dirige un mensaje radial a la población y Congreso norteamericanos pidiendo su apoyo para asistir a las nacientes democracias de la región centroamericana, ante la amenaza del bloque soviético.

## Asesinan al Jefe de COPREFA

El 7 de marzo de 1985, muere asesinado en el exclusivo Círculo Deportivo Internacional, el Coronel Ricardo Arístides Cienfuegos, Jefe del Comité de Prensa de la Fuerza Armada, por sujetos que posteriormente declararon pertenecer al Comando "Clara Elizabeth Ramírez" de las FPL.

## FMLN secuestra hija del Presidente Duarte

El 9 de marzo de 1985, un comando guerrillero secuestra a Inés Guadalupe Duarte Durán, hija del Presidente Duarte, y a su compañera de estudios Ana Cecilia Villeda. Del hecho se responsabiliza más tarde el *Frente Pedro Pablo Castillo*, quienes exigen la liberación de la comandante Nidia Díaz y otros 10 comandantes de la guerrilla, a cambio de liberar a las rehenes. Posteriormente, la guerrilla exigiría la liberación de un total de 34 personas.

## Muere a Tiros el General Medrano, creador de ORDEN

El 23 de marzo de 1985, es asesinado en la capital el General José Alberto Medrano, quien fuera Director de la Guardia Nacional y fundador de la paramilitar organización rural ORDEN. El veterano General "Chele" Medrano tenía 67 años de edad.

## Elecciones para una nueva Asamblea Legislativa

El 31 de marzo de 1985, se realizan las elecciones para diputados a la Asamblea Legislativa y municipales. El Partido Demócrata Cristiano logra obtener 33 escaños en la Asamblea (suficientes para conseguir una mayoría simple). Por primera vez en su historia, el PDC asume la Presidencia de la Asamblea Legislativa, al ser nombrado en el cargo el Dr. Antonio Guevara Lacayo.

| RESULTADOS ELECCIONES LEGISLATIVAS EN 1985 | | | |
|---|---|---|---|
| Partido | Total Votos Válidos | No. Diputados | Porcentaje |
| PDC | 505,338 | 33 | 52.34% |
| ARENA | 286,665 | 13 | 29.7% |
| PCN | 80,730 | 12 | 8.36% |
| AD | 35,565 | 1 | 3.68% |
| MERECEN | 689 | 0 | 0.52% |
| POP | 836 | 0 | 0.08% |
| PAISA | 33,101 | 1 | 3.42% |
| PPS | 16,344 | 0 | 1.60% |
| PAR | 2,963 | 0 | 0.30% |
| TOTALES | 962,231 | 60 | 100.00% |

Fuente: Consejo Central de Elecciones

## Capturan a la Comandante Nidia Díaz del FMLN

El 21 de abril de 1985, es hecha prisionera la dirigente guerrillera Nidia Díaz en Amatitlán Arriba, Departamento de San Vicente, durante un enfrentamiento con miembros de las Fuerzas Armadas.

## La Masacre en la Exclusiva Zona Rosa

El 18 de junio de 1985, en horas de la noche un comando guerrillero del Partido Revolucionario de los Trabajadores de Centroamérica PRTC, perteneciente al FMLN, da muerte a 4 infantes de marina norteamericanos y nueve civiles en un restaurante de la Zona Rosa de San Salvador [3]. En el intercambio de disparos muere uno de los guerrilleros. El FMLN había declarado meses antes que los asesores y militares norteamericanos eran un "blanco legítimo", ante la continua intervención de los Estados Unidos en la guerra civil salvadoreña.

## El COENA tiene nuevo Presidente

En septiembre de 1985, tras la derrota electoral sufrida por ARENA en las elecciones del 31 de marzo, es nombrado el empresario Alfredo Cristiani Buckard como nuevo Presidente del Consejo Ejecutivo Nacional del partido de ultra- derecha. Cristiani reemplaza en la dirección del COENA, al Mayor Roberto D'Aubuisson, vinculado directamente a los "Escuadrones de la Muerte", tanto por el Departamento de Estado norteamericano como por numerosos organismos pro- defensa de los Derechos Humanos. A pesar del cambio, D'Aubuisson continuaría siendo el líder máximo del partido ARENA.

El presidente Duarte momentos después de recuperar a su hija secuestrada por la guerrilla (Foto: Periódico El País )

### Liberan a la hija del Presidente Duarte

El 24 de octubre de 1985, tras intensas negociaciones en ciudad de Panamá, donde el Arzobispo Arturo Rivera y Damas, el sacerdote jesuita Ignacio Ellacuría, y representantes del Gobierno, se entrevistan con miembros de la guerrilla, el Gobierno accede a liberar a 22 presos políticos, incluyendo a la Comandante Nidia Díaz, más 96 miembros lisiados del FMLN que reciben un salvoconducto para salir ese día del país. A cambio, son liberadas Inés Duarte, Ana Cecilia Villeda, y varios alcaldes que habían sido capturados por las fuerzas guerrilleras.

### Guerrilla secuestra a Director de Aeronáutica Civil

El Coronel Omar Napoleón Avalos, Director del Aeronáutica Civil es secuestrado por un grupo de hombres fuertemente armados, el 25 de octubre de 1985.

# 1986

### Duarte presenta su "Paquetazo" Económico.

*"El modelo económico, social y político que ha vivido nuestra Patria, ha sido ineficaz para encontrar soluciones a los problemas fundamentales que la sociedad salvadoreña ha venido padeciendo. Para cambiar ese modelo, interpretando las aspiraciones populares, se iniciaron las reformas estructurales que fundamentan el proceso de la revolución democrática salvadoreña. Estas reformas se manifiestan en todas las áreas de la vida nacional; en lo social, lo político, lo internacional, lo militar y en lo económico ...*

*... Estoy dispuesto a tomar las medidas que la historia me exige, éstas van a alcanzar sus objetivos, sólo mediante la participación consciente y decidida de todos: obreros, campesinos, empresarios, mujeres, jóvenes, soldados, profesionales, todos, hombro con hombro, podremos alcanzar los objetivos del Programa de Estabilización y Reactivación Económica"*

*─José Napoleón Duarte, Enero de 1986*

La noche del 21 de enero de 1986, en cadena nacional de radio y televisión el Presidente José Napoleón Duarte anuncia la puesta en vigencia a partir del día siguiente del "Programa de Estabilización Económica con Reactivación", una serie de medidas político- económicas planteadas para reactivar la economía nacional. El Programa, bautizado por la empresa privada representada en la ANEP como el "Paquetazo Económico" de Duarte, incluye lo siguiente:

- Nuevos salarios mínimos autorizados para el campo, la industria, el comercio, y los servicios generales; En el campo, los hombres y mujeres recibirán ¢8 colones (incremento de 74%) y los menores ¢7 colones (incremento de 52%); Para el Comercio e Industria se establecen incrementos entre el 15- 18%.

- Nuevos salarios mínimos para empleados públicos, con incrementos promedios del 17%, estableciendo un mínimo de ¢500 colones para empleados del Gobierno. Además, el Gobierno hace un llamado a la empresa privada para que implemente aumentos entre el 10% y el 15%. - - Ningún funcionario que gane arriba de ¢3,500 colones tendrá aumento salarial, incluyendo los presidentes de los 3 órganos del Estado, Diputados, Gabinete de Gobierno, Magistrados de la Corte Suprema de Justicia, y Presidentes de instituciones Autónomas;
- Nuevos precios para la compra del petróleo y sus derivados, así como para subsidios al diesel y gas propano;
- Nuevos precios para la canasta básica de bienes y servicios, que incluyen el anuncio del congelamiento de los precios de alquileres de vivienda, consultas médicas y odontológicas, colegiaturas, tarifas de agua, luz y teléfono;
- La nueva política de precios internos del café, con medidas de regulación de la liquidez por encima de cierto precio;
- Nuevas medidas cambiarias, crediticias y monetarias. El cambio monetario queda establecido a $1 U.S. dollar por ¢5 colones salvadoreños.
- Las nuevas tasas de interés que pagarían los bancos;

El Presidente Duarte entrega personalmente al Dr. Antonio Guevara Lacayo, Presidente de la Asamblea Legislativa, el paquete de reformas y proyectos de Ley diseñados para mejorar la balanza de pagos, lograr la estabilización del colón, cubrir el déficit fiscal y contrarrestar la galopante inflación. La respuesta de empresarios, caficultores e industriales es inmediata. "Hemos oído", dice un campo pagado de la Asociación Cafetalera de El Salvador, "como el Presidente Duarte y sus Ministros, no conformes con el derramamiento de sangre que ha causado la lucha de clases propalada por ellos, las continúan; usando como base y demagógicamente lo que recibirá el productor de café". La Asociación Salvadoreña de Industriales en un pronunciamiento público califica al

"Paquetazo" del Gobierno como *"... restrictivo, intervencionista e impositivo, por lo cual a corto plazo generará un mayor estancamiento de la economía y un mayor desempleo"*. La Cámara de Comercio e Industria señala en un pronunciamiento fechado el 23 de enero, que *"se ha adoptado una solución cuyas consecuencias negativas experimentará el pueblo salvadoreño"*, y advierte *"... que aún es tiempo de hacer las necesarias rectificaciones"*.

### Ex Mandatario Jimmy Carter en El Salvador

En febrero de 1986, el ex presidente Jimmy Carter y su esposa Rosalyn, visitan El Salvador, donde se reúnen con el presidente Duarte y otros líderes políticos. Miembros de extrema derecha organizan manifestaciones en San Salvador repudiando la visita del ex Mandatario, a quien consideran uno de los responsables de la crisis salvadoreña.

### Nace el Grupo de Río

En febrero de 1986, se constituye el llamado Grupo de Río, encabezado por Brasil, como foro internacional de discusión y consulta sobre asuntos de interés latinoamericanos. El grupo, constituido además por Argentina, Colombia, Chile, Bolivia, y Ecuador, apoya las gestiones del Grupo Contadora, para lograr la paz negociada en Centroamérica.

### Presidentes Centroamericanos Firman la Declaración de Esquipulas

Entre el 24 y 25 de mayo de 1986, los presidentes de las cinco repúblicas centroamericanas, incluyendo al presidente Duarte, celebran una reunión en Esquipulas, Guatemala. Producto de este encuentro, los mandatarios suscriben la Declaración de Esquipulas en la que acuerdan, entre otras cosas: 1) Formalizar las reuniones periódicas de los Presidentes *"... para analizar los problemas más urgentes que se presentan en el área en relación a la paz y al desarrollo regional, y buscarles soluciones apropiadas"*; 2) Firmar el Acta de Contadora para la Paz y la Cooperación en Centroamérica, comprometiéndose a cumplir todos los compromisos establecidos; 3) Crear el Parlamento Centroamericano, para *"... fortalecer el diálogo, el desarrollo conjunto, la democracia y el pluralismo como elementos fundamentales para la paz en el área y la integración de Centroamérica"*.

### El Salvador y Honduras solicitan Intervención de Corte de La Haya.

El 24 de mayo de 1986, durante la reunión presidencial en Esquipulas, los Gobiernos de El Salvador y Honduras suscriben un Acuerdo Especial para someter a la decisión de la Corte Internacional de Justicia la controversia fronteriza terrestre, insular y marítima existente entre los dos Estados. El

Acuerdo es firmado por los Ministros de Relaciones Exteriores de ambos países, Lic. Rodolfo Antonio Castillo Claramount y Dr. Carlos López Contreras, de El Salvador y Honduras respectivamente. Dentro del Tratado General de Paz firmado en octubre de 1980 entre El Salvador y Honduras, fueron definidas las fronteras en los sectores donde no existía ninguna controversia, quedando, sin embargo, varias zonas sin definirse, pero han estado pendientes de resolver los territorios o "bolsones" de Cayaguanca (38.1 km²), Tepanguisir (70.3 km²), Nahuaterique (148.4 km²), Zazalapa (51.0 km²), Dolores (54.8 km²), y Goascorán (57.0 km²), junto con más de 30 islas o islotes en el Golfo de Fonseca.

En el Acuerdo Especial de 1986, se solicita a la Corte Internacional de Justicia: 1) Delimitar la línea fronteriza en las zonas o secciones no descritas en el Artículo 16 del Tratado general de Paz del 30 de octubre de 1980, y 2) Determinar la situación legal de las islas en el Golfo de Fonseca y los espacios marítimos de ambas naciones. Tres Jueces son nombrados para analizar y resolver el caso: José Sette- Camara (Presidente), el Sr. Oda, y Sir Robert Jennings. Además, ambas partes nombran un juez ad hoc: Nicolas Valticos (por El Salvador) y Michel Virally (por Honduras, quien, al morir en 1989, es sustituido por Santiago Torres Bernárdez).

### Fallido intento de un Tercer Diálogo por la Paz

El 19 de septiembre de 1986, el Presidente Duarte, el Ministro de Defensa, Coronel Vides Casanova y otros funcionarios de Gobierno se presentan en el poblado de Sesori, Departamento de San Miguel, para reanudar las conversaciones de Paz con la guerrilla. El FMLN había anunciado días atrás que no irían a este Tercer encuentro para negociar la búsqueda de una salida política al conflicto armado, por lo que la reunión jamás se lleva a cabo.

### CEL Comienza a Administrar Distribuidoras de Energía Eléctrica

En 1986, vence la concesión estatal de 50 años que había permitido la administración de energía eléctrica en el territorio nacional. A partir de esta fecha, las empresas Compañía de Alumbrado Eléctrico de San Salvador (CAESS), DELSUR, Empresa de Energía Eléctrica de Oriente (EEO), y Compañía de Luz Eléctrica de Ahuachapán (CLESA), pasan a ser propiedad de CEL, quien las administraría hasta principios de la década de los Noventas.

### Sandinistas Derriban un Avión de la CIA

El 5 de octubre de 1986, un misil tierra-aire derriba a un avión de carga que lleva armamento para los Contras en Nicaragua. El único sobreviviente de los cuatro tripulantes, es el estadounidense Eugene Hasenfus. El avión derribado, que aparentemente había despegado de la Base Militar de Ilopango en San Salvador, era, según Hasenfus atestigua ante la televisión Sandinista, parte de las operaciones clandestinas de la CIA y otras agencias del Gobierno de EEUU en la región.

### Terremoto Sacude la Capital Salvadoreña

El viernes 10 de octubre de 1986, aproximadamente a las 11:50am, un fuerte terremoto grado 5.4 en la escala de Richter sacude la ciudad de San Salvador, dejando más de 1,200 muertos y enormes pérdidas económicas estimadas en unos $1,500 millones de dólares. Las áreas más afectadas incluyen San Marcos, el Cerro de San Jacinto, los Barrios de Candelaria, La Vega, Modelo, San Jacinto, El Calvario, San Miguelito, la zona del Hotel Rubén Darío en el centro capitalino, amplias zonas de Mejicanos, Soyapango y Los Planes de Renderos.

El sismo *"tuvo una duración entre 3 y 5 segundos, las réplicas fueron de magnitud 4.80. Tal parece, que una falla de 6 km de longitud, se rompió a partir de la base del Cerro de San Jacinto, al sur de la capital. Hubo unos 1,500 muertos y 10,000 heridos. Este terremoto se originó en la falla de los volcanes y no enfrente a la costa. La profundidad fue de 7.30km bajo la ciudad de San Marcos. Fue un plano vertical de falla, con trazo a los 32° N.E. Durante todo el año previo al terremoto, hubo enjambres de sismos".* [4]

El Gobierno declara inmediatamente el Estado de Emergencia. El 11 de octubre de 1986, estando la Asamblea Legislativa reunida en emergencia en el Departamento de La Paz, se emite el Decreto Legislativo No. 491, que declara que los enterramientos de cadáveres, sean exentos de impuestos municipales. Igualmente se emite el Decreto Legislativo No.492, que autoriza al Ejecutivo utilizar ¢10 millones de colones para cubrir gastos de emergencia que alivien a la población más perjudicada. El 13 de octubre de 1986, el Presidente Duarte crea el Comité de Finanzas de Emergencia Nacional COMFIEN, integrado por Roberto Mathies Regalado y Ricardo Hill Arguello, altos miembros de la empresa privada, y el comerciante Sr. Ricardo López, como representante del Gobierno. COMFIEN estaría a cargo de recibir y canalizar los donativos que recibiesen como parte de la ayuda internacional. Un día después, el Presidente Duarte crea el Comité de Evaluación de Daños, del cual forman parte representantes gubernamentales, miembros de la Cámara Salvadoreña de la Construcción y representantes de la Asociación Salvadoreña de Ingenieros. Esta Comisión tiene como objetivos dictaminar que edificios o infraestructura deben ser demolidos, reparados o están habilitados para ser utilizados.

Semanas después, la población se entera de numerosos actos de corrupción con la enorme  cantidad de ayuda internacional que estaba llegando al país: millones de dólares siendo transferidos a cuentas de personas que no calificaban como damnificados; materiales tales como tiendas de campaña, lámparas de gas, sacos de granos básicos, materiales de construcción, entre otros recursos que eran vendidos en el mercado negro o entregados a particulares. Una publicación del Wall Street Journal del 14 de septiembre de 1987,  señala actos de corrupción que involucraban incluso a miembros de la familia del Presidente Duarte.

## La Película "Salvador" Comienza a exhibirse en Norteamérica

En 1986, se estrena en Norteamérica la polémica película "Salvador", del Director Oliver Stone. Participan en el filme, los conocidos actores James Woods y James Belushi. El Director Stone, que disponía de un escaso presupuesto para la realización de la película, había visitado el país para explorar la posibilidad de filmar en territorio salvadoreño, pero finalmente se decidiría por México.  El filme sería nominado a dos Oscares de la Academia: Mejor Guión Cinematográfico (Oliver Stone y Richard Boyle) y Mejor Actor (James Woods). Aunque no tendría mucho éxito en la pantalla grande, se convertiría en un verdadero "Hit" en las salas de renta de videos en Norteamérica y Europa.

### Visita de Duarte a la UES es Rechazada por Estudiantes

El 9 de noviembre de 1986, el Presidente Duarte intenta visitar las instalaciones de la Universidad de El Salvador donde se encuentran una gran cantidad de edificios dañados por el reciente terremoto, pero es apedreado y abucheado por estudiantes universitarios, que portan pancartas de protesta y queman efigies de Duarte y del "Tío Sam". Duarte es culpado de permitir y autorizar la sangrienta intervención militar que sufriera la Universidad entre 1980- 84, cuando presidía la Junta Revolucionaria de Gobierno.

---

**Presidente Reagan Enfrenta el Escándalo IRAN- CONTRA**

*"I want you to do whatever you have to do to help these people keep body and soul together"*...

Según testimonio de Robert McFarlane, esta es la orden que da Ronald Reagan, para continuar apoyando a los Contras nicaragüenses.

A principios de noviembre de 1986, el periódico libanés Al- Shiraa publica un reportaje en el que se mencionan viajes secretos de Robert Mc Farlane, entonces Director del National Security Council NSC, y el Teniente Coronel Oliver North, miembro del NSC, a Teherán para vender armas al Gobierno de Irán a cambio de los rehenes norteamericanos en el medio-oriente.

El 25 de Noviembre de 1986, tratando de minimizar daños por el escándalo que se aproxima, el Presidente Ronald Reagan sacude la opinión pública norteamericana y mundial al confirmar en conferencia de prensa que efectivamente el Gobierno de los Estados Unidos ha estado vendiendo secretamente armas al Gobierno de Irán, a pesar de existir un embargo. Poco después, el Fiscal General Edwin Meese confirma que el dinero recibido por la venta de armas, ha estado siendo utilizado para financiar a las fuerzas rebeldes nicaragüenses que con ayuda de la Casa Blanca y la CIA tratan de derrocar al Gobierno Sandinista de Managua, también a pesar de existir una prohibición expresa del propio Congreso norteamericano (la Enmienda Boland aprobada en 1982 y luego modificada en 1984).

Implicados en el escándalo que la prensa bautiza como el Asunto IRAN- CONTRA, se encuentran además de McFarlane y North, el Vice Almirante John Poindexter, nuevo Director del NSC, quien junto con North ha estado operando aparentemente bajo el conocimiento del Presidente Reagan y su staff. Otros implicados incluyen a William Casey, Director de la CIA, y el propio Secretario de Defensa, Caspar

---

Weinberger. El Presidente Reagan crea una Comisión Especial para investigar el caso, formada por John Tower, Edmund Muskie, y Brent Scowcroft. La Comisión entrevista a cerca de 50 personas, incluyendo altos funcionarios de la CIA. Sin embargo, los principales implicados, North y Poindexter, declinan hacer declaraciones.

El Congreso EEUU, por su parte, inicia una amplia investigación con un enorme equipo  de más de 100 abogados, auditores, contadores, e investigadores. Los testimonios e interrogatorios serían transmitidos en su mayor parte  por televisión, convirtiendo el caso en espectáculo televisivo, teniendo como protagonistas a "Ollie" North y su secretaria Fawn Hall, quien había retirado documentos incriminatorios en su ropa interior, desviando la atención pública sobre la gravedad del asunto y la necesidad de profundizar en las investigaciones.

# 1987

## ONU y OEA visitan El Salvador

El 8 de enero de 1987, el peruano Javier Pérez de Cuellar, Secretario General de la ONU, el brasileño Joao Baena Suárez, Secretario General de la OEA, y los cancilleres del Grupo Contadora y del llamado Grupo de Apoyo a Contadora, llegan al país para reunirse con altos funcionarios del Gobierno y analizar la situación política en la región.

## El Salvador recibe ayuda record de los Estados Unidos

De acuerdo con declaraciones del Secretario de Estado norteamericano George Schultz, El Salvador recibirá  durante 1987, un total de $319 millones en asistencia financiera y $120 millones en ayuda militar, más que ningún otro país latinoamericano ese año. La cifra se incrementaría a más de $597 millones de dólares en total durante el transcurso del año [5].

## Paro Empresarial por las Reformas Económicas del Gobierno

El 22 de enero de 1987 se realiza un paro general de labores, convocado por la cúpula empresarial, en protesta por las medidas impuestas dentro del segundo "Paquetazo económico" del Gobierno del Presidente Duarte, montado a raíz de la crisis generada por el Terremoto de octubre pasado. Las nuevas medidas fiscales incluyen aumentos de los impuestos directos y una sobretasa variable del impuesto sobre bienes de capital imponibles de 100,000 colones o más, lo cual era rechazado por la empresa privada.

### FMLN libera a Coronel Secuestrado

El 2 de febrero de 1987, la guerrilla libera al Coronel Omar Napoleón Avalos, Director de Aeronáutica Civil, secuestrado desde octubre de 1985. A cambio, el Gobierno salvadoreño libera a 57 presos políticos y dirigentes sindicales.

---

### El Escándalo IRAN -CONTRA: el Informe de la Comisión Tower

El 26 de febrero de 1987, la Comisión Especial sobre el Asunto IRAN-CONTRA, presidida por el republicano John Tower, entrega su Reporte en el que se detalla la red de operaciones conducida por Oliver North, bajo la supervisión de la CIA y el National Security Council, para transferir fondos de la ilegal venta de armas a Irán, a los para- militares de derecha nicaragüenses conocidos como Contras. El Reporte critica el "estilo administrativo" del Presidente Reagan en la Casa Blanca, donde varios miembros del staff del NSC dirigen asuntos delicados de política exterior sin conocimiento del Mandatario.

---

### Guerrilla ataca cuartel en Chalatenango

El 2 de abril de 1987, el FMLN lanza un violento ataque contra el Cuartel de la 4ª Brigada de Infantería ubicado en El Paraíso, Departamento de Chalatenango, causando más de 60 muertes al Ejército y matando al sargento Gregory A. Fronius, asesor militar de los Estados Unidos destacado en la zona.

### Cumbre de Presidentes y el Acuerdo Esquipulas II

El 6 de agosto de 1987, se reúnen en Esquipulas, Guatemala, los Presidentes Centroamericanos con el propósito de analizar las propuestas de paz presentadas por el Grupo Contadora, el Presidente Ronald Reagan y el Presidente Oscar Arias de Costa Rica. Los cinco Presidentes centroamericanos firman el documento "Procedimiento para establecer la Paz firme y duradera en Centroamérica", conocido a partir de entonces como el Acuerdo de Esquipulas II, que incluye las propuestas siguientes: 1) Cese al fuego en noventa días en toda la región centroamericana, 2) otorgar una amnistía general para los involucrados en los conflictos armados, 3) el cese de ayuda logística y de armas a todos los grupos armados de la región.

## Wall Street Journal publica artículo sobre Corrupción

El 14 de septiembre de 1987, aparece publicado en el periódico Wall Street Journal de Nueva York, un artículo donde se menciona la creciente corrupción en el gobierno Democristiano del Ing. Duarte, que incluye incluso a miembros de la familia del Presidente salvadoreño,

"According to American and Salvadoran Officials and classified U.S. documents, the problem is widespread. Millions of dollars of U.S. housing reconstruction aid, rushed here following last October's devastating earthquake, were diverted by government banks to unqualified recipients, U.S. reports show. Other U.S. funds have been doled out by the Christian Democratic Party as polital patronage. For example, lucrative government contracts have been won by a phantom holding company, Corporación H, that is run by Christian Democratic leaders, including some members of President Duarte's family.

*There is nothing new about corruption in El Salvador. For years, open corruption among army officers was rampant. But officials in the U.S. and El Salvador insist, Christian Democratic corruption is more extensive, reaching down to the tiniest village."* [6]

## Tercer Diálogo entre Gobierno y Guerrilla

El 4 de octubre de 1987, en la Nunciatura Apostólica de San Salvador se realiza el Tercer Diálogo entre el Gobierno de Duarte y los líderes de la guerrilla salvadoreña. Por parte de la guerrilla asisten Shafick Handal, el Dr. Guillermo Ungo, el Dr. Héctor Oquelí, el Ing. Jorge Villacorta, entre otros. Acompañan al Presidente Duarte, el Coronel Eugenio Vides Casanova, el Dr. Abraham Rodríguez y otros miembros del Gobierno del PDC. Tras dos días de negociaciones, se acuerda nombrar a más tardar el 4 de noviembre próximo a cuatro representantes de cada parte para integrar una Comisión que inicie el proceso de cese al fuego.

---

**Presidente de Costa Rica recibe el Premio Nobel**

El 14 de octubre de 1987, el Dr. Oscar Arias Sánchez, Presidente de Costa Rica, recibe de manos de la Academia Sueca, el Premio Nobel de la Paz, en reconocimiento de sus esfuerzos por lograr la pacificación en la región Centroamericana. El Presidente Arias ha propuesto el llamado Acuerdo de Esquipulas, mediante el cual los gobiernos de la región se comprometen a crear las condiciones propicias para traer la paz a Centroamérica.

---

## Llega una Comisión de Alto Nivel de la ONU-OEA

El 23 de octubre de 1987, arriba a El Salvador una Comisión conjunta de las Naciones Unidas y de la Organización de Estados Americanos, encabezada por el Dr. Álvaro de Soto, para conocer en mayor detalle el "Acuerdo Esquipulas II".

**Herbert Ernesto Anaya Sanabria**
**Coordinador CDHES**

## Muere Asesinado el Coordinador de la Comisión de DDHH

El 26 de octubre de 1987, Herbert Anaya Sanabria, Coordinador de la Comisión de Derechos Humanos de El Salvador – No Gubernamental, es asesinado por hombres vestidos de civil, tras haber recibido constantes amenazas contra él y varios defensores de los derechos humanos en el país. En Febrero de 1987, el Sr. Sanabria había sido puesto en libertad por parte de los cuerpos de seguridad del Gobierno, que lo señalaban como colaborador de las fuerzas rebeldes del FDR- FMLN.

## Gobierno declara Cese al Fuego Unilateral y la Amnistía General

El 6 de noviembre de 1987, tal como lo establece el Acuerdo de Esquipulas II, el Presidente Duarte ordena a las Fuerzas Armadas el Cese al Fuego. Se declara una Amnistía General, mediante la cual son liberados más de 230 reos políticos. Como consecuencia de la Amnistía General, en las siguientes semanas son liberados los acusados de la Masacre de la Zona Rosa, los acusados de la Muerte del Presidente del ISTA y dos asesores norteamericanos de la AFL-CIO, los oficiales del Ejército implicados en la Masacre de Las Hojas, así como otros reos acusados de participar en crímenes de guerra o de índole político.

## Escándalo IRAN- CONTRA: el Reporte del Congreso EEUU

El 18 de noviembre de 1987, el Congreso de los Estados Unidos da a conocer los resultados de su investigación realizada por el Senado y la Casa de Representantes sobre el Asunto IRAN- CONTRA. De acuerdo con la investigación del Congreso, William Casey (el director de la CIA, que falleciera en mayo de 1987), Oliver North y John Poindexter (ambos del NSC) habían estado burlando las leyes norteamericanas y engañando al Congreso desde algún tiempo atrás, contando con la ayuda de numerosos gobiernos "amigos", incluyendo a Israel, Arabia Saudita, Taiwan, Guatemala, El Salvador, Honduras, y Costa Rica. Según revelarían los cientos de testimonios, "memos", y otros documentos incriminadores, la Base Aérea de Ilopango en El Salvador habría estado siendo utilizada para enviar armamento a los "Contras" en Nicaragua, por lo menos desde 1985. Lo más grave del caso sería que Poindexter y North habrían estado tomando algunas decisiones por cuenta propia, sin consultar al Presidente Reagan.

Las condenas llegarían lentamente: en 1989, McFarlane sería encontrado culpable de retener información al Congreso y multado con $20,000 dólares; En mayo de 1989, North sería encontrado culpable de 3 de los 12 cargos en su contra y multado con $150,000 dólares; en abril de 1990, Poindexter sería encontrado culpable de obstrucción de justicia, conspiración, mentir al Congreso y sentenciado a 6 meses de prisión. Ambos, Poindexter y North serían liberados de los cargos en su contra, amparados por tecnicismos. Otros funcionarios de la CIA y del Departamento de Defensa serían también encontrados culpables de mentir al Congreso y obstruir la investigación. Todos, serían perdonados por George H. Bush, luego de asumir la Presidencia de los EEUU en 1989.

### Dirigentes de la Oposición Regresan al País

En Noviembre de 1987, a pesar de las amenazas de los "escuadrones de la Muerte", varios dirigentes políticos de Izquierda, entre ellos Guillermo Ungo, Rubén Zamora, y Héctor Oquelí Colindres, regresan al país para incorporarse a la vida política activa luego de casi 7 años de exilio. El 29 de Noviembre, se crea la Convergencia Democrática, a partir del Movimiento Nacional Revolucionario MNR de Ungo y Oquelí, el Movimiento Social Cristiano MSC de Zamora y el Partido Social Demócrata PSD. Tanto el MNR, MSC y el PSD, continuarían integrando el ala política del FMLN. El nuevo partido político buscaría participar en las próximas elecciones municipales y presidenciales.

Intelectuales de Izquierda Regresan al País en 1988, en la Gráfica: Ing. Rafael Colindres, Dr. Guillermo Ungo y Dr. Héctor Oquelí Colindres

### Guerrilla ataca Haciendas y Fincas de café

*"Para los teóricos norteamericanos, lo que aquí se vive puede ser un conflicto de baja intensidad, pero para los salvadoreños que lo sufrimos en carne propia, es una lucha de supervivencia para librarnos del comunismo internacional."*
**— General Carlos Eugenio Vides Casanova**, *Ministro de Defensa*

Durante los meses de Noviembre y Diciembre de 1987, el FMLN se dedica sistemáticamente a atacar numerosas propiedades agrícolas en todo el país buscando hundir aún más en la crisis económica al Gobierno y a la Fuerza Armada. Entre las propiedades atacadas se encuentran la hacienda Montegrande, de Federico García Prieto; la hacienda Santa Anita, perteneciente al ISTA; la hacienda el Sitio Viejo; la finca la Trinidad (Usulután); y la finca Miramar (San Miguel). Los rebeldes causan graves pérdidas económicas al matar numerosas cabezas de ganado, destruir miles de quintales de café y otros productos agrícolas, quemar infraestructura, mobiliario y equipo, etc.

# 1988

## Nuevas Acusaciones de Corrupción contra el PDC

El periódico "New York Times" publica el 6 enero de 1988, un artículo en el que se menciona *"que funcionarios norteamericanos y salvadoreños investigan a José Luis Miranda y otros funcionarios prominentes del PDC, por malversación de fondos destinados a ayudar a víctimas de la guerra. Se dice que sumadas las posibles cantidades malversadas, el total podría llegar a 200 millones de dólares"* [7] .

## Guerrilla del ERP Ajusticia Alcaldes del PDC

Entre 1985 y 1988, una de las facciones del FMLN, el Ejército Revolucionario del Pueblo, comandado por Joaquín Villalobos, Ana Guadalupe Martínez, Mercedes del Carmen Letona y otros jefes guerrilleros, declara como objetivos de guerra a los Alcaldes del Partido Demócrata Cristiano, al que pertenece el Presidente Duarte. Cerca de una veintena de Alcaldes del interior del país, son ejecutados sistemáticamente en este período por miembros del ERP. Según llegaría a determinar la Comisión de la Verdad de Naciones Unidas, la comandancia general del FMLN había aprobado la política de ejecuciones de los funcionarios democristianos [8].

## Se celebran Elecciones Municipales y Legislativas

El Domingo 20 de marzo de 1988, se realizan elecciones para diputados y alcaldes. En San Salvador, el Dr. Armando Calderón Sol, candidato de la coalición ARENA-PAISA-PL-PPS derrota al candidato del PDC, Lic. Alejandro Duarte (hijo del Presidente Duarte). Las elecciones transcurren en medio de múltiples acusaciones de fraude y de actos de sabotaje por parte del FMLN que desde el día anterior ha destruido varias plantas de alto voltaje, dejando sin electricidad amplias zonas del territorio nacional. La Coalición de derecha resulta victoriosa en 13 de las 14 cabeceras departamentales del país. Igualmente, ARENA obtiene 30 diputados, contra tan sólo 23 del PDC. Es el inicio del fin del Gobierno democristiano.

| RESULTADOS ELECCIONES LEGISLATIVAS 1988 | | | |
| --- | --- | --- | --- |
| Partido | Votos Válidos | No. Diputados | Porcentaje |
| PDC | 326,716 | 23 | 35.1% |
| ARENA | 447,696 | 30 | 48.1% |

| | | | |
|---|---|---|---|
| PCN | 78,756 | 7 | 8.5% |
| AD | 16,211 | 0 | 1.7% |
| POP | 1,752 | 0 | 0.19% |
| PAISA | 19,609 | 0 | 2.1% |
| LIBERACION | 34,960 | 0 | 3.8% |
| PAR | 5,059 | 0 | 0.52% |
| | 930,759 | 60 | 100.0% |

Fuente: Consejo Central de Elecciones

## PDC proclama Candidato en medio de graves Divisiones Internas
El 29 de abril de 1988, el PDC proclama al Lic. Julio Adolfo Rey Prendes como candidato oficial para las elecciones presidenciales del próximo año. El nombramiento de Rey Prendes es cuestionado por el grupo que apoya al Dr. Fidel Chávez Mena. Tratando de solucionar la crisis interna del PDC, el Presidente Duarte había propuesto días antes, al Dr. Abraham Rodríguez como candidato presidencial, en lugar de los dos precandidatos en pugna. Al final de las discusiones internas, sería el Dr. Chávez Mena quien participaría por el PDC en los comicios.

## Rebeldes lanzan asalto Militar contra Presa 5 de Noviembre
El 11 de mayo de 1988, la guerrilla ataca la guarnición militar que protege la Presa 5 de Noviembre, causando daños de consideración a la infraestructura.

## ARENA elige candidato presidencial para 1989
El 29 de mayo de 1988, el Presidente del COENA, Lic. Alfredo Cristiani Burkard, es escogido por el Mayor D'Aubuisson y la cúpula del partido, como candidato de ARENA para las elecciones que se realizarán en marzo de 1989. Otros posibles candidatos considerados por la cúpula Arenera incluían al Dr. Mauricio Gutiérrez Castro, al Dr. Manuel Pacas, y al Dr. Armando Calderón Sol.

## Presidente Duarte Viaja de Emergencia a los Estados Unidos
Luego de permanecer ingresado durante varias horas en un hospital capitalino el día 26 de mayo de 1988, el Presidente Duarte parte el 30 de mayo con rumbo a los Estados Unidos, bajo rumores de que sufre de un

tumor maligno en el estómago. Posteriormente, tras ser    diagnosticado de padecer de un cáncer avanzado, Duarte es intervenido quirúrgicamente en el Hospital Walter Reed de Washington, donde los médicos le extraen 60% del estómago. Duarte retorna al país, el 11 de julio, tras varias semanas de tratamiento en los Estados Unidos.

### Secretario de Estado de los EEUU Visita El Salvador
El 30 de junio de 1988, arriba al país George Schultz, Secretario de Estado norteamericano. Schultz   declara que su país *"no permitirá amenazas a la democracia salvadoreña"* [9]. Shultz se reúne con el Presidente Duarte  y altos funcionarios del Gobierno y Ejército salvadoreños. El Secretario de Estado, enviado del Presidente Reagan, es uno de muchos funcionarios y oficiales de alto nivel del gobierno de Estados Unidos que visitarían El Salvador durante la guerra civil.

### Regresan al país varios representantes de la Izquierda Salvadoreña
En Julio de 1988, miembros del partido Unión Democrática Nacionalista UDN, vuelven al país para re- incorporarse a la actividad política, entre ellos la Dra. Aronette viuda de Zamora, y Tirso Canales. Ante amenazas de ser capturado y procesado por el Gobierno, Mario Aguiñada Carranza, uno de los principales dirigentes de la UDN, decide permanecer algún tiempo más en México.  Otros políticos habían comenzado a retornar desde el año anterior, entre ellos están el Dr. Guillermo Manuel Ungo (Presidente del FDR) y el Dr. Héctor Oquelí Colindres, ambos del Movimiento Nacional Revolucionario MNR. El regreso de los políticos de centro- izquierda, forma parte de la estrategia de reincorporación del FDR a la vida política nacional, que incluía la creación del partido político Convergencia Democrática, organismo que buscaría participar en las elecciones presidenciales de 1989 y en las legislativas de 1991.

### EEUU nombra nuevo Embajador en El Salvador
El 26 de agosto de 1988, llega al país el nuevo Embajador norteamericano, William Graham Walker.

### Manifestaciones en apoyo de la UES terminan en forma Violenta
El 13 de septiembre de 1988, un grupo de manifestantes que exigían aumento al presupuesto de la Universidad de El Salvador es atacada violentamente por miembros de los cuerpos de seguridad a la altura de Parque Infantil de San Salvador, dejando como saldo una persona muerta y

240 detenidos. De igual forma, un grupo de manifestantes del Centro Universitario de Occidente con sede en la ciudad de Santa Ana, es dispersado por la Policía Nacional en medio de violentos desórdenes.

# 1989

### Liberan a Acusado de conspirar en el Asesinato de Romero

El 13 de enero de 1989, el  ex -capitán Álvaro Saravia, uno de los señalados como conspirador para asesinar al Arzobispo de San Salvador, Monseñor Oscar Arnulfo Romero, es liberado tras  pagar una cuantiosa  fianza, al negarse la Corte Suprema de Justicia de El Salvador a respaldar una solicitud de extradición.

---

**Bush Asume la Presidencia de los Estados Unidos**

El 20 de enero de 1989, George Herbert Walker Bush es juramentado como el 41o. Presidente de los Estados Unidos, tras haber derrotado en noviembre pasado al candidato Demócrata Michael Dukakis.  Bush, quien lleva como Vice-Presidente al novato Dan Quayle, continuaría la política exterior de su antecesor Ronald Reagan. Sin embargo, durante su Administración  disminuiría drásticamente la asistencia militar y económica a El Salvador. A pesar del escándalo del asunto IRAN CONTRA, Ronald Reagan se retira del poder con el índice de popularidad más alto desde la época de Franklin Delano Roosevelt.

---

### Visita Oficial del Vicepresidente de los Estados Unidos

*"... Like President Bush in 1983, Quayle warned Salvadoran military officers and rightist politicians that the recent upsurge in political murders must be reversed if the U.S. is to continue pumping $545 million a year into the country. Quayle's also encouraged Salvador's President Jose Napoleón Duarte to reconsider his rejection of the leftist rebels request that the March elections be posponed so they can take part."* [10]

DAN QUAYLE JUNTO CON EL MINISTRO DE
DEFENSA, RENE PONCE

Aprovechando el viaje oficial a la inauguración del recién electo Presidente venezolano Carlos Andrés Pérez, el Vicepresidente norteamericano Dan Quayle llega al país el 3 de febrero de 1989. Quayle se entrevista con el Presidente Duarte y con oficiales del Estado Mayor. Al igual que la visita que hiciera George H. Bush en 1983, cuando era Vicepresidente de la Administración Reagan, Quayle hace énfasis en la política exterior de los Estados Unidos hacia Centroamérica, y pide que se controlen los graves abusos contra los derechos humanos.

### Cumbre de Presidentes de Centroamérica
El 13 de febrero de 1989, se reúnen en El Salvador los mandatarios de Centroamérica. Entre los acuerdos logrados, está la creación de un Parlamento Centroamericano, que sería conocido posteriormente como PARLACEN, así como el hacer un llamado para que la Nicaragua Sandinista celebre elecciones libres.

### Comando del FMLN Asesina a Critico de Extrema Derecha
El 15 de marzo de 1989, el vehículo en el que se conduce el Dr. Francisco Peccorini Letona es atacado a balazos. Peccorini, un colaborador del periódico "El Diario de Hoy" que constantemente redactaba críticas contra el FMLN, moriría poco después ante la gravedad de las heridas recibidas.

### Destituyen al Presidente de la Corte de Cuentas
El 16 de marzo de 1989, la Asamblea Legislativa ordena la destitución del Presidente de la Corte de Cuentas de la República, Lic. Ciro Cruz Zepeda del Partido de Conciliación Nacional, aparentemente bajo denuncias de corrupción. En su lugar, es juramentado el Dr. Rafael Flores y Flores.

## Elecciones Presidenciales en medio de ataques del FMLN

El domingo 19 de marzo de 1989, se celebran elecciones para Presidente de la República, en medio de ataques a diversas poblaciones y actos de sabotaje de la guerrilla salvadoreña, que había anunciado boicotear los comicios. Recién el 9 de marzo pasado, el FMLN había presentado un pliego de solicitudes que incluían posponer las elecciones hasta el 15 de septiembre, que se redujera el número de efectivos militares de la Fuerza Armada, y que se enjuiciaran a numerosos oficiales del Ejército salvadoreño por atrocidades cometidas durante la guerra. El Gobierno de Duarte había propuesto un cese al fuego y el aplazamiento de las elecciones hasta el 30 de abril, pero los rebeldes rechazaron las propuestas.

Alfredo Cristiani Burkard, candidato por el partido ARENA, obtiene el 53.8% de los votos válidos, contra 36% del Dr. Fidel Chávez Mena, candidato Democristiano, que queda en segundo lugar.

| RESULTADOS ELECCIONES PRESIDENCIALES 1989 | | | |
|---|---|---|---|
| Partido | Candidato | Votos Válidos | Porcentaje |
| PDC | Fidel Chávez Mena | 338,369 | 36.03% |
| ARENA | Alfredo Félix Cristiani | 505,370 | 53.82% |
| PCN | Francisco José Guerrero | 38,218 | 4.07% |
| CD | | 35,642 | 3.8% |
| AD | | 4,363 | 0.46% |
| MAC | | 9,300 | 0.99% |
| UP | | 4,609 | 0.49% |
| PAR | | 3,207 | 0.34% |
| TOTALES | | 939,078 | 100.00% |

Fuente: Consejo Central de Elecciones

## Mueren Torturados Miembros de un Hospital Guerrillero

El 15 de abril de 1989, en horas de la mañana, un comando de paracaidistas de la Fuerza Aérea salvadoreña encuentra y ataca un hospital móvil del FMLN, ubicado cerca de la Hacienda Catarina en el Cantón el Tortugal,

Jurisdicción de San Ildefonso, Departamento de San Vicente. Entre los médicos y paramédicos de la guerrilla en el campamento, se encuentra una joven enfermera francesa llamada Madeleine Lagadec, conocida como "Ofelia", quien decide quedarse para cuidar a los heridos del campamento, junto con varios de sus compañeros. Los soldados capturan vivos a por lo menos tres personas, incluyendo a la enfermera. Horas después, luego de haberse retirado los efectivos militares, los cuerpos de cinco personas son encontrados con señales de haber sido torturados y luego ejecutados. A la enfermera francesa le habían cortado la muñeca, tenía señales de haber sido violada y había recibido seis impactos de bala, uno de ellos en el cráneo. Las otras personas muertas son el médico argentino José Ignacio Isla Casares, la alfabetizadora Clelia Concepción Díaz, la promotora de salud y operadora de radio, Cristina Hernández, y uno de los pacientes.

(Centro M.Lagadec)

Madeleine Lagadec

### Guerrilla asesina al Fiscal General
El Dr. Roberto García Alvarado, Fiscal General de la República muere al explotar una bomba en su automóvil el 19 de abril de 1989. El FMLN se atribuye el hecho.

### Termina el Gobierno del Presidente Duarte
Napoleón Duarte, el idealista democristiano al que los militares habían negado su legítima llegada a la Presidencia en 1972, y que años después había pactado con ellos para formar un Gobierno "aceptable" a los Estados Unidos, concluye su mandato en junio de 1989, en medio de una severa crisis política, económica y militar. El Partido fundado por la oligarquía a inicios de la Guerra Civil y cuyo himno de batalla afirmaba que *"... El Salvador será la tumba donde los rojos terminarán"*, pronto tomaría las riendas del

Gobierno de la República.

## REFERENCIAS

[1] Time Almanac 1995, Election'84 a preview of Reagan Revolution part II

[2] Naciones Unidas, De la locura a la esperanza: la guerra de 12 años en El Salvador, p.41

[3] Ver Informe de la Comisión de la Verdad, p. 208- 216

[4] Rafael Colindres Selva, Notas sobre Terremotos en El Salvador, p.8

[5] La Prensa Gráfica, Conflicto en El Salvador, p.94

[6] "Peril to Democracy: Corruption threatens political gains made by U.S. in El Salvador – Earthquake Aid is diverted; Christian Democrats turn programs into patronage, Clifford Krauss and Robert S. Greenberger, Wall Street Journal, New York, sept.14, 1987

[7] La Prensa Gráfica, Conflicto en El Salvador, p.104

[8] Ver Informe de la Comisión de la Verdad de Naciones Unidas, pags.202- 208

[9] La Prensa Gráfica, Conflicto en El Salvador, p.107

[10] Time Magazine, Dan Goodgame, Dan Quayle's Diplomatic Debut, February 13, 1989, p.37

.

# LA OLIGARQUIA REGRESA AL PODER (1989- 2009)

## 4.20 ALFREDO CRISTIANI y EL PRIMER GOBIERNO DE ARENA (1989- 1994)

A pesar de la masiva ayuda financiera y militar de los Estados Unidos, el gobierno del democristiano de José Napoleón Duarte llega a su fin en junio de 1989 sin haber conseguido derrotar a la guerrilla del FMLN, ni haber logrado estabilizar la economía nacional. Duarte entregaría el poder a ARENA, en medio de graves escándalos de corrupción y enfrentando la férrea oposición y desprecio de la oligarquía y de amplios sectores de las Fuerzas Armadas. La ofensiva guerrillera de 1989, demostraría una vez más que la victoria militar era inalcanzable para las partes en conflicto. Las presiones internacionales sobre el Gobierno de Cristiani a raíz del asesinato de los padres Jesuitas y la finalización de la Guerra Fría al derrumbarse el bloque soviético, forzarían al Gobierno y al FMLN a buscar una solución negociada a la guerra de casi doce años.

Tras la firma de los Acuerdos de Paz en 1992, el Gobierno de Alfredo Cristiani sentaría las bases de una agresiva política neo-liberal, que daría inicio con la privatización de los bancos estatales y la supresión de entidades como el Instituto Nacional del Café INCAFE, el Instituto Regulador de Abastecimientos IRA, y el Instituto de Vivienda Urbana IVU. Durante este período, se realizan transferencias de servicios educativos a organismos no gubernamentales relacionados con la empresa privada: la Escuela Nacional de Agricultura ENA pasaría del Ministerio de Agricultura y Ganadería a manos de FEPADE y el Instituto de Investigaciones del Café pasaría a ser administrado por PROCAFE. Con Cristiani desaparecería también el Ministerio de Cultura y Comunicaciones, creado durante la Administración Duarte.

# 1989

### Toma de Posesión de Alfredo Cristiani Burkard

El 1° de junio de 1989, el Ing. José Napoleón Duarte, visiblemente deteriorado por la enfermedad terminal que padece, entrega la Presidencia de la República al recién electo Lic. Alfredo Cristiani Burkard, un empresario graduado en Administración de Empresas en Georgetown University. La llegada de Alfredo Cristiani al poder, como líder de una facción "moderada" del partido ARENA, marca el retorno de la oligarquía salvadoreña al control político directo del país desde 1931, cuando los militares derrocaran al Ing. Arturo Araujo e impusieran al General Maximiliano Hernández Martínez. Cristiani pertenece a la más alta oligarquía del país. Su empresa procesadora de café (Cristiani Burkard S.A. de C.V.) y la de su cuñado Roberto Llach Hill (Llach S.A. de C.V.) se encuentran entre las 10 más grandes de El Salvador. El Licenciado Cristiani posee además una de las mayores empresas productoras de algodón, es dueño de una firma que vende productos agro-químicos a este sector (Servicio Técnico Agrícola Industrial S.A.), y hasta antes de ser candidato, presidía Seguros e Inversiones S.A., una de las principales compañías aseguradoras en el país. El nuevo Presidente de la República, quien durante su campaña electoral había prometido privatizar la banca, las exportaciones agrícolas y la industria del café al llegar a la Presidencia, cumpliría rápidamente su palabra.

### Gabinete de Gobierno del Presidente Alfredo Cristiani:

Lic. Francisco Merino, Vicepresidente de la República,
General Rafael Humberto Larios, Ministro de Defensa, (sustituido por el Coronel René Emilio Ponce, en 1990)
General Orlando Zepeda, Viceministro de Defensa,
Dr. José Antonio Rodríguez Porth, Ministro de la Presidencia, (Dr. Oscar Santamaría, 1989)
Dr. René Hernández Valiente, Ministro de Educación, (Licda. Cecilia Gallardo de Cano, 1991),

Ing. Jorge Arturo Zablah, Ministro de Economía,
Ing. Mario Acosta Oertel, Viceministro de Economía,
Licda. Mirna Liévano de Márquez, Ministra de Planificación,
Lic. Francisco Flores Pérez, Viceministro de planificación,
Dr. Manuel Pacas, Ministro de Relaciones Exteriores,
Sr. Ricardo Valdivieso, Viceministro de Relaciones Exteriores.

### Guerrilla Asesina al nuevo Ministro de la Presidencia

El 9 de junio de 1989, muere asesinado el Dr. José Antonio Rodríguez Porth, recientemente nombrado Ministro de la Presidencia. El FMLN se atribuye el atentado. Días después, el 29 de junio de 1989, es asesinado el Lic. Edgar Chacón, Presidente del Instituto de Relaciones Internacionales IRI y un reconocido crítico anti- izquierdista. Otros miembros de este instituto, entre ellos el terrateniente Orlando De Sola, sufren diversos atentados pero logran escapar ilesos.

### Explota bomba en la Imprenta de la UCA

Un poderoso explosivo estalla el 22 de junio de 1989, en la Imprenta de la Universidad Centroamericana "José Simeón Cañas" UCA. La UCA, al igual que la Universidad de El Salvador, son considerados "refugios de subversivos" por miembros de las Fuerzas Armadas.

### Desaparece el INCAFE

En julio de 1989, la Corte Suprema de Justicia declara inconstitucional al Instituto Nacional del Café INCAFE, principal blanco de los ataques de las poderosas familias cafetaleras del país, por representar a Duarte y las reformas implementadas por los democristianos en la década de los Ochentas, con ayuda del Gobierno de los Estados Unidos. En su lugar, el Gobierno de Cristiani crea el Consejo Salvadoreño del Café.

### Cumbre Presidencial Centroamericana en Tela, Honduras

Entre el 5 y 7 de agosto de 1989, se desarrolla en el poblado de Tela, Honduras la cumbre de Presidentes Centroamericanos, llamada "Esquipulas IV". Los Mandatarios centroamericanos hacen un llamado al Gobierno salvadoreño para brindar garantías a las fuerzas de oposición de centro-izquierda para que puedan reintegrarse a la vida nacional y a la guerrilla salvadoreña del FMLN para que participe en el esfuerzo de diálogo nacional por la paz.

## Es juramentada la nueva Comisión Nacional de Diálogo

El 7 de septiembre de 1989, el Presidente Cristiani nombra a los miembros de la recién creada Comisión Nacional de Diálogo: Dr. David Escobar Galindo, Coronel Juan Martínez Varela, Dr. Oscar Santamaría (Ministro de la Presidencia), Dr. Hernán Contreras (miembro del PCN), y el Dr. Abelardo Torres. La primera reunión entre la Comisión de Diálogo y la guerrilla se efectúa en ciudad de México, firmándose el día 15 de septiembre el llamado Acuerdo de México, mediante el cual ambas partes se comprometen a buscar una solución negociada al conflicto.

## UCA otorga Doctorado Honoris Causa al Presidente de Costa Rica

El 19 de septiembre de 1989, el Dr. Oscar Arias Sánchez, Presidente de Costa Rica, recibe un Doctorado Honoris Causa en Ciencias Políticas de parte de la Universidad Centroamericana "José Simeón Cañas" UCA, gracias a sus esfuerzos por lograr la paz en la región. El Plan de Paz presentado por el Dr. Arias en 1987, adaptado del Plan del Grupo Contadora, le valdría el Premio Nobel de la Paz por parte de la Academia Sueca.

---

### Nueva Película sobre la Vida y Muerte de Monseñor Romero

Durante los últimos meses de 1989, comienza a exhibirse en las salas de cine norteamericanas, la Película "Romero" (Warner Brothers; Dirigida por John Duigan), que trata sobre la vida y muerte de Monseñor Oscar Romero. El actor puertorriqueño Raúl Julia encarna al religioso salvadoreño, mientras que otro reconocido actor, Richard Jordan, hace el papel del sacerdote Jesuita Rutilio Grande. La censura gubernamental no permite que la cinta sea exhibida en las salas de cine en El Salvador.

---

## Segunda Ronda de Negociaciones entre GOES y FDR-FMLN

El 16 de octubre de 1989, se inicia en San José, Costa Rica, una segunda reunión pro – paz entre FDR-FMLN y la Comisión de Diálogo del Gobierno salvadoreño.

## FMLN publica lista de Oficiales que deben Pasar a Retiro

El 17 de octubre de 1989, la guerrilla salvadoreña publica una lista de miembros del ejército que deben pasar a retiro por graves violaciones contra los derechos humanos, antes de proseguir con las negociaciones. Entre los nombres incluidos en el listado, se encuentran el Ministro de Defensa y el Jefe de la Fuerza Aérea. La propuesta del FMLN es rechazada inmediatamente por el Estado Mayor de la Fuerza Armada.

### Estalla Bomba en el Local de FENASTRAS

El 31 de octubre de 1989, explota un artefacto explosivo en la sede de la Federación Nacional Sindical de Trabajadores Salvadoreños FENASTRAS, matando a 10 personas, incluyendo a la dirigente Febe Elizabeth Velásquez, y dejando más de 30 heridos. El hecho es atribuido a un "Escuadrón de la Muerte". Ese mismo día, explota una bomba en el local de la Comisión de Madres de Desaparecidos COMADRES, hiriendo a varias personas. En represalia por los atentados, el FDR- FMLN anuncia que se retirará de la Mesa de Negociaciones con el Gobierno de Cristiani.

---

### Fin de la Guerra Fría: La Caída del Muro de Berlín

*"La Destrucción del marxismo y de las ideologías izquierdistas es la destrucción de una fantasía. El remedio comunista a la injusticia social demostró ser peor que la enfermedad. Nuestro reto día a día es encontrar la imaginación política necesaria para atender la injusticia social que sobrevivan más allá de propuestas pasadas y soluciones inalcanzables."– Octavio Paz, Poeta mexicano*

A principios del otoño de 1989 en Europa, durante la histórica noche del 9 de noviembre, cientos de ciudadanos alemanes se concentran frente al Muro de Berlín o "Muro de la Vergüenza" y lo derrumban, pedazo a pedazo. Cientos de berlineses del Este cruzan hacia la próspera Alemania Occidental. Es el inicio del fin de la "Guerra Fría" y del desquebrajamiento de la Unión Soviética. Tanto el FDR-FMLN como el Gobierno salvadoreño, terminarían por aceptar buscar una solución negociada al conflicto, al perder unos el apoyo del bloque Soviético y otros el respaldo masivo en armas y dinero de Washington para detener la "infiltración comunista" en América.

---

### Presidente Bush Visita al Convaleciente Duarte

El 2 de noviembre de 1989, el Presidente norteamericano George H. Bush, el Vice-Presidente Dan Quayle, el Presidente Emérito de Notre Dame

University, Padre Ted Hesburg, y otros funcionarios, se reúnen en el Walter Reed Army Medical Center, para rendir tributo al ex - Presidente José Napoleón Duarte, quien se encuentra recibiendo tratamiento especializado. En un breve discurso, el Presidente Bush declara a Napoleón Duarte como un incansable luchador de la libertad y el "Padre de la Democracia salvadoreña". La prestigiosa Notre Dame, Alma Mater del Ing. Duarte, anuncia el establecimiento de la "Beca Duarte" para estudiantes salvadoreños, en honor de su ex –alumno.

### FMLN lanza Ofensiva Hasta El Tope!

El 11 de noviembre de 1989, los rebeldes salvadoreños lanzan un ataque coordinado contra las principales ciudades del país. Los guerrilleros se concentran en las zonas de Mejicanos, Zacamil, Soyapango, Ayutuxtepeque, Ciudad Delgado, Cuscatancingo y San Jacinto, en el Departamento de San Salvador, mientras otras fuerzas rebeldes llegan a controlar amplios sectores en Zacatecoluca, Usulután, y San Miguel. En diversas zonas de la capital, centenares de ciudadanos son atrapados por el fuego cruzado entre Ejército y guerrilla. La ofensiva guerrillera toma por sorpresa al Gobierno y Estado Mayor. El ataque del FMLN, *"alcanzó proporciones inesperadas y alarmantes para la Fuerza Armada. Los guerrilleros controlaban varias zonas en la capital y en los alrededores de San Salvador. Atacaron la residencia oficial y particular del Presidente de la República así como la residencia del Presidente de la Asamblea Legislativa. También atacaron los cuarteles de la Primera, Tercera y Sexta Brigadas de Infantería, y de la policía Nacional. El 12 de noviembre el Gobierno decretó el Estado de Sitio e impuso el toque de queda desde las seis de la tarde hasta las seis de la mañana".* [1]

El Gobierno de Cristiani impone una cadena nacional de radio ese mismo día, *"... fecha en que se comenzó la ofensiva militar del grupo disidente armado 'Frente Farabundo Martí para la Liberación Nacional', todas las emisoras de radio recibieron la orden de conectarse, en cadena nacional, a la Radio Cuscatlán, la estación oficial de la Fuerza Armada salvadoreña. A partir de ese momento se dejaron de transmitir noticias sobre la lucha y en su lugar se transmitió propaganda del Gobierno y de los militares. Algunas personas llamaban en búsqueda de sus familiares; supuestos ciudadanos llamaban abogando por la violencia contra miembros de la oposición política, los sindicatos, la iglesia y organizaciones no gubernamentales. Algunas llamadas recomendaban la muerte de los jesuitas en general y del padre Ignacio Ellacuría en particular. En una de las llamadas, el Vicepresidente de El Salvador, Francisco Merino, acusó al Padre Ellacuría de haber 'envenenado las mentes de los jóvenes de El*

*Salvador'.''* [2]

**Ignacio Ellacuría, Martín Baró y Segundo Montes** (UCA)

## Sacerdotes Jesuitas de la UCA Mueren Asesinados

En la madrugada del 16 de noviembre de 1989, un grupo de hombres fuertemente armados, que posteriormente fueron identificados como miembros del Batallón élite Atlacatl, penetra al interior del Centro Pastoral de la Universidad Centroamericana "José Simeón Cañas", donde residen varios sacerdotes jesuitas, y asesina al Rector de la Universidad, a otros cinco sacerdotes, a una señora que trabaja como cocinera y a su hija adolescente. Las víctimas son Ignacio Ellacuría, Rector de la UCA; Ignacio Martín Baró, Vicerrector de la UCA y Director del Instituto de derechos Humanos de la UCA; Segundo Montes, fundador del Instituto del Socorro Jurídico Cristiano "Oscar Arnulfo Romero" y presidente del Instituto de Derechos Humanos IDHUCA; los profesores Armando López, Juan Ramón Moreno, Joaquín López; la señora Julia Elba Ramos, y la joven Celina Mariceth Ramos, quien tenía apenas 15 años.

Tras los asesinatos, los *"efectivos del Atlacatl se apoderaron de un maletín que pertenecía a los sacerdotes, y con él, fotografías, documentos y cinco mil dólares. Los soldados dispararon con una ametralladora contra la fachada de la residencia y lanzaron cohetes y granadas. Antes de retirarse escribieron en un cartón: "El FMLN hizo un ajusticiamiento a los orejas contrarios. Vencer o Morir, FMLN."* [3]

El Gobierno de Cristiani condena el crimen y ordena una exhaustiva investigación para determinar quiénes fueron los responsables de los asesinatos, indicando que podría tratarse de un operativo del FMLN.

## Llega al país el Secretario General de la OEA

El Dr. Joao Baena Soares, Secretario General de la Organización de

Estados Americanos OEA, arriba al país el día 19 de noviembre de 1989, ofreciendo mediar para que las partes en conflicto regresen a la mesa de negociaciones.

## FMLN ataca la Colonia Escalón, ocupando el Lujoso Hotel Sheraton

El 21 de noviembre de 1989, durante un ataque contra la exclusiva Colonia Escalón al nor-poniente de la capital, la guerrilla ocupa el lujoso Hotel Sheraton, quedando atrapados en medio del asalto el Secretario General de la OEA, Dr. Soares, y doce "Boinas Verdes" estadounidenses. La ocupación del hotel es transmitida en vivo por la cadena internacional de televisión CNN, temiéndose que en cualquier momento llegue a darse un enfrentamiento directo entre los guerrilleros y los asesores militares norteamericanos,

*"For 28 hours, the drama played out on world's television screens, and for a while it seemed as if it would provoke direct U.S. military intervention on El Salvador's ugly, ten year old civil war. Twelve Green Berets from Fort Bragg, N.C., part of the U.S. advisors team in El Salvador, were holed up in the fourth floor of the Sheraton Hotel in San Salvador's wealthy Escalón district, while about 20 heavily armed young guerrillas, who had seemingly blundered into the Hotel, roamed the floors above and below them.*

*But there was no shoot out. As part of the agreement brokered out by the Roman Catholic Church, the guerrillas slipped away, and the U.S. soldiers, using journalists as shields, ran from the hotel to waiting military vehicles. But so alarming was the event that President Bush, accutely mindful that he had been seen during october's aborted coup in Panama, quickly convened a meeting of the National Security Council emergency group and ordered a contigent of the supersecret Delta Force into San Salvador. At one point Bush even made the embarrasing claim that the U.S. commandos had "liberated" the green berets."* [4]

Gracias a la mediación del Obispo Auxiliar de San Salvador, Monseñor Gregorio Rosa Chávez, el enfrentamiento armado jamás se lleva a cabo, los militares norteamericanos son puestos en libertad y la guerrilla logra huir. El Secretario General Baena Soares es rescatado por comandos aerotransportados.

## Cae avioneta Nicaragüense Cargada de Armamento

El 25 de noviembre de 1989, una avioneta Cessna cargada con 24 misiles soviéticos SAM-7 tierra/ aire para la guerrilla del FMLN, proveniente de territorio nicaragüense se estrella en el departamento de Usulután. El incidente aumenta las tensiones entre el Gobierno salvadoreño y el Gobierno Sandinista. El Presidente Cristiani decide romper las relaciones diplomáticas con Nicaragua.

## Muere asesinado el Dr. Francisco José Guerrero

El 28 de noviembre de 1989, a la altura de la Alameda Juan Pablo II y el Boulevard de los Héroes, es atacado a tiros el automóvil donde se conduce el Dr. Francisco José "Chachi" Guerrero, uno de los principales líderes del Partido de Conciliación Nacional y ex – Presidente de la Corte Suprema de Justicia. El Dr. Guerrero muere en el ataque, al igual que uno de los atacantes. Otro de los atacantes cae herido, llevado al hospital y posteriormente sometido a juicio. Un tercer atacante logra huir de la escena. Del hecho se responsabiliza al FMLN.

## Termina la Ofensiva Guerrillera de Noviembre

A finales de noviembre de 1989, comienzan a replegarse los cuadros guerrilleros de la capital y del resto de las ciudades. Tanto el bombardeo indiscriminado de varias populosas colonias en la capital (Zacamil, Mejicanos, Soyapango, entre otras) para tratar de desalojar a las fuerzas rebeldes, como la aparente participación de militares en el asesinato de los sacerdotes de la UCA, dejan por los suelos la imagen del nuevo Ejército salvadoreño que el Gobierno norteamericano había estado contribuyendo a construir durante la pasada década:

*"...A pesar de los mil millones de dólares en ayuda militar dados por los Estados Unidos durante la última década, Washington no podía asegurar que los militares salvadoreños podrían ponerle un final rápido a la guerra.*

*Pero aunque la reputación del Ejército como una fuerza militar "madura" se había destruido, su poder político seguía intacto. A lo largo de la ofensiva, el presidente civil, Alfredo Cristiani, prometió repetidamente a la población que los soldados respetarían las vidas de los no combatientes, promesas que fueron contradichas por las tácticas del Ejército.*

*El Ejército bombardeó y atacó los vecindarios de la capital, matando o hiriendo a cientos de civiles. Estas bajas, junto con la renuencia de Cristiani a reconocer ni siquiera la posibilidad de involucración del Ejército en los asesinatos de los Jesuitas convencieron a muchos salvadoreños de lo que habían sospechado todo el tiempo: a pesar de los reclamos de 'reforma' y 'progreso' en El Salvador no hay un gobierno civil que pueda controlar a los militares."* [5]

### Cumbre de Presidentes Centroamericanos en Costa Rica

Entre el 10 y el 12 de diciembre de 1989, se lleva a cabo en San José, una nueva reunión de Presidentes centroamericanos. Al final de la cumbre, se emite la "Declaración de San Isidro de Coronado", haciendo un llamado al FMLN para deponer las armas y para que el Dr. Javier Pérez de Cuellar, Secretario General de la ONU interponga sus buenos oficios para traer nuevamente a las partes involucradas a la mesa de negociaciones.

---

### Los U.S. Marines invaden Panamá

En la madrugada del 20 de diciembre de 1989, más de 26,000 infantes de marina estadounidenses invaden la zona del Canala de Panamá, derrocando rápidamente a las fuerzas del otrora hombre fuerte en la región, el General Manuel Noriega, e imponiendo en la Presidencia al Dr. Guillermo Endara. Noriega, que ha caído en desgracia con sus antiguos aliados de Washington, intenta ocultarse en la Nunciatura Apostólica, pero termina entregándose al Ejército Norteamericano, siendo extraditado poco después a los Estados Unidos, donde sería condenado a varios años de prisión bajo cargos de pandillerismo y narcotráfico.

---

# 1990

### Secuestran y Asesinan en Guatemala a Alto Dirigente del FDR

El 12 de enero de 1990, el Dr. Héctor Oquelí Colindres, miembro del Movimiento Nacional Revolucionario y de la Internacional Socialista, así como alto dirigente del Frente Democrático Revolucionario FDR, es secuestrado en la capital guatemalteca junto con la Licda. Gilda Flores, miembro del Partido Socialista Democrático de Guatemala. El Dr. Oquelí realizaba una breve escala en Guatemala desde México, para luego asistir a una reunión de la Internacional Socialista, en Managua. Los cuerpos de los secuestrados son encontrados ese mismo día, en un vehículo abandonado cerca de la aldea San José el Coco, Jalpatagua, a escasos 5 kms de la frontera con El Salvador. El Presidente guatemalteco Vinicio Cerezo ordena efectuar una exhaustiva investigación.

## Cristiani confirma Participación de Militares en Muerte de Jesuitas

Bajo fuertes presiones internacionales, el 13 de enero de 1990, en un mensaje en cadena nacional de televisión que dura apenas unos minutos, el Presidente Cristiani confirma los rumores de la participación de miembros del Ejército en el asesinato de los sacerdotes Jesuitas de la UCA. Los nueve implicados son el Coronel Guillermo Alfredo Benavides (Director de la Escuela Militar), los tenientes José Ricardo Espinoza Guerra, Yushy René Mendoza, Gonzalo Guevara Cerritos; los sub- sargentos Antonio Ramiro Avalos y Tomás Zarpate Castillo; y los soldados Oscar Mariano Amaya Grimaldi, Ángel Pérez Vásquez, y José Alberto Sierra Ascencio.

## Reunión Bush- Cristiani en Washington

El 1º de febrero de 1990, el Presidente Cristiani se reúne en la Casa Blanca con George H. Bush, con quien se analiza las posibilidades de una paz negociada, así como el progreso de las investigaciones en torno al "Caso Jesuita". El Gobierno salvadoreño se encuentra preocupado de que el Congreso de los EEUU reduzca la ayuda militar y financiera ante las continuas violaciones a los derechos humanos en El Salvador. Cristiani, quien se encuentra en visita privada en los Estados Unidos, espera también reunirse con el Dr. Javier Pérez de Cuellar, para analizar la participación de Naciones Unidas en las pláticas de paz entre Gobierno y FMLN.

## Muere el ex-Presidente Duarte

Luego de un largo y doloroso padecimiento de cáncer en el hígado, muere en San Salvador el 23 de febrero de 1990, el ex Presidente José Napoleón Duarte, a los 64 años de edad. A sus funerales asisten diversos Jefes de Estado, entre ellos el Dr. Oscar Arias Sánchez (Costa Rica) y el Dr. Vinicio Cerezo (Guatemala). El FMLN, que sistemáticamente había intentado desestabilizar al Gobierno de Duarte durante los años Ochentas, decreta un cese al fuego unilateral los días 24 y 25 de febrero en memoria del ex - Mandatario.

## Los Sandinistas Pierden las Elecciones Presidenciales en Nicaragua

El 25 de febrero de 1990, es electa Presidenta de Nicaragua la Sra. Violeta Barrios de Chamorro, viuda del Periodista Pedro Joaquín Chamorro asesinado en 1978, derrotando al Comandante Daniel Ortega, candidato del Frente Sandinista de Liberación Nacional FSLN. Terminan así, casi once años de Gobierno Sandinista, que han estado plagados de enfrentamientos con los "Contras" (el grupo de extrema derecha, armado y apoyado logísticamente por la Administración Reagan). A mediados de la década de los años Ochentas, la política "contrainsurgente" norteamericana, llevaría a Washington al extremo de realizar bloqueos de los puertos comerciales nicaragüenses.

### Reunión en Suiza entre Gobierno y FMLN: el Acuerdo de Ginebra

El 4 de abril de 1990, representantes de la Guerrilla y del Gobierno salvadoreño firman el llamado Acuerdo de Ginebra, estando presente el Dr. Javier Pérez de Cuellar, Secretario General de la ONU. El principal objetivo del proceso de paz *"... será el de lograr acuerdos políticos para la concertación de un cese del enfrentamiento armado y de todo acto que irrespete los derechos de la población civil, lo que deberá ser verificado por las Naciones Unidas, sujeto a la aprobación del Consejo de Seguridad. Logrado lo anterior el proceso deberá conducir al establecimiento de las garantías y las condiciones necesarias para la re- incorporación de los integrantes del FMLN, dentro de un marco de plena legalidad, a la vida civil, institucional y política del país."* [6]

### Gobierno y Guerrilla acuerdan varias Reformas a la Constitución

El 28 de abril de 1990, continuando con las negociaciones en México, tras *"25 días de negociación, el Gobierno y el FMLN acordaron reformar 24 artículos de la Constitución sobre la Fuerza Armada, Sistema Electoral y Poder Judicial. Es la primera vez en la historia salvadoreña, que una constitución se reforma sin recurrir al Golpe de Estado o a elecciones constituyentes viciadas."* [7]

Las reformas son aprobadas por la Asamblea Legislativa el día siguiente, y deben ser ratificadas por la siguiente Asamblea ha ser elegida en 1991, para cumplir con lo dispuesto por la Constitución Política de la República.

### Pláticas de Paz continúan en Venezuela: el Acuerdo de Caracas

Los días 17 al 21 de mayo de 1990, se reúnen en Caracas, Venezuela, la delegación del Gobierno (encabezada por Oscar Santamaría) y de la guerrilla (liderada por Shafick Handal), para continuar con el proceso de paz iniciado en Ginebra. Luego de varios debates y con la intermediación del Dr. Alvaro de Soto, representante del Secretario General de Naciones Unidas, el lunes 21 de mayo ambas partes suscriben el Acuerdo de Caracas. Dicho Acuerdo establece que se discutan inicialmente los siguientes temas políticos: Fuerza Armada, Derechos Humanos, Sistema Judicial, Sistema Electoral, Reforma Constitucional, y el Problema Económico- Social. Una vez que las partes revisaran y aprobaran estos puntos, se pasaría a la discusión sobre la reincorporación de los integrantes del FMLN, a la vida civil, institucional y política del país.

### Fuerza Armada devuelve el Campus de la Universidad Nacional

El 5 de junio de 1990, el Comandante de la Primera Brigada de Infantería, Coronel Francisco Elena Fuentes, y el Ministro de Educación, Dr. René Hernández Valiente, hacen entrega al Rector interino Luis Argueta Antillón, del campus de la Universidad de El Salvador, que había sido nuevamente ocupado por los militares desde la ofensiva guerrillera del FMLN en Noviembre de 1989. Durante todo el conflicto armado, la UES había sido continuamente sometida a las intervenciones militares, bajo sospecha de ser utilizada como centro de entrenamiento de la guerrilla del FMLN.

### Reunión Gobierno- Guerrilla en México

Entre el 16 y el 24 de junio de 1990, se efectúa otra reunión entre Guerrilla y Gobierno, esta vez en Oaxtepeque, México, donde comienza a tratarse los puntos de Agenda de la reunión en Caracas. Sin duda, el tema más escabroso y delicado, es el relacionado con la Fuerza Armada. Mientras el Gobierno propone la reestructuración, control y mejoramiento del Ejército, el FMLN plantea que *"... en una sociedad pacífica no hay enemigo interno y que en el mundo actual (1990) no hay enemigo externo; por tanto, las Fuerzas Armadas son prescindibles."*

Más aún, el FMLN plantea que para mantener el orden social es necesario crear una nueva Policía Civil, y que deben de investigarse los numerosos homicidios y actos terroristas imputados a la Fuerza Armada de El Salvador. El Gobierno de Cristiani manifiesta durante las discusiones, el estar de acuerdo en que debe restringirse el rol de la Fuerza Armada y mejorar la administración de justicia, pero que *"el carácter permanente de la FAES no es discutible."* [8]

### Reuniones en San José: el Acuerdo de Derechos Humanos

En Julio y Agosto de 1990, en Costa Rica se celebran reuniones entre la Comisión Gubernamental y el FMLN para continuar con el proceso de paz. No se logra ningún consenso sobre el tema de la reestructuración de la Fuerza Armada. Pero el 26 de julio de 1990, ambas partes logran un Acuerdo parcial sobre Derechos Humanos, que incluye el establecimiento de una Misión Oficial de Naciones Unidas en El Salvador.

## Gobierno Nombra un Nuevo Ministro de Defensa

El 1 de septiembre de 1990, el Coronel René Emilio Ponce, otro miembro de la llamada "Tandona", es nombrado Ministro de Defensa en sustitución del cuestionado General Rafael Humberto Larios. Ponce también había sido señalado como corresponsable en el Caso Jesuita, junto con el Presidente Cristiani y otros militares de alto rango.

## La Privatización de la Banca Salvadoreña

Entre el 6 y el 12 de diciembre de 1990, el Gobierno emite tres leyes para reprivatizar la banca nacional: la Ley de Saneamiento y Fortalecimiento de la Banca Comercial y Asociaciones de Ahorro y Préstamo, la Ley de la Superintendencia del Sistema Financiero, y la Ley de Privatización de Bancos Comerciales y de las Asociaciones de Ahorro y Préstamo. Se crea el Fondo de Saneamiento y Fortalecimiento Financiero FOSAFFI, con recursos del Banco Central de Reserva, para comprar a los bancos y asociaciones de ahorro, los llamados "malos préstamos" (es decir, aquellos que están en mora y que son en su mayoría incobrables, estimados en unos ¢2,525 millones de colones).

El Banco Central de Reserva, establece grandes facilidades crediticias para la adquisición de las acciones de los bancos y asociaciones de ahorro, de tal forma que los compradores puedan adquirir el 15% de las acciones al contado y el restante 85% a 10 años plazo, sin más respaldo que las mismas acciones. A pesar de las restricciones legales sobre el porcentaje de acciones que cualquier persona interesada podría adquirir, la banca estatal termina en poder de unos cuantos grupos familiares, quienes utilizan a "prestanombres" para apoderarse de la mayoría de las acciones. Un pequeño círculo de socios, conocidos como "Los Apóstoles" se aseguran el control de las cuatro principales instituciones bancarias. En algunos casos, la inversión de capital social que los nuevos propietarios habían hecho, fue recuperada completamente ¡¡en apenas tres años!!

## FMLN lanza nuevos Ataques en el Territorio Nacional

A pesar de las pláticas de paz, durante los meses de noviembre y diciembre de 1990 el FMLN lanza amplios operativos militares en varias regiones del país, incluyendo San Salvador, San Miguel, Chalatenango, Usulután, La Paz y La Libertad. Parte de la estrategia guerrillera incluye la destrucción de gran cantidad de postes, torres, y subestaciones de energía eléctrica. Los ataques a las presas hidroeléctricas de "Cerrón Grande" y "5 de Noviembre", causan graves daños a la infraestructura.

# 1991

## Militares Estadounidenses son "Ajusticiados" por la Guerrilla

El 2 de enero de 1991, miembros del Ejército Revolucionario del Pueblo, perteneciente al FMLN, logran derribar un helicóptero militar estadounidense en la zona de Lolotique, Departamento de San Miguel, mientras se dirigía a su base militar en Honduras. De acuerdo al informe de la Comisión de la Verdad de las Naciones Unidas, a consecuencia del derribo del aparato *"falleció el piloto de la nave Daniel F. Scott y quedaron heridos el Tte. Coronel David H. Pickett y el Cabo Earnest G. Dawson, todos ellos de nacionalidad norteamericana. Al acercarse a la nave, efectivos de la patrulla dispararon desde cierta distancia sobre los sobrevivientes. La patrulla dejó en el sitio al militar norteamericano muerto y a los dos heridos y se marchó, llevando armas y pertrechos del helicóptero. Al poco tiempo, un miembro de la patrulla fue enviado de regreso al sitio y dio muerte a los heridos."* [9]

## Primera Cumbre México- Centroamérica: Tuxtla I

El 11 de Enero de 1991, se efectúa en Tuxtla Gutiérrez, Estado de Chiapas, la 1ª Reunión Cumbre México- Centroamérica, conocida posteriormente como "Tuxtla I". Asisten cinco países centroamericanos: Guatemala, El Salvador, Honduras, Nicaragua, y Costa Rica. En la reunión, los mandatarios de la región suscriben el Acuerdo General de Cooperación, mediante el cual se comprometen a fortalecer y ampliar la cooperación entre sus países en los ámbitos político, económico, técnico-científico y educativo-cultural.

En resumen, los temas tratados incluyen:

- *Procesos de pacificación de la región*
- *Derechos humanos*
- *Educación y cultura*
- *Cooperación Técnica y científica*
- *Cooperación energética*
- *Adopción de medidas que lleven a proteger la región de una creciente contaminación ambiental*
- *Créditos a corto, mediano y largo plazo para apoyar proyectos de inversión*
- *Análisis del problema de los refugiados*

Este primer encuentro, se realiza a iniciativa del Gobierno de Carlos Salinas de Gortari, preocupado por reactivar la economía en una de sus regiones más pobres: el Estado de Chiapas y la frontera sur con Guatemala.

## Continúan los Fuertes Ataques Guerrilleros

Durante los primeros meses del año 1991, arrecian los ataques del FMLN contra objetivos militares y económicos. Varios helicópteros y un avión A-37 de la Fuerza Aérea son derribados, uno de ellos utilizando misiles tierra - aire. Entre los objetivos militares, se encuentran el Estado Mayor (en San Salvador), el cuartel de la 3ª Brigada de Infantería (en San Miguel), y especialmente postes de tendido eléctrico y subestaciones de energía en varias partes del país.

## Ministro Soviético confirma Sospechas Estadounidenses

En enero de 1991, Eduard Shevardnadze, Ministro de Relaciones Exteriores de la Unión Soviética informa al Secretario de Estado norteamericano James Baker, que un lanzador de misiles que aparece en una foto tomada por aviones espía, era efectivamente de misiles SA-7 y SA-14, enviados a Nicaragua por los soviéticos en 1986. Un mes después, en Managua cuatro miembros del ejército Sandinista serían condenados y enviados a prisión. Varios salvadoreños y un hondureño serían puestos en libertad por falta de pruebas.Posteriormente, la Radio Venceremos confirmaría que los guerrilleros "Aparicio" y "Porfirio" habían cometido los asesinatos y que éstos se encontraban bajo arresto.

## Fallece en México el Presidente del FDR

El 28 de Febrero de 1991, muere en ciudad de México el Dr. Guillermo Manuel Ungo, líder del Movimiento Nacional Revolucionario, Presidente del Frente Democrático Revolucionario y Vicepresidente de la Internacional Socialista. El Dr. Ungo, que participaría como candidato a primer Diputado en las próximas elecciones de marzo por la recién formada Convergencia Democrática, padecía de un tumor en el cerebro. La Muerte de Ungo y del Dr. Oquelí Colindres el año anterior, dejan al FDR sin sus principales líderes intelectuales.

Dr. Guillermo Ungo Fallece en Ciudad de México

## Se celebran Elecciones Legislativas y Municipales

Con la participación de la Convergencia Democrática, partido político de la izquierda salvadoreña del FDR-MNR, se realizan el 10 de marzo de 1991 las elecciones para alcaldes y diputados en el país. Días antes, el FMLN había anunciado una tregua el día de la votación para permitir al pueblo asistir a votar. El Dr. Armando Calderón Sol del partido ARENA es reelecto Alcalde de San Salvador. ARENA se consolida en el poder al obtener 39 diputados de un total de 84 escaños (este año, la Asamblea Legislativa había ampliado el número de diputados de 60 a 84 bajo el argumento de dar oportunidad a los partidos políticos pequeños en alcanzar algún espacio político). La Convergencia Democrática, encabezada por el Dr. Rubén Zamora, recibe 127,855 votos, lo que le proporciona 8 diputados en la próxima Asamblea Legislativa.

| RESULTADOS ELECCIONES LEGISLATIVAS 1991 | | | |
|---|---|---|---|
| Partido | Votos Válidos | Diputados | Porcentaje |
| ARENA | 466,091 | 39 | 44.23% |
| PDC | 294,029 | 26 | 27.96% |
| PCN | 4,531 | 9 | 8.99% |

| MAC | 33,971 | 1 | 3.23% |
|------|---------|----|--------|
| CD | 127,855 | 8 | 12.16% |
| AD | 6,758 | 0 | 0.65% |
| UDN | 28,206 | 1 | 2.68% |
| TOTALES | 961,441 | 84 | 99.90% |

Fuente: Reporte de la Organización de Estados Americanos OEA, 1991

### Manifestación de FEASIES Disuelta en Medio de Desórdenes

El 15 de marzo de 1991, una manifestación de la agrupación FEASIES es disuelta con gases lacrimógenos lanzados por policías antimotines, a la altura del edificio de la Corte de Cuentas de la República.

### GOES y FMLN se reúnen en México

El 4 de abril de 1991, representantes del Gobierno y de la guerrilla sostienen una nueva ronda de negociaciones en la capital mexicana, bajo la supervisión de las Naciones Unidas. A pesar del encuentro, la guerrilla en El Salvador se mantiene lanzando fuertes ataques militares para presionar al Gobierno y demostrar que aún tiene gran capacidad militar para enfrentar a la Fuerza Armada.

### Arriba al país el General Colin Powell

El 8 de abril de 1991, llega al país el Jefe del Estado Mayor Conjunto de los Estados Unidos, General Colin Powell, quien se reúne con el Presidente Cristiani y con miembros del Estado Mayor de la Fuerza Armada salvadoreña.

Dr. Fabio Castillo Figueroa

## Fabio Castillo Regresa al Rectorado de la Universidad Nacional

En mayo de 1991, el Dr. Fabio Castillo Figueroa es electo Rector de la Universidad de El Salvador para el período 1991- 95. Como Vicerrectora es electa la Licda. Catalina Merino de Pacheco. El Dr. Castillo regresa a la Rectoría de la UES, casi 25 años después de haber servido durante uno de los períodos más brillantes en la historia de la Universidad. Durante su nueva gestión, el Dr. Castillo haría intensas gestiones para que el Gobierno incrementara el Presupuesto universitario que desde 1980 había caído de aproximadamente el 3.5% del presupuesto nacional a menos del 1% para principios de los Noventas. Sin embargo, el Estado salvadoreño continuaría poniendo mayor énfasis en la educación primaria nacional, siguiendo lineamientos del Banco Interamericano de Desarrollo BID y el Fondo Monetario Internacional, en detrimento de la Educación Superior. Entre los logros de su segundo Rectorado, estarían la construcción de nuevos edificios para el Alma Mater (Oficinas Centrales, Ciencias Naturales, y Biblioteca Central), organización de conferencias y seminarios científicos en distintas áreas del conocimiento, y la formación de académicos universitarios en el extranjero, gracias a su valiosa gestión ante organismos internacionales y Gobiernos como España, Holanda, Unión Europea, y EEUU, entre otros.

## Reunión Bush- Cristiani en los Estados Unidos

El 12 de junio de 1991, se reúnen el Presidente George H. Bush y el Presidente Cristiani en Washington. Muy poco trasciende de la reunión, aunque Bush felicita a Cristiani porque pronto se abrirá el juicio de los militares involucrados en el "Caso Jesuita" y por haber reducido la inflación del 17% al 3.4%, a pesar de los continuos ataques del FMLN. Fuentes del

Gobierno norteamericano, manifiestan que Estados Unidos planea continuar apoyando a la facción moderada del partido ARENA representada por Cristiani, a pesar de que existen reportes de que dirigentes de este partido se encuentran aun directamente vinculados con los "Escuadrones de la muerte". En enero pasado, el Presidente Bush había condicionado el envío de cerca de $42 millones de dólares en apoyo militar, pendiente de avances en las negociaciones entre Gobierno y FMLN, y el mejoramiento de la situación de derechos humanos en el país.

### Miembros del Partido ARENA son secuestrados
El 19 de julio de 1991, son secuestrados el Ing. Guillermo Sol Bang y el Sr. Gregorio Zelaya, dos prominentes miembros del partido ARENA. Posteriormente serían dejados en libertad.

### ONUSAL Inicia sus Labores en el país
El 26 de julio de 1991, se instala en el país la Misión de Observadores de las Naciones Unidas en El Salvador, mejor conocida como ONUSAL. La llegada de los funcionarios de la ONU forma parte de los acuerdos entre FMLN- Gobierno para lograr la paz.

### Reunión de Alto Nivel en Nueva York
Los días 16 y 17 de septiembre de 1991, se celebran en la sede de la ONU en Nueva York, rondas de negociaciones entre el Dr. Javier Pérez de Cuellar, Secretario General de la ONU, y el Presidente Cristiani y miembros de su Gobierno. Igualmente, ocurre una reunión entre el Secretario General y los representantes del FMLN. Mientras tanto, en El Salvador continúan los fuertes ataques contra puestos del Ejército y contra objetivos económicos.

### Cristiani ante Naciones Unidas; firma del Acuerdo de Nueva York
El 23 de septiembre de 1991, el Presidente Cristiani pronuncia un discurso ante la Asamblea General de las Naciones Unidas, en el que anuncia que las recientes rondas de negociaciones traerán finalmente la paz al país, luego de 12 años del conflicto armado que ha producido más de 70,000 víctimas. Dos días después, el 25 de septiembre, el Gobierno y el FMLN firman el llamado Acuerdo de Nueva York, mediante el cual se establece el marco de acción con el cual la fuerzas rebeldes se insertarán de nuevo en la sociedad, mientras el Gobierno se compromete a garantizar su seguridad. El acuerdo también establece la formación de la Comisión Nacional de Paz COPAZ y

transfiere el control de la Policía Nacional a manos civiles, permitiendo que elementos de la guerrilla se incorporen a ella. Ambas partes acuerdan reducir el número de efectivos del Ejército y dar de baja a oficiales señalados por cometer graves abusos contra los derechos humanos de la población civil. Queda aún pendiente establecer cuando se realizará el cese al fuego definitivo y la entrega de armas por parte del FMLN.

### Condenan a Militares por el Caso de los Jesuitas de la UCA

El 28 de septiembre de 1991, un tribunal de conciencia condena al Coronel Guillermo Benavides por la muerte de seis sacerdotes jesuitas de la UCA y de la señora Julia Elba Ramos, ama de llaves. El Teniente Yushy René Mendoza es condenado por la muerte de la menor Celina Mariceth Ramos. Los restantes militares involucrados son absueltos de los cargos. Ambos oficiales son condenados a 30 años de prisión, la pena máxima de acuerdo con la Constitución de El Salvador. Sin embargo, serían liberados por la Amnistía General proclamada por el Presidente Cristiani en marzo de 1993.

### Condenan Acusado de asesinar a Coordinador Derechos Humanos

El 11 de octubre de 1991, es condenado Jorge Alberto Miranda, acusado de ser el autor material de la muerte del Sr. Herbert Anaya Sanabria, Coordinador de Derechos Humanos- No Gubernamental.

### Parlamento Centroamericano se instala en Ciudad de Guatemala

El 28 de octubre de 1991, se instala el recién creado Parlamento Centroamericano PARLACEN. Su primer Presidente es Roberto Carpio Nicolle, de Guatemala. Al contrario de otros organismos similares como el Parlamento Europeo, el nuevo organismo regional probaría con el tiempo ser inefectivo, innecesario, suntuoso e intrascendente en la vida de las naciones del istmo centroamericano.

### La ONU elige nuevo Secretario General

El 21 de noviembre de 1991, es electo el egipcio Boutros Boutros Ghali como nuevo Secretario General de las Naciones Unidas, en sustitución del peruano Javier Pérez de Cuellar. El funcionario asumirá su cargo el 1º de enero próximo.

### Firma del Acta de Nueva York

El aún Secretario General de la ONU, Javier Pérez de Cuellar, convoca a representantes del Gobierno y del FMLN a reunión para continuar las negociaciones de paz. El Presidente Cristiani asiste junto con el General René Emilio Ponce y otros funcionarios. A pocos minutos de concluir el jueves 31 de diciembre de 1991, se firma la llamada Acta de Nueva York, mediante la cual se establece la fecha del 16 de enero de 1992, para poner fin a la Guerra Civil salvadoreña. El cese al fuego queda establecido para el próximo 1° de febrero de 1992.

# 1992
### Arreglos de Último Minuto en Nueva York
*"Fue necesario que los Jesuitas perdieran la vida para despertar la indignación moral que mantuvo a las fuerzas armadas salvadoreñas a la defensiva y forzó concesiones en la mesa de negociaciones, sin lo cual no habría sido posible alcanzar una paz duradera"*
*— **Alvaro de Soto**, Representante del Secretario General de Naciones Unidas.*

A solicitud del Secretario General de las Naciones Unidas, el Consejo de Seguridad decide ampliar el mandato original de ONUSAL, mediante la resolución No. 729, del 14 de enero de 1992, asignándole una División de Observadores Militares (que se encargarán de verificar el cese del enfrentamiento armado y otras disposiciones relacionadas con la Fuerza Armada salvadoreña) y otra de Observadores Policiales (que cooperarán con la Policía Nacional en el mantenimiento del orden público).

Firma de los Acuerdos de Paz, Castillo de Chapultepec, Mexico DF,1992

### Los Acuerdos de Paz en Chapultepec
*"... Nos quedaríamos injustamente cortos si viéramos solo hacia el pasado inmediato para medir la magnitud de lo que ocurre en El Salvador de un tiempo a esta parte. La crisis*

*en que se vio envuelta la nación salvadoreña en el último decenio no surgió de la nada, ni fue producto de voluntades aisladas, esta crisis tan dolorosa y trágica tiene antiguas y profundas raíces sociales, políticas, económicas y culturales en el pasado una de las perniciosas fallas de nuestro esquema de vida nacional fue la inexistencia o insuficiencia de los espacios y mecanismos necesarios para permitir el libre juego de las ideas, el desenvolvimiento natural de los distintos proyectos políticos derivados de la libertad de pensamiento y de acción, en síntesis, la ausencia de un verdadero esquema democrático de vida.*

*La crisis profunda hizo surgir la posibilidad real de la democracia en nuestro país, y si antes hablábamos de democracia incipiente ahora, a partir del acuerdo formalizado solemnemente este día, podemos decir que la democracia salvadoreña nos pertenece a todos y que a su desarrollo y ensanchamiento progresivo nos debemos todos por compromiso patriótico y por asunción compartida de responsabilidades históricas de cara al futuro... "*

— **Alfredo Cristiani**, *discurso en ocasión de la firma de los Acuerdos de Paz*

Al mediodía del 16 de enero de 1992, en el famoso Castillo de Chapultepec en Ciudad de México, se firman los Acuerdos de Paz entre el Gobierno y la guerrilla salvadoreños, poniendo fin al conflicto armado que ha durado casi 12 años y que ha causado más de 75,000 víctimas.

En la mesa de honor se encuentran presentes, el anfitrión Carlos Salinas de Gortari, Presidente de México; Alfredo Cristiani Burkard, Presidente de El Salvador; Felipe González, Primer Ministro de España; César Gaviria, Presidente de Colombia; Carlos Andrés Pérez, Presidente de Venezuela; Jorge Serrano, Presidente de Guatemala; Rafael Antonio Callejas, Presidente de Honduras; Violeta de Chamorro, Presidenta de Nicaragua; Rafael Angel Calderón, Presidente de Costa Rica; y Guillermo Andara, Presidente de Panamá.

**Representando a Naciones Unidas**, se encuentra el nuevo Secretario General, Boutros Boutros Ghali; Alvaro de Soto, Representante del Secretario General en las Negociaciones, y Marrack Goulding, SubSecretario de Asuntos Especiales.

**Por parte del Frente Farabundo Martí para la Liberación Nacional FMLN**, asisten: Jorge Shafick Handal, Joaquín Villalobos, Roberto Cañas, Salvador Samayoa, Eduardo Sancho, Ana Guadalupe Martínez, Salvador Sánchez Cerén, Francisco Jovel, Nidia Díaz, y Dagoberto Gutierrez.

**La Comisión del Gobierno salvadoreño** incluye a: Oscar Santamaría, David Escobar Galindo, Mauricio Vargas, Juan Martínez Varela, Abelardo Torres, y Hernán Contreras.

En San Salvador, la población celebra la firma de la paz en forma dividida. Mientras que simpatizantes de la izquierda ocupan la Plaza Barrios frente a la Catedral Metropolitana y el Palacio Nacional, celebrando con bandas musicales, banderas y pancartas roji-blancas, a escasos metros de distancia, en la Plaza Libertad, seguidores del Gobierno y la derecha festejan utilizando los colores blanco, rojo y azul del partido ARENA. Las radioemisoras del FMLN, Radio Farabundo Martí y Radio Venceremos, junto los otros medios tradicionales de noticias, transmiten la firma de los Acuerdos en vivo.

En resumen, los Acuerdos de Paz contemplan: la depuración de oficiales del Ejército involucrados en graves violaciones a derechos humanos; la disolución de la Policía Nacional, Policía de Hacienda, y Guardia Nacional; la creación de una nueva y moderna Policía Nacional Civil; cambios radicales al ineficiente Sistema Judicial; la creación de una nueva Procuraduría para la Defensa de los Derechos Humanos.

El histórico documento, incluye los siguientes puntos:

*Capítulo I- Fuerza Armada*

*1) Principios doctrinarios de la Fuerza Armada; 2) Sistema Ejecutivo de la Fuerza Armada; 3) Depuración; 4) Reducción; 5) Superación de la impunidad; 6) Cuerpos de seguridad pública; 7) Servicios de inteligencia; 8) Batallones de infantería de reacción inmediata; 9) Subordinación al poder civil; 10) Entidades paramilitares; 11) Suspensión del reclutamiento forzoso; 12) medidas preventivas y de promoción; 13) Reubicación y baja.*

*Capítulo II- Policía Nacional Civil*

*1) Creación de la Policía Nacional Civil; 2) Doctrina; 3) Estructura funcional y territorial; 4) Personal de la Policía Nacional Civil; 5) Academia Nacional de Seguridad Pública; 6) Régimen Jurídico; 7) Régimen Transitorio.*

*Capítulo III- Sistema Judicial*

*1) Consejo Nacional de la Judicatura; 2) Procuraduría Nacional para la Defensa de los Derechos Humanos.*

*Capítulo IV- Sistema Electoral*

*Capítulo V- Tema Económico Social*

*1) Preámbulo; 2) Problema Agrario; 3) Sobre las tierras dentro de las zonas conflictivas; 4) Acuerdo de 2 de julio de 1991 sobre tierras ocupadas; 5) Crédito para el sector agropecuario y para micro y pequeña empresa; 6) Medidas para aliviar el costo de los programas de ajuste estructural; 7) Modalidades para la cooperación externa directa destinada a impulsar proyectos de asistencia y desarrollo de las comunidades; 8) Foro para la concertación económico social; 9) Plan de Reconstrucción Nacional.*

*Capítulo VI- Participación Política del FMLN*

*Capítulo VII- Cese del Enfrentamiento Armado*

*Capítulo VIII- Verificación por las Naciones Unidas*

*Capítulo IX- Calendario de Ejecución*

Fuente: Acuerdos de Paz de 1992.

### Asamblea Crea la Academia Nacional de Seguridad Pública

El 28 de enero de 1992, la Asamblea Legislativa emite un decreto creando la Academia Nacional de Seguridad Pública ANSP, que debería encargarse de formar a los elementos que conformarían a la nueva Policía Nacional Civil PNC, contemplada en los Acuerdos de Paz. Como primer Director es nombrado el Sr. José Mario Bolaños.

### Se Establece la Comisión Nacional de Paz

El 1° de febrero de 1992, en las instalaciones de la Feria Internacional en San Salvador, el Presidente Cristiani, acompañado por los representantes de los otros dos "poderes" del Estado (Roberto Angulo, Presidente de la Asamblea Legislativa y Mauricio Gutiérrez Castro, de la Corte Suprema de Justicia), juramenta a la recién formada Comisión Nacional para la Consolidación de la Paz COPAZ, que deberá encargarse de verificar el fiel cumplimiento de los Acuerdos de Paz firmados en Chapultepec.

| Miembros de COPAZ | |
|---|---|
| Gobierno salvadoreño | Juan Antonio Martínez Varela |
| FMLN | Francisco Jovel y Joaquín Villalobos |
| Fuerza Armada salvadoreña | Orlando Zepeda |
| Convergencia Democrática CD | Rubén Zamora |
| Partido Demócrata Cristiano PDC | Fidel Chávez Mena, y Gerardo LeChevalier |
| Alianza Republicana Nacionalista ARENA | Armando Calderón Sol y José Francisco Guerrero |
| Movimiento Nacional Revolucionario MNR | Carlos Díaz Barrera |
| Movimiento Auténtico Cristiano MAC | Guillermo Antonio Guevara Lacayo y Pedro Hernández |
| Unión Democrática Nacionalista UDN | Norma Guevara y Mario Aguiñada Carranza |
| Partido de Conciliación Nacional PCN | Ciro Cruz Zepeda y Rafael Hernández |

Al día siguiente, el 2 de febrero de 1992, el Presidente Cristiani inicia su "Plan de Reconstrucción Nacional" con el que se pretende buscar reactivar la economía, especialmente en las zonas mayormente dañadas por la guerra.

| El Financimiento de los Acuerdos de Paz, 1992-1996 | | |
|---|---|---|
| Programas | Total Requerido (en millones US$) | Prioridad (en millones US$) |
| Plan de Reconstrucción Nacional | | |
| Sector social y capital humano | 416.9 | 324.5 |
| Infraestructura básica | 200.0 | 200.0 |
| Infraestructura | 354.9 | 268.1 |
| Sector Productivo | 277.6 | 137.5 |
| Adquisición de tierras | 50.0 | 33.0 |
| Medio ambiente | 52.0 | 15.6 |
| Fortalecimiento de Instituciones Democráticas | | |
| Policía Nacional Civil | 223.1 | |
| Academia Nacional de Seguridad Pública | 50.0 | |
| Reforma Judicial | 29.9 | |

| | | |
|---|---|---|
| Procuraduría para la Defensa de los Derechos Humanos | 8.7 | |
| Tribunal Supremo Electoral | 6.3 | |
| Otras reformas institucionales para fortalecer la democracia | 74.8 | |
| Indemnización a las fuerzas armadas | 40.0 | |
| **Asistencia Técnica** | 33.9 | |
| **Total** | 1,528.0 | 745.7 |

Fuente: Ministerio de Planificación, 1992. Tomado de: Elisabeth Wood, "Los Acuerdos de paz y la reconstrucción de posguerra", Ajuste hacia la Paz, p.122)

El Gobierno salvadoreño, se compromete a aportar una cantidad aproximada de $450 millones de dólares para el período 1992-96. El resto sería aportado por la comunidad internacional y las instituciones financieras internacionales, en calidad de préstamos y donaciones. A finales del año 1992, el Gobierno de los Estados Unidos anunciaría la condonación de $464 millones de dólares de la deuda externa salvadoreña.

**Fallece Líder del partido ARENA**
El 20 de febrero de 1992, el Mayor Roberto D'Aubuisson, fundador de ARENA y acusado de dirigir los Escuadrones de la Muerte en el país, muere luego de padecer de un doloroso cáncer en la garganta. D'Aubuisson, que tenía meses de haberse retirado de la vida política activa, había estado recibiendo tratamientos intensivos en clínicas en los Estados Unidos, utilizando recursos aportados por el ISSS. En sus últimos meses de vida, el polémico militar se había estado confesando con el sacerdote Fredy Delgado, un ex-capellán del Ejército. La propuesta de una diputada de ARENA para que la Asamblea Legislativa declarara tres días de duelo por el polémico ex –Mayor, es rechazada por la oposición. El Presidente Cristiani decreta los 3 días y otorga al difunto la orden "José Matías Delgado" por los "servicios prestados a la patria".

**Bush y Cristiani se Reúnen Nuevamente en la Casa Blanca**
El 24 de febrero de 1992, el Presidente Bush recibe durante media hora al Presidente salvadoreño, a quien felicita por la reciente firma de los Acuerdos de Paz con la guerrilla del FMLN. Bush promete que los Estados Unidos continuarán brindando ayuda financiera a El Salvador, a través de programas de asistencia directos y de la reducción de la deuda externa, y también mediante programas como la Iniciativa de Empresas para las

Américas (Enterprise for the Americas Initiative).

## Toma de Posesión de la Comisión de la Verdad de la ONU

El 13 de julio de 1992, la Comisión de la Verdad, creada por los Acuerdos de México de abril de 1991 entre el Gobierno de El Salvador y el Frente Farabundo Martí para la Liberación Nacional FMLN, toma posesión ante el Secretario de Naciones Unidas, Sr. Boutros-Boutros Ghali.

La Comisión, establecida para investigar graves hechos de violencia ocurridos en El Salvador entre 1980 y 1991, está integrada por tres personas designadas por el Secretario General de la ONU:

- *Belisario Betancur*, quien funge como Presidente de la Comisión, un Abogado y Economista que fuera Presidente de Colombia (1982-1986), y quien ha recibido Doctorados Honoris Causa en Humanidades de Georgetown University (1984) y Colorado University (1988).
- *Reinaldo Figueredo Planchart*, destacado Economista, graduado de la Universidad Libre de Bruselas, Bélgica, Miembro del Congreso Nacional Venezolano y que fuera Ministro de Relaciones Exteriores de Venezuela (1989- 1991)
- *Thomas Buergenthal*, profesor estadounidense de Derecho Internacional en la prestigiosa Georgetown University, quien ha sido Presidente (1985- 1987) y Vicepresidente (1983- 1985) de la Corte Interamericana de Derechos Humanos.

Como asesores de los Comisionados, se encuentran los Doctores Luis Herrera Marcano (abogado venezolano), Guillermo Fernando de Soto (Abogado y Economista colombiano), Douglas W. Cassel (Abogado estadounidense) , y Robert E. Norris  (Abogado estadounidense). La Comisión de la Verdad ha sido dotada de dos facultades específicas: la de realizar investigaciones y la de presentar recomendaciones, y   debe presentar un informe final tanto al Secretario General, como al Gobierno salvadoreño y al FMLN, en un plazo de seis meses a partir de su instalación, tras lo cual se dará por terminado su mandato.

## El Gobierno Introduce el Impuesto al Valor Agregado

En septiembre de 1992, el Gobierno de Cristiani introduce el nuevo Impuesto al Valor Agregado IVA, con el cual la mayoría de artículos y servicios serán gravados con el 10% adicional al costo.

## CIJ Falla sobre Disputa entre El Salvador – Honduras

El 11 de septiembre de 1992, la Corte Internacional de Justicia CIJ en La Haya, Holanda, emite su fallo en el caso concerniente a la disputa territorial, insular y marítima entre El Salvador y Honduras.

El Fallo, de carácter inapelable, es esperado con ansiedad en ambos países. Los Presidentes Cristiani y Callejas esperan el dictamen de la CIJ en el puente del Amatillo, ubicado sobre el río Goascorán. Les acompañan miembros de sus respectivos parlamentos, el Secretario General de la OEA, el brasileño Joao Baena Soares, el Presidente del PARLACEN, Lic. Roberto Carpio, y los Arzobispos Héctor Enrique Santos y Arturo Rivera y Damas, de Honduras y El Salvador, respectivamente.

El 11 de septiembre, los Jueces emiten la siguiente Sentencia:

1) Disputa Territorial. La Corte resuelve en los seis sectores de la disputa fronteriza. Más de 400 km² son delimitados, adjudicando a Honduras 316.8 km², mientras que a El Salvador se conceden 137.77 km². La Corte adjudica el control casi total de Nahuaterique y de Dolores a Honduras. Igualmente se concede a este país el control total de la delta del río Goascorán. Los bolsones de Cayaguanca y Tepanguisir, son adjudicados a El Salvador en su gran mayoría, junto con una pequeña porción del territorio conocido como Zazalapa.

2) *Disputa Insular. En cuanto a la cuestión insular, tras decidir solamente analizar la situación de las islas del Golfo de Fonseca que han generado controversia, la Corte resuelve que:*
- *La isla El Tigre es parte del territorio soberano de la República de Honduras*
- *Las islas de Meanguera y Meanguerita son parte soberana de la República de El Salvador*

3) *Situación Marítima dentro del Golfo de Fonseca. La Corte resuelve que las aguas del Golfo de Fonseca continúan siendo mantenidas soberanamente por las Repúblicas de El Salvador, Honduras y Nicaragua en condominio, excepto por un pequeño cinturón de 3 millas que se extiende desde el litoral de cada Estado.*

4) *Situación Marítima fuera del Golfo de Fonseca. La Corte resuelve que siendo el Golfo una bahía histórica con tres Estados costeros, la línea que cierra el Golfo constituye la base del mar territorial, la base continental, y la exclusiva zona económica de El Salvador y Nicaragua, fuera de las costas de ambos Estados, también serán medidos hacia fuera de la sección comprendiendo 3 millas a lo largo de la Punta Amapala (en El Salvador) y 3 millas desde Punta Cosigüina (en Nicaragua), respectivamente. Cualquier delimitación de las áreas marítimas deberá realizarse sobre la base de las leyes internacionales.*

La resolución de la Corte Internacional de Justicia es registrada en 4 copias que son enviadas, la primera al Archivo de la Corte y las restantes, a los Gobiernos de las Repúblicas de El Salvador, Honduras y Nicaragua. El dictamen se considera una derrota diplomática para el Gobierno salvadoreño, que había nombrado una nueva Comisión al asumir la Presidencia el Licenciado Cristiani en 1989, dejando fuera a los expertos que habían representado inicialmente el caso desde 1986.

Más grave aún, el Fallo de la Corte Internacional de Justicia afecta a miles de salvadoreños que habitan los "bolsones", a donde se han trasladado buscando refugio de la cruenta guerra civil que se libraba en su país. Con la Sentencia de la Corte, estos habitantes pasarían supuestamente a convertirse en ciudadanos hondureños.

## FMLN Suspende Proceso de Desarme

En octubre de 1992, el proceso de pacificación se ve seriamente amenazado, cuando el FMLN anuncia que ha suspendido su proceso de desarme gradual ante la falta de progreso con el programa de transferencia de tierras a desmovilizados (la legalización de la tenencia de tierras en zonas conflictivas debía haberse concluido a más tardar en julio de 1992, mientras que la transferencia de tierras debía haberse comenzado entre abril y mayo de 1992). La crisis es solucionada luego de la inmediata mediación de Naciones Unidas para lograr un nuevo acuerdo que acelere la transferencia de tierras.

## Crean CONSEFIP, Comisión Presidencial Anticorrupción

En noviembre de 1992, el Presidente Cristiani crea una instancia presidencial anti- corrupción, la Comisión de Seguimiento y Fiscalización de los Programas de Inversión y Gastos del Sector Público CONSEFIP. La CONSEFIP llega a investigar más de 100 casos en el sector público, entregando su informe en octubre 1993. Cristiani anuncia que dicho documento se mantendría en estricta confidencialidad y que el Estado no tomaría de momento ninguna acción basada en sus resultados. Dos años después, cuando ya había dejado el cargo presidencial, Cristiani declararía que el informe no contenía ni nombres de presuntos involucrados, ni evidencias. De acuerdo con declaraciones de Cristiani, copias del informe fueron enviadas a 4 instituciones estatales, incluyendo la Fiscalía General de la República.

## Concluye la Desmovilización del FMLN

El 15 de diciembre de 1992, con dos meses de retraso, concluye finalmente la desmovilización del FMLN. Los retrasos responden a la resistencia del Gobierno de Cristiani en depurar al Ejército, según fuera recomendado por una Comisión Ad Hoc de Naciones Unidas, y a la lentitud en el proceso de transferencia de tierras y de los programas de inserción de exmilitantes de ambos bandos. Gracias a la fuerte presión internacional, especialmente de los Estados Unidos, el Gobierno salvadoreño finalmente acepta dar licencia con goce de sueldo a 103 oficiales señalados en el informe de la Comisión Ad Hoc. Entre los meses de Septiembre/92 y Febrero 93 el Gobierno salvadoreño "Desmovilizaría" los Batallones Atlacatl, Arce, Atonal, Belloso, Bracamonte, muchos de ellos señalados como responsables de las más sangrientas masacres sufridas durante el pasado conflicto armado. Todos los batallones habían sido entrenados por los Estados Unidos a principios de los Ochentas, para tratar de contrarrestar la insurrección armada de las fuerzas de izquierda.

# 1993

## Cristiani Decreta Ley de Amnistía General

*"La Amnistía General, tal como se ha decretado es inconstitucional y contraria a los principios del derecho internacional y de los derechos humanos...*

*... la ley viola el artículo 244 de la Constitución Política del país, que prohíbe amnistiar a funcionarios civiles o militares en el período en que está vigente el gobierno que comete el delito.... También viola el derecho internacional humanitario... porque el Artículo 50 del Convenio I de los cuatro Convenios de Ginebra, así como el Estatuto de Nuremberg para juzgar a criminales de guerra, establece los delitos que son imprescriptibles y no amnistiables, tales como crímenes de guerra y los delitos de lesa humanidad, como los de las masacres de El Mozote, el Río Sumpul y la Zona Rosa. El Gobierno de El Salvador es firmante de los convenios y el Estatuto, por tanto, son leyes de la República."*

— *Dr. Félix Ulloa h.*, *Director de Instituto de Estudios Jurídicos de El Salvador IEJES*

En marzo de 1993, el Presidente Alfredo Cristiani promulga la *Ley de Amnistía General para la Consolidación de la Paz*, intentando librar de responsabilidad a todos aquellos funcionarios públicos, a miembros del ejército y de la guerrilla, de cualquier responsabilidad de hechos violentos acontecidos durante la pasada guerra civil, que dejara miles de muertos, la mayoría atribuibles a fuerzas del gobierno y a los "Escuadrones de la Muerte" de ultra- derecha. La controvertida Ley, aprobada en la Asamblea Legislativa por los partidos ARENA, MAC y PCN, el 20 de marzo de 1993 (cinco días después de que Naciones Unidas presentara su informe sobre graves violaciones a derechos humanos), sería inmediatamente cuestionada por organismos como IEJES, Amnesty International, CIDH, Comisión Interamericana de Derechos Humanos y otras instituciones observadoras de los derechos humanos, por considerarla una maniobra desesperada para declarar la completa inmunidad procesal para todos los involucrados en excesos contra los derechos humanos en los años Ochentas.

## Comisión de la Verdad de Naciones Unidas Entrega Informe Final

El 15 de marzo de 1993, la Comisión de la Verdad para El Salvador hace entrega al Presidente Cristiani, a los antiguos comandantes del FMLN (Shafick Handal, Salvador Samayoa y Ana Guadalupe Martínez), y al Dr. Boutros Boutros-Ghali, Secretario General de la ONU, del valioso y delicado informe para el que había sido creada casi ocho meses atrás. Dicho documento registra los nombres de militares, de personajes de la oligarquía, y de miembros de la guerrilla que patrocinaron y/o cometieron graves violaciones durante la pasada Guerra Civil. En forma detallada, el documento registra quienes ordenaron y participaron en el asesinato del Arzobispo Oscar A. Romero, los sacerdotes Jesuitas de la UCA, las sangrientas masacres en El Mozote, El Río Sumpul, y El Calabozo, el asesinato de Marines norteamericanos en la Zona Rosa, los asesinatos de alcaldes del PDC, entre muchos otros casos. La Corte Suprema de Justicia y el órgano judicial salvadoreño quedan señalados como encubridores de gravísimas atrocidades contra innumerables ciudadanos.

El documento de la Comisión de la Verdad, presenta dos tipos de recomendaciones: unas que deben cumplirse a la brevedad posible y otras que requieren de reformas institucionales que eviten que vuelvan a repetirse los crímenes del conflicto reciente.

La Comisión de la Verdad, sugiere se realicen de inmediato:

- *Separación de oficiales de la Fuerza Armada salvadoreña, implicados en la perpetración y encubrimiento de violaciones a los derechos humanos.*

- *Separación de funcionarios públicos de la administración pública y de la judicatura, que participaron en el encubrimiento de graves hechos de violencia.*

- *Inhabilitaciones Públicas, mediante la cual se recomienda que los civiles, militares y miembros del FMLN, señalados en el informe deberán quedar inhabilitados para el ejercicio de cargos públicos por un período no menor a 10 años.*

- *Implementación de una serie de reformas en Sistema Judicial, señalado como corrupto e ineficiente.*

- *Evaluación exhaustiva de los Jueces, reemplazando aquellos que se han visto involucrados en actos de deshonestidad, encubrimiento de la verdad, y corrupción*

- Además, la Comisión de la Verdad propone la erradicación de las Causas Estructurales [10] que provocaron los graves hechos de violencia en el país:

- *Reformas a la Fuerza Armada, incluyendo la completa subordinación a las autoridades civiles del país y el establecimiento de un nuevo sistema educativo dentro de las Fuerzas armadas que garantice el constante profesionalismo del ente militar y el respeto a los derechos humanos de la población.*

- *Reformas a los Asuntos de Seguridad Pública, entre las que se propone disolver los antiguos cuerpos de seguridad (Guardia Nacional, Policía de Hacienda, Policía Nacional) y reemplazarlos con una nueva Policía Nacional Civil, bajo estricto control civil.*

- *Investigación de los "grupos armados ilegales", que operaran con completa impunidad durante el conflicto y que podrían ser utilizados tanto para realizar crímenes políticos o para actuar en forma de mafias organizadas.*

## Fallece Comediante "Aniceto Porsisoca"

El 9 de junio de 1993, muere a los 65 años de edad el gran comediante salvadoreño Carlos Álvarez Pineda, mejor conocido como "Aniceto Porsisoca". El personaje cómico "Aniceto" había surgido a mediados de los años 1960s, teniendo rápidamente gran éxito en la radio, televisión y en los paquines. Aniceto formaría pareja con su compadre Don Paco Medina Funes, quienes tendrían su programa televisivo "Oficina para Todo" en el Canal 2 durante los años Setentas y luego a principios de los Ochentas con el "Chele" Ávila, en Canal 6. Durante este último período, Carlos Álvarez haría extensas giras en los Estados Unidos, Canadá y Australia, entreteniendo a la creciente comunidad de "exiliados" salvadoreños en el extranjero. Años después, Carlos Álvarez Pineda recibiría homenajes por parte de la Asamblea Legislativa (1990) y por la Organización de Estados Americanos OEA (1991), como reconocimiento a su larga trayectoria artística.

Joya de Ceren. Patrimonio de la Humanidad

## Joya de Cerén es Declarada Patrimonio de la Humanidad

En 1993, Joya de Cerén, una pequeña comunidad agrícola sepultada por ceniza luego de la violenta explosión del volcán Loma Caldera, aproximadamente en el año 600 d.C., es declarada Patrimonio de la Humanidad por la UNESCO. La "Pompeya de América", como ha sido bautizado el pequeño poblado indígena, fue descubierta en 1976, cuando el Gobierno salvadoreño se encontraba construyendo un silo para almacenar granos en las afueras del poblado de Joya de Cerén, en el Departamento de La Libertad. Entre 1978-79, un equipo de arqueólogos de la Universidad de Colorado, encabezada por el Dr. Payson Sheets, inició excavaciones en el lugar, que tuvieron que ser suspendidas debido a la guerra civil. Las exploraciones de Joya de Cerén, ubicada a unos 40 kilómetros de San Salvador, se reanudaron en 1989. Hasta la fecha, aún no se han encontrado restos humanos, lo que indica que aparentemente los habitantes tuvieron tiempo de huir del lugar, antes que una lluvia de ceniza y roca ardiente les cayera encima. Las construcciones descubiertas incluyen viviendas, baños de vapor, bodegas para almacenar cereales, un recinto comunal, y locales religiosos aparentemente utilizados por "brujos" o curanderos. Además, los arqueólogos han descubierto sembradíos y jardines que contienen maguey, maíz, cacao, frijol, y otras plantas, e incluso los restos de un pato doméstico. También se han encontrado numerosos utensilios, que incluyen recipientes de cerámica, cuchillos de obsidiana, quemadores de incienso, objetos hechos a base de piedra, hueso o madera, etc.

# 1994

*"El Salvador es como un paciente que está en la mesa de operaciones 'con el lado izquierdo y el lado derecho del cuerpo separados por una cortina, y en cada lado le están haciendo una operación diferente'"*
— *Alvaro de Soto y Graciana del Castillo, publicado en Foreign Policy (1994), en relación al momento histórico que vive El Salvador, ante la falta de coordinación entre el proceso de paz (siendo coordinado por Naciones Unidas) y la política económica (siendo definida por el Banco Mundial y el Fondo Monetario Internacional).*

### Finaliza el Retiro de Minas de Guerra

El 30 de Enero de 1994, en Suchitoto se completa el programa de eliminación de minas explosivas de las áreas de conflicto, a cargo de la compañía belga International Danger and Disaster Assistance IDAS, que ha contado con la colaboración del FMLN, la Fuerza Armada, la UNICEF y la ONUSAL. Según el reporte de IDAS, cerca de 10,000 minas son encontradas y desactivadas en diversas zonas de guerra, a un costo aproximado de $4.8 millones de dólares.

### Algunos Asuntos Pre-Electorales

El 7 de febrero de 1994, el Tribunal Supremo Electoral ordena sean retirados del aire "spots" comerciales de la campaña política en que se presentan escenas de la destrucción durante la Guerra Civil en los que se acusa al Dr. Rubén Zamora, candidato presidencial de la Coalición FMLN-CD, como uno de los presuntos responsables. La coalición de centro-izquierda anuncia que estudia la posibilidad de demandar a funcionarios de Gobierno en conexión con el uso de recursos estatales para financiar la campaña de ARENA. El Presidente del TSE, Dr. Luis Arturo Zaldívar, informa que el número de votantes que podrán participar en las próximas elecciones será superior a los 2,700,000 personas. La cifra es considerada como una "conquista histórica" por el Director de ONUSAL, Augusto Romero Ocampo. Otro funcionario de la ONUSAL, Rafael López Pintor, considera que la posibilidad de fraude es bastante remota debido a la gran cantidad de observadores internacionales que vendrán al país para verificar la integridad de los comicios. Ocampo, de origen colombiano, anuncia que dejara su puesto como Director de ONUSAL, luego de las elecciones del 20 de marzo, luego de cubrir un año de servicio en el puesto. En su lugar, vendrá el venezolano Enrique Ter Horst, un funcionario experimentando en tareas de mantenimiento de la paz.

### Ataque contra la ex -Comandante Nidia Díaz

El 24 de febrero de 1994, la ex –comandante guerrillera Nidia Díaz (cuyo nombre verdadero es Marta Valladares), candidata a Diputada por el Departamento de San Vicente, sufre un atentado contra su vida, por un grupo armado que se conduce en un vehículo con vidrios polarizados. Uno de los guardaespaldas de la Sra. Díaz resulta herido en el ataque. Los meses de Enero y Febrero se han convertido en los más violentos en el país, desde la firma de los Acuerdos de Paz en 1992.

### Presentación de la Película "Romero" en San Salvador

En Marzo de 1994, se presenta en uno de los Auditoriums de la Universidad Centroamericana "José Simeón Cañas", la Película "Romero" (Warner Brothers, 1989), donde el actor puertorriqueño Raúl Julia interpreta a Monseñor Oscar A. Romero.El filme es presentado ante un auditórium lleno (con capacidad para unas 1,100 personas), estando presentes el propio cineasta Raúl Julia, el productor de la película, Ellwood Kieser, así como altas autoridades de la Arquidiócesis de San Salvador. Kieser y Julia formaban parte de la delegación "Freedom House", que ayudaría a monitorear las elecciones presidenciales que se celebrarían este mes, bajo la supervisión de las Naciones Unidas, donde por primera vez participa la guerrilla del FMLN, tras la firma de los acuerdos de Paz en 1992.

### Las Elecciones Presidenciales de 1994

El 20 de marzo de 1994, se realizan en el país los primeros comicios Presidenciales desde la firma de los Acuerdos de Paz. En las llamadas "Elecciones del siglo" mediante las cuales se escoge no solo al futuro Presidente y Vicepresidente de la República, se elegirán también a los nuevos diputados y alcaldes, participando por primera vez la ex –guerrilla salvadoreña del FMLN, que había boicoteado todas las elecciones desde inicio de la década de los Ochentas. El resultado de las elecciones, celebradas bajo la estricta vigilancia de Naciones Unidas, confirma la superioridad en las urnas del partido ARENA, que lleva como candidatos al

Dr. Armando Calderón Sol, ex -alcalde de San Salvador, y al Dr. Enrique Borgo Bustamante.

| Resultados Electorales Presidenciales de 1994 – Primera Ronda | | | |
|---|---|---|---|
| Partido | Candidato | Votos Válidos | Porcentaje |
| ARENA | Armando Calderón Sol | 651,632 | 49.11% |
| COALICIÓN FMLN-CD | Rubén Zamora | 331,629 | 24.99% |
| PCN | Roberto Escobar García | 70,854 | 5.34% |
| PDC | Fidel Chávez Mena | 215,936 | 16.27% |
| MAC | Rina de Rey Prendes | 10,901 | 0.82% |
| MU | Jorge Martínez | 31,925 | 2.40% |
| MSN | Edgardo Rodríguez | 13,959 | 1.05% |
| Total | | 1,326,836 | 99.98% |

Fuente: Tribunal Supremo Electoral, Reporte de votación para Presidente y VicePresidente, 20 de marzo de 1994.

## Elecciones Municipales y Legislativas en 1994

El 20 de marzo de 1994, se celebran también las elecciones legislativas y municipales. El FMLN, que por primera vez participa en las elecciones, asegura 21 curules en la Asamblea Legislativa; ARENA logra conseguir 39 escaños. El partido de Gobierno logra también una abrumadora victoria al ganar en 207 de los 262 municipios del país.

| RESULTADO DE ELECCIONES LEGISLATIVAS 1994- 1997 | | | |
|---|---|---|---|
| Partido | Total de Votos Válidos | No. Diputados | Porcentaje |
| ARENA | 605,775 | 39 | 45.04% |
| FMLN | 287,811 | 21 | 21.39% |
| PDC | 240,451 | 18 | 17.88% |
| PCN | 83,520 | 4 | 6.20% |
| CD | 59,843 | 1 | 4.45% |

| MU | 33,510 | 1 | 2.49% |
|---|---|---|---|
| MNR | 9,431 | 0 | 0.70% |
| MSN | 12,827 | 0 | 0.95% |
| MAC | 12,109 | 0 | 0.90% |
| Total | 1,345,277 | 84 | 100.00% |

Fuente: Tribunal Supremo Electoral

## La Segunda Ronda Electoral

El 24 de abril de 1994, Calderón Sol derrota fácilmente a Zamora Rivas, llevándose el 68% de los votos contra 31% de su rival. Las elecciones dejan establecida a la coalición FMLN-CD como la segunda fuerza política del país, desplazando al Partido Demócrata Cristiano que durante el resto de la década iría desmoronándose por sus constantes conflictos y pugnas internas, surgiendo de él los pequeños partidos Unión Social Cristiana, Fuerza y Esperanza, y Movimiento de Unificación Demócrata Cristiana, todos de muy corta existencia.

| Resultados Electorales Presidenciales de 1994 – Segunda Ronda | | | |
|---|---|---|---|
| Partido | Candidato | Votos Válidos | Porcentaje |
| ARENA | Armando Calderón Sol | 818,264 | 68.35% |
| COALICIÓN FMLN-CD | Rubén Zamora | 378,980 | 31.65% |
| Total | | 1,197,244 | 100.00% |

Fuente: Tribunal Supremo Electoral

## El Auge de las Remesas Familiares

Con la llegada de ARENA al poder en 1989, el Gobierno abre "Casas de Cambio" y establece un tipo de cambio único buscando controlar el ingreso de las remesas familiares y eliminar el mercado negro que había imperado durante la década pasada. Los millones de dólares enviados por los miles de salvadoreños en el extranjero, permiten al Gobierno no solamente estabilizar la economía sino consolidar las reformas estructurales. Sin embargo, la creciente emigración comienzan a tener sus efectos negativos, entre los que se encuentran principalmente la fuga de recurso humano calificado y la desintegración familiar (que ha comenzado a causar entre otros males, la creación de peligrosas "maras" o pandillas juveniles como la Mara Salvatrucha, la Mara 18, y otras). Ante la creciente huida de salvadoreños hacia "El Norte", el Gobierno salvadoreño parece más preocupado en gestionar ante las autoridades norteamericanas que se permita a éstos quedarse en Estados Unidos, que en crear fuentes de trabajo y condiciones adecuadas de vida, para que los salvadoreños no se vean forzados a abandonar el país, en la mayoría de los casos exponiendo sus vidas durante el trayecto. Hacia finales de 1994, las remesas enviadas por los "hermanos lejanos" (que ese año totalizarían más de $960 millones de dólares) sobrepasarían el total de ingresos provenientes de exportaciones nacionales.

**Termina el Primer Gobierno de ARENA**
En junio de 1994, concluye el primer Gobierno de ARENA. Alfredo Cristiani, entrega el poder al ex-Alcalde de San Salvador, Dr. Armando Calderón Sol, uno de los fundadores del partido. El nuevo gobernante continuaría impulsando las políticas neoliberales de su antecesor. La ex-guerrilla del FMLN, pasaría a convertirse en la segunda fuerza política del país, pero pronto los conflictos internos comenzarían a desgajarlo.
El optimismo general de la población tras la firma de la Paz, se tornaría pronto en frustración al verse afectada por la situación económica mundial, los nuevos impuestos y las continuas alzas a los principales servicios públicos, gracias al radical proceso de privatización impulsado por el Estado salvadoreño y la alta empresa privada.

## REFERENCIAS

[1] Naciones Unidas, Informe de la Comisión de la Verdad para El Salvador 1992- 1993, p.65

[2] Comisión Interamericana de Derechos Humanos CIDH, Informe No. 136/ 99 Caso 10.488 Ignacio Ellacuría S.J., Segundo Montes, S.J., et al. , http://www.cidh.oas.org

[3] Naciones Unidas, Informe de la Comisión de la Verdad para El Salvador 1992- 1993, p.63

[4] Time Magazine, "The Sheraton siege", David Brand, p.50, on Time Almanac 1995

[5] Millman, Joe, "El Salvador y el poder militar", New York Times, 23 de

diciembre de 1989

[6] Naciones Unidas, Acuerdos de Ginebra, p.1

[7] La Prensa Gráfica, conflicto en El Salvador, p.121

[8] La Prensa Gráfica, Revista Enfoques, Año 4 No.186 Domingo 23 de diciembre de 2001, "En las entrañas de la negociación", p.7c

[9] Naciones Unidas, Informe de la Comisión de la Verdad para El Salvador 1992- 1993, p.233

[10] Comisión de la Verdad de El Salvador. Naciones Unidas, "De la locura a la esperanza: la guerra de los doce años en El Salvador, pgs. 239- 258

# 4.21 LA ERA CALDERON SOL (1994- 1999): MAQUILAS Y PRIVATIZACIONES

La millonaria maquinaria electoral de ARENA y la creciente apatía electoral, le dan al partido de derecha un segundo mandato presidencial. El Gobierno de Armando Calderón Sol continua las políticas neoliberales de su antecesor, fortaleciendo el sector Terciario (comercio y servicios) en detrimento de los sectores agrícola, industrial, y turístico. Calderón Sol haría grandes esfuerzos por atraer la inversión extranjera, especialmente para el sector maquilero.

Inauguración Presidencial del Dr. Calderón Sol

Durante este período, se concretizarían las privatizaciones de ANTEL, las distribuidoras de energía eléctrica, los ingenios azucareros y las pensiones públicas. Por un tiempo, el Gobierno contemplaría la posibilidad de dolarizar la economía, pero se daría marcha atrás ante las primeras manifestaciones de rechazo popular. También, ocurrirían los millonarios fraudes de INSEPRO-FINSEPRO, Crediclub, y CREDISA.

Entre los años 1994-99, el país sería víctima del fenómeno de "El Niño" y del violento huracán "Mitch".

Para miles de salvadoreños, especialmente en el interior del país, el hambre y el desempleo los forzaría a tomar la decisión de huir al Norte, sorteando gran cantidad de peligros, en busca del "Sueño Americano". Gracias a ellos y a miles de compatriotas residentes en Estados Unidos, Canadá, Australia, Suecia y otros países, la economía de El Salvador se mantendría a flote con el creciente envío de remesas familiares.

# 1994

### Toma de Posesión de Armando Calderón Sol

El 1º de junio de 1994, Armando Calderón Sol, un abogado graduado de la Universidad de El Salvador, fundador del partido ARENA, y quien ha servido dos períodos como Alcalde capitalino, se convierte en el nuevo Presidente de la República. Calderón Sol recibe la banda presidencial de manos de Alfredo Cristiani Burkard. Como Vice-Presidente es juramentado el Dr. Enrique Borgo Bustamante, un fuerte inversionista de la aerolínea TACA. Como Primer Designado a la Presidencia, sería posteriormente nombrado el empresario Roberto Llach Hill (nieto del patriarca James Hill, perteneciente a las "14 familias"). Calderón Sol plantea continuar con la modernización del Estado, como una condición necesaria para iniciar el "despegue" hacia el desarrollo. Entre los proyectos de la nueva Administración, se encuentra privatizar los principales servicios básicos, como telecomunicaciones, energía eléctrica, pensiones, sistema financiero, agua potable y salud. También se plantean fuertes inversiones a los puertos nacionales, especialmente Acajutla y el Aeropuerto de Comalapa.

Entre sus primeras disposiciones, Calderón Sol suprimiría el Ministerio de Planificación y reestructuraría el Ministerio de Relaciones Exteriores, buscando atraer mayor inversión extranjera, principalmente en el área maquilera. El nuevo Gobierno anunciaría un nuevo programa *"para convertir a El Salvador en una gran zona franca de servicios de maquila, financieros y de mercadeo", teniendo como pilar, "... un tipo de cambio fijo y la convertibilidad del colón (junto con una mayor liberalización del mercado)"* [1]. Las implicaciones de la propuesta gubernamental generarían severas críticas a nivel nacional.

Entre sus primeras disposiciones, Calderón Sol suprimiría el Ministerio de Planificación    y reestructuraría el Ministerio de Relaciones Exteriores, buscando atraer mayor inversión extranjera, principalmente en el área maquilera. El nuevo Gobierno anunciaría un nuevo programa *"para convertir a El Salvador en una gran zona franca de servicios de maquila, financieros y de mercadeo", teniendo como pilar, "... un tipo de cambio fijo y la convertibilidad del colón (junto con una mayor liberalización del mercado)"* [1]. Las implicaciones de la propuesta gubernamental generarían severas críticas a nivel nacional.

## Gabinete de Gobierno del Presidente Calderón Sol

Dr. Enrique Borgo Bustamante, Vicepresidente de la República y Ministro de la Presidencia,

Lic. Eduardo Zablah Touché, Ministro de Economía,

Dr. Rubén Antonio Mejía Peña, Ministro de Justicia,

Dr. Ramón Ernesto González Giner, Ministro de Planificación y Coordinación de Desarrollo Económico y Social (posteriormente asumiría la Cancillería de la República)

Lic. Ricardo Montenegro, Ministro de Hacienda (reemplazado por Dr. Manuel Enrique Hinds Cabrera),

Coronel Humberto Corado Figueroa, Ministro de Defensa Nacional (sustituido por el General Jaime Morales Guzmán, 1998),

Licda. Cecilia Gallardo de Cano, Ministra de Educación, (Licda. Abigail Castro de Pérez, 1998)

Lic. Carlos Mejía Alvarez, Ministro de Agricultura (reemplazado por Lic. Oscar Manuel Gutiérrez, Ministro de Agricultura y Ganadería, quien sería sustituido por el Ing. Ricardo Quiñónez Avila, 1998)

Lic. Mario Acosta Oertel, Ministro del Interior,

Sr. Hugo Barrera, Ministro de Seguridad Pública,

Dr.Eduardo Interiano, Ministro de Salud Pública y Asistencia Social,

Dr. Miguel Araujo, Ministro de Medio Ambiente y recursos Naturales

## Gobierno Privatiza los Ingenios y Plantas de Alcohol

El 21 de julio de 1994, la Asamblea Legislativa emite la "Ley de Privatización de Ingenios y Plantas de alcohol" (Decreto Legislativo No. 92), en base a la cual se crea la Comisión de Privatización de Ingenios y Plantas de Alcohol que tendría la función de valuar los ingenios pertenecientes al Instituto Nacional del Azucar INAZUCAR y a la Corporación Salvadoreña de Inversiones CORSAIN. En los próximos días se iniciaría la venta de los ingenios El Carmen, Chaparrastique, La Magdalena, La Cabaña y El Jiboa.

### Grupo Conjunto entrega Reporte sobre Derechos Humanos

El 28 de julio de 1994, el Grupo Conjunto de Naciones Unidas informa al Presidente Calderón Sol y al Jefe de la Misión de Observadores de ONUSAL, Sr. Enrique Ter Horst, que los "Escuadrones de la Muerte" que operaron durante el conflicto se han convertido en formas de *Crimen Organizado* con la capacidad de llevar a cabo crímenes de índole político. De acuerdo con el informe, entre los participantes en estas estructuras delictivas se encuentran miembros de alto rango en el Ejército y la Policía Nacional, así como funcionarios públicos en distintos niveles. Aunque el documento hecho público no menciona nombres, el texto entregado al Gobierno, ONUSAL, la Fiscalía General, y a la Suprema Corte, incluye los nombres de personas involucradas en 25 actos de violencia desde la firma de los Acuerdos de Paz. El Grupo Conjunto de la ONU, creado en 1993 para investigar más de 100 homicidios desde el fin del conflicto, está formado por Diego García Sayan, jefe de la división de Derechos Humanos de ONUSAL, el Procurador de Derechos Humanos, Carlos Molina Fonseca, y los expertos legales, José Leandro Echeverría y Juan Jerónimo Castillo.

### Denuncias de Corrupción contra Funcionarios de Gobierno

En Septiembre de 1994, el Presidente del Instituto Libertad y Democracia ILYD, Kirio Waldo Salgado, acusa de corrupción a altos funcionarios del Gobierno de ARENA. Eduardo Zablah, Ministro de Economía, admite impuestos discriminatorios contra un grupo de importadores de arroz. Sin embargo, el Ministro de Agricultura, Carlos Mejía Alférez, gerente de una distribuidora arrocera rival, niega las acciones anti- competitivas, diciendo que los cobros excesivos han sido simplemente un error. Otro funcionario, Ricardo Montenegro, Ministro de Hacienda, es acusado de evasión de impuestos por más de un millón de dólares, así como de intentar encubrir los hechos y de malversar fondos públicos.

### Convención del FMLN termina en Crisis

En Agosto de 1994, se celebra la convención del FMLN. Dos de las facciones que lo componen, el Ejército Revolucionario del Pueblo y la Resistencia Nacional, insisten en que el FMLN funcione como un "partido de partidos", mientras que las Fuerzas Populares de Liberación y el Partido

Revolucionario de los Trabajadores de Centroamérica, apoyan la disolución de cualesquiera facciones en un solo bloque político. Miembros del ERP y la RN, han estado teniendo reuniones privadas con funcionarios de ARENA en la Asamblea Legislativa.

## Estado de Emergencia por Causas de la Sequía

En los meses de Agosto y Septiembre de 1994, una fuerte sequía ocasionada por el fenómeno climático "El Niño", azota la región Centroamericana, afectando principalmente a Nicaragua, Honduras y El Salvador. En el país, el Ministro de Agricultura, Carlos Mejía Alférez, informa que más de la mitad de las cosechas de maíz, frijol, y arroz se perdieron debido al fenómeno ambiental, por lo que será necesario recurrir a la importación de granos básicos. La sequía también afecta la producción de electricidad debido a la caída de los niveles de agua en las presas nacionales.

## El Caso DeSola Versus Villalobos

En agosto de 1994, el ex –comandante del ERP Joaquín Villalobos acusa al empresario Orlando DeSola de haber financiado las actividades de "Escuadrones de la Muerte" durante la pasada guerra. DeSola presenta una denuncia por difamación contra el ex –guerrillero. Durante el juicio, mientras DeSola presenta un video donde el acusado hace el señalamiento contra el empresario, el abogado defensor presenta varios documentos, incluyendo material desclasificado por la Casa Blanca, el Departamento de Estado y CIA, así como diversos artículos publicados en el New York Times y el Washington Post. La sentencia de la Corte es emitida el 26 de agosto, mediante la cual Villalobos es absuelto del cargo de difamación, pero se señala también que no existe pruebas que indiquen que Orlando DeSola ha financiado a los Escuadrones de la Muerte. Los abogados del empresario presentan una apelación a finales del mes. Sorpresivamente, el 17 de octubre el juez que había visto el caso en Agosto, emite una orden de arresto contra Villalobos, quien es llevado a una de las cárceles de la Policía Nacional, donde permanecería por unos días, hasta que fuera nuevamente desechada la acusación.

## Fallece Monseñor Rivera y Damas, Arzobispo de San Salvador

Monseñor Arturo Rivera y Damas, Arzobispo de San Salvador, de 71 años de edad, muere de un infarto masivo al corazón el 26 de noviembre de 1994. Monseñor Rivera y Damas era reconocido por la población nacional y extranjera como uno de los más cercanos amigos y colaboradores de Monseñor Oscar A. Romero, que muriera asesinado por un "Escuadrón de la Muerte", en marzo de 1980. Tras la muerte de Oscar Romero, Monseñor Rivera y Damas había sido nombrado por Roma como administrador apostólico interino de San Salvador, cargo que desempeñaría durante casi tres años, hasta que finalmente en 1983 fuera convertido en el nuevo Arzobispo capitalino.

### La Fracción Legislativa del FMLN se Parte en Dos

En Diciembre de 1994, siete de los 21 diputados que había obtenido el FMLN en las elecciones de marzo pasado, incluyendo a los ex - comandantes Joaquín Villalobos y Ana Guadalupe Martínez, pertenecientes a la facción Expresión Renovadora del Pueblo (antes Ejército Revolucionario del Pueblo), se separan del FMLN. Posteriormente, los diputados formarían el Partido Demócrata, que definido por sus fundadores como una agrupación "social-demócrata" buscaría ser admitido -sin éxito- en la Internacional Socialista.

### Cumbre de Jefes de Estado de las Américas: Surge el ALCA

En Diciembre de 1994, se celebra en Miami, Florida, una reunión de Jefes de Estado del continente americano promovida por los Estados Unidos, que busca integrar esfuerzos para establecer un solo *Acuerdo de Libre Comercio en las Américas*, conocido por sus siglas ALCA. Los mandatarios, encabezados por el Presidente Bill Clinton, establecen como meta conformar una gigantesca zona de libre comercio continental a más tardar para el año 2005.

### Queda Finalmente Disuelta la Policía Nacional

El 31 de diciembre de 1994, queda finalmente disuelta la represiva Policía Nacional, que junto con otros cuerpos de seguridad del Estado fueran señalados como violadores de derechos humanos. Según reportes de los observadores de Naciones Unidas, varios de sus oficiales se encontraban involucrados en organizaciones delictivas. Un buen porcentaje de sus miembros son incorporados a la nueva Policía Nacional Civil.

# 1995

### Ex-Combatientes del Ejército Ocupan Asamblea

En enero de 1995, un grupo de exsoldados ocupan la Asamblea Legislativa y otros edificios públicos durante dos días, tomando rehenes y bloqueando diferentes calles en San Salvador. Los desmovilizados exigen se acelere el proceso de transferencia de tierras, según fuera definido por los Acuerdos de Paz. El programa de transferencia se encuentra bastante retrasado, y no se cuenta con créditos agropecuarios ni asistencia técnica. Muchos de beneficiarios del programa temen perder sus tierras ante la imposibilidad de poder cancelar los préstamos adquiridos.

### El Vaticano Nombra nuevo Arzobispo de San Salvador

El 21 de abril de 1995, Roma nombra a Monseñor Fernando Sáenz Lacalle, nuevo Arzobispo Metropolitano de San Salvador, reemplazando al fallecido Monseñor Rivera y Damas. La toma de posesión se realiza el 13 de mayo en la Catedral Metropolitana. Monseñor Sáenz Lacalle, originario de Navarra, España, pertenece al *Opus Dei* (que significa *Obra de Dios*), una institución católica fundada por Monseñor José Escrivá de Balaguer. El sacerdote español había llegado al país en 1962, sirviendo inicialmente como capellán en residencias estudiantiles y en el Club Sherpas, y luego como capellán del Ejército salvadoreño, donde se le otorga el grado de General. En 1984, Sáenz Lacalle había sido nombrado por el Santo Papa como Obispo Auxiliar de Santa Ana.

### Concluye el Mandato de ONUSAL

El 30 de abril de 1995, queda disuelta la ONUSAL, permaneciendo en el país únicamente MINUSAL (Misión de Naciones Unidas en El Salvador), formada por un reducido grupo de funcionarios encargados de realizar tareas de verificación de los Acuerdos de Paz firmados en 1992.

### El Cuestionado Pacto de San Andrés

A principios del año, el Gobierno manifiesta su intención de incrementar el Impuesto al Valor Agregado IVA hasta un 14%, pero la oposición en la Asamblea Legislativa rechaza la propuesta. El 31 de mayo de 1995, los 7 ex-diputados FMLN que han formado en diciembre pasado el *Partido Demócrata PD*, liderado por el ex Comandante guerrillero Joaquín Villalobos, suscriben el llamado "Pacto de San Andrés" con sus otrora enemigos mortales en el Gobierno de ARENA. Este acuerdo entre el Presidente Calderón Sol y el PD, permite que el Gobierno aplique un severo incremento al IVA, subiendo tres puntos hasta llegar al 13%. El Pacto de San Andrés también plantea duplicar el número de efectivos de la Policía Nacional Civil a 20,000. Además, busca garantizar a los ex combatientes y lisiados del

FMLN y la Fuerza Armada, sus indemnizaciones y los programas de reinserciones y transferencias de tierra, así como también, impulsar varios programas de inversión social en salud, educación y protección de medio ambiente. Menos de un año después, el 9 de abril de 1996, argumentando el incumplimiento del llamado Pacto de San Andrés por parte del Gobierno de Calderón Sol, Villalobos y el Partido Demócrata, anunciarían su retiro del mismo. Para el PD, la maniobra significaría un suicidio político que le costaría desaparecer en las próximas elecciones.

### Majano Araujo y la Estafa contra el ISSS

En julio de 1995, se libra orden de captura contra el Dr. Romeo Majano Araujo, ex Director del Instituto Salvadoreño del Seguro Social ISSS, y contra otros cuatro directivos del instituto, luego de que una serie de auditorías revelara la compra de seguros de vida en forma fraudulenta, así como una millonaria estafa en la adjudicación de medicamentos vencidos a través de una empresa fantasma. Otras demandas presentadas en su contra incluyen la compra de un circuito cerrado dentro del ISSS, radio comunicadores, y dos automóviles de lujo. Gradualmente, los cargos contra Majano y los otros funcionarios irían desapareciendo uno tras otro en las Cortes judiciales. En abril de 1998, un juez ordenaría dejar en libertad a los imputados argumentando que la Fiscalía no había logrado establecer ningún delito contra los imputados. Para 1999, sería anulada la orden de sobreseimiento contra el exfuncionario, indicando el juez que las investigaciones de la Fiscalía y el Juzgado de Hacienda aún no estaban concluidas. Majano sería finalmente liberado de todos los cargos en su contra en febrero de 2000.

### Se Estrella Avión de Pasajeros en San Vicente

El 9 de agosto de 1995, se estrella contra el volcán Chinchontepec en San Vicente, un Boeing 737 de la aerolínea guatemalteca AVIATECA proveniente de Miami, matando a todos los 65 pasajeros. Jamás se logra recuperar la "Caja Negra" de la aeronave, con la que podría haberse confirmado si hubo error del piloto.

### Decreto 471: GOES Despide cerca de 15,000 Empleados Públicos

Continuando con la implementación de sus políticas neoliberales, el Gobierno de Calderón Sol emite el Decreto No. 471 "Ley de Compensación por Retiro Voluntario", que dejaría sin empleo a cerca de 15,000 empleados públicos. Gran cantidad de afiliados a la Asociación de

Trabajadores del Ministerio de Obras Públicas ATMOP se toman las instalaciones de la Catedral Metropolitana para exigir el reinstalo de unos 1,500 trabajadores despedidos. La Catedral se mantendría ocupada hasta apenas unos días antes de la llegada del Papa Juan Pablo II, cuando gracias a la mediación de la Procuraduría de Derechos Humanos los exempleados del MOP accedieran ha abandonar el templo. Las demandas de los trabajadores, sin embargo, jamás serían atendidas.

# 1996

### Secretario de Estado Llega en Visita Oficial

En febrero de 1996, Warren Christopher, Secretario de Estado Norteamericano, visita el país con el principal objetivo de firmar un acuerdo que proveerá $10 millones de dólares para completar el Programa para Transferencia de Tierras, surgido con los Acuerdos de 1992. En su discurso a la Asamblea Legislativa, Christopher reitera el compromiso de los Estados Unidos para apoyar a las naciones del hemisferio occidental con el fin de impulsar el desarrollo sostenible y el libre comercio.

### Segunda Visita Papal a El Salvador

Entre el 5 y 12 de febrero de 1996, el Papa Juan Pablo II realiza su Viaje Apostólico No.69 fuera de Italia, visitando Guatemala, El Salvador, Nicaragua, y Venezuela. El Sumo Pontífice arriba a El Salvador el día 8 de febrero, en su segunda visita oficial a esta nación. Durante su estadía de apenas unas 10 horas en territorio cuzcatleco, Juan Pablo II, bronceado y visiblemente cansado de sus actividades en Nicaragua el día anterior, ofrece una Misa en un templo construido especialmente para él en las cercanías del centro comercial de Metrocentro. Durante la Misa, que trata principalmente asuntos religiosos, Juan Pablo II se abstiene de comentar sobre los problemas políticos y económicos del país, pero culpa tanto al marxismo como al capitalismo de haber dañado la estructura social del país y desatar los "horrores del odio" en la pequeña república.

El itinerario del Santo Padre no incluye una esperada visita a la Universidad Centroamericana "José Simeón Cañas", al lugar donde fueran asesinados seis sacerdotes jesuitas por miembros del Ejército salvadoreño en 1989. Sin embargo, el Papa sí visita por segunda ocasión la Tumba de Monseñor Oscar Arnulfo Romero, en la recién remodelada Catedral Metropolitana. Para la visita del Pontífice, el gobierno había otorgado ₡5 millones de colones para la reconstrucción de la Catedral, lo que no había hecho desde los tiempos de Monseñor Chávez y de Monseñor Romero.   Otras cosas han cambiado en San Salvador para esta 2a. visita, esta vez la oligarquía, los miembros de ARENA en Gobierno y los militares, están plenamente identificados con el Arzobispo conservador que preside la Iglesia Católica salvadoreña. Durante las ceremonias religiosas, los funcionarios del gobierno y sus familias junto con numerosos miembros de la oligarquía, permanecen muy cerca del Papa y de los sacerdotes católicos, que a finales de los años Setentas eran despreciados por haberse decidido por la "opción preferencial por los pobres". La población católica más pobre y humilde es mantenida a gran distancia del Santo Padre por los cuerpos de seguridad.

## Segunda Cumbre Regional México – Centroamérica:   Tuxtla II

En San José, Costa Rica, se celebra el 16 de febrero de 1996, la Segunda Reunión de Jefes de Estado de México y Centroamérica, al cual se incorporan por primera vez Belice y Panamá.   Esta Cumbre regional, bautizada como Tuxtla II, produce un Plan de Acción que busca establecer diversos programas de cooperación regional. Dicho plan contempla como temas centrales: *Educación, Cultura, Erradicación de la Pobreza, Protección del Medio Ambiente (ordenamiento ecológico, impacto ambiental, cambio climático, y biodiversidad), Narcotráfico, y Salud.*

## Presidente Argentino Visita el País

Del 8 al 10 de mayo de 1996, el Presidente argentino Carlos Saúl Menem realiza una visita oficial a El Salvador donde expone los grandes beneficios del neoliberalismo y las privatizaciones.   Menem, que realiza una pequeña gira por El Salvador, Honduras y Panamá, declara haber venido al país a *"rendir tributo, homenaje y admiración a quienes actualmente representan a este valeroso pueblo, un pequeño territorio, con pocos habitantes, pero un pueblo digno y talentoso".* Tras explicar las bondades económicas del modelo neoliberal, que se ha implementado en su país desde inicios de la década, Menem recordó que desde un principio contribuyó con el proceso de creación de las Misión de Naciones Unidas en El Salvador.   En la Colonia Escalón de la capital salvadoreña, el mandatario argentino devela un busto dedicado al héroe independentista José de San Martín.

## Asesinan a Presidente de Financiera Lafise en El Salvador

La tarde del 2 de septiembre de 1996, muere asesinado por dos sujetos que se conducen en una motocicleta, el señor Siegfried Guth Zapata, presidente de LAFISE de El Salvador. Fuentes policiales revelan sospechas de una posible estafa y lavado de dinero en El Salvador y Miami. En el caso, un reo detenido en el Penal de Mariona implica al diputado Walter Araujo del partido ARENA y a Juan José Doménech, empresario y presidente de este partido. Las acusaciones contra los miembros del partido ARENA serían luego desestimadas por el juez encargado del caso. Otros seis sospechosos en una supuesta estafa contra LAFISE serían puestos en libertad por el juez Roberto Arévalo Ortuño, lo que desataría duras críticas por parte del Ministro de Seguridad Pública, el Fiscal General, y varios diputados.

**Pugna Interna en ARENA: renuncia un conocido dirigente**
En Noviembre de 1996, Antonio "El Maneque" Cornejo Arango, dirigente y fundador del partido ARENA, anuncia su retiro del partido denunciando "actitudes prepotentes" de los líderes en el Consejo Ejecutivo Nacional COENA. El "Maneque", que anuncia a la prensa se pasará a las filas del Partido de Conciliación Nacional PCN, había argumentado recientemente que fueran las bases del partido las que eligieran a los próximos candidatos a las elecciones legislativas y municipales a celebrarse en marzo de 1997. Arango había también acusado al Presidente Calderón Sol de manipular y controlar al COENA, declarando a los medios que el país *"anda mal, la economía anda mal y la gente que votó por ARENA esta defraudada"* [2].

**Los Presidentes de Centroamérica son Condecorados en Managua**
El 3 de Diciembre de 1996, en una ceremonia en el Teatro Nacional Rubén Darío, la saliente Presidenta de Nicaragua, Doña Violeta Barrios de Chamorro, condecora a los presidentes Álvaro Arzú (Guatemala), Carlos Roberto Reyna (Honduras), Armando Calderón Sol (El Salvador), José Figueres (Costa Rica), Ernesto Balladares (Panamá), y Jesús Esquivel (Belice), como reconocimiento a sus esfuerzos por la unidad centroamericana. La Presidenta Chamorro debe entregar la banda presidencial al Presidente electo Arnoldo Alemán, el próximo 10 de Enero.

**Asamblea Aprueba Ley del Nuevo Sistema de Pensiones**
*"La reforma del sistema de pensiones que propone el gobierno de ARENA tiene sesgo en contra del sector trabajador, pues lo obliga a dedicar un mayor porcentaje de su salario para sus ahorros de pensiones y, además, lo recarga con un pago de comisiones que representan más del doble de lo que cotiza actualmente. Los más beneficiados por el nuevo sistema serán los empleadores, quienes verán reducidas sus tasas de aportación y los operadores de las AFP que contarán con elevados niveles de utilidad extraídas de los salarios del sector trabajador."*

*— **Universidad Centroamericana José Simeón Cañas**, Revista Proceso, Octubre 1998*

El 20 de diciembre de 1996, continuando con la agresiva política de privatización del actual Gobierno, la Asamblea Legislativa aprueba la "Ley del Sistema de Ahorro para pensiones Pensiones" y la "Ley Orgánica de la superintendencia de Pensiones", contando con 52 votos a favor, de un total de 84. La nueva Superintendencia de Pensiones comenzaría a operar en Enero de 1997, elaborando los manuales y reglamentos que habrían de regular el sistema y supervisar la organización de las nuevas Administradoras de Fondos de Pensiones AFP's. El proyecto de privatización de las pensiones se había considerado desde meses atrás, pero el déficit que manejaba el Instituto Nacional de Pensiones de Empleados Públicos INPEP habían detenido la iniciativa del Gobierno. Además, la oposición en la Asamblea había estado cuestionando la implementación del nuevo modelo, sugiriendo que en su lugar se reformara el antiguo sistema.

Según anuncia el Gobierno, con el nuevo sistema se pretende: a) incrementar el ahorro y el empleo; b) ampliar la cobertura, incluyendo al sector informal; y c) incrementar la rentabilidad de los fondos y el monto de las pensiones. Las AFP's entrarían en operación hasta abril de 1998, en medio de una fuerte campaña publicitaria del Estado para atraer a los trabajadores al nuevo sistema.

### Renuncia Presidente del COENA ante Acusaciones de Ilegalidades

En diciembre de 1997, Juan José Doménech, empresario dueño de la cadena de supermercados La Despensa de Don Juan y Presidente del COENA, se ve obligado a renunciar al ser acusado de comprar vehículos robados, cargo del que finalmente resulta exonerado.

# 1997

### Desertan Altos Dirigentes de ARENA

El domingo 5 de enero de 1997, tres de los principales políticos del partido ARENA en los últimos años, Francisco Merino (ex Vice- Presidente de la República), Mauricio Gutiérrez Castro (ex – Presidente de la Corte Suprema de Justicia) y el Coronel Sigifredo Ochoa Pérez, renuncian a ARENA. Dos de ellos, Merino y Ochoa, se incorporan al Partido de Conciliación Nacional. El Coronel Ochoa Pérez declara a la prensa que su retiro obedece a la forma dictatorial con que el Presidente Calderón Sol está manejando al COENA y al partido. Gutiérrez Castro regresaría años después al seno del partido, al ser nombrado miembro de la Comisión Presidencial que intentaría sin éxito que la Corte Internacional de Justicia revisara el fallo fronterizo de 1992.

### Activistas Exigen Cierre de Escuela de las Américas

En abril de 1997, unos 150 activistas pertenecientes a seis organizaciones aglutinadas en la Coordinación de Derechos Humanos de El Salvador CODHES, se concentran frente a la Embajada de Estados Unidos en San Salvador, exigiendo el cierre de la Escuela de las Américas, que funciona en el Comando Sur de los Estados Unidos, con sede en Fort Benning, Georgia. Los manifestantes gritan ante la sede diplomática "No queremos más dictadores y torturadores" , mientras son vigilados de cerca por elementos de la PNC. Decenas de oficiales del Ejército salvadoreño, señalados como responsables de violaciones de los derechos humanos durante el pasado conflicto armado, fueron entrenados en dicho centro militar en décadas anteriores.

### FMLN es acusado de Cometer Asesinatos

El 3 de marzo de 1997, durante la campaña electoral, el Partido Demócrata acusa a sus antiguos compañeros de armas del FMLN de ordenar el asesinato de prominentes dirigentes de ultraderecha durante la década de los Ochentas. La ex comandante guerrillera Ana Guadalupe Martínez, Presidenta del PD, acusa en programa televisivo a Shafick Handal de ordenar las muertes de Francisco "Chachi" Guerrero (líder del Partido de Conciliación Nacional y magistrado de la Corte Suprema de Justicia), José Antonio Rodríguez Porth (entonces Ministro de la Presidencia de Cristiani), Francisco Peccorini (analista político), Roberto García Alvarado (Fiscal General), y de Jorge Seraña (Juez Militar). Martínez y Joaquín Villalobos, ex –miembros de la agrupación Ejército Revolucionario del Pueblo ERP, acusan también al FMLN de efectuar una serie de secuestros durante la guerra incluso hasta pocas semanas antes de firmados los Acuerdos de Paz; de asesinar a la dirigente Mélida Anaya Montes; de mantener buzones ocultos de armas; y de entrenar a fuerzas guerrilleras de Tupac Amaru en Perú y las fuerzas Zapatistas de Chiapas.

## Elecciones Legislativas y Municipales en 1997

*"En noviembre de 1989, el Frente Farabundo Martí para la Liberación Nacional (FMLN) intentó tomar San Salvador a punta de fusil. El Ejército frustró la ofensiva después de dos semanas de enfrentamientos y bombardeos. El pasado domingo, la antigua guerrilla logró por fin el control de la capital salvadoreña. Esta vez sus armas fueron los votos."* — **El País Digital**, Madrid

Días antes de las elecciones, las encuestas vaticinan una apretada lucha entre el FMLN y ARENA, ante el desgaste político sufrido por el partido gobernante en los últimos tres años. El Salvador atraviesa una fuerte recesión y los aumentos a impuestos como el IVA, los aumentos a las tarifas de servicios públicos y un alto índice de desempleo que alcanza el 50% de la fuerza laboral, han causado el repudio y malestar general de la población. El domingo 16 de marzo de 1997, se celebran comicios para elegir diputados y nuevos concejos municipales. ARENA, logra obtener 28 escaños en la Asamblea Legislativa, apenas un diputado más que sus rivales del ex guerrillero FMLN, que obtienen 27 diputados.

| Resultados Elecciones Legislativas de 1997 | | | |
|---|---|---|---|
| Partido | Votos Válidos | No. Diputados | Porcentaje |
| **ARENA** | **396,301** | **28** | **35.39%** |
| FMLN | 369,709 | 27 | 33.02% |
| PDC | 93,645 | 7 | 8.37% |
| PCN | 97,362 | 11 | 8.70% |
| CD | 39,145 | 2 | 3.50% |
| MU | 25,244 | 1 | 2.25% |
| PUNTO | 0 | 0 | 0.00% |
| MSN | 7,012 | 0 | 0.62% |
| MAS | 132 | 0 | 0.000117% |
| PRSC | 40,039 | 3 | 3.58% |
| PD- PDC * | 13,533 | 3 | 1.20% |
| PL | 2,302 | 0 | 0.21% |
| PLD | 35,279 | 2 | 3.16% |
| Total | 1,119,703 | 84 | 100.00% |

Fuente: Tribunal Supremo Electoral.

*coalición integrada por *Partido Demócrata* y el *Partido Demócrata Cristiano*

Para ARENA, las elecciones resultan un fracaso parcial pues a comparación de la última elección (en 1994), pierden once diputados. Mientras que el FMLN, logra recuperarse de las divisiones internas, que hicieran que en 1994 perdieran siete de sus 21 diputados.

La bancada del FMLN contará en la nueva legislatura con doce ex comandantes guerrilleros, incluyendo: Shafick Handal, Marta Valladares (Nidia Díaz), Oscar Ortiz, Lorena Peña, Roberto Lorenzana, Miguel Sáenz, Orlando Quinteros, María Ofelia Navarrete, Mario Alberto Mijango, Norma Guevara, e Isabela Morales. El triunfo más importante lo constituye sin duda la victoria del Dr. Héctor Silva, quien como candidato de Convergencia Democrática, Iniciativa Ciudadana, y el FMLN, resulta electo nuevo Alcalde capitalino. El Partido de Conciliación Nacional, se ubica en el tercer lugar al obtener 11 puestos en la Asamblea. El partido es encabezado por Ciro Cruz Zepeda, Alejandro Dagoberto Marroquín, Rafael Machuca, y los coroneles Sigifredo Ochoa Pérez y José Almendáriz. La Convergencia Democrática apenas logra dos escaños, que serán ocupados por Jorge Villacorta y Rubén Zamora. La derrota parcial de ARENA en las elecciones, donde pasa a tener de 39 a 28 diputados en la Asamblea Legislativa y de 210 a 160 alcaldías bajo su control en todo el país, hace que el partido de Gobierno anuncie importantes cambios en su cúpula.

**Privatización de las Distribuidoras de Electricidad**
En abril de 1997, la Asamblea Legislativa aprueba la privatización de las distribuidoras de electricidad (Decreto No. 1004, de fecha 10 de abril de 1997) como parte del proceso de modernización del Estado que impulsa el Gobierno de Calderón Sol. La apresurada aprobación se efectúa con los votos de los diputados de ARENA, el Partido de Conciliación Nacional, y el Partido Demócrata, del ex guerrillero Joaquín Villalobos, y de diputados "renovadores". Treinta diputados de partidos de oposición, incluyendo a los 14 del FMLN, se oponen a la venta, por considerar que ésta no ha sido ampliamente consultada con la población - tal como lo exige la Constitución Política-, y que ésta ocasionará alzas inmoderadas a las tarifas eléctricas, produciendo mayor pobreza en el país.

Las distribuidoras de energía eléctrica (CAESS, EEO, DELSUR y CLESA) están diseminadas en las zonas occidental, central y oriental del país, y desde 1986 han pertenecido a la Comisión Ejecutiva Hidroeléctrica del Río Lempa CEL. La venta del 75% de las cuatro distribuidoras nacionales se efectuaría a principios de 1998, recibiendo el Gobierno aproximadamente $586 millones de dólares:

- La Compañía de Alumbrado Eléctrico de San Salvador (CAESS) y la Empresa Eléctrica de Oriente (EEO) pasan a manos de la empresa venezolana ENERSAL por $297 millones de dólares;
- CLESA, (que había absorbido a CLEA y CLES de Ahuachapán y Sonsonate, respectivamente) es adquirida por AES de El Salvador, una filial de AES Corporation de Virginia, Estados Unidos, por aproximadamente $109 millones de dólares;
- DELSUR, es comprada por Electricidad de C.A., una filial del Grupo EMEL de Chile, por un monto de $180 millones de dólares.

El sector eléctrico pasaría a ser regulado por una nueva Ley General de Electricidad y la Superintendencia General de Electricidad y Telecomunicaciones SIGET (creada por Decreto Legislativo No.808, en 1996).

## Asamblea Elige Nueva Junta Directiva

El 5 de mayo de 1997, los 84 diputados eligen la nueva Junta Directiva de la Asamblea Legislativa. El Presidente del Congreso será Francisco Flores de ARENA, un profesor de filosofía que ha ocupado puestos menores en el Gobierno, y quien sustituye a Gloria Salguero Gross, también del partido de Gobierno. Las cuatro Vice-Presidencias serán ocupadas por Norma Guevara y Orlando Quinteros del FMLN; Ciro Cruz Zepeda del PCN; y Ronald Umaña del PDC.

## Cumbre Estados Unidos - Centroamérica en San José

El 8 de mayo de 1997, el Presidente Bill Clinton se reúne con los presidentes de Centroamérica, Belice y República Dominicana en la capital de Costa Rica, con el principal objetivo de celebrar la destacada "transformación democrática" en la región y para reafirmar el apoyo norteamericano para fortalecer la democracia, el buen gobierno, y la promoción de la prosperidad regional a través de la integración económica, libre comercio, e inversiones. Los líderes centroamericanos se comprometen a continuar impulsando el desarrollo de "sociedades justas y equitativas", así como de implementar políticas ambientales responsables, considerando que ambos son elementos indispensables para garantizar el desarrollo sostenible de sus naciones. Por su parte, el Presidente Clinton se compromete con los mandatarios de la región, a que su Gobierno no realizará deportaciones masivas.

## Presidente Salvadoreño en Gira por Estados Unidos

En junio de 1997, el Presidente Calderón Sol visita los Estados Unidos, donde se reúne con diversos funcionarios para buscar una solución para los miles de salvadoreños ilegales que residen en ese país y sobre los cuáles existe la constante amenaza de la deportación. Desde principios de la década, el Gobierno de ARENA ve con preocupación que los Estados Unidos cierren sus fronteras a los compatriotas que huyen del país en busca del "sueño americano", ante la pobreza e incertidumbre que viven en su tierra natal. Solamente en 1996, los "Hermanos Lejanos" enviaron remesas familiares por más de $1,200 millones de dólares. El mandatario salvadoreño aprovecha además para reunirse con Enrique Iglesias, Presidente del Banco Interamericano de Desarrollo BID, buscando la aprobación para varios préstamos.

## Se Privatizan las Telecomunicaciones: la Venta de ANTEL

El 1 de junio de 1997, durante la entrega de su Tercer Informe de Gobierno, el Presidente Calderón Sol hace un llamado a la Asamblea Legislativa para la integración de una Comisión Ad-hoc entre el Ejecutivo y el Poder Legislativo, para crear una nueva ley de privatización de la Administración Nacional de Telecomunicaciones ANTEL. La anterior ley, fue sorpresivamente derogada en la Asamblea Legislativa el 29 de mayo pasado, por 56 votos (los dos tercios necesarios). Desde finales de 1996, existen fuertes presiones de la gran empresa privada para que ANTEL se privatice cuanto antes, bajo argumentos de que cada día que pasa sus activos pierden valor, que la empresa ya no es rentable, y que no tiene capacidad para modernizarse y dar abasto a la gran demanda de líneas telefónicas en el país. Para el Gobierno y la empresa privada del país, la derogatoria podría alejar inversionistas extranjeros interesados en la compra de ANTEL. Varias empresas multinacionales, entre ellas International Telecommunications Incorporated y Bell South de los Estados Unidos, France Cables et Radio de Francia, y Telia Overseas de Suecia, han manifestado interés en participar.

La oposición denuncia que el Gobierno de ARENA ha estado intentando presentar a ANTEL como obsoleta, ineficiente y sin recursos para invertir, pero que sin embargo, la empresa estatal es de las más rentables del país.

Solamente durante los años 1995 y 1996, ANTEL obtiene superávits de ¢680 y ¢1159 millones de colones, respectivamente, que le permiten al Estado cubrir parte de su déficit fiscal. Otra de las razones por la que la oposición, encabezada por el FMLN, no aprueba la venta, es el bajo precio con que el Gobierno ha  tasado la empresa estatal de telecomunicaciones (entre $329 y $475 millones de dólares, según funcionarios que incluyen al presidente de ANTEL, Juan José Daboub).  El 5 de junio de 1997, la Asamblea Legislativa crea una Comisión parlamentaria multipartidista que se encargará en un plazo no mayor a dos meses de elaborar una nueva ley para privatizar ANTEL. Entre sus miembros se encuentran: Ronald Umaña (PDC), Rubén Zamora Rivas (CD), Alejandro Dagoberto Marroquín (PCN), Walter Araujo (ARENA), y Abraham Rodríguez (USC). Esta comisión determina que ANTEL sea dividida en dos empresas: una inalámbrica (INTEL) y otra Alámbrica (CTE- ANTEL). En ambos casos, la Comisión Ad-hoc determina vender el 51% de las acciones a un socio estratégico.  La "Ley de Privatización de las Telecomunicaciones", se aprueba definitivamente en un "madrugón" el 24 de julio de 1997, en medio de gran oposición laboral, del partido FMLN y de otras organizaciones. Para lograr aprobar la Ley, el Gobierno de ARENA ha contado con los votos de sus dos partidos satélites o "partidos taxis", el PCN y el PDC.

**Estalla el Escándalo  INSEPRO -FINSEPRO**
A principios de julio de 1997, un nuevo escándalo que involucra a un alto directivo del partido ARENA sacude al país al descubrirse un millonario fraude contra inversionistas y ahorristas locales.  Roberto Mathies Hill, Presidente de las financieras INSEPRO- FINSEPRO y dirigente del sector empresarial de ARENA, se entrega a fuerzas policiales que han sitiado su residencia en las últimas horas. Otros sospechosos que incluyen a Mario Galdámez, Roberto Anicchiarico, y otros, son apresados horas después por la PNC en varios puntos del país.  Se calcula que el fraude afecta a cerca de 500 inversionistas que pierden aproximadamente unos $170 millones de dólares. El faltante es detectado por la Superintendencia del Sistema Financiero cuando la empresa FINSEPRO traslada de forma fraudulenta unos ¢1,200 millones de colones a la financiera INSEPRO (bajo la misma administración), debido a que aparentemente afrontaba una grave iliquidez. El Presidente Calderón Sol, decide destituir al Superintendente Financiero, Rafael Rodríguez Loucel, ante los sucesos de los últimos días. Loucel sería encarcelado poco después bajo acusaciones de haber sustraído información

confidencial. En Mayo pasado, los empresarios salvadoreños, Ernesto Gutiérrez, representante legal de la empresa CrediClub, y Alberto Guirola Meardi, habían sido encarcelados bajo acusaciones de desviar más de 10 millones de dólares en perjuicio de los socios de la empresa hacia una compañía extranjera.

### Interpelan a Presidente del BCR

En agosto de 1997, la Asamblea Legislativa  interpela al Ing. Roberto Orellana Milla, entonces Presidente del Banco Central de Reserva BCR a raíz del escándalo INSEPRO –FINSEPRO y en relación a la fuga de información confidencial.

### El Salvador es Eliminado del Mundial Francia '98

Entre marzo y noviembre de 1997, la selección salvadoreña de fútbol participa en la Hexagonal final de la CONCACAF para escoger a las tres selecciones que asistirán a la Copa del Mundo, a celebrarse en Francia en junio próximo.  Además de El Salvador, participan las selecciones de México, Canadá, Estados Unidos, Costa Rica, y Jamaica. Luego de una serie de fracasos para asistir a Mundiales anteriores, la contratación del Técnico yugoslavo Milovan D'Joric para dirigir al cuadro nacional y la presencia de jugadores de buen nivel técnico, entre ellos Mauricio Cienfuegos y Raúl Ignacio Díaz Arce, generan grandes expectativas entre los aficionados.  El cuadro nacional apenas consigue dos victorias, ambas jugando como local (2-1 contra Costa Rica y 4- 1 contra Canadá), siendo derrotado en 4 ocasiones, quedando eliminado. México, Estados Unidos y Jamaica consiguen su boleto para Francia 98.

| Resultado Eliminatorias de CONCACAF para Francia '98 | | | | | | | |
|---|---|---|---|---|---|---|---|
| País | PJ | PG | PE | PP | GF | GC | Total        de Puntos |
| México * | 10 | 4 | 6 | 0 | 23 | 7 | 18 |
| Estados Unidos * | 10 | 4 | 5 | 1 | 17 | 9 | 17 |
| Jamaica * | 10 | 3 | 5 | 2 | 7 | 12 | 14 |
| Costa Rica | 10 | 3 | 3 | 4 | 12 | 12 | 12 |
| El Salvador | 10 | 2 | 4 | 4 | 11 | 16 | 10 |
| Canadá | 10 | 1 | 3 | 6 | 5 | 19 | 6 |

* Clasificados a la Copa del Mundo Francia 1998.

Al concluir la fase eliminatoria, Cienfuegos, Díaz Arce (que durante el Torneo se convierte en el máximo anotador de selecciones nacionales de todos los tiempos), Ronald Cerritos, y "Zarco" Rodríguez, continúan militando en equipos de la *Major League Soccer* (MLS, la Liga Norteamericana de Fútbol). Mientras, la Federación salvadoreña de Fútbol FEDEFUT, caería rápidamente en desgracia al descubrir la Corte de Cuentas de la República un millonario faltante que involucra al Presidente de la FEDEFUT y a altos dirigentes de la Federación.

### UES Otorga Doctorado Honoris Causa a Salvador Moncada

En Noviembre de 1997, durante los actos conmemorativos del 150ª Aniversario de la fundación de la Facultad de Medicina, la Universidad de El Salvador otorga el Doctorado Honoris Causa al destacado Profesor e investigador Salvador Moncada Sneider, de nacionalidad hondureña, quien se graduara de la UES en 1969. Muchos en la comunidad científica internacional, consideran que el Dr. Moncada ha sido *"... despojado en dos ocasiones del Premio Nobel de Medicina o Fisiología, por una mafia científica internacional que ha burlado los elementales principios de imparcialidad y rigor científico de la Fundación Nobel"* [3]. El investigador hondureño había realizado descubrimientos considerados revolucionarios en el mundo de la medicina moderna. La primera vez fue en 1982, cuando su descubrimiento de la sustancia prostaciclina, llega a revolucionar los conceptos básicos de la fisiología vascular. Sin embargo, en esa ocasión el Premio Nobel fue otorgado a su profesor John Vane y a dos científicos más, por sus investigaciones sobre las prostaglandinas y sustancias relacionadas. El segundo desaire contra el Dr. Moncada ocurriría en 1997, cuando el médico también fuera ignorado para los premios Nobel de ese año por su trabajo acerca del papel del Oxido Nítrico como regulador fisiológico. El escándalo por haber dejado fuera a Moncada de la Premiación de este año, había hecho que la Universidad de El Salvador y la Universidad Nacional Autónoma de Honduras, enviaran una protesta formal a la Fundación Nobel.

# 1998

### Comisión de Desarrollo presenta su Plan de Nación

La Comisión Nacional de Desarrollo, presenta el 16 de enero de 1998, el documento Bases para un Plan de Nación, que había sido elaborado tras numerosas consultas a lo largo y ancho del país. La Comisión de

Desarrollo, nombrada por el Presidente Calderón Sol meses atrás,  esta integrada por el economista Roberto Rubio, el ex – miembro del FMLN, Lic. Salvador Samayoa, el Dr. Abelardo Torres, el Sr. Francisco R. DeSola, y el abogado David Escobar Galindo. El documento, que plantea una re-organización de la República de El Salvador, sería brevemente analizado y discutido en los próximos meses por distintos sectores, pero jamás sería impulsado por el Gobierno de Calderón sol ni por el siguiente Presidente de la República.

## Alzas debido a las Privatizaciones son criticadas por la Iglesia
*"Cuando se deja la economía  a la lógica de las leyes ciegas del mercado, la economía golpea a los más débiles"*
*— Monseñor Gregorio Rosa Chávez, cuestionando las supuestas bondades del modelo neoliberal que busca privatizar las empresas nacionales.*

A principios de 1998, el Gobierno anuncia a la población  que durante el transcurso del año sufrirán cuatro alzas en los precios de la energía. Durante la homilía dominical del 15 de febrero, Monseñor Gregorio Rosa Chávez, Obispo Auxiliar de San Salvador, advierte que si el país quiere consolidar su proceso de pacificación no debe permitir que las leyes del mercado se impongan en las economías familiares, que han sido duramente golpeadas por el proceso privatizador.

## Alianza de Partidos Minoritarios
El 15 de febrero de 1998, el Partido Demócrata Cristiano y el Partido Demócrata (compuesto por ex militantes del ERP- FMLN, liderados por Joaquín Villalobos), integran una alianza política de cara a los comicios de 1999.

## Finaliza el Mandato de la Procuradora de Derechos Humanos
En marzo de 1998, concluye la destacada gestión como Procuradora de la Defensa de los Derechos Humanos de la Dra. Victoria Marina de Avilés, la segunda persona en ocupar el alto cargo desde la creación de la PDDH.  La Dra. de Avilés logra establecer a la PDDH como una institución seria y de prestigio internacional. Bajo su administración, la Procuraduría se mantuvo en los primeros lugares de confianza de la población salvadoreña.  Tanto el Gobierno como personajes identificados con la derecha conservadora había criticado la actuación de la Procuradora, vinculándola estrechamente con el FMLN.

## Paro Médico a nivel Nacional

Entre el 17 y 25 de marzo de 1998, los médicos del Instituto Salvadoreño del Seguro Social ISSS declaran un huelga general. Los galenos pertenecientes al Sindicato de Médicos Trabajadores del ISSS, el SIMETRISSS, buscan que el Gobierno acepte implementar un aumento salarial y desista de sus planes de privatización de la salud. El paro es suspendido temporalmente ante la oferta del GOES de sentarse a negociar con SIMETRISS.

## ARENA elige Candidato Presidencial

El 29 de marzo de 1998, luego de aparentes disputas internas, el partido ARENA proclama a Francisco Flores, un miembro del partido sin mayor experiencia política, como su candidato para las elecciones presidenciales que se celebrarán en marzo de 1999. Por los menos dos facciones Areneras, los "Calderonistas" y los "Cristianistas", se disputaban elegir al futuro candidato presidencial. La facción del ex Presidente Cristiani estaba a favor de que fuera el empresario Roberto Murray Meza o el mismo Cristiani el elegido; éste último favorecía la candidatura del ex Canciller Oscar Santamaría. La otra facción, controlada desde Casa Presidencial, propone y logra imponer a Francisco Flores como candidato oficial por ARENA para disputar los próximos comicios presidenciales.

## Entran en Vigencia Nuevos Códigos Penales

En abril de 1998, entran en efecto los nuevos Códigos Penal y Procesal Penal de la República. Los Códigos debían haber comenzado a funcionar desde Enero, pero una solicitud de revisión en diciembre de 1997, de parte de la Fiscalía General de la República, el Ministerio de Justicia, y la Corte Suprema de Justicia habían logrado conseguir un aplazamiento por parte de la Asamblea Legislativa.

## Nuevo Paro Médico a Nivel Nacional

El 2 de abril de 1998, se inicia un paro de labores por parte de más de 4,000 médicos del sistema nacional de salud, tras haberse estancado las negociaciones con una Comisión del Gobierno. El Gobierno, el Colegio Médico de El Salvador, y el Sindicato de Médicos del Seguros Social SIMETRISSS, se encuentran desde hace meses en medio de negociaciones que además de estudiar mejoras salariales, permitan mejorar las condiciones de trabajo así como la infraestructura en los hospitales nacionales. Los médicos han denunciado las intenciones del Gobierno de privatizar la salud.

Carlos R. Colindres

## Comienza a Operar el nuevo Sistema de Pensiones

*"En general, el ambiente en que las AFP's se presentaron fue señal de lo que vendría. Fuegos artificiales en San Salvador en la noche del primer día de operación, una campaña publicitaria desbordante comparable sólo a las campañas electorales, gran pompa con visitas de los inversionistas extranjeros al Presidente de la República, una funcionaria de superintendencia con sueldo de récord, edificaciones y equipos nuevos, éxodo de especialistas latinoamericanos en pensiones hacia El Salvador, etc. Los promotores empleados de las AFP's se valían de la confusión y de la obligatoriedad- por la nueva ley- para alcanzar afiliaciones. Aunque los economistas de profesión aconsejaban que no se permitiera que la banca merodeara la manipulación de los fondos, las AFP's abiertamente aceptaban su compadrazgo con instituciones bancarias, como una forma de mostrar solidez."*
— **José Eduviges Rivas**, *en su libro 'La triste historia de las privatizaciones en Latinoamérica'*

El 15 de abril de 1998, comienzan a operar cinco nuevas Administradoras de Fondos de Pensiones AFP's, siendo estas: CONFIA, PREVISIÓN, MÁXIMA, PORVENIR, y PROFUTURO. A los empleados mayores de 35 años se le permite la opción de permanecer en el antiguo esquema del INPEP, el resto deben obligatoriamente afiliarse a una de las nuevas AFP's. El Gobierno promete que el sector informal, servicio doméstico, y trabajadores del agro serán incluidos en el nuevo sistema. Al igual que en el resto de países de América Latina que han privatizado sus pensiones (Argentina, Chile, Colombia, y México), el nuevo sistema sería duramente criticado por deficiencias en cuatro aspectos generales: limitada cobertura, gestión de gobierno, desempeño de fondos y los costos fiscales.

| Volumen de Activos en Manos de las AFP en El Salvador (en millones de dólares) | | | | | | |
|---|---|---|---|---|---|---|
| 1999 | 2000 | 2001 | Activos en Porcentaje del PIB 2000 | Rentabilidad Real Anual excluidas comisiones (%) | Comisiones Totales en Porcentaje de los Salarios 1999 | Comisiones, Excluidas las primas de seguro en porcentaje de aportaciones 1999 |
| 210 | 482 | 768 | 3.7 | 12.9 | 3.2 | 17.6 |

Fuente: International Federation of Pension Fund Management Companies (FIAP), Banco Mundial y otros.

Afiliados al Nuevo sistema de Pensiones (Al 30 de junio de 1999)

286

| Afiliados al Nuevo sistema de Pensiones (Al 30 de junio de 1999) | | |
|---|---|---|
| Administradora de Pensiones | Número de Afiliados | Porcentaje de Participación en el Mercado |
| CONFIA | 236,624 | 43.84% |
| MÁXIMA | 98,216 | 13.28% |
| PORVENIR | 154,592 | 18.62% |
| PREVISIÓN | 154,603 | 21.74% |
| PROFUTURO | 26,042 | 2.52% |
| TOTAL | 670,077 | 100.00% |

Fuente: Superintendencia de Pensiones

Pocos años después, apenas quedarían dos AFPs en servicio, repartiéndose y monopolizando el mercado de pensiones: AFP CONFIA y AFP CRECER – esta última se crearía de la fusión de MAXIMA, PORVENIR, PREVISION. La restante PROFUTURO sería declarada en quiebra.

**Segunda Cumbre de Las Américas para Implementar el ALCA**
Entre el 10 y 12 de abril de 1998, se celebra en Santiago de Chile, la segunda reunión cumbre de Mandatarios del continente, que lanza oficialmente el Acuerdo de Libre Comercio para las Américas, mejor conocido como ALCA. Ante las fuertes críticas de los expertos, los Jefes de Estado anuncian que el proceso de las negociaciones del ALCA sería *"transparente"*, y que este *" tomaría en cuenta los niveles de desarrollo y tamaño de las economías de las Américas, con el fin de facilitar la participación plena de todos los países"* [4].
La "Declaración de Santiago" recoge la voluntad de los jefes de Estado de que con la creación del ALCA, se fortalecerá la democracia, se mejorara la educación, se erradicará la corrupción y se mejorarán los sistemas judiciales. Aunque los mandatarios participantes han planteado que la creación de la nueva área de libre comercio debe estar basada en un sólido principio de "inclusión y participación", se excluye de toda discusión a Cuba, bajo el argumento de que su Presidente no ha sido electo democráticamente.

**Renuncias Sorpresivas en el Gobierno**
A mediados del mes de Mayo de 1998, ocurren varias renuncias en el Gobierno que preside Calderón Sol. Entre ellas se encuentran la de Roberto Orellana Milla, Presidente del Banco Central de Reserva BCR; Eduardo Zablah, Presidente de la Comisión Ejecutiva Portuaria Autónoma CEPA; Ana Cristina Sol, Comisionada para la Modernización del Estado; María

Teresa de Rendón, Presidenta del Fondo de Inversión Social FIS. Se especula en los medios de comunicación que algunas de las renuncias se deben a fricciones internas en el partido ARENA, ante la designación de Francisco Flores como candidato presidencial. Un mes atrás, la entonces Ministra de Educación, Cecilia Gallardo de Cano, la funcionaria de gobierno con mayor credibilidad según las encuestas públicas y supuesta favorita para convertirse en candidata presidencial para 1999, había dimitido a su cargo luego de que fuera ignorada en la Convención de ARENA del mes de marzo.

### Presidente Salvadoreño viaja a México
El Presidente Calderón Sol y su esposa viajan a México en Visita de Estado durante el 21 al 24 de mayo de 1997, donde son recibidos por el Presidente Ernesto Zedillo.

### FMLN y USC firman pacto de Alianza
El 17 de junio de 1998, en un hotel capitalino, el Coordinador General del FMLN, Facundo Guardado, suscribe una alianza con el Dr. Abraham Rodríguez, Secretario General del partido Unión Social Cristiana USC, para las elecciones presidenciales del año próximo. La fórmula presidencial, que deberá enfrentar a su principal adversaria la derechista ARENA, sería elegida en el mes de Julio por las militancias del FMLN y la USC.

### Asamblea Elige al Nuevo Procurador
El 2 de julio de 1998, luego de tres meses de acefalía en la PDDH, la Asamblea Legislativa elige como nuevo Procurador al Lic. Eduardo Peñate Polanco, cuyo nombramiento había enfrentado dificultades debido a los graves cuestionamientos sobre su idoneidad en el cargo. Peñate Polanco había sido propuesto por Ronald Umaña, Secretario General del Partido Demócrata Cristiano y Jefe de fracción de ese partido en la Asamblea Legislativa. En Mayo pasado, la Asamblea Legislativa había aprobado una enmienda a la Ley de la Procuraduría, propuesta por la facción de ARENA, y respaldada por el PCN y el PDC, suprimiendo la disposición del Artículo 15, que establecía que el Procurador Adjunto ocuparía el cargo principal mientras el puesto se encontrara vacante. La enmienda hizo que el Procurador Adjunto presentara su renuncia, dejando a la Institución sin dirección, durante casi dos meses.

## Monseñor Romero en la Abadía de Webminster

Ante la presencia de su Majestad, la Reina Isabel II de Inglaterra, su esposo el Duque de Edimburgo, líderes de la Iglesia y representantes de diversas partes del mundo, el 9 de julio de 1998, el Arzobispo de Canterbury presenta las estatuas de diez mártires cristianos del Siglo XX, en la entrada occidental de la Abadía de Webminster. Entre las estatuas, se encuentra la del Arzobispo salvadoreño Oscar Arnulfo Romero, que fuera asesinado mientras ofrecía una misa en marzo de 1980, víctima de un francotirador al servicio de los "Escuadrones de la Muerte". Monseñor Romero había dedicado los casi tres años de su Arzobispado a luchar por la defensa de la población más pobre del país, que era víctima de brutales represiones del Gobierno militar de la época. Las figuras de los mártires representan a todos aquellos cristianos que murieron y continúan muriendo bajo la opresión y la persecución. Los mártires incluyen a víctimas de las persecuciones Nazi y Soviética en Europa, de prejuicios y opresión dictatorial en África, de fanatismo en el sur del continente Hindú, de la Revolución Cultural China, de las brutalidades de las grandes guerras en Asia, y de la lucha por la defensa de los derechos humanos en el continente americano. Los nombres de los diez mártires homenajeados son: *Maximilian Kolbe, Manche Masemola, Janani Luwun, Elizabeth of Russia, Martin Luther King,* **Oscar Arnulfo Romero**, *Dietrich Bonhoeffer, Esther John, Lucian Tapiedi, Wang Zhiming.*

Estatua de Monseñor Romero
en la Abadía de Webminster

289

## Creación de la Corte Penal Internacional

El 17 de julio de 1998, en Roma, durante la Conferencia Diplomática de Plenipotenciarios de las Naciones Unidas, se aprueba la creación de la Corte Penal Internacional CPI, con la firma de 120 representantes de Estado, teniendo 21 abstenciones y 7 votos en contra (Estados Unidos, China, Qatar, Israel, Yemen, Iraq, y Libia). La Corte Penal Internacional entrará a funcionar a partir del 1 de julio de 2002 y para el 2003 se espera que quede establecido el Tribunal, conformado por 18 jueces que serán electos por los Estados que ratifiquen el Estatuto de Roma. La CPI tendrá competencia para juzgar:

• Genocidios
• Crímenes de Lesa Humanidad
• Crímenes de Guerra
• Crímenes de Agresión

La Corte Penal Internacional podrá *"procesar a cualquier persona, no importando su cargo o posición, procederá a condición de que los tribunales nacionales de los Estados miembros no quieran o no tengan las condiciones de proceder autónomamente y podrá sentenciar con penas de 30 años de prisión y en casos más graves, a cadena perpetua".*
[5]


## La Venta de ANTEL: ¿El Robo del Siglo?

Para mediados de 1998, se realiza la venta de las empresa estatal ANTEL, Administración Nacional de Telecomunicaciones. La privatización de ANTEL había sido aprobada en un "madrugón" en julio de 1997, por los partidos de derecha representados en la Asamblea Legislativa. El 51% de la compañía inalámbrica Estatal (INTEL) es adquirida por la transnacional Telefónica de España por un total de $41,009,900 dólares, el 17 de julio de 1998. La poderosa transnacional se constituye en el país como Telefónica de El Salvador y tiene como socio local a Mesoamérica Telecom (Mesotel) perteneciente a la familia Poma. Para el 24 de julio de 1998, se vende el 51% de la acciones de la compañía alámbrica a France Telecom, por un total de $275,111, 000 dólares. La única otra oferta recibida por el Estado salvadoreño fue de Telmex, por $271 millones de dólares. El 16 de septiembre de 1998, día que la transnacional francesa hace entrega del pago, se conoce que dentro de los $275 millones de France Telecom, van

*"... incluidos 67.3 millones de dólares de inversión local, contando Supermercados Selectos, VISA, Telecorporación salvadoreña, Banco de Comercio, Grupo Araujo, H. De Sola, Banco Salvadoreño, Fabril de Aceites, TACA y otros, que en total suman*

*más de 20 personas. Con este nuevo arreglo se violaba la ley de privatización respectiva, la que establecía que mas de la mitad de la telefónica debía quedar en poder de un socio estratégico."* [6]

La venta total de la empresa Estatal termina realizándose por $316,120,000 dólares. ANTEL cierra operaciones administrativas en diciembre de 1997, cancelando ¢537 millones de colones a cerca de 5,400 empleados, en concepto de bienes pasivos. En las calles de San Salvador, abunda el "graffiti" que considera la venta de ANTEL como *"el Robo más Grande del Siglo".*

## Cumbre México- Centroamérica: Tuxtla Gutierrez III

Los días 16 y 17 de julio de 1998, se celebra en San Salvador la Tercera Cumbre de Jefes de Estado de México y Centroamérica, conocida como Tuxtla III. Al encuentro asisten los Presidentes Carlos Roberto Flores (Honduras), Arnoldo Alemán Lacayo (Nicaragua), Alvaro Arzú Irigoyen (Guatemala), Miguel Angel Rodríguez (Costa Rica), Ernesto Zedillo (México), Manuel Esquivel, Primer Ministro de Belice, y el Ministro de Relaciones Exteriores de Panamá. Durante el encuentro, se tratan diversos temas económicos, comerciales, y de cooperación regional, entre los que destacan: *Los derechos humanos, El combate al narcotráfico, Impulso al proyecto del Area de Libre Comercio de las Américas ALCA, Simplicación de trámites migratorios, Revisión de Acuerdos de San José, Proyecto de Gasoducto regional México-Centroamérica, Asuntos de cooperación regional, Establecimiento de un programa de cooperación para el período 1998- 2000, que contemple: programas de televisión educativa para nivel secundario y superior; elaboración de un plan de acción sobre recursos hídricos de Centroamérica; impulso al turismo sustentable, mitigación de desastres naturales; promoción de culturas locales, entre otros.*

A pesar de las buenas intenciones expresadas por los Mandatarios, muchos economistas locales temen las repercusiones y la posible desestabilización que los tratados de libre comercio que están siendo impulsados en la región, puedan traer a la región. Se advierte que la inversión directa de empresas transnacionales, conlleva un peligroso proceso de concentración del poder económico y político, que puede llegar a dejar a su paso quiebras y desempleo, mano de obra barata y poco calificada, explotación indiscriminada de recursos naturales, y un excesivo consumismo.

## Convención del FMLN, Continúan los Problemas Internos

En Agosto de 1998, durante la convención para elegir a sus próximos candidatos presidenciales vuelven a surgir las antiguas fricciones y desconfianzas internas en el FMLN. Por una parte se encuentra la facción conocida como "ortodoxa" o "radical", liderada por Shafick Handal y Salvador Sánchez Cerén, que plantea el establecimiento de un Estado Socialista Revolucionario. Mientras, por otra, se encuentran los "renovadores" o "reformistas", encabezados por Facundo Guardado, el Secretario General del FMLN, apoyado por Raúl Mijango y Dagoberto Gutiérrez, quienes plantean la necesidad de "modernizar" el Partido, cambiando sus líneas tradicionales de acción y estableciendo relaciones con los distintos sectores de la población. El Alcalde Héctor Silva y la ex Procuradora de Derechos, Dra. Victoria de Avilés, son rechazados por la fracción más radical del FMLN, a menos que se conviertan en miembros del partido de izquierda. En medio de fuertes cuestionamientos, Silva anuncia que no se presentará como candidato y la Dra. de Avilés es descartada por el Frente a pesar de convertirse en miembro activo. La exigencia de afiliación había alejado ya al economista Héctor Dada Hirezi, quien planteaba que el FMLN integrase a otros sectores, si realmente quería llegar a gobernar el país. El FMLN terminaría escogiendo a dos ex-comandantes guerrilleros, Facundo Guardado y Nídia Díaz, como sus candidatos para las próximas elecciones.

---

**General Pinochet es arrestado en el Reino Unido**

El 16 de octubre de 1998, el dictador Augusto Pinochet, auto -declarado senador vitalicio en el Parlamento chileno, es detenido en Londres, Inglaterra, acusado de crímenes de lesa humanidad. La justicia británica desconoce la supuesta inmunidad del General debido a la gravedad de los crímenes imputados en su contra durante el período que fuera Jefe de Gobierno en Chile, entre 1973 (cuando derrocara a su propio Presidente, el Dr. Salvador Allende), y el año de 1990, cuando dejara el poder Ejecutivo, pasando a convertirse en Senador vitalicio. El juez español Baltasar Garzón, había presentado la solicitud de extradición contra Pinochet, acusándolo de terrorismo, genocidio y tortura. Para muchos, el arresto del anciano militar retirado en la capital inglesa hace renacer las esperanzas de que no habrá impunidad para aquellos que han cometido actos de terrorismo de Estado y abusado de los derechos

---

humanos de sus ciudadanos.

Varios funcionarios civiles y militares salvadoreños que fungieron durante el pasado conflicto armado han sido señalados por diversos organismos internacionales, entre ellos Amnistía Internacional y la Comisión de la Verdad de Naciones Unidas, como violadores de los derechos humanos de la población, pero jamás han sido llevados a juicio, debido a la Ley de Amnistía General, que fuera decretada por el mismo Estado salvadoreño en 1993.

**Huracán Mitch Atraviesa Territorio Centroamericano**

A finales de octubre de 1998, el huracán Mitch penetra el territorio centroamericano azotando furiosamente con vientos de hasta 290 km/hora los países de Honduras, Nicaragua, El Salvador y Guatemala. El devastador Mitch, es clasificado como huracán clase 5 en la escala Saffir-Simpson, es decir, incluso más destructivo que el poderoso huracán Andrew que afectara la costa Sur- Este de los Estados Unidos. Mitch ocasiona daños estimados en cerca de $5,200 millones de dólares, dejando tras de sí más de 9,000 personas muertas, la mayoría nicaragüenses y hondureños [7].

En El Salvador, Mitch atraviesa el país entre el 31 de octubre y el 3 de noviembre de 1998, causando graves estragos especialmente las zonas central y oriental del país. Los departamentos más golpeados son San Miguel, Usulután, La Unión, San Vicente y La Paz. De acuerdo a cifras del Comité de Emergencia Nacional COEN, hubo 240 fallecidos (la mayoría muerta en deslizamientos de tierra y en inundaciones en la zona rurales costeras del oriente del país), se estiman unos 58,788 damnificados y 135 personas desaparecidas. El Ministerio de Agricultura, reporta grandes pérdidas de cosechas de granos básicos (frijol, maíz, arroz, sorgo) y otros (café, caña de azúcar y algodón) hasta un estimado de $86.7 millones de dólares. Según datos del COEN, mueren gran cantidad de animales, entre ganado, caballos, cerdos y aves de corral. Los daños materiales totales son estimados por la CEPAL en aproximadamente $260 millones de dólares. [8]

El Salvador es visitado por el Presidente francés Jacques Chirard, la primera dama de los Estados Unidos, Hillary Clinton, y por el príncipe Felipe de Borbón, quienes ofrecen el apoyo de sus respectivos gobiernos tras los danos del Mitch.

## Un Incendio Destruye el Mercado Central

En la madrugada del 30 de diciembre de 1998, se incendia el Mercado Central de San Salvador, destruyendo completamente los edificios 4, 8, y 9. La Alcaldía capitalina, a cargo del Dr. Héctor Silva, estima los daños en un aproximado de ¢75 millones de colones.

# 1999

## La Quiebra de CREDISA

El 26 de enero de 1999, los accionistas de CREDISA, Banco de Crédito Inmobiliario, deciden finalmente liquidar la institución luego de comprobar pérdidas de más de 70 millones de dólares. La quiebra financiera es atribuida a la deficiente administración. Un grupo de accionistas minoritarios presentan una demanda en la Fiscalía General de la República, contra las dos últimas Juntas directivas del banco, acusándolas de haber cometido fraude. Según los denunciantes, *"los ex -directivos habrían realizado préstamos sin garantía a empresas fantasmas y de familiares y amigos que llevaron al banco a la quiebra. Estos accionistas también demandaron por el delito de apropiación y retención indebida de dinero a los ex directivos de FINCORP, una compañía paralela a CREDISA en la que también tenían inversiones, que luego de la quiebra de CREDISA dejó de repartir utilidades."* [9]

Entre los ex -directivos de FINCORP y CREDISA se encuentran dos funcionarios del gobierno de ARENA, Hans Bodewig, ex Viceministro de Vivienda, y Jorge Sansivirini, ex –Ministro de Obras Públicas.

## Presidente Calderón Veta Condonación de Deuda de Agricultores

En febrero de 1999, el Presidente Calderón Sol veta el Decreto Legislativo No.545 que perdonaba la totalidad de sus deudas a cerca de 4,000 agricultores que han sido afectados por desastres naturales. El Ministro de Hacienda, Manuel Enrique Hinds, considera que la aplicación del decreto tendría un impacto negativo en el presupuesto del Gobierno. El Decreto había sido aprobado por 48 votos de los partidos FMLN, PDC, PCN, CD, y USC, ante la oposición del partido de Gobierno ARENA.

## Elecciones Presidenciales de 1999

El domingo 7 de marzo de 1999, se realizan las elecciones presidenciales para el período 1999 – 2004, en las cuáles participan 7 candidatos. Por el partido ARENA, son postulados Francisco Flores Pérez y Carlos Quintanilla Schmidt. El Frente Farabundo Martí para la Liberación Nacional FMLN, en alianza con la Unión Social Cristiana USC, liderada por el veterano Dr. Abraham Rodríguez, lleva como candidatos a dos ex comandantes de la guerrilla, Facundo Guardado y Nidia Díaz. La campaña de los izquierdistas, basada en el slogan de "sacar tarjeta roja" a la corrupción y a los males del país, jamás logra conseguir el respaldo de la población, que considera que los candidatos no cuentan con la formación profesional ni la experiencia mínima necesaria para asumir el Gobierno.

El Centro Democrático Unido CDU, alianza recién formada por la Convergencia Democrática, ex – miembros de la Democracia Cristiana (que incluyen a Julio Adolfo Rey Prendes, Antonio Morales Erlich, Alejandro Duarte, y otros), y a los pequeños partidos PC y PPL, llevan al abogado Rubén Zamora como candidato presidencial. Zamora había sido candidato a la Presidencia de la República en 1994, por la alianza CD- FMLN. Los remanentes del Partido Demócrata Cristiano, dirigido por el polémico Ronald Umaña, postulan al abogado Rodolfo Parker, un ex miembro de ARENA que ha sido señalado por la Comisión de la Verdad de Naciones Unidas por ocultar y destruir evidencias en el caso del asesinato de los Jesuitas de la UCA. Otros candidatos incluyen a Hernán Contreras del PCN, quien ha fungido como presidente de la Corte de Cuentas; al abogado Salvador Nelson García, por el pequeño Partido LIDER, que dirige el publicista Mauricio Meyer; y a Francisco Ayala de Paz, por PUNTO. El candidato Arenero Francisco Flores, resulta triunfador en los comicios, al superar por más de 20 puntos porcentuales a Facundo Guardado, su más cercano rival.

| Resultado de las Elecciones Presidenciales de 1999 | | | |
|---|---|---|---|
| Partido | Candidato | Votos Válidos | Porcentaje de la Votación |
| **ARENA** | **Francisco Flores Pérez** | **614,268** | **51.95%** |
| FMLN- USC | Facundo Guardado | 343,472 | 29.05% |
| CDU | Rubén Zamora Rivas | 88,640 | 7.50% |
| PDC | Rodolfo Parker | 67,207 | 5.68% |
| PCN | Hernán Contreras | 45,140 | 3.80% |

| LIDER | Salvador Nelson García | 19,269 | 1.63% |
|-------|------------------------|--------|--------|
| PUNTO | Francisco Ayala de Paz | 4,252 | 0.39% |
| Total | | 1,182,248 | 100.00% |

Fuente: Tribunal Supremo Electoral

## Presidente Clinton Visita la Región Centroamericana

Durante la semana del 8 al 12 de marzo de 1999, el Presidente Bill Clinton visita Nicaragua, Honduras, El Salvador y Guatemala, para constatar personalmente los daños causados por el huracán Mitch. Antes de salir de Washington, solicita al Congreso EEUU ayuda financiera para la región por $956 millones de dólares, adicionales a $305 millones ya entregados en concepto de ayuda de emergencia. El desastre del Mitch ha destruido cientos de escuelas, hospitales, carreteras, granjas, y puentes, así como dejado miles de familias damnificadas.

El 10 de marzo, tres días después de las elecciones presidenciales, Clinton arriba a San Salvador, donde es recibido por el Presidente Calderón Sol, haciendo una breve visita a la Asamblea Legislativa. El jueves 11 de marzo, Clinton se reúne con los Presidentes Centroamericanos en la ciudad de Antigua, Guatemala, buscando lograr acuerdos relacionados con la inmigración ilegal a su país, apertura de mercados, y la posible ayuda adicional para reparar los daños dejados por el desastre natural.

Durante su discurso final, el Presidente Clinton manifiesta:

> *"... As we see here in Guatemala and, indeed, in all the nations represented in this extraordinary region, they are blessed with natural and with man-made monuments of ancient grace and spectacular beauty. Now the people have built a new monument -- also spectacular and, hopefully, just as enduring -- the monument of peace...*
>
> *... Now, let me talk a moment about what we have met about today -- how to turn this region of peace and shared values into a region of joint endeavors and common progress. I have made it clear that the United States supports greater debt relief and I outlined my proposal for that; that we support more open trade to create jobs and opportunity through an enhanced initiative of the Caribbean Basin, the countries of Central America and the Caribbean, and eventually through a free trade area of the Americas.*
> *We also discussed other economic issues, what can be done to increase investment in tourism, what can be done in the environment. Our United States Agency for International Development, I am pleased to say, will contribute another $25*

*million to support CONCAUSA, the agreement we signed in 1994 in Costa Rica, to promote environmental cooperation among us. This contribution will help the people of Central America to protect their forests and coastlands, to reduce industrial pollution, to fight climate change.*

*We talked a lot about immigration, as you might imagine. I reaffirmed my intention to support our immigration laws fairly and justly, but to work strongly for the elimination of any disparities in our law so that they treat Central Americans equitably, whatever their country of origin.*

*We also spoke today about the danger of gangs and guns and drugs. In many ways, they represent the final stage of Central America's internal conflicts. We talked about what we could do together to combat them.*

*Let me just say in closing that this has been a very moving trip for me, personally. When my wife came here a few months ago, in the aftermath of the hurricane, she came home and talked to me a lot about what she saw and what people were doing. But no description can adequately replace the personal experiences of what I have seen.*

*In Honduras and Nicaragua, I met people who were devastated, but undaunted -- determined to rebuild in a way that reinforces the transformation of this region. In El Salvador and today, in Guatemala, I have been privileged to see two nations that have found the courage to face a painful past and move forward to build a truly hopeful future.*

*At this summit I have seen Central America's leaders working together for the future. And I have tried to demonstrate that for the future, beyond the service of my presidency, America must be a partner and a friend, not only because it is the right thing to do, but because it is in our interest to do so.*

*We have never been closer to realizing the dream of a hemispheric community based on genuine respect and genuine partnership. Something great has happened here in Central America in the last decade. As we move out of the past and away from the damage of the hurricanes, we do so in a way that we are determined to see this area emerge from adversity, in a way that places all of us on higher ground. I am proud to have been given the chance to be a part of it.*

*Thank you very much."* —**Bill Clinton**, *Presidente de EE.UU.* [10]

## Supuestos Terroristas Salvadoreños son Condenados en Cuba

En marzo de 1999, los salvadoreños René Ernesto Cruz León y Otto René

Rodríguez Llerena, detenidos bajo cargos de organizar actos terroristas, son condenados a muerte por un Tribunal cubano. René Cruz León había sido reclutado por un tal Francisco Antonio Chávez Abarca, quien le pagaría $3,700 dólares por colocar dos bombas en hoteles de Cuba, y quien además se encargó de proporcionarle los equipos, explosivos (incluyendo el explosivo plástico c-4), así como de los preparativos logísticos de los viajes a la isla. El 12 de julio de 1997, Cruz León coloca pequeños artefactos explosivos en los hoteles Capri y Nacional de La Habana. A su regreso a la capital cubana a finales de agosto de ese año, Cruz León colocó bombas en los hoteles Tritón, Copacabana y Chateau Miramar, las cuáles hicieron explosión. El 4 de septiembre de 1997, tras haber colocado otra bomba en el Restaurante La Bodeguita del Medio, Cruz León fue arrestado antes de que ésta explotara. Estando en prisión, supo que la bomba en el hotel Copacabana había causado la muerte del turista italiano Fabio di Celmo.

Otto René Rodríguez Llerena, un administrador de empresas y gerente de seguridad de la empresa salvadoreña Didea S.A., que se dedica a la venta de vehículos, admite haber recibido adiestramiento militar tanto en El Salvador como en Fort Benning de los Estados Unidos. Rodríguez Llerena había sido contactado en la empresa donde trabajaba por un individuo llamado Ignacio Medina, que decía buscar una buena oferta para comprar un automóvil. Tras entablar amistad con Medina, éste le propone a Rodríguez darle $1,000 dólares por colocar una bomba en Cuba. Medina se encargaría de todos los trámites para el viaje, así como de entrenar a Rodríguez Llerena en el ensamblaje de los explosivos. Poco después, se sabe que "Ignacio Medina" es un pseudónimo que utiliza el terrorista cubano Luis Posada Carrilles, a quien se acusa de ser el autor de numerosos atentados, entre ellos la explosión de una nave aérea de "Cubana de Aviación" que costó la vida de 73 personas.

Otto René Rodríguez Llerena, un administrador de empresas y gerente de seguridad de la empresa salvadoreña Didea S.A., que se dedica a la venta de vehículos, admite haber recibido adiestramiento militar tanto en El Salvador como en Fort Benning de los Estados Unidos. Rodríguez Llerena había sido contactado en la empresa donde trabajaba por un individuo llamado Ignacio Medina, que decía buscar una buena oferta para comprar un automóvil. Tras entablar amistad con Medina, éste le propone a Rodríguez darle $1,000 dólares por colocar una bomba en Cuba. Medina se encarga de todos los trámites para el viaje, así como de entrenar a Rodríguez Llerena en el ensamblaje de los explosivos. El 3 de agosto de 1997, Otto Rodríguez coloca un pequeño explosivo plástico en la recepción del hotel Melia-Cohiba, retornando a San Salvador el día siguiente, recibiendo de Medina la cantidad acordada. Una segunda misión de Rodríguez a Cuba, el 10 de junio de 1998, termina con su arresto en la aduana del Aeropuerto Internacional de La Habana al detectársele el material explosivo que supuestamente debía entregar a un contacto cubano llamado "Juan", operativo por el cual se le pagarían $250 dólares, según el mismo Rodríguez. Poco después, se sabe que "Ignacio Medina" es un pseudónimo que utiliza el terrorista cubano Luis Posada Carrilles, a quien se acusa de ser el autor de numerosos atentados, entre ellos la explosión de una nave aérea de "Cubana de Aviación" que costó la vida de 73 personas. También se sabe que la prima de Otto Rodríguez es casada con el Ministro del Interior salvadoreño, Mario Acosta Oertel, quien luego sería señalado por Fidel Castro de encubrir, proteger y proporcionar documentación falsa a Posada Carriles, durante sus frecuentes visitas a El Salvador.

## Termina el Segundo Gobierno de ARENA

En términos generales, el Gobierno de Armando Calderón Sol se dedica a consolidar el modelo neoliberal que había sido iniciado por su antecesor. Este modelo permite generar considerables tasas de crecimiento económico y reducir la inflación a tan sólo un dígito, según cifras oficiales. Sin embargo el principal beneficiario de las políticas económicas impulsadas resulta ser el sector financiero, pues nunca se materializa la prometida mejoría en el bienestar de los sectores populares y tampoco se implementa una política social adecuada a la realidad nacional. Un alto porcentaje de la población (49% según cifras de la CEPAL) se mantiene viviendo por debajo de los niveles de pobreza. Los desastres provocados por el huracán Mitch, demuestran la fragilidad y miseria en que viven las clases más pobres del país. Además, las políticas implementadas por el Gobierno generan duras críticas de parte de sectores empresariales que denunciaban la falta de un adecuado programa de desarrollo industrial y agropecuario. El país sufre numerosas quiebras bancarias y desfalcos millonarios, generando mayor desconfianza entre la población. Hacia el final del período del Presidente Calderón Sol, las principales preocupaciones de los salvadoreños se centran en la violencia y crimen en las calles, el desempleo y falta de oportunidades, así como el alto costo de la vida.

## REFERENCIAS

[1] Alexander Segovia, "La actuación y las políticas macroeconómicas a partir de 1989", Ajuste hacia la paz, p.78

[2] La Prensa de Honduras, Renuncia uno de los fundadores del partido ARENA en El Salvador, Noviembre 14, 1996

[3] Rodríguez, Semblanza de Salvador Moncada, 1997

[4] La Prensa Gráfica, Revista El Financiero, Año 8, No.235, Martes 26 de marzo de 2002, "Historia del Sueño Comercial de los americanos", p.2b

[5] Montenegro, Miguel Rogel, "Corte Penal Internacional CPI: un medio para combatir y erradicar la impunidad", Revista Humanos Derechos Año 2 No. 9, Consorcio de ONG's de Derechos Humanos en El Salvador, Mayo, 2002, p.9 NOTA: Hasta finales de 2002, el Estado salvadoreño aún no había ratificado el Estatuto, talvez temeroso de que los responsables de crímenes de lesa humanidad cometidos en el país durante el conflicto sean juzgados internacionalmente.

[6] José Eduviges Rivas, "La Triste historia de las privatizaciones en Latinoamérica", URL: http://www.nadir.org/nadir/agp/free/imf/privatizaciones.htm

[7] Romano, Economía, Desastre y Desarrollo Sostenible, p.121

[8] Ministerio de Salud Pública y Asistencia Social de El Salvador, "Atención durante el huracán Mitch", URL://www.mspas.gob.sv/ActMitch.htm

[9] Probidad, "Resumen de Noticias del 22 al 28 de julio 2001", URL: http://www.probidad.org.sv/local/resumenes/2001/0722.html

[10] "Remarks by the President at signing ceremony and summit closing statements, Casa Santo Domingo, Convention Center", 11 de marzo de 1999, Antigua, Guatemala, URL: http://clinton3.nara.gov/WH/welcome.html

# CAPITULO V – LA REPUBLICA A INICIOS DEL SIGLO XXI

El siglo XX termina con la llegada de Francisco "Paco" Flores del partido ARENA (Alianza Republicana Nacionalista) a la presidencia de la República al derrotar fácilmente en las urnas a su débil contrincante, el ex –comandante guerrillero Facundo Guardado del FMLN (Frente Farabundo Martí para la Liberación Nacional). Ensoberbecidos por la victoria, ARENA y su autoritario presidente se lanzan a dolarizar la economía y a tratar de privatizar los pocos recursos que aún le quedan al Estado (la Salud, el Agua, etc.) pero enfrentan una férrea oposición.

Tras completar 20 años de gobierno ininterrumpido, ARENA (con el apoyo de los partidos PCN y PDC) se desmorona, en medio del desgaste y la corrupción, y pierde las elecciones de 2009 ante una alianza del izquierdista FMLN con grupos independientes (simpatizantes en su mayoría de la antigua Democracia Cristiana de Napoleón Duarte/ Julio Rey Prendes y de la Convergencia Democrática de Guillermo Ungo/ Héctor Silva), congregados alrededor de la figura de un ex – entrevistador de televisión y de otro ex –

comandante guerrillero. Sin embargo, los dos gobiernos del FMLN sufren un rápido desgaste. Tras una década en el poder y haber fallado en realizar los cambios sociales y económicos que exige la población, en 2019 surge un joven líder político que, con su movimiento Nuevas Ideas, logra vencer en las urnas a las dos grandes fuerzas políticas que han controlado el gobierno desde 1989.

Así, luego de doce años de una Guerra Civil que le costaron al país cerca de 80,000 víctimas y millones de dólares en pérdidas en infraestructura, inicia un nuevo siglo para los salvadoreños, que ahora deberán enfrentar nuevos retos y amenazas: sobrepoblación, alto desempleo, baja productividad y competitividad, corrupción galopante en las instituciones de gobierno, tráfico creciente de drogas y personas, y violentas pandillas.

# 5.1 LA EPOCA DE FLORES PEREZ (1999-2004): AUTORITARISMO, DOLARIZACION y TERREMOTOS

En marzo de 1999, el partido ARENA obtiene una contundente victoria en las urnas, consiguiendo llevar a la Presidencia de la República a su candidato Francisco Flores. Aunque el nuevo mandatario anuncia públicamente su voluntad de "cruzar el puente" y concertar con la oposición política, especialmente con el izquierdista partido FMLN, pronto quedaría claro su estilo autoritario de gobernar, al imponer al país medidas inconsultas como la dolarización de la economía o al enfrentar la huelga anti-privatizadora del ISSS. Durante este período, la deuda externa del país llegaría a niveles alarmantes, poniendo en riesgo la capacidad del Estado para atender sus responsabilidades. Para tratar de aliviar la crisis, el Gobierno y la ANEP se lanzarían a la firma de TLCs (Tratados de Libre Comercio) con varias naciones, entre ellas México, Canadá, Chile, Panamá y finalmente con los propios Estados Unidos, principal socio comercial de El Salvador.

TOMA DE POSESION DE FRANCISCO FLORES

El fantasma de las privatizaciones continuaría rondando los bienes del Estado, al verse amenazadas la salud, la educación, el agua, y otros servicios básicos. Sin embargo ante el aumento desmedido de los cobros de los servicios privatizados durante la Administración anterior (telefonía, electricidad, pensiones) habría un claro rechazo de la población hacia nuevos intentos para beneficiar a la empresa privada. El estancamiento de la economía nacional y el agudizamiento de la crisis político- social generada por el alto costo de vida, desempleo, extrema pobreza, e inseguridad, provocaría que miles de salvadoreños, particularmente de las zonas rurales, optaran por buscar una nueva y mejor vida, en otras tierras, al arriesgarse a seguir la peligrosa ruta hacia el "Sueño Americano".

# 1999

## Toma de Posesión de Francisco Flores

El 1° de Junio de 1999, asume la Presidencia de la República el Lic. Francisco Flores Pérez, un seguidor del maestro hindú Sai Baba, graduado en ciencias políticas en Amherst College de los Estados Unidos. Francisco "Paco" Flores, prácticamente un desconocido en la vida política nacional hasta que sirviera brevemente como Presidente de la Asamblea Legislativa durante el período 1997-98 y que desempeñara puestos secundarios en los Gabinetes de Cristiani y Calderón Sol, se convierte en el tercer candidato del partido ARENA en llegar en forma consecutiva a la Presidencia de El Salvador. Durante la campaña electoral, Flores se ha presentado ante la población como un hombre conciliador "con una nueva forma de hacer política". Su Plan de Gobierno consiste básicamente en establecer "alianzas" con distintos sectores: con el trabajo, la solidaridad, la seguridad, y el futuro.

## Gabinete de Gobierno del Presidente Flores

Lic. Carlos Quintanilla Schmidt, Vicepresidente de la República,
Lic. Mario Acosta Oertel, Ministro del Interior,
Licda. Evelyn Jacir de Lovo, Ministra de Educación,
Lic. Miguel Lacayo, Ministro de Economía,
General Juan Martínez Varela, Ministro de Defensa Nacional,
Licda. María Brizuela de Avila, Ministra de Relaciones Exteriores,
Arq. José Angel Quiróz, Ministro de Obras Públicas,
Lic. José Luis Trigueros, Ministro de Hacienda, (reemplazado por el Secretario Técnico de la Presidencia, Lic. Juan José Daboub, 2001)
Lic. Francisco Bertrand Galindo, Ministro de Gobernación (cartera integrada por los Ministerios del Interior y Seguridad Pública, en 2001),
Dr. José Francisco López Beltrán, Ministro de Salud Pública y Asistencia Social,

**Salvataje de CREDISA**
El 27 de julio de 1999, el Banco Central de Reserva aprueba otorgar una línea de crédito para el Banco CREDISA que se declara en quiebra en enero de este año. La cantidad otorgada por el BCR asciende a ¢1,240 millones de colones (aprox. $142 millones de dólares), a una tasa de 1% anual y con un plazo de dos años.

**UES Elige a su Primer Rectora**
En octubre de 1999, la Dra. María Isabel Rodríguez es electa Rectora de la Universidad de El Salvador (UES). Es la primera vez en la historia que una mujer ocupa el alto cargo desde la fundación de la universidad en 1841. En 1967, durante la Rectoría del Dr. Fabio Castillo Figueroa, la Dra. Rodríguez había ocupado el cargo de decana de la Facultad de Medicina de la UES, pero tras la ocupación militar del campus universitario en 1972, se vio forzada a buscar el exilio junto a cientos de prestigiosos académicos nacionales. La Dra. Rodríguez es impulsada por un movimiento encabezado por el propio Dr. Castillo, de quien terminaría alejándose una vez en la Rectoría, antes las muchas diferencias políticas.

Dra. María Isabel Rodríguez

En Washington D.C., durante el período 1973- 1994 la Dra. Rodríguez fue nombrada como consultora de la OPS/ OMS, apoyando el desarrollo de recursos humanos en países como México, República Dominicana, Haití, Cuba y Venezuela.

**Escándalo por Pago a Expatrulleros para que Votaran por ARENA**
En octubre de 1999, miembros de la Asociación de Productores Agrícolas Salvadoreños APROAS, una agrupación de ex -patrulleros miembros de la defensa civil rural durante el pasado conflicto, denuncia ante la prensa que funcionarios del Gobierno les dieron ¢10 millones de colones

(aproximadamente $1.15 millones de dólares) para que votaran por el candidato del partido oficial. Según APROAS, las condiciones para darles los fondos fueron: 1) atenuar la campaña de protesta contra el Gobierno de ARENA en los días próximos a las elecciones del 7 de marzo, y que 2) las 5,000 personas que recibieran el dinero votaran por el candidato de ARENA, Francisco Flores, y que promovieran entre sus demás 40,000 miembros el voto por ARENA.

Médicos Huelguistas en Conferencia de Prensa

## Huelga de SIMETRISSS y STISSS

El 15 de noviembre de 1999, los empleados del Sindicato de Trabajadores del Instituto Salvadoreño del Seguro Social STISSS se van a la huelga luego de que la Administración del ISSS anuncia que no mantendrá el acuerdo del año anterior en el Contrato Colectivo firmado durante la presidencia de Armando Calderón Sol. El contrato contempla aumentos salariales del 5% para los próximos cuatro años. Las demandas originales del STISSS incluyen: 1) respetar el Contrato Colectivo y 2) Detener el proceso de privatización del Sistema de Salud Pública. Además los trabajadores piden una reunión con el Presidente Flores para sentarse a negociar. El sindicato de médicos SIMETRISSS se une al paro de labores poco después, aunque se mantienen brindando servicios médicos de emergencia. La huelga duraría más de tres meses, finalizando poco antes de que se realizaran las elecciones legislativas y municipales, cuando ambas partes acordaran sentarse a negociar y se elaborará una propuesta de Reforma de Salud.

## Presidente Cubano Acusa a Funcionarios Salvadoreños

En diciembre de 1999, el Presidente cubano Fidel Castro acusa a varios funcionarios del Gobierno salvadoreño de apoyar terroristas cubanos que buscan asesinar al Presidente venezolano Hugo Chávez. Entre los señalados, se encuentran Mario Acosta, Ministro del Interior, Rodrigo Ávila, exdirector de la PNC, y Hugo Barrera, exministro de Seguridad Pública. Castro señala que las autoridades salvadoreñas han estado encubriendo y brindando apoyo al terrorista cubano Luis Posada Carriles, de quien dice tiene nexos con la CIA y la Fundación Nacional Cubano Americana. Los ofendidos Ávila, Barrera y Acosta niegan las acusaciones del Presidente Cubano.

## CIDH hace público el Informe sobre Asesinato de Jesuitas

El 22 de diciembre de 1999, la Comisión Interamericana de Derechos Humanos, presidida por Robert K. Goldman, hace público el informe No.136/ 99 Caso Ignacio Ellacuría, Segundo Montes, Ignacio Martín- Baró, y otras 5 personas.

Las recomendaciones que la CIDH hace al Gobierno salvadoreño, incluyen:

*"1.- Realizar una investigación judicial completa, imparcial y efectiva, de manera expedita, conforme a estándares internacionales, a fin de identificar juzgar y sancionar a todos los autores materiales e intelectuales de las violaciones encontradas, sin perjuicio de la amnistía decretada.*

*2. Reparar integralmente las consecuencias de las violaciones enunciadas, incluido el pago de una justa indemnización.*

*3. Adecuar su legislación interna a la Convención Americana, a fin de dejar sin efecto la Ley de Amnistía General."* [1]

Consultado el Presidente Flores sobre el dictamen de la CIDH, éste manifiesta a la prensa nacional que no es conveniente la reapertura del caso pues *"podrían abrirse viejas heridas".*

# 2000

## Renuncia Procurador Peñate Polanco

Al mediodía del 8 de febrero de 2000, luego de meses de denuncias y señalamientos en su contra, el desprestigiado Procurador de Derechos Humanos de El Salvador, Eduardo Peñate Polanco, presenta su renuncia al cargo, tras haber servido más de la mitad de su período de tres años. Ese mismo día, la Asamblea Legislativa tenía planteado discutir la fecha en que el funcionario sería destituido, luego de que una Comisión Legislativa determinara que no era apto para el puesto. El IDHUCA (Instituto de Derechos Humanos de la UCA) había presentado un extenso fólder durante las investigaciones legislativas, en las que se señalaba a Peñate Polanco como un derrochador de los recursos de la institución. A las 4:00pm de la tarde del día de la renuncia de Peñate Polanco, los pocos trabajadores que aún quedaban en la PDDH revientan cohetes y petardos para celebrar por fin la salida de su Jefe.

## Ex –Director Majano queda Libre de Toda Culpa

A inicios del 2000, tras casi cinco años de estarse ventilando su caso en los Juzgados, Romeo Majano Araujo, exdirector del ISSS, es sobreseído definitivamente de todos los cargos en su contra, por malversación millonaria de fondos públicos. Majano había sido acusado en 1995, encontrándose prófugo de la justicia desde entonces.

## Elecciones Legislativas y Municipales de 2000

En las elecciones legislativas del 12 de marzo de 2000, el FMLN obtiene 31 diputados, más que ningún otro partido político, convirtiéndose de esta manera en la primera fuerza política del país. Sin embargo no son suficientes para lograr una mayoría simple en el Congreso.

| RESULTADO DE LAS ELECCIONES LEGISLATIVAS 2000 | | |
|---|---|---|
| Partido | Votos Válidos | Diputados |
| FMLN | 426,289 | 31 |
| ARENA | 436,169 | 29 |
| PCN | 106,802 | 13 |
| PDC | 87,074 | 6 |
| CDU | 65,070 | 3 |
| PAN | 44,901 | 2 |
| USC | 23,329 | 0 |
| Partido Liberal Cristiano PLC | 15,639 | 0 |
| Partido Popular Laborista PPL | 4,996 | 0 |
| Total | 1,210,269 | 84 |

Fuente: Tribunal Supremo Electoral

Las elecciones municipales son consideradas un éxito por el FMLN, pues aunque resulta victorioso en tan sólo 78 municipios (contra 127 de su rival ARENA), el partido de izquierda gana las principales cabeceras departamentales del país, incluyendo: San Salvador (donde el incumbente alcalde Héctor Silva, es re-electo derrotando al nicaragüense Luis Cardenal de ARENA), Ahuachapán, Chalatenango, Santa Tecla, Sonsonate, Santa Ana, Zacatecoluca, y San Francisco Gotera. La mayoría de la población del país habita en estas ciudades.

## GOES firma Acuerdo para instalar Base Militar EEUU

El 31 de marzo de 2000, el gobierno salvadoreño y los Estados Unidos firman un Acuerdo que permitirá el establecimiento de un "Centro de Monitoreo" contra el tráfico de drogas, en el Aeropuerto Internacional de Comalapa. El Acuerdo, ratificado en Julio por una mayoría simple en la Asamblea Legislativa (con los votos de ARENA, PDC, y PCN), otorga completa inmunidad diplomática al personal militar de Estados Unidos y a sus familias, que pueden entrar y salir del país sin restricciones. El acuerdo tampoco define el número máximo de efectivos armados que operarán en el país, ni el número de aviones, vehículos, ni cantidad ni tipo de armamento que podrá utilizarse. Este acuerdo, que durará 10 años – prorrogables a 20- entra en vigencia a partir del 23 de agosto, cuando se inician las construcciones de un área especial en el Aeropuerto de Comalapa. La Base naval de Estados Unidos en Puerto Rico, conducirá las operaciones en Comalapa, lo que significa que podrían realizarse operativos por tierra, mar, y aire. El FMLN presenta una protesta ante la Corte Suprema de Justicia, argumentando que el Acuerdo atenta contra la Constitución salvadoreña, violando la soberanía nacional al permitir la presencia de un ejército extranjero en el territorio nacional. De acuerdo con la Constitución salvadoreña, asuntos que afectan la soberanía requieren el voto calificado (es decir, contar con la aprobación de 2 tercios de la Legislatura). Recientemente, tanto los gobiernos de Panamá como de Costa Rica habían rechazado la solicitud norteamericana de instalar bases antinarcotráfico en su territorio. Sin embargo, los Estados Unidos cuentan ya con bases similares en Ecuador, Aruba y Curacao.

## Ministerio de Salud Declara Emergencia por el Cólera

A principios de abril de 2000, el Ministerio de Salud Pública y Asistencia Social MSPAS declara "alerta roja" debido a un brote de cólera que azota 5 departamento de la República (Santa Ana, San Salvador, La Libertad, Chalatenango y la Paz).

**CIDH publica Informe sobre Asesinato de Monseñor Romero**

El 13 de abril de 2000, la Comisión Interamericana de Derechos Humanos CIDH, presidida por Hélio Bicudo, publica el Informe No.37/ 00 caso 11.481 Monseñor Oscar Arnulfo Romero y Galdámez. La denuncia había sido presentada ante la CIDH, el 23 de septiembre de 1993, por la Directora de la Oficina de Tutela Legal del Arzobispado de San Salvador, Sra. María Julia Hernández y por el propio hermano del Arzobispo, Don Tiberio Arnoldo Romero y Galdámez. Según la denuncia, "el 24 de marzo de 1980, agentes de la República de El Salvador (en adelante 'el Estado salvadoreño', 'el Estado' o 'El Salvador') que integraban escuadrones de la muerte, ejecutaron extrajudicialmente a Monseñor Oscar Arnulfo Romero y Galdámez, Arzobispo Metropolitana de San Salvador."

El informe de la CIDH, concluye en definitiva *"que el Estado salvadoreño ha violado el derecho a la vida consagrado en el artículo 4 de la Convención Americana en perjuicio del Arzobispo de San Salvador, Monseñor Oscar Arnulfo Romero y Galdámez. En virtud de la actuación indebida de sus órganos para la administración de justicia, el Estado ha faltado igualmente a su obligación de investigar en forma diligente y eficaz las violaciones denunciadas, así como a su obligación de procesar y sancionar a los responsables a través de un proceso imparcial y objetivo como lo exige la convención Americana. Todo ello afectó la integridad del proceso judicial e implicó una manipulación de la justicia con un evidente abuso y desviación de poder. El resultado es que estos crímenes permanecen hasta el día de hoy en la impunidad ante una evidente denegación de justicia. El Estado ha violado además, en perjuicio de los familiares de la víctima, el derecho a las garantías judiciales y a la tutela judicial efectiva establecido en los artículos 1(1), 8(1) y 25 de la Convención.*

*... Como consecuencia de la sanción de la Ley de Amnistía General, el Estado ha violado el artículo 2 de la Convención Americana. Además, a raíz de su aplicación al presente caso, el Estado ha violado el derecho a la justicia y su obligación de investigar, procesar y reparar establecidos en los artículos 1(1), 8(1) y 25 de la Convención Americana en perjuicio de los familiares de Monseñor Romero y de los miembros de la comunidad religiosa de la víctima. El Estado ha violado igualmente el derecho a conocer la verdad en perjuicio de los familiares de Monseñor Romero, de los miembros de la comunidad religiosa a la que pertenecía, y de la sociedad salvadoreña en su conjunto."* [2]

Ante la negativa del Gobierno salvadoreño de cumplir las recomendaciones, la CIDH decide hacer público el informe e incluirlo en el informe Anual de la Asamblea General de la Organización de Estados Americanos OEA. La Comisión Interamericana declara que continuará evaluando las medidas por el Gobierno salvadoreño en relación a las recomendaciones, *"hasta que éstas hayan sido totalmente cumplidas por dicho Estado."*

## Derecha Bloquea Presidencia del FMLN en la Legislatura

Tradicionalmente, el partido que obtiene la mayor cantidad de diputados ha asumido la Presidencia del Poder Legislativo en El Salvador durante tres años. Pero, el 1º de Mayo de 2000, los partidos de derecha ARENA, PCN, y PDC unen fuerzas para bloquear la toma de la presidencia de la Asamblea Legislativa por parte del ex –guerrillero FMLN, que obtuviera 31 escaños en las pasadas elecciones pasadas. La propuesta para modificar el reglamento interno viene del PDC, quien somete a consideración del pleno que la presidencia del Legislativo sea ocupada rotativamente durante un año por los tres partidos que han obtenido la mayor cantidad de diputados. La "primer" presidencia es ocupada por el Secretario General del PCN, Ciro Cruz Zepeda.

## Estalla Polvorín en Cuartel de la Primera Brigada

El 10 de mayo de 2000, hace explosión un polvorín en el antiguo cuartel de la Primera Brigada de Infantería al noreste de San Salvador, dejando como saldo 1 persona muerta, decenas de heridos, y cerca de 700 viviendas dañadas. Varios días después, ocurre una detonación accidental de explosivos provenientes del polvorín que iban a ser destruidos en la Hacienda El Ángel, a unos 35 kms de la capital, muriendo en el acto dos personas, un especialista en Explosivos de la PNC y un sargento del ejército.

## Asamblea Aplica IVA a Medicamentos y Verduras

En Mayo de 2000, la Asamblea Legislativa impone el Impuesto al Valor Agregado IVA del 13% a varios productos que hasta entonces se encontraban exentos, tales como la leche, granos básicos, medicina, frutas y verduras. La medida, apoyada en el Congreso por los partidos de derecha ARENA, PCN, y PDC, había sido anunciada por el Presidente Flores durante una visita a San Pedro Masahuat, donde propone un plan de reactivación económica que incluye aumentar la recaudación tributaria y reducir el gasto público. Flores propone además un plan de austeridad de instituciones estatales, basado en el congelamiento de los salarios para trabajadores del sector público.

## Presidente Clinton Firma Ampliación de Acta Comercial

El 18 de mayo de 2000, el Presidente Bill Clinton firma el Acta de Comercio y Desarrollo de 2000, convirtiéndola en Ley. La nueva legislación incluye el Acta de la Iniciativa para la Cuenca del Caribe ICC (Caribbean Basin Trade Partnership Act), que busca ampliar los lazos comerciales con los países de la región, incluyendo a El Salvador. Las 23 naciones que conforman la región caribeña, en conjunto forman el sexto mercado para bienes provenientes de los Estados Unidos, totalizando alrededor de $19,000 millones de dólares, pero estos mercados se vieron afectados recientemente por la destrucción de los huracanes Mitch y Georges, y anteriormente al disminuir las inversiones norteamericanas en la región, debido a la implementación del Tratado de Libre Comercio conocido como NAFTA (North American Free Trade Agreement) firmado en 1993, por México, Canadá y los Estados Unidos.

## TELECOM Envuelta en Escándalo por Espionaje Telefónico

El 7 de junio de 2000, la Superintendencia General de Electricidad y Telecomunicaciones SIGET sanciona a la filial salvadoreña de FRANCE TELECOM, la Compañía de Telecomunicaciones de El Salvador S.A. CTE, con más de ¢500,000 colones por intervenir llamadas telefónicas de numerosos abonados. Entre los teléfonos intervenidos se encuentran la empresa SALTEL (rival de CTE- TELECOM), propiedad de Jorge Zedán; la Fiscalía General de la República; la Asociación de Bancos Salvadoreños ABANSA; varias Asociaciones Sindicales, la Asociación Entre Amigos, formada por lesbianas y homosexuales; varios profesionales considerados antagónicos al Gobierno, entre otros. De acuerdo con las investigaciones de la SIGET, en febrero de 2000 el empresario Jorge Zedán tenía 13 líneas telefónicas interceptadas. Según pudo confirmar la SIGET, los teléfonos se encontraban intervenidos bajo el status conocido como B-9 (que significa, línea de abonado interceptado) y las llamadas eran escuchadas por terceras personas que no pudieron ser identificadas. Para sorpresa de SIGET, gran cantidad de teléfonos pertenecientes a personas influyentes también se encontraban bajo el B-9.

Las reacciones a la sanción contra CTE- TELECOM no se hacen esperar. El presidente de la filial, el francés Dominique Saint Jean, niega rotundamente que TELECOM se prestó a las escuchas ilegales y manifiesta que su empresa apelará la resolución de la SIGET. Los partidos de oposición en la Asamblea Legislativa, el FMLN y el PCN, piden citar a los ex Presidentes Cristiani y Calderón Sol, pues se afirma que ya en sus administraciones existía este espionaje telefónico. El ex Jefe de la OIE (Organismo de Inteligencia del Estado) y actual Director de la PNC, Mauricio sandoval, afirma que ni entonces ni ahora se encuentra envuelto en ningún tipo de intervenciones. Sin embargo, el ex Superintendente Orlando De Sola declara que durante su gestión y antes de la venta de ANTEL, esta oficina tenía una oficina encargada precisamente de intervenir teléfonos. Con la compra de ANTEL por la empresa francesa, la oficina fue trasladada a las instalaciones de la OIE en Casa Presidencial, según DeSola.

### Firma de TLC entre México y el Triángulo Norte

En junio de 2000, el Gobierno de México firma una Tratado de Libre Comercio con el llamado "Triángulo Norte" Centroamericano (formado por Guatemala, Honduras y El Salvador). Costa Rica había por su parte firmado un convenio similar con México en 1995, y Nicaragua otro en forma también separada en 1998, mostrando con ello la inexistencia de la tan proclamada unión e integración Centroamericana. Cada pequeño país del Istmo busca sus propios beneficios y ventajas locales.

### Honduras y El Salvador se Disputan la Isla Conejo

A mediados del mes de Junio de 2000, la integración centroamericana se ve nuevamente amenazada al surgir una disputa entre Tegucigalpa y San Salvador sobre la Isla Conejo, un pequeño islote de alrededor de un kilómetro cuadrado ubicado en el Golfo de Fonseca. El fallo de la Corte Internacional de Justicia de 1992, dio a Honduras más del 65% del territorio en disputa por ambas naciones, sin embargo no emitió dictamen acerca de todas las islas del Golfo, sino únicamente sobre aquellas que se encontraban en disputa, es decir, las islas Meanguera, Meanguerita, y El Tigre.

### Iglesia se Pronuncia Contra de Manual de Educación Sexual

A fines de Julio de 2000, el Gobierno anuncia que retirará de circulación miles de folletos de educación sexual para adolescentes distribuidos en escuelas públicas, tras recibir duras críticas de la Iglesia Católica y organizaciones no gubernamentales, entre ellas la Fundación Sí a la Vida. Los manuales tratan sobre delicados temas como el uso de condones y de la masturbación. Un total de 30,000 manuales habían sido elaborados por el Gobierno, con financiamiento de la UNICEF y una organización alemana.

## El Diputado Merino envuelto en Escándalo

La madrugada del sábado 26 de agosto de 2000, aproximadamente a la 1:55am, el jefe de fracción del Partido de Conciliación Nacional PCN Francisco Merino, en estado de ebriedad, se enfrenta a tiros con miembros de la Policía Nacional Civil PNC, hiriendo a la agente del Sistema de Emergencias 121, Flor de María Alfaro Meléndez. El hecho ocurre en el pasaje República Federal de Alemania de la Colonia Escalón, en San Salvador. Merino es arrestado por la PNC y liberado unas horas después valiéndose de su fuero como diputado. Posteriormente, Merino declararía a la prensa no recordar haber disparado contra la agente policial, con quien termina conciliando.

## Cumbre de Mandatarios de México y Centroamérica: Tuxtla IV

En Agosto de 2000, se celebra en Ciudad de Guatemala la Cuarta Cumbre Presidencial conocida como "Tuxtla IV" (la primera Cumbre de este tipo se realizó en la ciudad chiapaneca por invitación del Gobierno mexicano, en Enero de 1991, donde se buscaba específicamente analizar la problemática del suministro de energía para la región).

## Junta de Directores de SIGET levanta Sanción contra TELECOM

El 5 de septiembre de 2000, la junta de directores de SIGET revoca la sanción de ¢515,864.48 colones, que impusiera el Superintendente Ernesto Lima en junio pasado contra CTE- TELECOM por una supuesta intervención telefónica utilizando el código B-9 (abonado interceptado), que habría violado la Constitución de la República y la propia Ley de Telecomunicaciones. Los Directores de SIGET argumentan no haber encontrado pruebas "inequívocas" de las escuchas ilegales por la que se había sancionado a la transnacional francesa, a pesar de que SIGET había utilizado los servicios de un perito para establecer que efectivamente varias líneas telefónicas, pertenecientes a numerosos profesionales, sindicalistas, periodistas, políticos, estaban siendo re- enrutadas con destino desconocido.

## Emergencia de Dengue en el País

A mediados de septiembre de 2000, el Gobierno salvadoreño declara una Emergencia Nacional debido a la grave epidemia de Dengue, que hasta la fecha ha causado 19 víctimas mortales. El Presidente Flores, que admite ante los medios de comunicación que los hospitales nacionales son insuficientes para atender la creciente demanda de personas infectadas, hace un llamado a la comunidad internacional para que envíen expertos a combatir la epidemia. El Ministerio de Salud Pública inicia rondas de fumigaciones en diversos sectores de capital y de los poblados más afectados, mientras paralelamente lanza una campaña a través de la prensa para concienciar a la población en la eliminación de aguas residuales. La Universidad de El Salvador organiza cuadrillas de docentes y estudiantes para realizar visitas médicas en las zonas más pobres del país para brindar asistencia médica. Entre tanto, la Asamblea Legislativa había aprobado 17.8 millones de colones para que el Ministerio de Salud pueda combatir la epidemia eficazmente. A finales del mes operarían en el país, cuadrillas de médicos voluntarios provenientes de Cuba, Estados Unidos, México, y de varios países centroamericanos. El Presidente Flores acepta la ayuda de Cuba, país con quien desde 1959 no se tienen relaciones diplomáticas. La experiencia de los médicos cubanos lograría por fin controlar la epidemia.

### Entra en Vigencia Ampliación a Iniciativa de la Cuenca del Caribe
El 1 de octubre de 2000, entra en vigencia una ampliación de la Iniciativa de la Cuenca del Caribe.

### Huracán Keith causa Daños en el País
En octubre de 2000, el huracán Keith penetra al territorio salvadoreño causando una muerte y numerosos deslaves, tras las torrenciales lluvias.

### Decenas de Fallecidos por Ingerir Aguardiente Adulterado
A finales de octubre de 2000, se contabilizan ya más de 100 personas muertas por ingerir licor adulterado con alcohol metílico. Los principales lugares afectados son San Salvador, San Vicente, Ilobasco (Cabañas), Chalatenango, La Paz, Cuscatlán. Gran número de cajas del aguardiente "Trueno", sospechoso de causar las muertes son decomisadas por las autoridades en diversos expendios del país. El Gobierno decreta la suspensión de ventas de alcohol en las zonas afectadas mientras se investiga. Aunque la Fiscalía se compromete a dar con los responsables de la adulteración, jamás se produce tan siquiera un solo sospechoso.

### Militares liberados de Complicidad en Asesinato de Monjas
El 3 de noviembre de 2000, en Miami, Florida un jurado federal libera de cargos al ex Ministro de Defensa José Guillermo García y al ex Director de la Guardia Nacional Eugenio Vides Casanova, a quienes se acusaba de encubrir los asesinatos de cuatro religiosas norteamericanas por miembros

de las fuerzas de seguridad bajo su mando en diciembre de 1980. Los acusados no se encontraban en la Corte al momento del veredicto. Bill Ford, hermano de Ita Ford, una de las religiosas asesinadas, visiblemente sorprendido por la resolución declaró a la prensa que a su juicio la evidencia presentada en contra de los generales era más que abrumadora.

## Gobierno, PCN y PDC Aprueban Dolarizar Economía Salvadoreña
El 22 de noviembre de 2000, el Presidente Flores anuncia su propuesta de Ley para "dolarizar" la economía. Días después, el 30 de noviembre la Asamblea Legislativa, considerando entre otras cosas, *"... Que a efecto de incorporar efectivamente a El Salvador al proceso de integración económica mundial, se vuelve necesario dictar las regulaciones que faciliten el intercambio comercial y financiero con el resto del mundo, en forma eficiente, ...."*, y que además, *"... con el fin de preservar la estabilidad económica que propicie condiciones óptimas y transparentes que faciliten la inversión, y de garantizar el acceso directo a mercados internacionales, se vuelve necesario autorizar la circulación de monedas extranjeras que gocen de liquidez internacional...."* [3]

Termina aprobando por mayoría simple, con los 49 votos de los diputados de ARENA, PCN, y PDC la nueva Ley de Integración Monetaria (decreto legislativo 201).

*"...De acuerdo con la nueva ley, el tipo de cambio entre el colón salvadoreño y el dólar norteamericano se fija en 8.75 colones por dólar. La moneda extranjera tendrá "curso legal irrestricto con poder liberatorio ilimitado para el pago de obligaciones en dinero en el territorio nacional..."*

Según la medida, el Banco Central de Reserva de El Salvador, deberá "comprar" los colones salvadoreños de los bancos locales, utilizando aproximadamente entre $375 y $550 millones de dólares de sus reservas.

La nueva ley *"obliga al sistema financiero salvadoreño a denominar sus balances en dólares y a retirar de circulación todos los colones que ingresen al sistema, sustituyéndolos por dólares. La facultad de emisión de nuevos colones por parte del Banco Central de Reserva ha quedado derogada."* [4]

La Ley de Integración Monetaria es ratificada por el presidente Flores el 11 de diciembre de 2001. El Secretario Técnico de la Presidencia, Juan José Daboub (ex Presidente de ANTEL) considera que con la dolarización se busca *"incentivar el desarrollo de la economía y garantizar un mejor futuro a la población".*[5]

La oposición representada en la Asamblea en el FMLN y el CDU, sin embargo consideran que la ley es inconstitucional al quitarle funciones al Banco Central de Reserva, dadas por la Constitución de la República y que ha sido aprobada sin que hubiera un amplio debate entre los diversos sectores de la población.

### Las Salvaguardias del Ministro de Economía

En diciembre de 2000, una serie de reportajes del periódico La Prensa Gráfica ponen al descubierto un grave conflicto de intereses, así como la falta de ética en que ha incurrido el Ministro de Economía, Miguel Lacayo Argüello. Lacayo, quien es presidente de la empresa Baterías de El Salvador (Baterías RECORD), es señalado por el periódico de haberse valido de su cargo para auto- favorecerse con la aplicación de cero- aranceles para la importación de componentes para la fabricación de baterías. La investigación periodística revela que el Consejo de Ministros de la Integración Económica COMIECO, ha refrendado en cuatro ocasiones, a solicitud del Ministro Lacayo, prórrogas a una resolución ministerial de salvaguardia, mediante la cual se otorga exención de impuestos a la importación de repuestos para baterías. La salvaguardia había sido suscrita en julio de 1999, por Eduardo Zablah, anterior Ministro de Economía, cuando Lacayo ya laboraba en dicho ministerio [6].

# 2001

### Inicia proceso de Dolarización en El Salvador

Mientras en Europa el proceso para preparar a las distintas naciones a la idea de adoptar al EURO como nueva moneda continental ha llevado varios años, el 1º de Enero de 2001, a menos de dos meses de haber sido propuesta y aprobada por la Asamblea Legislativa, entra en vigencia la polémica Ley de Integración Monetaria, mediante la cual El Salvador se convierte en el tercer país latinoamericano en utilizar el "U.S. Dollar" como moneda de curso legal en su territorio (siendo los otros, Panamá desde 1904, y Ecuador desde el año 2000).

Tres recursos de inconstitucionalidad son presentados casi inmediatamente ante la Corte Suprema de Justicia:

- La Fundación de Estudios para la Aplicación del Derecho FESPAD, presenta el primer recurso señalando que no se cumplió el Art. 125 de la Constitución de la República que especifica que antes de ser aprobada toda propuesta de ley debe ser ampliamente debatida.

- De acuerdo con el Frente Farabundo Martí para la Liberación Nacional FMLN, la ley es inconstitucional porque debió ser aprobada por 2/3 de los diputados de la actual Asamblea y ratificada por la siguiente Asamblea Legislativa que sea elegida en 2003, según se establece en la Constitución Política de El Salvador.

- El Centro Democrático Unido CDU manifiesta que la polémica ley contiene contradicciones por una parte al quitarle al Estado salvadoreño la potestad de regular el régimen monetario, mientras que por otra, quita funciones al Banco Central de Reserva y se las otorga al Ministerio de Hacienda.

## Población se Organiza en contra de la Dolarización

En San Salvador, un grupo de organizaciones sociales y sindicales se reúnen el 8 de enero para discutir la creación de un Comité de Defensa Nacional, para protestar contra la Dolarización y las políticas neoliberales del Gobierno. Entre los asistentes a la reunión se encuentran representantes de Instituto de Estudios Jurídicos IEJES, la Asociación Gremial de Empleados Públicos y Municipales AGEPYM, el Sindicato de Médicos Trabajadores del Instituto Salvadoreño del Seguro Social SIMETRISSS, el Centro Cívico Democrático CCD, la Iglesia Luterana, el Movimiento de Organizaciones Laborales integradas MOLI, entre otros. La segunda semana del mes de enero se tiene programadas dos grandes manifestaciones en Usulután y Santa Tecla.

## El Terremoto de Enero de 2001

*"En las pasadas horas ha llegado la noticia sobre un desastroso terremoto que ha sucedido en Centroamérica provocando particularmente en El Salvador, cientos de heridos e incontables daños materiales. Deseo manifestar a la población damnificada de esta región que es tan querida, que estoy muy cerca de ellos espiritualmente. Elevo al Señor una oración del fondo de mi corazón por las víctimas y dirijo mis palabras calurosas a los que sobreviven para darles ánimo, haciendo votos para que la ayuda internacional dirija*

*hacia ellos sus intereses. Ojalá que les llegue a todos ellos ayuda solidaria, para lograr superar las nefastas consecuencias de tal tragedia."*
—**Juan Pablo II**, *al enterarse del Terremoto en Enero 13, 2001.*

El sábado 13 de enero de 2001, aproximadamente a las 11:35am, un violento terremoto de aproximadamente 32 segundos de duración sacude El Salvador. De acuerdo con el U. S. Geological Survey, la magnitud se estima en 7.6 grados en la escala de Richter. El epicentro del sismo se localiza a 65 millas (110 kms) al Sur- Oeste de San Miguel, frente a la playa Los Blancos, a una profundidad de aprox. 32 kms. El sismo es registrado en toda la región Mesoamericana, desde México D.F. y Chiapas, pasando por Honduras y Nicaragua, hasta edificios altos en algunas ciudades de Colombia. El origen del shock principal logra ubicarse en la Placa Caribe, sobre la placa Cocos, frente a la costa del Pacífico (Dos fuertes sacudidas ocurren también los días 14 y 16 del mismo mes de Enero). El Gobierno declara inmediatamente Estado de Emergencia y Calamidad Pública en toda la nación.

En el aeropuerto Internacional de Comalapa, donde ocurren daños a la pista de aterrizaje y a la infraestructura, se cancelan todos los vuelos hasta el día siguiente en horas de la tarde. El Comité de Emergencia Nacional COEN, estima que ocurren cerca de 940 muertes, aunque la cifra exacta quizás jamás sea conocida pues muchas personas fueron enterradas en fosas comunes y otras fueron sepultadas en los múltiples derrumbes de tierra en todo el país. El mayor desastre ocurre en la colonia Las Colinas en Santa Tecla, Departamento de La Libertad, donde un estimado de 300 casas son completamente barridas al desplomarse parte de un cerro aledaño a las viviendas, en la llamada Cordillera del Bálsamo.

Otros lugares gravemente afectados son el municipio de Comasagua en La Libertad, y Usulután en la zona central del país. Numerosos tramos de carretera son bloqueados por los derrumbes, entre ellos, la carretera hacia el balneario Los Chorros y la curva de la Leona en San Vicente. Otras sufren agrietados leves a severos como la autopista a Santa Ana y la carretera hacia Costa del Sol. El Hospital San Rafael, en La Libertad, el Hospital San Juan de Dios en San Miguel y otros centros de salud, sufren graves agrietamientos o derrumbes. Gran cantidad de iglesias coloniales en todo el país sufren severos daños: la iglesia El Calvario, en Santa Ana; la Catedral de Sonsonate, la iglesia Inmaculada Concepción, en Santa Tecla, y otras muchas más. Refugios de emergencia son improvisados en diversas áreas, como el Complejo Deportivo El Cafetalón y el Estadio Las Delicias, en Santa Tecla, donde se concentran gran cantidad de damnificados de las poblaciones aledañas. De acuerdo con cifras iniciales del Gobierno, más de 190,000 hogares quedan inhabitables en todo el territorio, sufriendo los Departamentos de Sonsonate, Usulután, La Paz, San Vicente, y La Libertad, los mayores daños.

El Presidente Flores nombra la Comisión Nacional de Solidaridad CONASOL para servir de enlace entre Gobierno y la empresa privada, canalizando la ayuda que se reciba. A la cabeza de CONASOL, se nombra al empresario Roberto Murray Meza junto con la Canciller de la República, María de Avila y a Ricardo Simán, Presidente de la Asociación Nacional de la Empresa Privada ANEP. El Gobierno deja fuera otros sectores que pueden ser de gran ayuda en la reconstrucción nacional y apoyo a las comunidades más dañadas, como son la Iglesia Católica Salvadoreña, el Consejo de Municipalidades de El Salvador COMURES, Organizaciones No- Gubernamentales, y los propios Partidos de Oposición, lo que ocasiona fuerte críticas.

Tras las numerosas críticas recibidas por la lentitud burocrática de CONASOL y el COEN, el Presidente Flores anuncia el 21 de enero que descentralizara la entrega de la asistencia internacional. Se informa que el Gobierno pondrá a disposición de las Alcaldías ¢94 millones de colones para limpieza de escombros. La ayuda será canalizada por el Fondo de Inversión Social y Desarrollo Local FISDL, a través del cual serán entregados ¢900 colones por familia, a cambio de la limpieza de escombros en sus viviendas. Sin embargo, algunas Alcaldías, entre ellas la de Santa Tecla, rechazan el ofrecimiento, entre otras razones por no estar de acuerdo a las realidades de cada municipio y por la forma "unilateral" en que se ha escogido el procedimiento para entregar ayuda.

### Segundo Terremoto sacude el país; otros temblores siguen
Exactamente un mes después del sismo de Enero, a las 8:22am del martes 13 de Febrero de 2001, un segundo terremoto sacude la zona central del país, principalmente afectando los Departamentos de San Vicente y Usulután. La magnitud del sismo se establece en 6.6 en la escala de Richter. De acuerdo con el U.S. Geological Survey, el sismo ocurre unas 15 millas

(30 kms) al Este de San Salvador, dentro de la zona de subducción de las placas Cocos-Caribe. El sábado 17 de febrero, otro terremoto magnitud 5.3 sacude violentamente, en apenas breves  segundos, la zona de la capital salvadoreña, llevando nuevamente la intranquilidad y el nerviosismo a la población.

El Informe sobre Desarrollo Humano- El Salvador 2001 del Programa de Naciones Unidas para el Desarrollo PNUD, resume el impacto que tuvieran los terremotos de Enero y Febrero:

*"Las cifras oficiales reportan la muerte de 1,159 personas y lesiones en otras 8,122. También, más de un millón y medio de personas, que representan el 25% de la población, resultaron damnificadas, perdiendo la mayoría de sus pertenencias.*

*Asimismo, 271,653 viviendas resultaron dañadas, de las cuales 163,866 quedaron inhabitables. Estos estragos, junto al severo déficit habitacional cualitativo que ya existía, forman un cuadro dramático: casi la mitad de la población se encuentra viviendo en precarias condiciones habitacionales. El daño en las viviendas también afectó a 41,400 micro y pequeños negocios que constituían la fuente principal de ingresos de una similar cantidad de familias.*

*Además, hubo daños severos en 23 hospitales y en más de un centenar de otros establecimientos de salud (40% del total de establecimientos). Más del 30% de los centros educativos del sector público sufrió daños severos (1,566 de un total de 4,858), dejando en una situación de riesgo al 34% de la población estudiantil matriculada. Por otra parte, 25 de los 85 beneficios de café resultaron con daños graves y severos. Además, un 15% de la cosecha cafetalera se perdió, debido a los derrumbes y a que todavía no había sido recolectada. Finalmente, los terremotos ocasionaron grandes pérdidas al patrimonio cultural (iglesias, centros históricos, bibliotecas).*

*La CEPAL estimó que los daños ocasionados por ambos terremotos fueron de US$ 1,660 millones, que equivalen al 13% del PIB en el año 2000. Esto quiere decir que los dos terremotos provocaron pérdidas  equivalentes al crecimiento que El Salvador había acumulado durante los últimos 4 años. Sin embargo la situación es mucho más crítica, debido a que las pérdidas se concentraron en la cuarta parte de la población, y especialmente, en aquel grupo que al perder su vivienda, el producto de sus cosechas y sus enseres domésticos, perdieron la inversión de su vida y retrocedieron veinte o más años."*
[7]

## Reina Sofía de España en Visita Humanitaria

Entre el 14 y el 16 de febrero, la Reina Sofía de España realiza una visita de tres días a El Salvador, para constatar los daños sufridos a raíz de los dos terremotos. La Reina trae consigo un cargamento de asistencia humanitaria para ser entrega a familias damnificadas por los sismos. Durante su primer día en San Salvador, la Reina entrega en la Catedral metropolitana una imagen de la Virgen María que es recibida por el Presidente Flores y el Arzobispo de San Salvador, Monseñor Saenz Lacalle. El Jueves 15 , Doña Sofía visita la zona residencial de Las Colinas en la ciudad de Santa Tecla, donde un enorme alud de tierra sepulto más de 200 viviendas, muriendo cerca de 500 personas. Luego se traslada al poblado de Tepecoyo donde visita un improvisado albergue para damnificados. Finalmente, el día viernes 16, visita la zona de San Vicente que fuera severamente castigada por el terremoto del 13 de febrero.

## Entra en Vigencia TLC con México

El 15 de marzo de 2001, entra en vigencia el Tratado de Libre Comercio firmado el año anterior con México. De acuerdo con el Ministro de Economía, durante los próximos cinco años podrían generarse unos 50,000 nuevos empleos. La balanza comercial con México en los últimos años ha dejado un saldo negativo, aunque con la firma del TLC el Gobierno espera que el país incremente las exportaciones a ese país. Mientras que de México se importan medicamentos, productos alimenticios, abonos agrícolas, conductores eléctricos, pinturas, entre otros productos, El Salvador exporta a esa nación, principalmente hilados, tejidos, calzado, y semillas. El Gobierno salvadoreño excluye sin embargo a diversas industrias locales del TLC, entre ellas: industria cementera (CESSA), cervecera (LA CONSTANCIA), y transporte aéreo (TACA).

| Comercio entre El Salvador y México en Cifras | | |
|---|---|---|
| | El Salvador | México |
| Población | 6.2 millones | 98 millones |
| Area | 21,000 km² | 1,972,550 km² |
| PIB (producto interno bruto) | $13,200 millones | $574,500 millones |
| Ingreso por Habitante | $1,990 | $5,080 |

Fuente: World Bank

| Balanza Comercial El Salvador -México 1997- 2001 | | | |
|---|---|---|---|
| Año | Exportaciones | Importaciones | Balance |
| 1997 | 17.89 | 236.28 | (159.7) |
| 1998 | 17.29 | 238.59 | (221.3) |
| 1999 | 14.33 | 264.0 | (249.7) |
| 2000 | 13.38 | 256.37 | (242.98) |
| 2001 | 24.6 | 312.36 | (287.76) |

Fuente: Banco Central de Reserva de El Salvador

## Aumentan Casos de Dengue en el País

A mediados de marzo de 2001, el Ministerio de Salud Pública confirma que se han registrado 85 casos de dengue clásico y dos del mortífero dengue hemorrágico en todo el país, estos últimos han ocurrido en la zona rural de Chalatenango, en el norte. Los departamentos donde ocurren el mayor número de casos son San Vicente, La Paz, San Salvador, Sonsonate, La Unión, y San Miguel. El año anterior la enfermedad había provocado la muerte de 33 niños y dos adultos.

## Nueva Cumbre de Las Américas para el ALCA

En abril de 2001, en medio de grandes medidas de seguridad en Québec, Canadá, se desarrolla una nueva cumbre de las Américas, con miras a establecer el Acuerdo de Libre Comercio en las Américas ALCA. Durante la Cumbre, se acuerda publicar un borrador del Acuerdo para aumentar la transparencia que desea darse al proceso comercial continental. Este documento es publicado en Internet en julio de 2001, en los 4 idiomas oficiales que se hablan en el continente: inglés, español, portugués y francés. Las temáticas principales incluyen: Agricultura, Inversión Acceso a Mercados, Solución de controversias, Servicios, Derechos de Propiedad Intelectual, Política de Competencia, entre otros [8] .

Foto: Concultura

Mastodonte

Científicos examinan restos prehistóricos en las cercanías del Río Tomayate

## Encuentran restos de Antiguos Mamíferos

Durante la primer semana de abril de 2001, un grupo de paleontólogos salvadoreños encuentra restos de varios mamíferos prehistóricos que podrían llegar a tener una antigüedad de unos 75,000 años. El hallazgo ocurre a orillas del río Tomayate, en las cercanías de Apopa, a unos 15 kms al Norte de San Salvador. Los científicos encuentran restos de un mastodonte hembra (incluyendo un colmillo, un fémur, y parte de la mandíbula), un fémur de perezoso gigante, una mandíbula de un venado prehistórico, y fragmentos de una tibia de un camello. Las excavaciones están a cargo del Dr. Daniel Aguilar, director del Museo Nacional de Historia Natural.

## Escándalo ante Robo de Fertilizante en el BFA

En mayo de 2001, la población salvadoreña se entera de que más de 11,400 sacos de sulfato de amonio, que forman parte de 300,000 sacos donados por el Gobierno de Japón han desaparecido de las bodegas del Banco de Fomento Agropecuario. El escándalo descubre irregularidades que involucran no solo al Gobierno sino a grandes agricultores y comerciantes nacionales. El donativo japonés tenía por propósito beneficiar a pequeños agricultores, según reportan los medios de prensa por lo menos el 70% termina en manos de la empresa UNIFERSA (70,000 sacos) y las cooperativas Cuzcachapa (40,000 sacos) y Marona (100,000 sacos).

## Descubren Basurero Militar Yankee frente a las Costas de El Salvador

En junio de 2001, la población se entera que la Armada de los Estados Unidos ha estado depositando secretamente desechos militares (armas y explosivos descartados) frente a las costas salvadoreñas. El sitio fue descubierto en un mapa producido por la agencia secreta NIMA (*National Imagery and Mapping Agency*) del Gobierno norteamericano.

El botadero militar está ubicado a unas 38 millas de la costa de El Salvador y ocupa una extensa área de 66 kilómetros de largo por 17 kms de ancho. El sitio se encuentra en el fondo de una caída de aproximadamente una milla bajo el mar, entre las placas tectónicas de Cocos y Caribe. El sitio no ha aparecido jamás en ningún mapa salvadoreño. El mapa elaborado por NIMA es dado a conocer por el Ingeniero Rafael Colindres Selva, quien ha estado investigando los terremotos de Enero y Febrero pasado. De acuerdo con el Ing. Colindres, los sismos ocurrieron de manera un tanto inusual, pues el número de temblores o "réplicas" que siguieron a los terremotos fueron bastante altas, en comparación con los ocurridos tras el terremoto de 1986. El Ing. Colindres intenta contactar a miembros del U.S. Congress, al Pentágono, al U.S. Southern Command, y a la propia Embajada de los Estados Unidos en El Salvador, tratando de conseguir mayor información sobre el botadero militar, sin lograr ninguna respuesta. Sin embargo, recibe una llamada de un tal Mr. Mathew Rooney, agregado comercial de la Embajada norteamericana, cuestionándole acerca de la fuente donde había obtenido los datos sobre el basurero.

El Ing. Colindres, Presidente de FUNDASISMICA, una organización salvadoreña que se dedica a impulsar el estudio de la ingeniería sísmica, junto con la Unidad Ecológica de El Salvador UNES, piden que la Asamblea Legislativa investigue el caso. La Asamblea acuerda nombrar una Comisión Especial que queda bajo la presidencia del Dr. José Ascensión Marinero. La información proveniente de la Embajada Norteamericana es incompleta y en ocasiones contradictoria. Aunque ni FUNDASISMICA ni la UNES han dicho que los terremotos fueran causados por las municiones depositadas en el mar, lo primero que la Embajada declara públicamente es que los explosivos y armamentos en el botadero no generaron los terremotos, algo que considera científicamente imposible (Sin embargo, se tiene conocimiento que tanto los Estados Unidos como Rusia han hecho pruebas colocando estratégicamente bombas en lugares profundos).

Poco después, en un comunicado de la Embajada en San Salvador, se admite que una revisión en los archivos del Gobierno de los Estados Unidos *"...reveló que justo después de la Segunda guerra mundial, los Estados Unidos designó un área para la eliminación de municiones convencionales en el Océano Pacífico a más de 72 kilómetros (38.5 millas náuticas) de las costas de El Salvador, A lo largo de la Zanja de Medio América.*

*Nuestros registros también muestran que por dos años (entre 1945 y 1947) los Estados Unidos pudieron haber usado el Sitio para eliminar municiones convencionales. Es posible que el área fuera usada para descartar municiones de algunos barcos en ruta al Canal de Panamá, No tenemos registros de eliminaciones después de 1947.*

*Los expertos creen que en cincuenta años el agua salada y la gran presión inutilizan los explosivos. Hace medio Siglo, muchas naciones alrededor del mundo Consideraron que la forma más segura para la eliminación de municiones era botarlas al mar. Estados Unidos seleccionó el sitio en las costas de Centro América porque estaban alejadas de áreas pobladas y en aguas internacionales profundas (1000 a 2000 metros).*

*El sitio ha estado identificado en documentos públicos por más de 35 años. En 1965, la agencia de los Estados Unidos para Levantamiento de imágenes y mapas (NIMA por sus siglas en inglés) incluyó el Sitio en la primera carta náutica de la región de la post guerra y dio un informe a los marineros. El mapa fue relanzado en 1984 y reimpreso en 1996.*

*Es simplemente falso argumentar que este bien documentado sitio, usado hace más de 50 años, tenga algo que ver con el trágico terremoto del 13 de enero".*

El 12 de junio de 2001, la Comisión Especial de la Asamblea Legislativa se reúne con miembros de FUNDASISMICA y la UNES. Los diputados del gobernante partido ARENA, atacan verbalmente al Ing. Colindres, acusando a ambas ONGs y al FMLN de desatar una campaña política contra los norteamericanos. Los Ministros de Medio Ambiente, Defensa, y Relaciones Exteriores hacen grandes esfuerzos por defender a los Estados Unidos. La Ministra de Relaciones declara estar satisfecha con las explicaciones de la embajadora Rose Likins, quien dice que en 1947, el sitio donde se depositaron los desechos militares se encontraba en aguas internacionales (El Salvador había reclamado 200 millas marinas como parte de su mar territorial, pero se le reconocían únicamente 12 millas). Consultada la Sra. Embajadora sobre porque razón se habían escogido las costas salvadoreñas para deshacerse de las municiones, esta dijo que *"... eran áreas poco pobladas."*

Las preguntas clave quedan sin responder: ¿Qué hay exactamente en el botadero militar? ¿Qué efectos tóxicos pueden tener los materiales ahí depositados? ¿Por cuánto tiempo ha estado el Gobierno de Estados Unidos utilizando esta área para desechar armamentos y municiones?¿Porqué la información se mantuvo oculta de las autoridades y población salvadoreña?

En Nicaragua, se descubrieron recientemente sitios similares, que habían sido utilizados todavía durante la década de los años 1960s. La industria pesquera de este país se ha estado quejando de la disminución en la pesca, debido a la muerte misteriosa de grandes poblaciones de peces.

La Comisión Especial de la Asamblea Legislativa de El Salvador emite un recomendable parcial el 23 de julio de 2002, en el cual se concluye:

*"1)    Que existe frente a las costas salvadoreñas un basurero militar; que de acuerdo a la embajada de EEUU está constituido por municiones de tipo convencional y de origen norteamericano, establecido entre 1945 y 1947, cuya naturaleza, tamaño, composición, actividad, contaminación, impacto ambiental, peligro, se desconocen; que no obstante en las fechas mencionadas las aguas en que se depositaron las armas eran internacionales, tal acción no es justificable, ya que nuestro país siempre ha estado densamente poblado y el lugar seleccionado está relativamente cercano a nuestras costas.*

*2)    Que la Embajadora confirmó que no ha existido ningún seguimiento y monitoreo del área ni hay estudios que definan el impacto ambiental o de seguridad para las personas y para la biología marina del área.*

*3)    Que la información proporcionada por la Embajada de los Estados Unidos ha sido asumida como correcta y sin ningún cuestionamiento, aún metódico, por parte de los personeros gubernamentales salvadoreños, quienes han hecho muy poco o ningún esfuerzo investigativo por corroborar o descartar lo aseverado por los funcionarios extranjeros.*

*4)    Que algunas de las preguntas fundamentales que motivaron esta investigación no han sido respondidas por las fuentes consultadas y éstas han señalado dificultad total para continuar ahondando*

*En consecuencia, esta Comisión emite RECOMENDABLE PARCIAL, para el Ministerio de Medio Ambiente y Recursos Naturales, en el sentido de realizar Estudio de Impacto Ambiental y declarar área frágil la zona del basurero militar; al Ministerio de Relaciones Exteriores que procure obtener financiamiento con países amigos para dicho estudio; al Ministerio de Defensa Nacional, incrementar la vigilancia en nuestro territorio mar territorial sea utilizada como basurero de cualquier tipo por ningún país. Es necesario que en base en las investigaciones mencionadas y correspondientes, se informe a la población en general y a esta Asamblea Legislativa, en forma oportuna, de las gestiones y resultados obtenidos por la aplicación de estas recomendaciones.*

*DIOS UNION LIBERTAD."*

## Acusados del "Fraude del Siglo" son Exonerados

El 7 de junio de 2001, un "Tribunal del Pueblo" absuelve de cargos al empresario Roberto Mathies Hill, que ha sido acusado por su presunta participación en un millonario fraude, bautizado en 1997 como el "Fraude del Siglo", que dejó en la calle a cientos de inversionistas, en su mayoría pensionados o pertenecientes a la tercera edad. Mathies Hill era Presidente de las financieras INSEPRO/ FINSEPRO y miembro del sector empresarial del partido ARENA, cuando fue capturado por un batallón élite de la PNC en julio de 1997, acusándole de haber desfalcado la empresa por un monto aproximado de 170 millones de dólares.

### Se Firma el Plan Puebla- Panamá en San Salvador

El 15 de junio de 2001, el Presidente Vicente Fox y los mandatarios Centroamericanos firman en San Salvador el Plan Puebla Panamá PPP que busca interconectar comercial y físicamente a los países del istmo con la región sur de México. De acuerdo con fuentes oficiales, el megaproyecto requiere de una inversión de cerca de 9,000 millones de dólares, de los cuales se espera que el Banco Interamericano de Desarrollo BID y el Banco Centroamericano de Integración Económica BCIE aporte un 40%.

### UES Otorga Reconocimiento a Dos Destacados Maestros

El 21 de junio de 2001, en el Auditórium de la Facultad de Jurisprudencia y Ciencias Sociales, la Universidad de El Salvador a través de su Rectora, Dra. María Isabel Rodríguez, otorga el Doctorado Honoris Causa al pintor Camilo Minero, y declara Maestro Emérito al destacado historiador Jorge Arias Gómez.

### Asamblea Elige Nueva Procuradora de Derechos Humanos

El 6 de julio de 2001, con casi 17 meses de atraso, la Asamblea Legislativa elige finalmente a la Dra. Beatrice Allamani de Carrillo como nueva Procuradora para la Defensa de los Derechos Humanos PDDH. La nueva Procuradora ha ocupado el cargo de PResidenta de la Federación de Abogados de El Salvador y ha sido docente de las Universidades de El Salvador y "José Matías Delgado". Su principal rival al cargo era el Dr. Florentín Meléndez, un ferviente defensor de los derechos humanos que ha ocupado diversos cargos en las Naciones Unidas. Para facilitar la elección de la funcionaria, semanas antes la misma Asamblea había reformado la ley de la PDDH, eliminando el requisito de que el titular del cargo fuera salvadoreño por nacimiento (la Dra. de Carrillo es de origen italiano).

### Fallece Ex -Presidente Magaña

El martes 10 de julio de 2001, fallece el Dr. Alvaro Magaña de un paro cardio-respiratorio, en el Hospital de la Mujer, en San Salvador. El Dr.

Magaña, originario de Ahuachapán, fungió como Presidente provisional de la República desde 1982 hasta el 1º de junio de 1984, cuando entregó el poder al Ing. José Napoleón Duarte, del Partido Demócrata Cristiano PDC, triunfador en las elecciones presidenciales de ese año.

### Corte Suprema Falla contra el Coronel Munguía Payés

El 7 de agosto de 2001, la Sala de lo Constitucional de la Corte Suprema de Justicia declara "no ha lugar al amparo" interpuesto por el Coronel David Munguía Payés en contra de la decisión del Presidente Calderón Sol de rechazar su ascenso a General de Brigada. A finales de 1999, Munguía Payés había sido propuesto por el Tribunal de Selección de la Fuerza Armada para ser ascendido junto con otros oficiales, pero el entonces Presidente Calderón Sol había rechazado promoverlo, ya que dos de sus propios candidatos tampoco habían logrado el ascenso. Un año después, el mismo Tribunal volvió a proponer su ascenso pero éste también fue rechazado por el sucesor de Calderón Sol, el Lic. Francisco Flores.

### La Privatización de ARENA

El 16 de agosto de 2001, el empresario cervecero Roberto Murray Meza se convierte en el nuevo Presidente de ARENA, en sustitución de Walter Araujo. Junto con Murray Meza, otros conocidos empresarios asumen cargos en la junta directiva del Consejo Ejecutivo Nacional COENA, que dirige al partido de ultra-derecha, entre ellos Archie Baldocchi (Presidente del Banco Agrícola), Roberto Palomo (de la industria zapatera ADOC), Guillermo Sol Bang (presidente cuasi-vitalicio de CEL), y Ricardo Sagrera (industrias Hilasal). Otros directivos del nuevo COENA son Amada de Angulo, Coralia de Schonenberg, Francisco Laínez, y Rolando Alvarenga. Gloria Salguero Gross, ex – Presidenta de la Asamblea Legislativa y dirigente de la Liga de Areneros al Rescate, declara que *"para bien o para mal, este día ARENA ha sido privatizada"*. Para el FMLN, los cambios facilitarán las negociaciones políticas. Según declara el líder ex - guerrillero Facundo Guardado, *"ahora hablaremos con los dueños del circo y no con los payasos"*.

### Una Severa Sequía Afecta Región Centroamericana

A mediados del año 2001, entre los meses de Mayo y Julio, una sequía provocada por un anticiclón en el Océano Atlántico afecta gravemente a Nicaragua, Honduras, El Salvador, y Guatemala, provocando hambrunas y muerte en las regiones más pobres de Nicaragua, Honduras y Guatemala. En El Salvador, las zonas más afectadas son los Departamentos de La

Unión, San Miguel, Usulután, y San Vicente, donde las cosechas de maíz, frijol y otros cultivos disminuyen drásticamente. El país recibe ayuda de emergencia de parte del Programa Mundial de Alimentos de Naciones Unidas.

## Conexión Salvadoreña en el Ataque del 9/11

9-11: EL ATAQUE A ESTADOS UNIDOS DA INICIO A UNA
NUEVA EPOCA DE CONFLICTOS EN EL MUNDO

El martes 11 de septiembre de 2001, cuatro aviones pertenecientes a las aerolíneas comerciales United y American son secuestrados y estrellados contra objetivos políticos, económicos y militares en los Estados Unidos. Dos aviones son dirigidos contra las torres gemelas del World Trade Center de Nueva York, en el corazón financiero de los Estados Unidos. Otro avión secuestrado es lanzado contra el Pentágono, símbolo del poder militar, ubicado en Washington. El cuarto avión cae en las cercanías de Pittsburg aparentemente producto del forcejeo por el control del avión entre pasajeros y terroristas. Se supone que este 4° avión va dirigido contra el Capitolio o contra la Casa Blanca. Se estima que por lo menos 3,000 personas mueren en los ataques, incluyendo a Ana Gloria Pocasangre, una salvadoreña que se dedicaba desde hace años al negocio de encomiendas, y que viajaba en uno de los aviones que se estrellan en Nueva York. Se teme que otros salvadoreños que laboraban en el World Trade Center también fallecieran tras el ataque. En El Salvador, los vuelos comerciales hacia los Estados Unidos son detenidos hasta nuevo aviso. Los vuelos que venían desde ese país son obligados a aterrizar en territorio norteamericano. La Embajada norteamericana a través de la Consejera de Asuntos Públicos, Sra. Marjorie Coffin, condena los atentados e informa que se ha dado la orden de evacuar a todo el personal del edificio diplomático. Dos salvadoreños residentes en el Estado de Virginia, Luis Martínez Flores y Kenys Galicia, son arrestados por el FBI y acusados de ayudar a los terroristas a obtener documentos de identidad en forma fraudulenta. A cambio de entre $100 a $300 dólares, los salvadoreños habían certificado que dos de los terroristas residían en una de sus direcciones.

## CEPA Destituye a Trabajadores del Aeropuerto Internacional

Por orden del Ejecutivo, en septiembre de 2001, la Comisión Ejecutiva Portuaria Autónoma CEPA efectúa el despido inmediato de más de 190 trabajadores del Aeropuerto Internacional de El Salvador, la mayoría de éstos pertenecientes al sindicato SITEAIES, argumentando la necesidad de incrementar las medidas de seguridad tras los ataques terroristas a las torres gemelas de Nueva York.De acuerdo con los sindicalistas, la medida gubernamental violenta los derechos laborales, la libertad sindical, y el contrato colectivo de los trabajadores. La Procuraduría de Derechos Humanos resuelve (diciembre 20, 2001) a favor de los trabajadores, pidiendo a CEPA que se les restablezca en sus lugares de trabajo y se les cancelen los salarios, sin embargo la resolución es ignorada por CEPA. Los sindicalistas también presentan demanda ante la OIT (la cual es admitida, pero se encuentra aún pendiente de resolución). Otras organizaciones como Human Rights Watch condenan el despido o "suspensión" de los empleados y recomiendan al Presidente de la República y a CEPA su reinstalación. Desde la llegada al poder del partido ARENA y la instalación de un modelo privatizador del Estado, apadrinado desde el exterior por el FMI y el Banco Mundial, numerosos sindicatos son eliminados paulatinamente, al cerrarse las empresas estatales.

## FMLN Expulsa a Facundo Guardado

Continuando con las pugnas internas entre "Ortodoxos" y "Renovadores", el 1 de octubre de 2001, el Tribunal de Honor del FMLN anuncia la expulsión del "compañero" Facundo Guardado, que fuera candidato presidencial por este partido político en marzo de 1999. Ante la expulsión, en una breve conferencia de prensa donde es rodeado por compañeros del ala "Renovadora" del FMLN, Guardado manifiesta que *"Yo sigo siendo orgullosamente del FMLN, mi militancia en el partido sólo me la puede quitar Dios, por lo tanto no me la puede quitar ningún tribunal pendejo que no existe".*

## Entra en Vigencia TLC con República Dominicana

El 3 de octubre de 2001, entra en vigencia el Tratado de Libre Comercio entre El Salvador y la República Dominicana. El Tratado había sido negociado en forma conjunta por todos los países Centroamericanos con la nación caribeña y había sido suscrito el pasado 16 de agosto de 1998, pero estaba aún pendiente de ratificación por el Congreso dominicano.

| Balanza Comercial El Salvador- Dominicana 1997- 2001 (en millones $USD) | | | |
|---|---|---|---|
| Año | Exportaciones | Importaciones | Balance |
| 1997 | 11.47 | 4.91 | 6.56 |
| 1998 | 13.41 | 3.56 | 9.85 |
| 1999 | 14.81 | 3.21 | 11.6 |
| 2000 | 12.28 | 1.98 | 10.3 |
| 2001 | 12.38 | 1.28 | 11.1 |

Fuente: Banco Central de Reserva de El Salvador

### Corte Suprema de Justicia Falla a Favor de la Dolarización

El 14 de noviembre de 2001, a casi once meses de haber entrado en vigor , la Sala de lo Constitucional de la Corte Suprema de Justicia establece que la llamada Ley de Integración Monetaria o " Ley de Dolarización", no viola la Constitución de la República. Tanto la Fundación de Estudios para la Aplicación del Derecho FESPAD, como los partidos FMLN y Centro Democrático Unido CDU habían presentado objeciones a la Ley, considerando entre otras razones que ésta no había sido ampliamente discutida, como establece la Constitución Nacional. Aunque la decisión es celebrada por el Presidente de la República y sus Ministros, la Asociación Nacional de la Empresa Privada ANEP, y la Asociación Bancaria Salvadoreña ABANSA, otros critican lo que consideran un fallo "político" de una Corte Suprema prácticamente al servicio del Poder Ejecutivo, como declaran los diputados del FMLN y CDU, Humberto Centeno y Jorge Villacorta, respectivamente [9]. Para la población salvadoreña, que en su mayoría repudia el uso de la moneda extranjera, especialmente en el Oriente del país, es cada vez más difícil conseguir los preciados colones, pues la Banca nacional ha comenzado a retirarlos de circulación desde hace meses.

### Fusión entre Banco Agrícola y Banco Capital

A partir del 16 de noviembre de 2001, se fusiona el Banco Capital con el Banco Agrícola, éste último uno de los 4 principales bancos del país.

### Aprobación del Presupuesto 2002, Desquebrajamiento del FMLN

El 19 de diciembre de 2001, en el TuriCentro Agua Fría en Chalatenango, la Asamblea Legislativa aprueba el Presupuesto General de la Nación para el año 2002 por un total de $2504 millones de dólares y la emisión de $472 millones en bonos para su financiamiento. El Presupuesto es aprobado por 56 votos de los partidos de derecha ARENA, PCN, PDC, junto con 6 votos de la facción "renovadora" del FMLN, liderada por el diputado

Francisco Jovel, quien se ve envuelto en intensas negociaciones de último minuto con Juan José Daboub, Ministro de Hacienda, y el negociador oficial de ARENA, el diputado Julio Gamero. Dentro del presupuesto, son aprobados aproximadamente $523 millones de dólares en préstamos al extranjero para financiar varios proyectos de ANDA, Vivienda, Desarrollo Local, Anillo Periférico del Area Metropolitana de San Salvador, entre otros. Cerca de $35 millones servirán para llevar el presupuesto de la Municipalidades del país al 8% del total del Presupuesto General. La Universidad de El Salvador, que había solicitado un aumento de $17 millones de dólares para el siguiente año, recibe un incremento de tan sólo $3.6 millones [10]. El apoyo que los diputados "renovadores" del FMLN dan al Gobierno aprobando el Presupuesto, ocasiona que un día después, la dirigencia del FMLN decida separar del partido a los seis diputados. El líder de fracción Shafick Handal informa en conferencia de prensa que a partir de esta fecha *"el FMLN sólo responde ante el pueblo por 25 diputados"*.

| Ciudad | Habitantes provenientes de El Salvador |
|---|---|
| Los Angeles | 800,000 |
| San Francisco | 450,000 |
| New York | 421,000 |
| Washington | 150,000 |
| Houston | 92,000 |
| Santa Ana, California | 85,000 |
| Miami | 75,000 |
| Chicago | 72,000 |
| Boston | 61,000 |
| New Orleans | 9,600 |
| TOTAL | 2,215,600 |

Fuente: Ministerio de Relaciones Exteriores de El Salvador

**BCR Anuncia sobre Avances de la Dolarización**

El 17 de diciembre de 2001, el Presidente del Banco Central de Reserva de El Salvador, Rafael Barraza, informa que a casi un año de haber implementado la Ley de Integración Monetaria circulan ya en el país $272 millones de dólares, es decir el 51.2% del efectivo circulante que equivale a

$532 millones. Barraza dice que el Gobierno se siente complacido por que la población *"ya se acostumbró al uso de billetes, se ha reducido el temor al uso de las monedas y el miedo a la falsificación también ha bajado"* [11]

Barraza informa que según proyecciones del BCR, este año el país recibirá más de $1900 millones de dólares en concepto de Remesas familiares, en comparación con los $1751 millones recibidos durante el año 2000. Según fuentes oficiales, se estima que habitan en los Estados Unidos cerca de 2.4 millones de salvadoreños, la mayoría de ellos en status ilegal.

## Eliminación del Subsidio al Agua Potable

El 1 de diciembre de 2001, entra en vigencia un decreto Ejecutivo que elimina el subsidio que el Estado salvadoreño había brindado al servicio de agua potable del país desde hace algún tiempo. El Presidente de ANDA, Sr. Carlos Perla, sostiene que la medida permitirá al Gobierno ahorrar cerca de ¢100 millones de colones, que serían invertidos en proyectos para llevar el líquido a varias comunidades que no tienen agua actualmente. Para el consumidor final, la medida significa un aumento de aprox. ¢18.30 colones en los recibos mensuales [12].

## Capturan a Expresidente del Banco de Fomento Agrpecuario

El 22 de noviembre de 2001, la Policía Nacional Civil y la Fiscalía General procedieron a capturar a Raúl García Prieto, expresidente del Banco de Fomento Agropecuario y alto directivo del partido ARENA, a José Enrique Rais, director del Ingenio El Carmen, y a otras personas acusados de defraudación a la economía pública, asociaciones ilícitas y falsedad ideológica. Héctor Cristiani, accionista del Ingenio El Carmen y quien era prófugo de la justicia, es detenido días después en el Hospital de Diagnóstico, donde es atendido por una dolencia cardíaca.

## Encuentran Osamentas en Cuartel de la Policía

El lunes 24 de diciembre de 2001, durante una excavación en los jardines del edificio de la Policía Nacional Civil PNC, son encontrados huesos al parecer de origen humanos. Al lugar se hacen presentes funcionarios de la Fiscalía General de la República FGR, la Procuraduría para la Defensa de los Derechos Humanos en El Salvador PD, la Oficina de Tutela Legal del Arzobispado, y otros organismos. Pocos días después, el Director de Medicina Legal, confirma que las osamentas encontradas son humanas. El edificio donde son hallados los restos había sido utilizado hasta 1995 por la desaparecida Policía Nacional, que había sido señalada por grupos defensores de los derechos humanos nacionales e internacionales de ser responsable de encarcelamientos, torturas y desapariciones de opositores políticos durante la reciente Guerra Civil de los años Ochentas.

## Población Centroamericana a Inicios dl siglo XXI

El siguiente cuadro muestra la población centroamericanas en 2001, según el Population Reference Bureau:

| Población de El Salvador y Centro América (Principios del Siglo XXI) | | | | |
|---|---|---|---|---|
| País | Capital | Población (en millones) | Area Territorial (km²) | Población por Km² |
| Belice | Belmopán | 0.3 | 22,090 | 11 |
| Costa Rica | San José | 3.7 | 51,100 | 73 |
| **El Salvador** | **San Salvador** | **6.4** | **21,040** | **304** |
| Guatemala | Guatemala | 13.0 | 108,890 | 119 |
| Honduras | Tegucigalpa | 6.7 | 112,090 | 60 |
| Nicaragua | Managua | 5.2 | 130,000 | 40 |
| Panamá | Panamá | 2.9 | 75,520 | 38 |
| TOTALES | | 38.2 | | |

Fuente: Population Reference Bureau, 2001

A finales del año 2001, El Salvador continúa siendo el país más densamente poblado de América Central y del Continente, con cerca de 304 habitantes por Km². Las proyecciones del Population Reference Bureau PRB de los Estados Unidos para las próximas décadas son alarmantes: para el año 2025 se estima que el país tendrá 9.3 millones y para 2050, unos 13.6 millones de personas. Los Gobiernos salvadoreños de los últimos 50 años, han fallado en establecer una política de control y desarrollo poblacional. Hoy en día, en numerosas regiones del país se viven graves problemas sociales relacionados con la falta de agua potable, el hacinamiento poblacional, falta de áreas apropiadas para cultivo y para construcción de viviendas, deforestación masiva de las pocos bosques, etc. El explosivo crecimiento poblacional solo puede significar en el futuro cercano una creciente agudización de los problemas económicos, sociales, ecológicos y políticos, que podría desencadenar en un nuevo estallido popular como el de finales de la década de 1970.

## Precio del Café Cae Estrepitosamente

Hacia finales de la década de los años 1990's, el precio del café, principal producto de exportación de la economía nacional, comienza a caer drásticamente trayendo más desempleo al agro. De un promedio de $154 dólares por quintal oro en 1995, el precio cae hasta $57 dólares hacia finales del 2001. Se estima que como resultado directo de la crisis, se pierden cerca de 100,000 empleos en el sector.

| El Salvador- Exportaciones Anuales de Café 1990- 2000 | | | |
|---|---|---|---|
| Año | Volumen (quintal oro)$^2$ | Valor (U.S. dólares) | Precio Promedio (U.S. dólares) |
| 1990 | 3,240,306 | 261,342,070 | 80.65 |
| 1991 | 2,803,540 | 222,170,040 | 79.25 |
| 1992 | 2,762,837 | 154,301,991 | 55.85 |
| 1993 | 3,843,985 | 236,990,880 | 61.65 |
| 1994 | 2,733,749 | 275,466,844 | 100.77 |
| 1995 | 2,358,735 | 364,358,773 | 154.47 |
| 1996 | 3,027,207 | 341,931,591 | 112.95 |
| 1997 | 3,621,004 | 521,761,060 | 144.09 |
| 1998 | 2,216,121 | 326,021,493 | 147.11 |
| 1999 | 2,499,791 | 248,989,338 | 99.61 |
| 2000 | 3,311,689 | 303,076,203 | 91.59 |
| 2001 | 2,024,111 | 117,203,395 | 57.90 |

Fuente: Consejo Salvadoreño del Café
* cifras provisionales

## Remesas Familiares Alcanzan Cifra Récord

Hacia finales del 2001, el Banco Central de Reserva anuncia que el total de remesas enviadas por los compatriotas salvadoreños radicados en Estados Unidos, Canadá, Australia y otros países, alcanzará una nueva cifra récord de más de $1,910 millones de dólares. Las remesas, consideradas el "segundo presupuesto nacional", continúan manteniendo a flote la malograda economía nacional, que ha caído en recesión desde 1996.

| REMESAS ENVIADAS POR LOS "HERMANOS LEJANOS" (1990- 2001) | |
|---|---|
| Año | Remesas (en millones de U.S. dollars) |

| 1990 | 322.1 |
|------|-------|
| 1991 | 790.1 |
| 1992 | 858.3 |
| 1993 | 864.1 |
| 1994 | 962.5 |
| 1995 | 1,061.4 |
| 1996 | 1,086.5 |
| 1997 | 1,199.5 |
| 1998 | 1,338.3 |
| 1999 | 1,373.8 |
| 2000 | 1,750.7 |
| 2001 | 1,910.5 |

Fuente: Banco Central de Reserva de El Salvador

## Concluye la Primera Mitad del Período de Flores

En diciembre de 2001, se cumplen 2 años y medio de la presidencia de Francisco Flores. Durante este período, la crisis política, económica y social que atraviesa el país desde mediados de la década pasada se ha agudizado.

Los desastres naturales ocasionados por el *Niño* (1997/98), la *Niña* (1999), *Mitch* (1998), los terremotos (2001), junto con las epidemias de Dengue y Rotavirus (2000/ 2001), confirman el alto grado de vulnerabilidad en que vive la población salvadoreña. Miles de compatriotas, ya no sólo campesinos, han decidido abandonar el suelo patrio presionados por las condiciones económicas, donde solamente una pequeña minoría ha resultado beneficiada.

El desgaste sufrido por el tercer Gobierno de ARENA, quedaría en evidencia tras la derrota sufrida en las elecciones municipales y legislativas de marzo de 2003, donde las tres "cartas fuertes" del Gobierno (incluida la ex - Ministra de Educación y un ex- Director de la PNC) para "recuperar" las ciudades de San Salvador, Santa Tecla y Soyapango, caerían ante los candidatos del FMLN. Tras la contienda electoral, las principales encuestas nacionales indicarían, por primera vez desde la firma de los Acuerdos de Paz en 1992, la posibilidad real de que el Frente Farabundo Martí para la Liberación Nacional pueda ganar las próximas elecciones presidenciales.

Desde principios de 2002, comenzaría a rumorearse que Francisco Flores es el candidato favorito del presidente Bush para asumir la Secretaría General de la OEA al concluir el mandato del colombiano César Gaviria en 2004. Curiosamente, el aspirante salvadoreño habría destacado durante su gestión presidencial por no cumplir  disposiciones de la OEA, entre ellas las recomendaciones de la *Comisión Interamericana de Derechos Humanos CIDH*, uno de los principales cuerpos de la organización continental.

# 2002

### Inicia el 2002 con Despidos Masivos en el Sector Público

En Enero de 2002, el Gobierno salvadoreño anuncia que ha reducido los empleos públicos en 7,499 plazas, lo cual dice significará un ahorro de $89 millones respecto al año anterior.

Los ministerios más afectados por los despidos son Gobernación, que elimina 1,531 puestos de trabajo, y Obras Públicas (MOP) que reduce en 7,147 plazas respecto al año anterior. La mayoría de estas personas se han acogido a un retiro voluntario desde principios de enero de 2001. Mucha de la maquinaria del MOP termina siendo transferida a constructoras privadas de altos miembros del partido ARENA, en el poder.

### Cientos de Compatriotas Huyen Engañados a Suecia

Como un indicador más de la grave crisis económica que atraviesa el país, a principios de Enero de 2002, el país se entera de aproximadamente 617 salvadoreños que han llegado engañados a territorio sueco en busca de asilo político. La mayoría de los migrantes argumenta ante las autoridades del país nórdico que huyen debido a la crisis provocada por los terremotos y la violencia interna que sufre el país. El Gobierno de Suecia responde claramente que no otorgará asilo a ninguno de los refugiados salvadoreños, quienes han comenzado a ser deportados desde fines de diciembre pasado. Los salvadoreños, la mayoría pertenecientes a la clase media, declaran a la prensa haber sido engañados por agencias de viaje inescrupulosas que les han anunciado de los programas migratorios para salvadoreños en la nación nórdica.

### Presidente Bush Anuncia TLC con Centroamérica

*"El Mercado libre es socialismo para los ricos: el público paga los costos y los ricos obtienen los beneficios — mercados para los pobres y mucha protección estatal para los ricos"*

— Noam Chomsky, 1994.

En la sede de la Organización de Estados Americanos OEA, el 16 de enero de 2002 el Presidente George W. Bush anuncia el interés de los Estados Unidos de establecer un Tratado de Libre Comercio con los países Centroamericanos. De acuerdo con voceros de la Casa Blanca, Bush viajará a San Salvador el próximo 24 de marzo como parte de una visita a Latinoamérica que lo llevará también a México y a Perú. A raíz de la visita, el Gobierno salvadoreño convoca a una reunión cumbre entre los Presidentes de Centroamérica y el mandatario norteamericano. Además de tratar sobre el establecimiento de un TLC con los Estados Unidos, los funcionarios salvadoreños manifiestan la esperanza que Bush declare durante su visita que se ampliará el *Temporary Program Status* (TPS), un programa de amnistía temporal que ha permitido que cerca de 250,000 compatriotas permanezcan en territorio estadounidense.

### Roberto Murray Sale del COENA

El 18 de marzo de 2002, en conferencia de prensa se anuncia sorpresivamente el retiro de la Presidencia del partido ARENA, del empresario cervecero Roberto Murray Meza, quien había asumido el cargo tan solo siete meses atrás. Para la oposición, la sorpresiva renuncia es producto de conflictos internos en ARENA. Shafick Handal del FMLN declara a la prensa *"que anda circulando información sobre problemas de Murray Meza con (el Presidente) Flores"*. Jorge Villacorta, del Centro Democrático Unido (CDU), tampoco descarta problemas internos al declarar que *"podría haber intereses de sectores. Puede ser que haya conflictos de ese tipo"*.

Otras dos "hipótesis" circulan en los medios políticos: una, que Murray Meza se ha retirado para evitar "desgastarse" en los próximos comicios legislativos y municipales en marzo de 2003 y así poder presentarse en las elecciones presidenciales de 2004; la otra, que el empresario Arenero se retira para poder hacer frente a nuevas exigencias de su alianza con un compañía cervecera sudafricana.

### Presidente de Estados Unidos Visita El Salvador

El 24 de marzo de 2002, durante la última etapa de la gira latinoamericana que lo ha llevado también a Perú y México, el presidente George W. Bush hace una breve escala en San Salvador. El mandatario norteamericano y su esposa aterrizan en el Aeropuerto Internacional de Comalapa a bordo del avión presidencial "Air Force One" a las 10:10am (hora local), donde es recibido por el presidente Flores. El Alcalde de San Salvador en funciones,

Napoleón Duarte hijo, le entrega las llaves de la ciudad. Bush parte en uno de sus helicópteros hacia la Casa Presidencial en San Salvador. Durante su estadía ocurren numerosas protestas en las calles de San Salvador por parte de estudiantes universitarios, obreros sindicalistas, y miembros del FMLN. Durante una conferencia de prensa conjunta, Bush manifiesta: *"El Salvador is one of the really great stories of economic and political transformation of our time. Just a decade ago, this country was in civil war… The country has renewed its commitment to democracy and economic reform and trade. It is one of the freest and strongest and most stable countries in our hemisphere".* [13]

Por su parte, el presidente "Paco" Flores manifiesta ante las cámaras de televisión que *"ha tenido muchos honores en su vida, pero nunca uno tan grande como que el presidente Bush me llame su amigo".*

El Presidente Bush y su homólogo salvadoreño ofrecen una conferencia de prensa en la Casa Presidencial, en San Salvador
(Foto: White House/ Eric Draper)

El presidente Bush, cuya visita al país dura menos de siete horas, se reúne también con los presidentes de Guatemala (Alfonso Portillo), Costa Rica (Miguel Ángel Rodríguez), Honduras (Ricardo Maduro), Panamá (Mireya Moscoso), Belice (Said Musa); y Nicaragua (Enrique Bolaños), a quienes les ofrece negociar un Tratado de Libre Comercio (el TLC que llegaría a ser conocido como CAFTA-DR). Dos de las naciones asistentes a la cumbre regional, Nicaragua y Guatemala, viven sendos escándalos por malversación de recursos estatales. En Guatemala, Portillo es acusado de abuso de autoridad al prestar recursos del Estado a terceros, mientras que en Nicaragua, comienzan a desenmarañarse en una serie de actos de corrupción de parte del ex -Presidente Arnoldo Alemán y de sus funcionarios. Respondiendo preguntas, Bush promete analizar en detalle la prórroga de los permisos de trabajo temporal (*TPS, Temporary Program Status*) que se han otorgado a miles de hondureños y salvadoreños el año anterior.

## FMLN expulsa a Diputados Rebeldes
El 2 de abril de 2002, el Consejo disciplinario del FMLN expulsa a la facción "renovadora" del partido, encabezada por Francisco Jovel, Rosario Acosta, Nelson Avalos y tres diputados más, por considerar un acto de traición el haber votado a favor del Presupuesto Estatal 2002, a fines del año anterior.

## Golpe de Estado contra Chávez y la "Torpeza" Diplomática de Flores
El 11 de abril de 2002, tras un paro general de labores iniciado dos días atrás, la cúpula militar venezolana anuncia la renuncia del Presidente de Venezuela, Teniente Coronel Hugo Chávez Frías. El paro general, que había sido convocado por Petróleos de Venezuela (PDVSA) y Venevisión y respaldado por la poderosa empresarial FEDECAMARAS, termina en graves desordenes y tiroteos que dejan al menos 11 muertos.

El 12 de abril, estando en San José durante la llamada "Cumbre de Río", el Presidente Flores reconoce el nuevo *Gobierno de facto* que encabeza el empresario Pedro Carmona (Presidente de FEDECAMARAS), esto a pesar que el Gobierno salvadoreño ha firmado recientemente en Lima, Perú (el 11 de septiembre de 2001) la "Carta Democrática", mediante la cual se consagran los derechos de los pueblos latinoamericanos a la democracia y la obligación de los gobiernos a defenderla. En contraste con la decisión de Flores, los Gobiernos de México, Argentina, Brasil y otros muestran mayor prudencia y reservas ante lo que acontece en Venezuela y se abstienen de reconocer al Gobierno de Carmona, cuestionando la ilegalidad de la disolución de la Asamblea Nacional venezolana y otros cuerpos democráticos por parte de los golpistas. Hugo Chávez regresa al poder el 14 de abril, declarando que jamás renunció a la Presidencia, tan sólo dos días después de haber permanecido detenido en una base militar en la isla de la Orchila, donde declara haber visto un avión norteamericano, que aparentemente lo sacaría del país. Mientras, el golpista Carmona es derrocado por un grupo de militares y mantenido bajo arresto. El Gobierno salvadoreño es criticado por analistas políticos, que consideran el apresurado reconocimiento una nueva torpeza diplomática y exigen una disculpa al pueblo y gobierno venezolano. Sin embargo, el mandatario Francisco Flores declara en conferencia de prensa, *"No voy a pedirle disculpas a nadie"*. El Gobierno de Estados Unidos tampoco escapa a las críticas, pues el periódico *New York Times* reporta que altos funcionarios norteamericanos han estado en contacto con los conspiradores venezolanos desde semanas antes de que ocurra el golpe de Estado. Incluso se reporta que el controversial Otto Reich, sub- secretario de Asuntos Hemisféricos, estuvo en contacto telefónico con Pedro Carmona el día de su toma de poder. George W. Bush, un claro enemigo del Presidente Chávez (debido a que sus políticas amenazan los intereses de las transnacionales norteamericanas en Venezuela y también debido a las cercanas relaciones de Chávez con Fidel Castro), es duramente criticado por líderes demócratas. El senador Christopher Dodd, declara estar *"extremadamente decepcionado de que Estados Unidos se hubiera mostrado remiso en condenar la alteración del orden constitucional en Venezuela"*.

A las pocas semanas, Carmona huiría de su arresto domiciliar en que se encontraba para enfrentar juicio, encontrando refugio en la vecina Colombia. El Vicealmirante Tamayo, uno de los principales militares golpistas recibiría asilo político de parte del Gobierno salvadoreño y se trasladaría a este país con su familia.

## Dengue Azota Nuevamente el Territorio Nacional

El 13 de junio de 2002, a consecuencia de los numerosos casos de Dengue que se han detectado, el Presidente Flores declara en estado de "emergencia y calamidad general" a cuatro Departamentos en la zona central del país: San Salvador, La Libertad, Cabañas, y Santa Ana. Hasta la fecha, el Ministerio de Salud y Previsión Social (MSPS) señala que han muerto 4 niños como consecuencia del llamado *Dengue Hemorrágico*, y se tienen cerca de 1,400 casos registrados en todo el territorio. Funcionarios del MSPS y el propio mandatario, declaran que solicitaran apoyo internacional para combatir la epidemia. El Viceministro de Salud, Herbert Betancourt, declara que hay un ofrecimiento del Gobierno de México de enviar brigadas de médicos especialistas. Flores declara en conferencia de prensa que se pedirá ayuda de médicos cubanos residentes en la Florida, pero descarta pedir apoyo a los médicos cubanos provenientes de La Habana.

Durante la severa epidemia de Dengue ocurrida en el año 2000, las brigadas de médicos enviados desde la Isla de Cuba coordinaron y controlaron la peligrosa enfermedad, que causara la muerte de más de 30 niños. Esta vez, se rechaza cualquier apoyo que pueda venir de La Habana, debido a los enfrentamientos verbales que han ocurrido entre Francisco Flores y el líder Fidel Castro, y también al apoyo incondicional que el Gobierno salvadoreño ha brindado a las políticas norteamericanas de George W. Bush contra la isla caribeña.

## Estados Unidos Otorga Ampliación TPS

El 9 de julio de 2002, en Washington el Secretario de Justicia John Ashcroft anuncia que su Gobierno ha otorgado una extensión al TPS (Temporary Program Status) por 12 meses adicionales, a migrantes salvadoreños que ingresaron a los Estados Unidos antes del 13 de enero de 2001. El plazo inicia el 9 de septiembre de 2002, cuando se cumplen los primeros 18 meses del TPS anterior. Inmediatamente funcionarios del Gobierno salvadoreño, desde el Presidente de la República hasta el Embajador de El Salvador en Washington celebran la decisión. El Presidente Flores anuncia esa noche por televisión la ampliación, agradeciendo efusivamente a su "amigo" George W. Bush. Se estima que la extensión beneficiará a más de 250,000 compatriotas que se inscribieron al programa el año anterior. Desde principios de la década pasada, los gobiernos salvadoreños en turno han estado más preocupados en lograr concesiones migratorias de parte de los Estados Unidos para permitir que salvadoreños desesperados logren permanecer en ese país, que en mejorar las graves condiciones de desempleo, sub-empleo, violencia y hambre que se vive especialmente en la zona rural del país.

Para miles de salvadoreños, el aventurarse hacia el poderoso y rico país del Norte en medio de grandes riesgos y peligros, se ha convertido en la única opción para aliviar su difícil situación socio-económica en El Salvador. La drástica caída de los precios del café y la cada vez más baja producción de la industria nacional de los últimos años, han hecho que el Gobierno confíe más en lograr mantener la estabilidad macro-económica, gracias a las crecientes remesas familiares enviadas por obreros y campesinos desde el exterior. Este año, se espera que el ingreso total supere los $2,000 millones de dólares.

## Militares Salvadoreños son Condenados en Florida

En julio de 2002, los generales José Guillermo García y Eugenio Vides Casanova, son llevados nuevamente a juicio en la Florida (donde residen desde 1989), acusados de tortura y otras graves violaciones a los derechos humanos de tres civiles salvadoreños durante el pasado conflicto. Durante la ventilación del caso, el exEmbajador de Estados Unidos en El Salvador Robert White había testificado que la falta de voluntad de García, Vides Casanova y otros miembros del Estado Mayor salvadoreño, por contener e investigar las denuncias de violencia excesiva por parte de sus tropas, había ocasionado la muerte de miles de salvadoreños, incluyendo la de cuatro monjas norteamericanas que fueran secuestradas, violadas y asesinadas por miembros de la Guardia Nacional en diciembre de 1980. El juicio concluye el 23 de julio, cuando un jurado de West Palm Beach encuentra a Vides Casanova y García responsables de las torturas y otros abusos a los derechos humanos, ordenándoles la Corte pagar un total de $54.6 millones de dólares en daños y perjuicios a las tres víctimas, el médico Juan Romagoza, la trabajadora social Neris González, y el ex profesor universitario Carlos Mauricio.

## Presidente Bush Aprueba el Fast Track Comercial

El 6 de agosto de 2002, el Presidente George W. Bush sanciona la Ley conocida como "Fast Track" que le permitirá a la Casa Blanca negociar directamente Tratado Comerciales con otras naciones, para que luego puedan ser aprobados o rechazados — no modificados— por el Congreso norteamericano. Este poder de negociación fue negado al ex Presidente Bill Clinton durante la década de los Noventas. Se espera que Chile y Singapur sean los primeros beneficiados con la Ley por tener ya negociaciones avanzadas, seguidos por Australia, Sudáfrica, y las naciones Centroamericanas. La Embajadora norteamericana en El Salvador, Rose Likins, afirma días después que "Centroamérica en primer lugar en la fila de espera" para establecer un TLC con los Estados Unidos. Para Latinoamérica, donde países como Argentina y Uruguay viven momentos de gran inestabilidad política y financiera, el *fast track* aparece como la única esperanza para reactivar sus desgastadas empresas e industrias.

## América Latina, entre las Regiones Más Corruptas

A finales de Agosto de 2002, la organización *Transparency International* publica su informe anual sobre los índices de corrupción en el mundo. En Latinoamérica, Paraguay resulta ser el país más corrupto de la región al ocupar la posición No. 98, mientras que Chile es percibido el más transparente al situarse en el puesto No.17, de un total de 102 países estudiados. El Salvador se encuentra ubicado más debajo de la mitad de la tabla, en el puesto No.62, mejorado únicamente por Costa Rica (posición no.40), entre todos sus vecinos centroamericanos.

## Salvadoreña Recibe Premio Emmy

En septiembre de 2002, la cineasta salvadoreña Paula Heredia, hija del conocido locutor y publicista Leonardo Heredia, es galardonada con un Premio Emmy por su trabajo como editora del documental "In Memoriam, New York City, 9/11/01" sobre los atentados terroristas que derribaran las Torres Gemelas. La cinta había sido nominada meses atrás en cinco categorías: Mejor Documental, Mejor Mezcla de Sonido, *Mejor Edición de Película*, Mejor Edición de Sonido, y Mejor Cinematografía.

## La Huelga en los Hospitales el Seguro Social

El 17 de septiembre de 2002, estalla en San Salvador una huelga del Sindicato de Trabajadores del Instituto Salvadoreño del Seguro Social STISSS y de los médicos del Sindicato de Médicos del Instituto del Seguro Social SIMETRISSS, quienes exigen el cese de la concesión de servicios de salud por parte del Gobierno de Francisco Flores. Es el inicio de la tercera gran Huelga de STISSS y SIMETRISSS en los últimos años, tras las protestas en 1998 y 2000, que culminaran con la presentación en diciembre de 2000, de una propuesta de Reforma de salud pública en cuya elaboración participaran los médicos huelguistas y representantes del Gobierno.

La Dra. Violeta Menjivar y otros diputados del FMLN denuncian que recientes concesiones en el área de servicios de seguridad y de preparación de alimentos para hospitales del Instituto Salvadoreño del Seguro Social (ISSS) han sido otorgadas a empresas directamente vinculadas con los diputados de ARENA Rodrigo Avila (ex director de la PNC) y Roberto D'aubuisson Jr.

La suspensión de labores y las masivas protestas en las calles (bautizadas como Marchas Blancas y respaldas por numerosos sindicatos, organizaciones no gubernamentales, y público en general), durarían hasta junio de 2003, afectando gravemente los servicios básicos de salud a los pacientes del ISSS. En la Asamblea Legislativa, exceptuando a ARENA, todos los partidos, liderados por el FMLN y el PCN, emiten el decreto #1024 que busca garantizar que no se otorgarán ni concesionaron los servicios de salud de las instituciones públicas. Flores intenta modificar el decreto pero éste es superado por los 55 votos requeridos para sobrepasar al presidente de la República. Los intentos del entonces alcalde de San Salvador, Dr. Héctor Silva, es rechazado por el FMLN (Silva había ganado la Alcaldía con la bandera de este partido, aunque no era miembro del mismo). La huelga continuaría durante meses, con medias derrotas y victorias para ambas partes, pero al final los manifestantes lograrían frenar los proyectos privatizadores del gobierno de Flores, quien accede a firmar un acuerdo para finalizar la huelga, el 13 de junio de 2003.

## Flores devela su Plan Privatizador de la Salud Pública

El lunes 14 de octubre de 2002, tras haber estado negando repetidamente que el Gobierno piense en "vender los hospitales" del Seguro Social, en cadena nacional de televisión el Presidente Flores revela finalmente a la población su plan de "reforma" de la seguridad social.

## Las primarias del FMLN del 2002

El 19 de octubre de 2002, el partido FMLN, principal fuerza opositora del país celebra la elección de sus candidatos a alcaldes y diputados para las próximas elecciones de marzo de 2003. La sorpresa del día ocurre cuando la popular alcaldesa del municipio de Soyapango, Doña Marta de Rodríguez, es derrotada en las urnas *efemelenistas* por Carlos "El Diablito" Ruiz, un ex -combatiete del Frente. Marta de Rodríguez y el Alcalde de Ciudad Delgado, han estado enfrentando recientemente al Ministerio de Obras Públicas, quien en forma inconsulta con los municipios ha estado destruyendo áreas verdes dentro del *Proyecto del Anillo Periférico*, sin contar con estudios de impacto ambiental.

## Gigantesca Marcha Blanca contra la Privatización de la Salud

El viernes 23 de octubre de 2002, se produce una enorme manifestación de protesta contra la propuesta gubernamental conocida como "Democratización del Sistema Nacional de Salud" que fuera presentada por el Presidente Flores en cadena de televisión días atrás y que fuera inmediatamente respaldada por la ANEP. La "Marcha Blanca" que ha sido convocada por el Colegio Médico, el SIMETRISSS, y el STISSS, logra reunir a más de 200,000 personas, entre sindicalistas, médicos, organizaciones populares, políticos de oposición, y numerosos ciudadanos que apoyan la huelga de los médicos. La pacífica manifestación parte desde el monumento al Salvador del Mundo hasta llegar a inmediaciones de la Casa Presidencial para exigir al Presidente Flores que no vete el decreto Anti-Privatizador #1024 promulgado por la Asamblea Legislativa y pedirle que se siente a dialogar con los huelguistas.

## Cuba Anuncia que Atletas no Participarán en los Juegos 2002

El sábado 26 de octubre de 2002, a menos de un mes para que inicien los *XIX Juegos Centroamericanos y del Caribe*, se anuncia sorpresivamente desde La Habana que la delegación de atletas de ese país no participará en la competencia regional, arrojando un verdadero balde de agua fría al Gobierno salvadoreño y los organizadores del evento. Cuba argumenta que no existen condiciones adecuadas de seguridad para sus deportistas en el país donde se dio refugio al terrorista cubano de extrema derecha Posada Carriles, quien contaba con documentación falsa salvadoreña. El Gobierno de Fidel Castro denuncia conocer de un complot para asesinar al Presidente del Comité Olímpico Cubano (COC), Dr. José Ramón Rodríguez, quien es también Vice-Presidente de Cuba. En San Salvador, el VicePresidente Quintanilla Schmidt especula que la medida obedece a solicitud del FMLN ante el Gobierno caribeño. La no presencia de los cerca de 800 deportistas cubanos, los únicos con un nivel de competitividad mundial entre todos los asistentes, afectará sin duda la asistencia del público a las competencias.

## Manifestaciones Populares Crean Desórdenes en la Capital

Desde aproximadamente las 6:00am, el 30 de octubre de 2002, diversas organizaciones sociales, sindicales y comunales bloquean las principales carreteras de acceso a San Salvador, en protesta por "la privatización de la salud" que impulsa el Presidente Flores Pérez y en solidaridad con los médicos y trabajadores de la salud que se oponen al desmantelamiento del

Seguro Social. Entre las vías bloqueadas por piedras, llantas incendiadas, barriles y otros obstáculos, se encuentran la autopista hacia Santa Ana, el Boulevard del Ejército, la entrada a Nejapa, la Troncal del Norte y la "Carretera de Oro". Entre tanto, cientos de médicos protestan frente al Hospital Rosales, el "MQ" Médico Quirúrgico, el Hospital de niños "Benjamín Bloom", y otros centros de salud, exigiéndole al Presidente Flores Pérez que no vete el decreto contra la privatización que fuera emitido días atrás por todos los partidos de oposición en la Asamblea Legislativa.

Un sonriente Presidente Flores manifiesta ese mismo día en conferencia de prensa que su gobierno "está abierto" al diálogo con los médicos huelguistas, quienes deben avocarse al Director del ISSS y al Ministro de Trabajo para "dialogar" respecto a sus 3 propuestas de ley enviadas a la Legislatura. La declaración presidencial contrasta con la postura autoritaria y radical que había mantenido el Ejecutivo de no negociar ni dialogar con el STISSS y el SIMETRISSS por considerar que esta era una "huelga política" que terminaría al finalizar las elecciones legislativas y municipales del próximo año. Días atrás, el mismo Flores había declarado que el decreto era "inconstitucional" y que seguramente lo vetaría.

**Un largo día de Protestas en el País**

El jueves 31 de octubre de 2002, un grupo de estudiantes ocupa desde tempranas horas las instalaciones de la Universidad de El Salvador colocando cadenas y candados en los portones, bloqueando el paso en todas las entradas. Bajo las consignas de *"No a la Militarización de la UES", "No a la Violación de la Autonomía Universitaria"*, los estudiantes acusan a las autoridades universitarias de "entreguismo" al aceptar que las instalaciones sean ocupadas por efectivos del ejército a partir del 1º de noviembre. Los militares se encargarán de brindar la seguridad de los atletas en los próximos *XIX Juegos Centroamericanos y del Caribe*. Ante la amenaza de que la PNC envíe a la UMO (Unidad de Mantenimiento del Orden) a desalojar por la fuerza las instalaciones, los estudiantes hacen responsable a la Sra. Rectora y "al Br. Mauricio Sandoval", el jefe policial. La Dra. María Isabel Rodríguez declara visiblemente molesta que la ocupación de la UES *"es un acto más de vandalismo del mismo grupo de personas que todos conocemos".*

Mientras un helicóptero de la PNC sobrevuela continuamente el Campus universitario vigilando los distintos portones, en horas del mediodía la Rectora de la UES y otros funcionarios se reúnen a negociar con representantes de los movimientos estudiantiles, en presencia de la Procuradora de Derechos Humanos, Dra. Beatrice Allamani de Carrillo.

Los estudiantes, que también se solidarizan con la protesta médica contra el proceso de privatización que impulsa el Gobierno de "Paco" Flores, exigen se impida la presencia de la Fuerza Armada en Ciudad Universitaria, por haber sido responsable de numerosas masacres contra la comunidad universitaria, entre ellas la del 30 de julio de 1975 y de los continuos asaltos armados contra la UES durante el pasado conflicto, en el cual numerosos docentes y estudiantes fueron torturados y asesinados, así como el daño y saqueo que sufrieran sus instalaciones.

El único acuerdo al que se llega con los estudiantes es que estos se retirarán a las 6pm, lo que permitirá el ingreso de los obreros que tratan de concluir las retrasadas construcciones en la ciudad universitaria, que el día siguiente debe pasar a convertirse en Villa de los XIX juegos.

Otras dos actividades de protesta no relacionadas se realizan en la capital salvadoreña. .En la Alameda Juan Pablo II, miembros de la *Asociación Sindical de la Compañía Ejecutiva del Río Lempa ASCEL*, exigen la inmediata reinstalación en sus puestos de 28 trabajadores que fueran despedidos sin aparente causa justificada de la empresa autónoma. Tres obreros se encuentran en huelga de hambre desde 9 días atrás, sin que el Presidente de CEL, Mr. Billy Sol Bang, haya dado ninguna señal de querer negociar con los sindicalistas.

Por otra parte, miembros de la Asociación de Trabajadores Municipales ASTRAM, protestan violentamente frente a la Asamblea Legislativa, exigiendo al Presidente Flores no vetar el decreto contra la privatización de la salud y demandando de los diputados enviar al archivo la propuesta de reformas enviadas a la Asamblea legislativa por el Ejecutivo. Los manifestantes derrumban uno de los portones principales y se dirigen al edificio legislativo donde se encuentran cara a cara con un escuadrón de la Unidad de Mantenimiento del Orden UMO, afortunadamente sin que ocurran incidentes violentos.

En otro sector de la capital, un amplio grupo de enfermeras del Seguro Social denuncian el Plan de Contingencia de las autoridades del ISSS para contrarrestar el retiro de los médicos huelguistas, al no contar con médicos especialistas que atiendan a sus pacientes, señalando que la muerte de tres pacientes el pasado fin de semana pudo deberse a la falta de atención especializada. Las enfermeras hacen responsable al Presidente Flores por cualquier daño que ocurra a los hospitalizados en el ISSS. Ese mismo día, el Alcalde Héctor Silva ofrece una conferencia en su calidad de médico, ofreciendo mediar en el conflicto, siempre y cuando Flores acuerde cumplir con las exigencias de los galenos del SIMETRISSS y del Colegio Médico. Silva propone además la creación de una Comisión formada por personas respetables para trabajar en un proyecto de reformas al sistema de salud.

Por la tarde, en la Asamblea Legislativa el diputado Arévalo, ex -PDC, ex – ARENA, y ahora miembro del PCN declara ante la prensa nacional que su fracción conoce de fuertes presiones a Francisco Flores de parte de prominentes miembros del COENA para que no vete el *Decreto Anti- Privatizador* y para que retire las propuestas de ley enviadas días atrás, pues el sector financiero e industrial de ARENA esta preocupado por el efecto que los desórdenes internos en el país están teniendo en las inversiones y en la imagen del país. Trasciende ante los medios de comunicación que la Embajada de los Estados Unidos ha estado ejerciendo presiones ante el Gobierno salvadoreño para desistir en su proyecto de reformas inconsultas, considerando también que los crecientes desórdenes sociales pueden afectar al país especialmente ante la proximidad del evento deportivo internacional que está por iniciarse en las próximas semanas.

Para horas de la noche, la creciente presión nacional e internacional ha surtido efecto en el Mandatario. A las 8pm, en cadena nacional de televisión, el Presidente Flores, esta vez con rostro serio, declara que ha aceptado la propuesta del Dr. Silva y anuncia, primero, que *NO VETARA* el decreto anti- privatización; segundo, que pedirá a la Asamblea Legislativa retirar sus 3 propuestas de Ley; y tercero, que procederá a dar paso a la creación de la Comisión de personalidades que analicen el problema de la salud a nivel nacional.

La declaración de Flores es una clara victoria para el gremio médico y trabajadores, pues ha quedado demostrado que el Presidente mentía en cuanto a la privatización de la salud, entre otras cosas al asegurar que no se estaba planeando privatizar, cuando en realidad sus funcionarios llevaban trabajando 18 meses en la elaboración de los cuestionados proyectos de reforma.

Para Silva, el negociar con el Gobierno puede costarle la candidatura a la Alcaldía, pues Salvador Sánchez Cerén, Coordinador del FMLN, y Hugo Martínez, Jefe de Campaña del FMLN, declaran que el Alcalde no cuenta con el respaldo del partido de izquierda. Para el FMLN, el ofrecimiento del Presidente Flores es una maniobra para ganar tiempo y desmantelar la huelga de los médicos, días antes de los Juegos San Salvador 2002.

### Inventor Salvadoreño Recibe Premio de Naciones Unidas
En octubre de 2002, el ingeniero e inventor salvadoreño René Suárez recibe en Nueva Delhi, India , el premio individual de la *Iniciativa para la Tecnología del Clima,* por la invención de su "turbo- cocina", un proceso de combustión de baja temperatura que reduce las emisiones de gases invernadero, tales como el dióxido de carbono. La "turbo- cocina" consiste de un cilindro de acero inoxidable con 10 inyectores de aire, un ventilador interno y una placa reguladora de aire. El aparato permite reducir significativamente el consumo de madera respecto a las cocinas de fuego tradicionales empleadas por la mayoría de la población rural en el "Tercer Mundo" o "Mundo subdesarrollado".

### Alcalde Silva Renuncia a ser Candidato por el FMLN
En el *Día de los Difuntos,* 2 de noviembre de 2002, mientras asiste a un cementerio local, el Alcalde Héctor Silva anuncia a la prensa que ya no será candidato para la re- elección a la Alcaldía por el FMLN, ya que éste "le solicitó que renunciara a su candidatura" por aceptar participar en la Comisión de seguimiento del Seguro Social. El coordinador del FMLN, Salvador Sánchez Cerén desmentiría poco después al Alcalde, al decir que no se le pidió su renuncia, sino que fuera claro e informara a la población que Flores le pedía a cambio de su participación, que renunciara a su candidatura. Los otros miembros de la coalición de partidos a favor de Silva, el Centro Democrático Unido (CDU) y el Partido Acción Popular (PAP), anuncian que la coalición con el FMLN ha sido disuelta. Silva sería no solamente rechazado por el FMLN. La Comisión Tripartita integrada

por el Colegio Médico, el SIMETRISSS, y la Asociación Nacional de Médicos cuestionaría la mediación no solicitada de Silva, así como la del Arzobispo Fernando Saenz Lacalle, quien semanas anteriores había tildado a los médicos huelguistas como "terroristas".

## Silva se Retira, la Crisis del Seguro Social Continúa

*"Tengo poca confianza en la actitud del Presidente. Ha sufrido una derrota política, y venía diciendo falsedades a cada paso, como que no tenía reforma de salud y llevaban 18 meses discutiéndola. El que no desconfíe del presidente esta fuera de este mundo."*
— Héctor Dada Hirezi

El 6 de noviembre de 2002, a menos de una semana de haber sido nombrado por el Presidente Flores como mediador en la crisis del seguro social, el Alcalde de San Salvador, Héctor Silva, renuncia a continuar participando en la mediación, ante la negativa de Flores de sancionar el decreto contra la privatización de la Salud. Por la noche, los doctores Guillermo Mata y Alcides Gómez son invitados a una reunión en Casa Presidencial, sin lograr ningún acuerdo, salvo establecer una segunda reunión. El gremio médico, apoyado por distintos grupos sociales ha anunciado una huelga indefinida hasta lograr que el Gobierno cumpla lo exigido por la Comisión Tripartita. Para el sábado está convocada una tercera "marcha blanca" para denunciar la privatización de la salud.

## Los XIX Juegos Centroamericanos y del Caribe

El 23 de noviembre de 2002, en el Estadio Nacional de la "Flor Blanca" se inauguran los *XIX Juegos Centroamericanos y del Caribe,* en presencia del Presidente de la República, y numerosos invitados especiales. Ante la ausencia de la favorita Cuba, México obtiene el primer lugar en el medallero, teniendo como principal estrella a la velocista de calibre internacional Ana Guevara. Por su parte, los atletas salvadoreños rompen su propio récord al lograr un total de 123 medallas.

Los juegos concluyen la noche del 7 de diciembre, luego de que horas antes la selección salvadoreña de fútbol venciera en penalties a su similar de México, llevándose la medalla de oro (apenas la segunda vez en la historia de los juegos). Otros atletas salvadoreñas que destacan son Eva María Dimas que obtiene 3 medallas de oro en levantamiento de pesas y Ricardo Jiménez que logra 5 "doradas" en el tiro con arco.

| \multicolumn{6}{c}{**Cuadro de Medallas- XIX Juegos Centroamericanos y del Caribe, San Salvador 2002**} |||||| 
|---|---|---|---|---|---|
| No. | País | Oro | Plata | Bronce | Total |
| 1 | México | 138 | 111 | 102 | 351 |
| 2 | Venezuela | 103 | 94 | 80 | 277 |
| 3 | Colombia | 62 | 60 | 57 | 179 |
| 4 | Rep. Dominicana | 35 | 38 | 59 | 132 |
| 5 | Puerto Rico | 30 | 47 | 57 | 134 |
| 6 | Guatemala | 22 | 22 | 42 | 86 |
| 7 | El Salvador | 18 | 39 | 66 | 123 |
| 8 | Jamaica | 6 | 10 | 8 | 24 |
| 9 | Trinidad y Tobago | 5 | 1 | 11 | 17 |
| 10 | Costa Rica | 4 | 3 | 6 | 13 |

Fuente: COSSAL

## Las Remesas Familiares Alcanzan Cifra Récord

Hacia finales del 2002, el Banco Central de Reserva anuncia que el total de remesas enviadas por los compatriotas salvadoreños radicados en Estados Unidos, Canadá, Australia y otros países, alcanzará una nueva cifra récord de más de $1,967 millones dólares. Las remesas, consideradas el "segundo presupuesto nacional", continúan manteniendo a flote la malograda economía nacional, que ha caído en recesión desde 1996.

| REMESAS ENVIADAS POR LOS "HERMANOS LEJANOS" (1990- 2002) | |
|---|---|
| Año | Remesas (en millones de U.S. dollars) |
| 1990 | 322.1 |
| 1991 | 790.1 |
| 1992 | 858.3 |
| 1993 | 864.1 |
| 1994 | 962.5 |
| 1995 | 1,061.4 |
| 1996 | 1,086.5 |
| 1997 | 1,199.5 |
| 1998 | 1,338.3 |
| 1999 | 1,373.8 |
| 2000 | 1,750.7 |
| 2001 | 1,910.5 |
| 2002 | 1,967.8 |

Fuente: Banco Central de Reserva de El Salvador

**Precio del Café Sigue cayendo**
Desde finales de la década de los años 1990s, los precios del café, principal producto de exportación de la economía nacional, comienzan a caer drásticamente trayendo más desempleo al agro. De un promedio de $154 dólares por quintal oro en 1995, el precio cae hasta $54 dólares hacia finales del 2002. Se estima que como resultado directo de la crisis, se pierden cerca de 100,000 empleos en el sector.

| El Salvador- Exportaciones Anuales de Café 1990- 2002 | | | |
|---|---|---|---|
| Año | Volumen (quintal oro)$^2$ | Valor (U.S. dólares) | Precio Promedio (U.S. dólares) |
| 1990 | 3,240,306 | 261,342,070 | 80.65 |
| 1991 | 2,803,540 | 222,170,040 | 79.25 |
| 1992 | 2,762,837 | 154,301,991 | 55.85 |
| 1993 | 3,843,985 | 236,990,880 | 61.65 |

| 1994 | 2,733,749 | 275,466,844 | 100.77 |
|------|-----------|-------------|--------|
| 1995 | 2,358,735 | 364,358,773 | 154.47 |
| 1996 | 3,027,207 | 341,931,591 | 112.95 |
| 1997 | 3,621,004 | 521,761,060 | 144.09 |
| 1998 | 2,216,121 | 326,021,493 | 147.11 |
| 1999 | 2,499,791 | 248,989,338 | 99.61 |
| 2000 | 3,311,689 | 303,076,203 | 91.59 |
| 2001 | 2,024,111 | 117,203,395 | 57.90 |
| 2002 * | 2,045,132 | 107,846,945 | 52.73 |

Fuente: Consejo Salvadoreño del Café/ * cifras provisionales

## Concluye el Año 2002, en Medio de la Incertidumbre

En diciembre de 2002, se completan tres años y medio del Gobierno del Presidente Flores. Durante este período, la crisis política, económica y social que atraviesa el país desde mediados de la década pasada se ha agudizado.

Los desastres naturales ocasionados por el Niño (1997/98), la Niña (1999), Mitch (1998), los terremotos (2001), junto con las epidemias de Dengue y Rotavirus (2000/ 2001/ 2002), confirman el alto grado de vulnerabilidad en que vive la población salvadoreña. Miles de compatriotas, ya no sólo campesinos, han decidido abandonar el suelo patrio presionados por las asfixiantes condiciones económicas, donde solamente una pequeña minoría ha resultado beneficiada.

El desgaste sufrido por el tercer Gobierno de ARENA, quedaría en evidencia tras la derrota sufrida en las elecciones municipales y legislativas de marzo de 2003, donde las tres "cartas fuertes" del Gobierno (incluida la ex - Ministra de Educación) para "recuperar" las ciudades de San Salvador, Santa Tecla y Soyapango, caerían ante los candidatos del FMLN. Tras la contienda electoral, las principales encuestas nacionales indicarían, por primera vez desde la firma de los Acuerdos de Paz en 1992, la posibilidad real de que el izquierdista FMLN (Frente Farabundo Martí para la Liberación Nacional) podría ganar las próximas elecciones presidenciales. Para finales de 2002, se rumora que Francisco Flores es el candidato favorito del Presidente Bush para asumir la Secretaría General de la OEA al concluir el mandato del colombiano Gaviria en Agosto de 2004.

# 2003

### "Famoso" Hernández se Corona Campeón Mundial de Boxeo

El 1 de febrero de 2003, el pugilista salvadoreño Carlos "El Famoso" Hernández derrota en el 8°. asalto al puertorriqueño David "Diamante" Santos, convirtiéndose así en el primer salvadoreño en obtener un título mundial de boxeo (categoría Super Pluma) de la Federación Internacional de Boxeo. Hernández perdería el cinturón de campeón del mundo al año siguiente, en julio 2004, al perder contra el mexicano Erick "El Terrible" Morales

El Presidente Bush declara "Misión Cumplida" tras la invasión a Iraq (Foto: White House)

### Estados Unidos y sus Aliados Invaden Iraq

En marzo de 2003, una coalición de países liderada por Estados Unidos, Gran Bretaña, España y Polonia, invaden Iraq tras bombardear sistemáticamente Bagdhad y otras ciudades principales. El presidente George W. Bush justifica el ataque argumentando que el presidente iraquí Sadam Hussein es responsable de apoyar al terrorismo internacional y que además posee "armas de destrucción masiva" que amenazan la estabilidad de la región.

Varios gobiernos de pequeñas repúblicas, entre ellos El Salvador, Honduras, Nicaragua, y República Dominicana se unen a la aventura guerrerista enviando sus propios contingentes de tropas. Con el tiempo se descubriría que Sadam Hussein no contaba con armas químicas ni nucleares, tal como había asegurado el presidente Bush.

## Presidente Flores Lanza Plan Anti-Pandillas

El 23 de julio de 2003, de pie ante un pódium ubicado frente a un muro tapizado de *graffittis* en la Colonia Dina al sur de San Salvador, el presidente Francisco Flores anuncia el lanzamiento de su "Plan Mano Dura" para erradicar a las pandillas en todo el país. Simultáneamente, el mandatario envía su propuesta de "Ley Antipandillas" a la Asamblea Legislativa. Aunque dicha propuesta de ley es aprobada en octubre de 2003, la Corte Suprema de Justicia la declararía inconstitucional. Muchos jueces de la república han manifestado antes que no aplicaran la normativa. Una nueva propuesta de ley sería luego enviada y aprobada por la Asamblea Legislativa. Según informes del mismo gobierno fechados en agosto de 2004, a un año de "Plan Mano Dura" se habrían realizado más de 19,000 capturas de personas acusadas de pertenecer a pandillas, pero casi el 91% de ellas serían liberadas casi de inmediato por falta de pruebas suficientes.

## Presidente Flores Envía Tropas a Iraq

En agosto de 2003, el presidente Paco Flores, en su calidad de Comandante General de la Fuerza Armada, autoriza y envía un primer contingente de 380 soldados salvadoreños a realizar "tareas humanitarias" a Iraq, invadido por EE.UU. a inicios del año para derrocar al régimen de Sadam Hussein. En la Asamblea Legislativa, los diputados de ARENA, junto al PDC y PCN, se encargan de aprobar el envío de tropas cada seis meses. La presencia de tropas cuscatlecas es cuestionada por gran parte de la población y por supuesto por los partidos de oposición FMLN y CD, quienes la consideran una muestra más del "sometimiento al gobierno de los Estados Unidos". El Batallón "Cuscatlán" se incorpora a su llegada a la Brigada Internacional Plus Ultra, dirigida por oficiales españoles y polacos, y donde también se encuentran tropas españolas, hondureñas, nicaragüenses y dominicanas. El Salvador permanecerá en Iraq hasta su retiro definitivo en diciembre de 2008, cuando finaliza el mandato del Consejo de Seguridad de Naciones Unidas (los últimos soldados regresan al país hasta febrero 2009).

## Conmemoran Marcha Contra Privatización de Salud

El 20 de septiembre de 2003, se desarrolla en San Salvador una nueva "Marcha Blanca", esta vez para recordar la "resistencia" en contra de la privatización de los servicios de salud. La marcha es convocada por el

Colegio Médico de El Salvador y es respaldada por el FMLN y otras organizaciones de la sociedad civil. Los manifestantes, que parten desde la Plaza Salvador del Mundo hasta llegar al Monumento a Gerardo Barrios, también exigen el reinstalo de unos 60 trabajadores del ISSS, despedidos durante el conflicto.

# 2004

### Segundo Envío de Tropas a Iraq

Un segundo contingente de 380 tropas del Batallón Cuscatlán parte con rumbo a Nayaf, Iraq, el 3 de febrero de 2004, con el objetivo de relevar a las tropas que se encuentran en ese país desde agosto pasado.

### Advertencias y Amenazas en Caso de una Gane del FMLN

En febrero de 2004, a días de celebrarse las elecciones presidenciales en El Salvador, René Flores, embajador de El Salvador en Washington D.C., advierte que de ocurrir un triunfo del partido de izquierda, las remesas que envían los salvadoreños en EE.UU., podrían verse "bloqueadas". Por otra parte, el congresista estadounidense Thomas Tancredo amenaza con promover un decreto que controle las remesas salvadoreñas, en caso de que el FMLN resulte victorioso en los comicios del 21 de marzo.

### Las Elecciones Presidenciales 2004

En las elecciones presidenciales del domingo 21 de marzo de 2004, resulta victorioso el candidato del partido ARENA, Elías Antonio "Tony" Saca, locutor deportivo y empresario radial que ha fungido también como presidente de la ANEP, la Asociación Nacional de la Empresa Privada, principal gremial de la gran empresa en El Salvador. Saca, de ascendencia palestina, lleva como compañera a la vicepresidencia a la Licda. Ana Vilma de Escobar, quién anteriormente se desempeñara como Directora del Instituto Salvadoreño del Seguro Social (ISSS) durante el conflictivo período cuando el gobierno del presidente "Paco" Flores intentara privatizar los servicios de salud.

El candidato "Tony" Saca recibe medio millón de votos más que su más cercano rival, el líder del Partido Comunista Salvadoreño y ex –comandante guerrillero Shafick Handal, del FMLN. En un distante 3er. Lugar queda el ex –alcalde de San Salvador, el Dr. Héctor Silva, quien participa como candidato del CD (Cambio Democrático) y del PDC (Partido Demócrata Cristiano).

## CANDIDATOS PRESIDENCIALES PARA MARZO DE 2004

Shafick Handal

Héctor Silva

Antonio Saca

| | | |
|---|---|---|
| SHAFICK HANDAL. Líder histórico del FMLN, ha sido Secretario General del extinto Partido Comunista de El Salvador y Jefe de la fracción política del FMLN en la Asamblea Legislativa. Durante el conflicto armado, fue uno de los 5 comandantes guerrilleros del FMLN. Llevando al Dr. Guillermo Mata Bennet como candidato a la Vicepresidencia, Handal sería el candidato Presidencial del FMLN. | HECTOR SILVA. El Ex-Alcalde capitalino por dos períodos (1997- 2000; 2000- 2003), ha sido miembro del antiguo Partido Demócrata Cristiano, Diputado de la Convergencia Democrática y más recientemente se había incorporado al FMLN. Silva participará en las elecciones de 2004 como candidato de los partidos PDC, CDU, y la Iniciativa Ciudadana. | ANTONIO ELIAS SACA. El candidato de ARENA, fue electo por la cúpula del partido sobre Carlos Quintanilla Schmidt y Mauricio Sandoval. Saca, al igual que Handal es descendiente de inmigrantes palestinos. Saca ha sido Presidente de ASDER y más recientemente de la ANEP. Anteriormente se desempeñó como locutor deportivo. Es dueño, junto con su esposa, del grupo radial SAMIX. |

Durante la campaña, el FMLN acusa al gobierno de los Estados Unidos de intervenir en las elecciones internas del país, ya que varios funcionarios de alto rango han señalado que de ganar la izquierda las elecciones, las relaciones entre ambos países se verán afectadas. Días después de las elecciones, el 25 de marzo, el entonces embajador norteamericano Douglas Barclay declararía que "las relaciones nunca estuvieron en peligro".

| Elecciones Presidenciales- 2004 | | | |
|---|---|---|---|
| Partido | Candidato | Total de Votos Válidos | Porcentaje de la Votación |
| ARENA | Elías Antonio Saca | 1,314,436 | 57.71% |
| CD- PDC | Héctor Silva | 88.737 | 3.90% |
| FMLN | Shafick Handal | 812,519 | 35.68% |
| PCN | Rafael Machuca | 61,781 | 2.71% |

FUENTE: Tribunal Supremo Electoral

## Muere Soldado Salvadoreño en Iraq

El 4 de abril de 2004, Natividad Méndez Ramos, miembro del Batallón Cuscatlán fallece cuando la base militar donde se encontraba destacado en Nayaf, Iraq, es atacada por un grupo armado de fusiles y lanzagranadas. Otros doce salvadoreños resultan heridos en el ataque. El soldado Méndez, de apenas 19 años, es la primera baja salvadoreña desde que el presidente Flores aprobara la misión militar "humanitaria" en el país invadido por fuerzas estadounidenses el año anterior. El embajador estadounidense Douglas Barclay envía sus condolencias a la madre del soldado. Entretanto, el FMLN, principal partido de oposición, exige el inmediato retorno de las tropas salvadoreñas en Iraq.

## NOTAS y REFERENCIAS

[1] Comisión Interamericana de Derechos Humanos CIDH, Informe No. 136/ 99 Caso 10.488 Ignacio Ellacuría et al. , Comisión Interamericana de Derechos Humanos, Informe No.136/99 Caso 10.488 Ignacio Ellacuría,S.J.; Segundo Montes S.J.; Armando López, S.J.; Ignacio Martín Baró S.J.; Joaquín López y López, S.J.; Juan Ramón Moreno, S.J.; Julia Elba Ramos; y Celina Mariceth Ramos, El Salvador 22 de diciembre de 1999.

URL: http://www.cidh.oas.org/annualrep/99span/ElSalvador10.488.htm

[2] Comisión Interamericana de Derechos Humanos, Informe No.37/00 Caso 11.481 Monseñor Oscar Arnulfo Romero y Galdámez El Salvador 13 de abril de 2000. URL: http://www.cidh.oas.org/annualrep/99span/ElSalvador11.481.htm

[3] Asamblea Legislativa, Ley de Integración Monetaria, Decreto 201

[4] Romano, Economía Desastre y Desarrollo Sostenible, p.31

[5] CCNenespañol, "Opiniones mixtas en El Salvador ante ley que promueve dolarización", http://www.cnnenespanol.com

[6] El caso de Ministro Lacayo y las salvaguardias es ampliamente analizado por la Fundación de Estudios para la Aplicación del Derecho FESPAD, ver "Cumplimiento y Vigencia de los derechos económicos, sociales y culturales en El Salvador", p.85- 91

[7] PNUD, Informe sobre Desarrollo Humano El Salvador 2001, p.5-6

[8] Ver Sitio Web del Area de Libre Comercio para las Américas, http://www.ftaa-alca.org/ftaadraft/spa/draft_s.asp

[9] La Prensa Gráfica, "FMLN ofrece venganza al máximo tribunal", p. 31

[10] La Prensa Gráfica, "Aprueban Presupuesto, el paquete incluye bonos y préstamos", 20 de diciembre de 2001, p.4-5

[11] La Prensa Gráfica, "$1900 en remesas entrarán en 2001 ", 18 de diciembre de 2001, p.4b

[12] La Prensa Gráfica, "ANDA elimina subsidio al agua", 31 de diciembre de 2001, p.8

[13] The White House, "President visits Mexico, Peru, and El Salvador, March 21- 24, 2002", URL: https://georgewbush-whitehouse.archives.gov/president/latinamerica/03.html

# 5.2 EL ÚLTIMO GOBIERNO DE ARENA (2004- 2009): POPULISMO y CORRUPCION

En marzo de 2004, el candidato presidencial de ARENA obtiene una contundente victoria en las urnas sobre su principal rival del FMLN, el antiguo jefe guerrillero Shafick Handal. Su candidato, el locutor deportivo y empresario radial Antonio "Tony" Saca, anuncia que impulsará un amplio programa de apoyo social bautizado como "Red Solidaria", en apoyo a los sectores más pobres del país. A la vez, Saca lanza su plan "Super Mano Dura" (dando seguimiento al plan "Mano Dura" de Francisco Flores) para enfrentar la creciente amenaza de las pandillas y la delincuencia común. En su campaña política, Saca ha declarado varias veces que "a los malacates se les acabo la fiesta".

Sin embargo, la gestión de Saca se verá salpicada por amplias denuncias de corrupción y malversación de fondos. Casos emblemáticos son la fallida construcción del Boulevard Diego de Holguín (hoy Boulevard Monseñor Romero) y del nuevo Hospital de Maternidad, donde se "extravían" o malversan varios millones de dólares. Antonio Saca tomaría el control casi absoluto del COENA, el Consejo Ejecutivo Nacional de ARENA, tanto en lo administrativo como en las finanzas, llegando a imponer finalmente a su candidato sucesor para las elecciones presidenciales de 2009.

## 2004

### Toma de Posesión de un Nuevo Gobierno de ARENA

El 1 de junio de 2004, Antonio Elías Saca se convierte en el primer presidente de origen palestino en ocupar la presidencia de la república. Durante su discurso inaugural, Saca anuncia que dará especial atención a los temas sociales para ayudar a mitigar la pobreza. El nuevo mandatario también anuncia que mantendrá el contingente de tropas salvadoreñas en Iraq y que enfrentará de lleno a los grupos pandilleriles con su nuevo plan "Super Mano Dura".

### Gabinete de Gobierno del Presidente Saca

Licda. Ana Vila de Escobar, Vicepresidenta
Lic. Eduardo Zablah -Touché, Secretario Técnico de la Presidencia (reemplazado en 2007 por Lic. Eduardo Ayala Grimaldi)

Lic. René Figueroa, Ministro de Gobernación (reemplazado en 2006 por Licda. Silvia Aguilar; Figueroa se convierte en Ministro de Seguridad Pública y Justicia)

Lic. Francisco Laínez, Ministro de Relaciones Exteriores (reemplazado en 2008 por Marisol Argueta de Barillas)

Gral. Otto Alejandro Romero, Ministro de Defensa (reemplazado en 2007 por Gral. Jorge Alberto Molina)

Ing. Guillermo López Suárez, Ministro de Hacienda

Sr. José Antonio Salaverría, Ministro de Agricultura y Ganadería

Dr. Guillermo Maza Brizuela, Ministro de Salud Pública

Arq. David Gutiérrez, Ministro de Obras Públicas (reemplazado por Ing. Jorge Nieto en 2009)

### Transnacional Financiera Adquiere el Banco de Comercio

En octubre 2004, el Banco de Comercio de El Salvador S.A. (conocido popularmente como BanCo) vende el 97.7% de sus acciones a The Bank of Nova Scotia, de origen canadiense. Según informa el presidente de BanCo, José Gustavo Belismelis, la fusión con el Scotiabank, la subsidiaría canadiense en el país, consolidará cerca de $1,175 millones de dólares en activos. Se trata de la primera gran venta de bancos salvadoreños que pasarán a inicios del nuevo siglo a manos extranjeras.

### Detienen a Ecuatorianos por Transporte de Drogas

El 20 de noviembre de 2004, la DAN, Dirección Nacional Antinarcóticos de la Policía Nacional Civil detiene a cinco sujetos de nacionalidad ecuatoriana, quienes transportaban mas de 2,100 kilos de cocaína en una embarcación tiburonera llamada Kodiak. Los imputados (a ser acusados por Fiscalia General de la Republica bajo cargos de trafico ilícito de drogas, conspiración y asociaciones ilícitas) fueron detenidos a unas 40 millas náuticas de la Bahia de Jiquilisco, en Usulutan, tras ser detectada su presencia por un avión de la Base de Monitoreo estadounidense.

# 2005

## FMLN Enfrenta Problemas Internos

En marzo de 2005, tres diputados del FMLN (Nicolas Garcia, Jose Portillo, y Miguel Navarrete) son expulsados del partido por haber dado sus votos, junto a ARENA y el PCN, para aprobar el financiamiento del presupuesto anual del gobierno. Un tribunal interno del FMLN también expulsaría a Orlando Mena, alcalde de Santa Ana por este partido, debido a irregularidades.

## Expresidente Flores Queda Fuera de la OEA

En abril de 2005, el expresidente Francisco Flores ve truncadas sus aspiraciones a convertirse en Secretario General de la OEA, al perder el respaldo de países como México y Honduras. Flores, que desde un inicio contaba con el visto bueno de la Casa Blanca estadounidense, decide retirar su postulación ante candidatos más fuertes como el canciller mexicano Luis Alberto Derbez y el canciller chileno José Miguel Insulza, quien terminaría finalmente siendo elegido al alto cargo.

## Descubren Túnel en Penal de Cojutepeque

El 19 de mayo de 2005, las autoridades penitenciarias informan que han descubierto un túnel en el Centro Penal de la ciudad de Cojutepeque. Expertos internacionales han estado señalando desde fines del conflicto armado el grave estado de hacinamiento y las terribles condiciones en que viven los miles de reclusos en las cárceles del país.

## Diputados y Alcaldes Renuncian del FMLN

En junio 2005, los diputados Ileana Rogel y Jorge Escobar, y el magistrado Julio Hernández (representante del FMLN ante el TSE) presentan sus respectivas renuncias a sus cargos dentro del partido de izquierda, ante lo que consideran excesivas medidas punitivas por parte de la cúpula del FMLN. En septiembre de ese año, otros tres diputados del FMLN (Celina Monterrosa, Arnoldo Bernal, Héctor Córdoba) se separan de la fracción izquierdista. Este mismo mes, el alcalde Carlos Rivas Zamora, también abandonan las filas del partido.

Los diputados disidentes formarían una nueva fracción en la Asamblea Legislativa, la que bautizarían como *FDR, Frente Democrático Revolucionario*, nombrado nostálgicamente así en honor al extinto FDR dirigido por Guillermo Manuel Ungo y Héctor Oquelí Colindres.

## Volcán de Santa Ana entra en Erupción

La mañana del sábado 1 de octubre de 2005, el volcán Ilamatepec en el occidente del país comienza a lanzar gases, ceniza y roca ardiente, causando la muerte de dos jornaleros, mas de 5,000 personas evacuadas y ocasionando el cierre de unos 50 centros escolares.

## Tormenta Stan Azota la Región Centroamericana

A principios de octubre de 2005, a días de la erupción volcánica del volcán santaneco Ilamatepec, la tormenta bautizada como "Stan" atraviesa la región centroamericana causando inundaciones y desprendimientos en toda la región centroamericana, causando un estimado de 1,620 fallecidos. Los países más afectados resultan ser Guatemala y El Salvador. En El Salvador, se contabilizarían 69 muertos, 72,000 damnificados y daños valorados en más de $300 millones de dólares. Ante la gravedad de los daños ocasionados por las inundaciones y deslizamientos de tierra, el presidente Saca decreta emergencia nacional. Con vientos de hasta 95 km por hora, *Stan* se convertiría en huracán categoría 1.

# 2006

## Muere Líder de la Izquierda Salvadoreña

El 24 de enero de 2006, el líder histórico del FMLN, Shafick Handal, muere de un infarto agudo al miocardio a su regreso al país tras una breve visita a Suramérica. Handal, quien viaja acompañado de Medardo González, Coordinador General del FMLN, sufre el infarto a su llegada al Aeropuerto Internacional de El Salvador, luego de asistir a la toma de posesión del presidente boliviano Evo Morales. Handal, líder del Partido Comunista y firmante de los Acuerdos de Paz de 1992, tenía 74 años.

## Tratado Comercial con Estados Unidos entra en Vigor

El 1 de marzo de 2006 entra en vigencia en El Salvador el tratado comercial conocido en inglés como CAFTA-DR. El Tratado, que ha venido negociándose por las élites financieras centroamericanas y por funcionarios norteamericanos desde 2003- 2004, consta de 22 capítulos. Su adopción en el país implica la modificación de Leyes en materia aduanera, propiedad intelectual, códigos penal y procesal penal, código de trabajo, entre otros.

## Elecciones Legislativas y Municipales 2006

El domingo 12 de marzo de 2006, se realizan en El Salvador elecciones para diputados y concejos municipales. En las elecciones legislativas, ARENA obtiene 34 escaños (de un máximo de 84), seguido por el FMLN, con 32. Como tercera fuerza política se consolida el PCN, con 10 escaños. Para obtener la mayoría simple (43 votos) ARENA continuará dependiendo de los votos del PCN.

En las elecciones municipales, ARENA obtiene triunfos en 148 alcaldías (de un máximo de 262 municipios), mientras que FMLN resulta triunfante en 58 municipios, el PCN gana en 39, y el PDC en 15. El pequeño partido de centro-izquierda CD gana apenas en dos alcaldías. En San Salvador, los retrasos del TSE (Tribunal Supremo Electoral) en declarar al vencedor provoca que el martes 14 de marzo, un grupo de agitadores del FMLN se lance a protestar en las calles frente al Hotel Crown Plaza, donde se encuentra instalado el centro de conteo del TSE, quien aduce que ha encontrado anomalías en unas 32 actas. Agentes de la UMO (Unidad de Mantenimiento del Orden) de la Policía se hacen presentes para controlar los disturbios. Finalmente, en la madrugada del día siguiente, el TSE termina proclamando como ganadora a la Dra. Violeta Menjívar (FMLN) sobre el candidato Rodrigo Samayoa (ARENA), por una diferencia mínima de apenas 44 votos.

| RESULTADOS DE LAS ELECCIONES LEGISLATIVAS 2006 | | | |
|---|---|---|---|
| Partido | Total de Votos Válidos | # de Diputados | Porcentaje |
| ARENA | 620, 117 | 34 | 39.4% |
| CD | 48,661 | 2 | 2.12% |
| FMLN | 624,635 | 32 | 39.7% |
| PCN | 172,341 | 10 | 11.0% |
| PDC | 106,509 | 6 | 6.8% |

FUENTE: Tribunal Supremo Electoral

## Protesta Estudiantil se Vuelve Mortal

El 5 de julio de 2006, durante una protesta estudiantil en las afueras de la Universidad de El Salvador, Mario Belloso, un ex concejal y miembro de la juventud del FMLN, abre fuego con un fusil M-16 en contra un pelotón de la UMO (Unidad de Mantenimiento del Orden) dando muertes a dos agentes, José Misael Rivas Navarrete y Miguel Ángel Rubí Argueta, e hiriendo a 10 personas más. Estudiantes de educación media y universitarios protestaban contra un nuevo incremento a la tarifa eléctrica anunciada días atrás por el gobierno de Antonio Saca.

Belloso logra escapar pero es detenido meses después gracias a la abundante evidencia fotográfica en su contra. Un miembro del personal administrativo de la UES (Edwin René Sánchez Canjura) es arrestado como cómplice (tras ser deportado a Estados Unidos) por ayudar a ocultar el fusil, mientras que otro funcionario universitario (Herbert Rivas) es herido en la espalda a causa de una bala perdida. Belloso terminaría siendo condenado a 56 años de prisión.

## Embajador Estadounidense Denuncia Creciente Ola de Violencia

El 16 de octubre de 2006, en su discurso de despedida de la misión diplomática, el embajador estadounidense Douglas Barclay, hablando de los retos que enfrenta El Salvador, señala que a pesar de los logros obtenidos con la implementación del CAFTA-DR (entre ellos, incrementos sustanciales en las exportaciones de maquila y productos agrícolas) y una nueva ley para fomentar el turismo, el país se ve amenazado por la delincuencia:

*"Three years ago, I said that the most urgent problem facing the country was getting the Gross Domestic Product to increase by five percent annually. I still believe that and I'm happy to see that the growth rate may reach four percent this year. But for this growth rate to continue, El Salvador must stop the violent crime. Now. On an average day in El Salvador, ten people are murdered. And this past October 3rd. 22 murders occurred – just on that day… Think about how severely violent crime is affecting your economy. It increases prices and costs of doing business; I'm told that around 11 percent of the cost of doing business here goes to provide security. That translates into 11 percent of your GDP – or over $1.7 billion – that is going to security instead of into productive investment"* [1]

## El Salvador y Estados Unidos Firman FOMILENIO I

El 29 de noviembre de 2006, el gobierno de El Salvador y la Corporación del Reto del Milenio (MCC, Millenium Challenge Corporation) de los Estados Unidos firman en Washington D.C. un acuerdo por USD $461 millones para impulsar un programa para combatir de pobreza e impulsar el crecimiento económico en la zona norte del país. El acuerdo es firmado por Eduardo Zablah Touché, Secretario Técnico de la presidencia y arquitecto de la propuesta, y el Director Ejecutivo del MCC, John Danilovich. Les acompañan como testigos de honor, el Presidente Antonio Saca y el embajador de Estados Unidos en El Salvador, Douglas Barclay.

Los fondos donados por Estados Unidos (conocidos como FOMILENIO) van dirigidos a implementar tres grandes proyectos:

• *Proyecto de Conectividad (por $269 millones):* diseño, construcción y rehabilitación de una carretera que permita el transporte y conectividad con el resto del país, y con Guatemala y Honduras.

• *Proyecto de Desarrollo Productivo (por $68 millones):* asesoría técnica, capacitaciones, y servicios financieros dirigidos principalmente a ayudar a granjeros para que adopten una agricultura de cosechas más productivas, y a micro y pequeños negocios para que mejoren su productividad.

• *Proyecto de Desarrollo humano (por $89 millones):* busca promover el desarrollo de la infraestructura física y social en la zona norte, brindado educación formal y no- formal, mejorando el acceso al agua potable y servicios sanitarios, electricidad, e infraestructura comunitaria.

### Banco Salvadoreño se Fusiona con HSBC

En noviembre 2006, el Banco Salvadoreño, tercero en importancia en el país, es comprado HSBC Asia Holdings S.A., que terminaría adquiriendo el 99.98% de acciones en 2007.

# 2007

### Asesinan Diputados Salvadoreños en Guatemala

El 17 de febrero de 2007, tres miembros del partido ARENA, los diputados William Pichinte, José Ramón González, y Eduardo D´Aubuisson (hijo del fundador de este partido), junto con su motorista Gerardo Ramírez, son torturados y asesinados. Sus cuerpos y vehículo son luego calcinados en las afueras de Ciudad de Guatemala. Los tres diputados fallecidos se dirigían a participar en la sesión del Parlamento Centroamericano del mes de febrero en Guatemala.

Cuatro detectives de la policía guatemalteca son capturados por los homicidios (gracias a que el equipo de rastreo GPS en su vehiculo permite detectar que habían estado en la zona donde se encontró el vehículo y los cuerpos). A su vez, los cuatro detectives morirían brutalmente asesinados en un hecho confuso en la prisión de máxima seguridad del Penal del Boquerón, en Guatemala. En cuanto a las posibles causas de los homicidios, surgirían dos versiones. De acuerdo con la CICIG (Comisión Internacional Contra la Impunidad en Guatemala) *"el motivo de los homicidios fue quedarse con el dinero que supuestamente era transportado en dos valijas por el diputado Pichinte, y un cargamento de 20 kilogramos de cocaína. En cambio, en el juicio, la Fiscalía guatemalteca dice que el móvil fue una venganza de ex diputado pecenista Roberto Silva Pereira contra el partido ARENA por haber promovido su desafuero en la Asamblea Legislativa cuando se descubrió actos de corrupción y posible lavado de dinero"* [2]

## Fallece Histórica Defensora de los Derechos Humanos

El 30 de marzo de 2007, muere de un ataque cardiaco la Dra. María Julia Hernández, quien desde 1982 fungiera como directora de la oficina Tutela Legal del Arzobispado de San Salvador. La Dra. Hernández, una incansable luchadora de los derechos humanos, trabajó muy de cerca con el arzobispo Arturo Rivera y Damas y el obispo auxiliar Gregorio Rosa Chávez, recibiendo, documentando, e investigando las miles de denuncias de graves violaciones a los derechos de la población durante el conflicto armado.

María Julia Hernández era Doctora en Derechos Humanos y Licenciada en Filosofía. En vida recibió dos Doctorados Honoris Causa, uno de Saint Joseph University (en 1992) y otro de la UCA (en 2004), así como numerosos reconocimientos, entre ellos el *Oscar Romero Award* (Americas Watch New York, en 1988), y la *Medalla de Plata del Pontificado de Juan Pablo II* (1992).

## Banco Colombiano Adquiere las Acciones del Banco Agrícola

En marzo de 2007, la Superintendencia del Sistema Financiero (SSF) anuncia que ha autorizado la compra del 94.3% de las acciones del Banco Agrícola S.A. por Bancolombia S.A., radicado en Panamá.

## GOES Realiza Nuevo Censo de Población

Entre el 12 y el 27 de mayo de 2007, la Dirección General de Estadística y Censos (DIGESTYC) del Ministerio de Economía lleva a cabo en todo el país el VI Censo de Población y V de Vivienda. Este censo debía haberse efectuado en 2002 (los censos se deben efectuar cada 10 años) pero por diversas razones, principalmente la crisis creada por los terremotos del 2001, se había venido posponiendo.

De acuerdo con los resultados, la población total asciende a 5,744,113 habitantes, sorpresivamente un 19% menor a lo esperado por la DIGESTYC (de acuerdo con los datos del anterior censo de 1992). En algunas zonas urbanas y rurales del país, los equipos de gobierno a cargo de realizar las visitas y recopilar los datos son amenazados por las pandillas que controlan el territorio, limitando o prohibiendo el acceso.

De la población censada en 2007, el 52.7% son mujeres y 47.3% son hombres. Para una extensión territorial de 21,040 km², el país tiene un promedio de 273 habitantes por km², siendo San Salvador y el área metropolitana la zona más densamente poblada. El siguiente cuadro resume la población total por cada departamento del país.

| CENSO POBLACIONAL 2007 | |
|---|---|
| **Departamento** | **Población** |
| Ahuchapan | 319,503 |
| Cabañas | 149,326 |
| Chalatenango | 192,788 |
| Cuscatlán | 231,480 |
| La Libertad | 660,652 |
| La Paz | 308,087 |
| La Unión | 238,217 |
| Morazán | 174,406 |
| Santa Ana | 523,655 |
| San Miguel | 434,003 |
| San Salvador | 1,567,156 |
| San Vicente | 161,645 |
| Sonsonate | 438,960 |
| Usulután | 344,235 |
| TOTAL | 5,744,113 |

Fuente: DIGESTYC

## Marcha Blanca contra Privatización de la Salud

El 16 de junio de 2007, unas 15,000 personas vestidos con gorras, camisetas y sombrillas de color blanco marchan en protesta contra el gobierno por continuar sus intentos privatizadores de los servicios de salud en el país. La marcha sale desde el punto conocido como el Reloj de Flores y culmina frente a los principales hospitales nacionales en el centro de San Salvador. El gobierno de Antonio Saca ha presentado semanas atrás una propuesta de reforma de salud, que es cuestionada por el Colegio Médico, el FMLN, y otras organizaciones de la sociedad civil por proponer que los servicios de salud sean mixtos o compartidos con la empresa privada.

## El Salvador gana su Primer Oro en Juegos Panamericanos

El 22 de julio de 2007, durante los Juegos Panamericanos que se celebra en Río de Janeiro (Brasil), la atleta Cristina López, de 24 años, gana la medalla de oro en la categoría de 20 kilómetros marcha. Es la primera vez en la historia que El Salvador gana la presea dorada en los Panamericanos.

## Un Salvadoreño es Campeón Mundial de Tiro con Arco

El 24 de noviembre de 2007, en la final del mundial de tiro con arco que se celebra en Dubai (Emiratos Árabes), el salvadoreño Jorge Jiménez vence al estadounidense Braden Gellenthien por 118 a 116 puntos. La victoria representa el primer campeonato mundial en el tiro con arco para El Salvador. Además de la medalla de oro, Jiménez recibe un premio en metálico de $20,000 dólares.

# 2008

## Petróleo Alcanza Precio Récord

El 3 de enero de 2008, el precio del petróleo alcanza la cifra de $100 dólares por barril a nivel mundial, con lo que continua haciendo estragos en la economía nacional, que debe ahora destinar mas divisas en la adquisición del llamado "Oro negro".

## Fuertes Vientos Azotan el Territorio

Entre el 3 y 6 de enero de 2008, ingresan a la región fuertes vientos fríos que causan diversos estragos materiales (derribo de árboles y vallas publicitarias, daños en viviendas, etc.) y ocasionan la muerte de 3 personas. Los departamentos de Sonsonate y Chalatenango se encuentran entre las zonas más afectadas.

## Piden Declarar Emergencia por Contaminación de Plomo

El 28 de enero de 2008, el Movimiento sin Plomo y la organización ambientalista CESTA piden se declare una "Emergencia ambiental" en el Sitio del Niño, en la jurisdicción de San Juan Opico, Departamento de La Libertad, donde se ha detectado un grave derramamiento de plomo proveniente de la empresa Baterías Record, una empresa que se dedica al reciclaje de baterías para automóviles. Exámenes médicos confirmarían que unas 130 personas residentes de los caseríos aledaños mostrarían daños físicos y mentales debido a la contaminación. La Fiscalía General abriría un proceso penal contra los ingenieros Arturo Marenco Carballo, Jose Edgardo Brito, y Reynaldo Trujillo Diaz, y contra los propietarios de la empresa, Ronald Antonio Lacayo, Sandra Lacayo de Escapini, y José Ofilio Guardian Lacayo, de quienes se sabe han huido a Nicaragua o Estados Unidos. Estos últimos son familiares del ex –ministro de Economía y alto funcionario del partido ARENA, Miguel Lacayo.

**Doctorado Honoris Causa para Exrector de la UES**

El 18 de febrero de 2008, el Dr. Fabio Castillo Figueroa recibe el *Doctorado Honoris Causa* de manos del Rector Rufino Quezada.

Rufino Quezada, Rector de la Universidad de El Salvador entrega Doctorado Honoris Causa al Dr. Fabio Castillo Figueroa (Foto: UES)

El Dr. Castillo fue Rector de la UES en dos ocasiones: entre 1963- 1967, cuando dio impulso a una profunda reforma educativa para modernizar el *Alma Mater*, y luego entre 1991- 1995, cuando gracias a su prestigio internacional logró conseguir valioso apoyo de la Unión Europea, la AECI (Agencia Española de Cooperación Internacional), y la USAID (Agencia Internacional para el Desarrollo de Estados Unidos) para ayudar reconstruir la universidad luego de los daños ocasionados por el terremoto de 1986 y las constantes intervenciones militares de la década de los Ochentas. Entre los muchos reconocimientos recibidos por el Dr. Castillo a lo largo de su vida, se encuentran: Doctorado Honoris Causa de Sacred Heart University, EE.UU. (1993), y el Título de "Educador Merítisimo de El Salvador", entregado por la Asamblea Legislativa (2004).

## Tragedia en la Colonia Málaga

La noche del 3 de julio de 2008, durante una fuerte tormenta de lluvia, un autobús con 33 personas a bordo, todos miembros de la iglesia evangélica ELIM, es arrastrado por la corriente debido al crecida del río Acelhuate a la altura de la quebrada El Arenal en la Colonia Málaga al sur de San Salvador. Sólo un joven logra sobrevivir al saltar a tiempo, antes de que el bus sea despedazado por la correntada. Mario Vega, pastor general de la iglesia ELIM crítica al MOP (Ministerio de Obras Públicas) y al MARN (Ministerio de Medio Ambiente) tanto por el mal manejo de la planificación urbana como por permitir la deforestación indiscriminada que sufre el territorio nacional. Ricardo Navarro, de la organización ambientalista CESTA, acusa a los alcaldes de la zona metropolitana de negligencia por continuar otorgando permisos para construir zonas habitacionales, devastando bosques y cerros sin medir realmente el impacto sobre el medio ambiente. En meses anteriores se han estado construyendo centros comerciales y complejos habitacionales de lujo, destruyendo el bosque de El Espino, entre Santa Tecla y San Salvador.

## Sancionan a Harineras por Prácticas Anticompetitivas

En septiembre 6, 2008, la Superintendencia de Competencia impone multas a MOLSA (por $971,000 dólares) y HARISA (por $2,061,000 dólares) por considerar que ambas se han repartido cuotas en el mercado de la harina.

## CitiBank Adquiere Acciones de Banco Local

En octubre 2008, *Citibank Overseas Investment Corporation* informa que se ha completado la compra del 97% de las acciones de Banco Cuscatlán y de Banco Uno, que se encontraban en proceso de fusión. Con esta adquisición, el Banco Citibank S.A., con base de operaciones en Ciudad de Panamá consolida un estimado de $1,800 millones de dólares en activos, iniciando operaciones en territorio salvadoreño con la nueva marca.

El Demócrata Barack Obama y su familia celebran su triunfo electoral en Chicago (Foto: Reuters)

**Obama Gana las Elecciones Presidenciales en EE.UU.**

La noche del 4 de noviembre de 2008, el candidato demócrata Barack Obama resulta victorioso sobre el senador republicano John McCain, al obtener 365 votos del Colegio Electoral (como mínimo para ganar, se requieren 270 votos). Obama, quien se convierte así en el primer afroamericano en llegar a la Casa Blanca, deberá enfrentar numerosos retos, principalmente la severa crisis económica que afecta al mundo y el conflicto en Irak. Obama ha prometido durante su campaña: reducir la dependencia de petróleo extranjero, estimular el uso de energías renovables, reformar el complejo sistema de salud que agobia a los norteamericanos por los altos costos de los seguros médicos, reducir los impuestos a la clase media, etc.

Aunque la nueva Administración estadounidense termina apoyando al gobierno izquierdista que resulta victorioso en las elecciones salvadoreñas de marzo 2009, a la larga, Obama continuará la política de expulsión de miles de inmigrantes salvadoreños ilegales, muchos de ellos con antecedentes criminales.

# 2009

**Elecciones Municipales y Legislativas 2009**

El 18 de enero de 2009, en El Salvador se celebran elecciones municipales, legislativas y para diputados al Parlamento centroamericano.

En el campo legislativo, el FMLN se consolida como primera fuerza al obtener 35 escaños para la próxima legislatura, seguido muy de cerca por ARENA con 32 curules. Ninguno de los dos partidos principales obtiene suficientes votos para lograr la "mayoría simple" (con 43 votos) y se verá obligado a negociar con los otros institutos políticos. Los grandes perdedores son el CD y el recientemente formado FDR (Frente Democrático Revolucionario, tomando el nombre de la antigua ala política de la izquierda salvadoreña conducida por Guillermo Ungo, Héctor Oquelí Colindres, y otras figuras ya desaparecidas), pues no logran obtener algún diputado.

| RESULTADOS DE LAS ELECCIONES LEGISLATIVAS 2009 | | | |
|---|---|---|---|
| Partido | Total de Votos Válidos | # de Diputados | Porcentaje |
| ARENA | 854,166 | 32 | 38.5% |
| CD | 46,971 | - | 2.2% |
| FDR | 22,111 | - | 0.1% |
| FMLN | 943,936 | 35 | 42.6% |
| PCN | 194,751 | 11 | 8.8% |
| PDC | 153,654 | 5 | 6.9% |
| Otros | 48,978 | - | 2.2% |

FUENTE: Tribunal Supremo Electoral

En el plano municipal, tras 4 gobiernos consecutivos el FMLN pierde la Alcaldía de San Salvador ante el candidato de ARENA (Norman Quijano), gracias a la deficiente gestión de la Dra. Violeta Menjívar, quien buscaba su reelección. Sin embargo, el FMLN quedaría a cargo de 14 alcaldías (de un total de 19) en el departamento de San Salvador, incluyendo Ciudad Delgado, Panchimalco, Soyapango y Santo Tomás. Además, el FMLN gobernaría en varias cabeceras departamentales: Santa Ana, Santa Tecla, La Unión, Usulután, y Zacatecoluca. Mientras que ARENA conseguiría atrapar los gobiernos de 7 cabeceras departamentales: Ahuachapán, Sonsonate, Zacatecoluca, Chalatenango, Cojutepeque, San Vicente y Sensuntepeque. El

PDC ganaría las alcaldías de San Miguel y San Francisco Gotera. En resumen, ARENA obtiene 122 alcaldías, el FMLN 75 alcaldías, el PCN 33 alcaldías, PDC 9 alcaldías y CD apenas una alcaldía, aunque en coalición con el FMLN cogobernaría en otras 18 alcaldías.

## Tropas Salvadoreñas Regresan de Iraq

La madrugada del 8 de febrero de 2009, unos doscientos efectivos del *Batallón Cuscatlán* aterrizan en la base militar de Ilopango, donde el obispo castrense Fabio Colindres oficia una misa de Acción de Gracias. De esta manera, los soldados salvadoreños concluyen la aventura militar de casi 5 años en las peligrosas tierras iraquíes. Desde 2003, el *Batallón Cuscatlán* tuvo 5 bajas mortales: soldado Natividad Méndez (muerto en Nayaf, abril 4, 2004), soldado Carlos Armando Godoy (Hilla, junio 25, 2005), subsargento José Miguel Sánchez (Kut, julio 19, 2006), subsargento Donal Alberto Ramírez (Diwaniya, julio 27, 2006), y capitán José Argelio Soto (Numaniya, octubre 20, 2006), además de una veintena de heridos.

El retiro de El Salvador, único país latinoamericano que continuaba respaldando la agresiva política exterior del presidente George W. Bush en Iraq (conocida en inglés como "Preemptive wars" o "Guerras preventivas"), obedece a la resolución del Consejo de Seguridad del 31 de diciembre de 2008, que da por finalizada la permanencia de tropas extranjeras en Iraq.

## San Salvador Tiene Nuevo Arzobispo

El 14 de febrero de 2009, monseñor José Luis Escobar Alas asume el cargo de nuevo Arzobispo de San Salvador. Nombrado por el Papa Benedicto XVI en diciembre pasado, Escobar Alas sustituye a monseñor Fernando Sáenz Lacalle, quien tras cumplir los 75 años de edad, presentara su renuncia al Pontífice, según lo establece el Código de Derecho Canónico. Monseñor Escobar Alas, quien desempeñaba el cargo de Obispo de San Vicente desde el 9 de julio de 2005, es oriundo de Suchitoto y fue ordenado sacerdote el 15 de agosto de 1982 por la curia de San Vicente. Saenz Lacalle ejercía el cargo de Arzobispo desde 1995 y pasa ahora a convertirse en Arzobispo Emérito.

## Elecciones Presidenciales 2009

Durante las elecciones presidenciales celebradas el domingo 15 de marzo de

2009, el candidato del FMLN, Mauricio Funes Cartagena (conocido conductor de un programa de entrevistas televisivas) resulta vencedor al recibir el 51.3% del total de votos válidos, derrotando al candidato de ARENA, Ing. Rodrigo Ávila (quien ha servido en gobiernos anteriores como Director de la Policía Nacional Civil), quien obtendría el 48.7% de los votos.

Mauricio Funes                    Rodrigo Ávila
Los candidatos presidenciales en 2009, por el FMLN
y ARENA, respectivamente

El Ing. Ávila, quien era el "elegido" de Elías Antonio Saca, actual presidente de la República (y a la vez presidente del COENA, la máxima autoridad del partido ARENA), contaba con el apoyo de los partidos PCN y PDC, tradicionales aliados de ARENA. Ambos partidos habían decidido retirar meses atrás a sus respectivos candidatos: Carlos Rivas Zamora (por PDC) y Tomás Chévez (por PCN) y así respaldar al partido de gobierno.

La estrecha victoria de Funes, quién lleva como compañero de fórmula al excomandante guerrillero Salvador Sánchez Cerén, representa la primera vez que un gobierno de izquierda llega al poder en El Salvador. Para el partido ARENA la derrota significa el fin de veinte años ininterrumpidos en la presidencia de la República, desde que en 1989 el empresario Alfredo Cristiani Burkard venciera al candidato Fidel Chávez Mena, del Partido Demócrata Cristiano.

| Resultados Elecciones Presidenciales 2009 | | | |
|---|---|---|---|
| Partido | Candidato | Votos Válidos | Porcentaje |
| ARENA | Rodrigo Ávila | 1,284,588 | 48.68% |

| FMLN | Mauricio Funes Cartagena | 1,354,000 | 51.32% |
|------|--------------------------|-----------|--------|

FUENTE: Tribunal Supremo Electoral, El Salvador

## NOTAS Y REFERENCIAS:

[1] Ambassador Douglas Barclay, "El Salvador´s Achievements: how to preserve them", URL: http://sansalvador.usembassy.gov/sp-10162006.html

[2] El Faro, "CICIG determinó que el asesinato de los diputados fue por drogas", publicado el 15 de noviembre de 2010, URL: http://www.elfaro.net/es/201011/noticias/2911/CICIG-determin%C3%B3-que-asesinato-de-diputados-fue-por-drogas.htm

# LA IZQUIERDA LLEGA AL PODER (2009- 2019)

## 5.3 PRIMER GOBIERNO DE IZQUIERDA EN EL SALVADOR (2009- 2014)

El 1 de junio de 2009, el entrevistador de televisión Mauricio Funes Cartagena asume la presidencia de la República en un acto celebrado en las instalaciones del CIFCO (Centro de Ferias y Convenciones) en San Salvador. Al evento asisten la Secretaria de Estado norteamericana Hillary Clinton, el Príncipe Felipe de Asturias, y otros mandatarios de la región. A última hora, se excusan de asistir el presidente venezolano Hugo Chávez y el presidente nicaragüense Daniel Ortega.

Durante su discurso inaugural Funes anuncia *"que este será el gobierno de la meritocracia, no el gobierno de privilegios de familias, de abuso de clientelas y de los vicios de padrinazgos sombríos. Derechos, sí, para todos. Privilegios, no, para nadie…"* [1]

El gobierno de Funes, quien durante toda su campaña política ha anunciado *"que no le temblará la mano"* para enfrentar a los corruptos, encontrará numerosos obstáculos en el camino: su tensa relación con la cúpula del FMLN, sus desgastantes enfrentamientos con la gran empresa (representada en ANEP, FUSADES, ASI, y Cámara de Comercio), los bajos precios del café (principal producto de exportación) y en general la baja producción/exportaciones, y una creciente presencia de grupos pandilleriles y carteles de la droga en el territorio. Sus dos principales legados a la nación serán la polémica "Tregua entre pandillas" ocurrida entre marzo 2012 y mayo 2013, mediante la cual el gobierno concedería beneficios carcelarios a los principales líderes de las pandillas MS-13 y el Barrio 18 a cambio de reducir el número de homicidios, y por otra parte, el proyecto "Ciudad Mujer", creado e implementado por la Primera Dama, la abogada de origen brasileño, Vanda Pignato de Funes, como Secretaria de Inclusión Social, para apoyar el desarrollo de la mujer mediante servicios médicos y capacitaciones continuas.

Toma de Posesión del nuevo Presidente de la República, Mauricio Funes, acompañado por su esposa, Vanda Pignato (Foto: CoLatino)

# 2009

### Gabinete de Gobierno (2009- 2014):

El gabinete de gobierno del presidente Funes queda conformado por una combinación de profesionales independientes que han respaldado la candidatura del periodista (conocidos como los *Amigos de Mauricio Funes*) y por miembros de la cúpula del FMLN.

Presidente: Mauricio Funes Cartagena
Vice presidente: Salvador Sánchez Cerén
**Secretarías de Estado**

Secretario de Gobernabilidad: Francis Hato Hasbún (también funge como Ministro de Educación, ad honorem, al reemplazar posteriormente a Salvador Sanchez Ceren)

Secretario Técnico de la Presidencia: Alex Segovia

Secretario de Comunicaciones: David Rivas

Secretaria de Inclusión Social: Vanda Pignato de Funes (esposa de Mauricio Funes)

**Ministros 2009- 2014:**

Agricultura: Adolfo Lopez Suarez (reemplazado por Pablo Ochoa en 2012)

Defensa: David Munguía Payés (reemplazando al General José Atilio Benítez, en 2013)

Economía: Hector Dada Hirezi (reemplazado por Armando Flores en 2012)

Medio ambiente & Recursos Naturales: Germán Rosa Chávez

Hacienda: Carlos Cáceres

Relaciones Exteriores: Hugo Martínez

Salud Pública y Asistencia Social: María Isabel Rodríguez

Justicia & Seguridad Pública: Ricardo Perdomo (reemplazando al General David Munguía Payés, en 2013)

Trabajo & Asistencia Social: Humberto Centeno

Obras Públicas: Gerson Martínez

Turismo: José Napoleón Duarte, hijo (el menor de los hijos del fallecido presidente Duarte)

### UES Otorga Doctorado a su Ex-Rectora

El 12 de junio de 2009, la Dra. María Isabel Rodríguez recibe el título de *Doctora Honoris Causa* de manos del Rector Quezada, en las instalaciones del Teatro Universitario.

La Dra. Rodríguez, quien ocupó en dos períodos consecutivos la Rectoría de la UES (1999- 2003/ 2003- 2007), también se desempeñó como docente- investigadora durante la década de los sesentas y principios de los setentas. En 1967, se convirtió en la primera mujer en ser electa Decana de la Facultad de Medicina. Ocupó también el cargo de consultora internacional de la OPS/ OMS. Debido a su larga trayectoria académica, antes también recibió *Doctorados Honoris Causa* de otras instituciones: Universidad de Guadalajara, México (2005), UCA, El Salvador (2006), Universidad de Córdoba, Argentina (2007), Universidad San Carlos,

Guatemala (2008), y Universidad Cayetano-Heredia, Perú (2008).

La Dra. María Rodríguez, ex –Rectora de la Universidad de El Salvador recibe su Doctorado Honoris Causa (Foto: UES)

### Eligen Nuevos Magistrados de Corte Suprema

El 16 de junio de 2009, la Asamblea Legislativa elige a los magistrados Belarmino Jaime, Rodolfo González, Sidney Blanco y Florentín Meléndez con un total de 82 votos a favor. Estos cuatro magistrados, con el Dr. Jaime presidiendo, se unen al Dr. Néstor Castaneda para integrar la Sala Constitucional de la CSJ.

Acerca de los nuevos jueces: el Dr. Jaime tiene su propio despacho de abogados y ha sido asesor de instituciones bancarias; los Dres. Meléndez y Blanco han laborado en el campo de los Derechos Humanos, siendo el primero miembro de la Comisión Interamericana de Derechos Humanos de la OEA durante dos períodos (2004- 2007 y 2008- 2009), y el segundo, siendo fiscal durante 1988- 1991, cuando tuvo que enfrentar a los acusados del asesinato de los sacerdotes jesuitas de la UCA y sus dos colaboradoras. Pronto la nueva Sala Constitucional se enfrentara a los excesos y arbitrariedades provenientes de los poderes Legislativo y Ejecutivo, siendo la primera vez en la historia del país, en que el órgano

Doctores Rodolfo González, Belarmino Jaime, Florentín Meléndez, y Sidney Blanco, miembros de la Sala de lo Constitucional (Foto: Corte Suprema de Justicia)

judicial mostraría verdadera independencia judicial.

## Maras Asesinan a Periodista Extranjero

El 2 de septiembre de 2009, el periodista Christian Poveda, de nacionalidad franco-española, muere a tiros en el cantón El Rosario, Tonacatepeque, a unos 15 kilómetros de San Salvador. Según la PNC, Poveda había sido citado por líderes del Barrio 18, quienes por razones desconocidas decidieron quitarle la vida. Por su muerte serían arrestados dos mareros conocidos como *Tiger* y *El Puma*, y un agente policial que supuestamente cooperaba con las pandillas. Dos años atrás, el Barrio 18 había autorizado a Poveda filmar un documental en la peligrosa zona de *La Campanera*, en Soyapango. Este documental, titulado "La Vida Loca", fue presentado en festivales internacionales en años anteriores.

## Asesinan a Talento de Orquesta Sinfónica Juvenil

El 21 de octubre de 2009, el joven José Ezequiel Cruz Villegas, de 14 años, muere acribillado a balazos mientras espera un autobús a la altura del km 35 de la autopista hacia el Aeropuerto Internacional de Comalapa. El joven Cruz Villegas era miembro de la Orquesta Sinfónica Juvenil (donde tocaba la Tuba) y del CENAR, Centro Nacional de Artes. Las investigaciones determinarían que los asesinos eran miembros de una de las pandillas que operaba en la zona.

**Tormenta Ida azota la Región Centroamericana**

En noviembre 2009, a su paso por El Salvador la tormenta Ida deja 198 muertos, más de 15,000 damnificados, y un estimado de 3,500 casas severamente dañadas. Los departamentos más afectados: La Libertad, San Salvador, La Paz, San Vicente y Cabañas. El presidente Funes decreta Emergencia Nacional ante los desastres sufridos. Ida se convertiría en huracán categoría 2 (en la escala Saffir-Simpson), causando inundaciones y evacuaciones de severas a leves en Cuba, Panamá, Nicaragua y Honduras.

# 2010

**Presidente del Brasil llega de Visita**

El jueves 25 de febrero de 2010, Luiz Inacio Lula Da Silva llega al Aeropuerto Internacional de El Salvador a bordo de un avión de la Fuerza Aerea Brasileña, siendo recibido por el canciller de la República. Al día siguiente, el Presidente "Lula" Da Silva sostiene reuniones con empresarios salvadoreños. Brasil ofrece un préstamo de $500 millones de dólares para financiar programas sociales y para renovar la flota de autobuses públicos. De acuerdo con Héctor Dada, Ministro de Economía, la ayuda de Brasil busca *"respaldar la unidad y el desarrollo del continente"*.

Durante la visita, Da Silva aprovecha para condecorar al Presidente Funes con la orden "Cruzeiro Du Sul" y también para visitar junto a éste la tumba de Monseñor Oscar Arnulfo Romero, en la Catedral Metropolitana. La Dra. Pignato, esposa de Funes, pertenece al PT- Partido de los Trabajadores del presidente Lula.

**Joven Talento es Aceptada en Prestigiosa Institución**

En abril de 2010, se da a conocer que la joven Nahomy Jhopselyn Hernández Cruz de 18 años ha sido aceptada por el *Massachussetts Technological Institute* (MIT) de Estados Unidos. Es la primera vez que un integrante del *Programa de Jóvenes Talentos* que administra la Universidad de El Salvador y el MINED (desde su creación en 2000), logra ser aceptada en el prestigioso instituto bostoniano. Originaria de Zacatecoluca, departamento de La Paz, Nahomy Hernández pertenece a una familia de escasos recursos económicos, por lo que recibe becas y ayudas financieras de parte de la Embajada Americana, la Fundación Poma, y del mismo MIT, para poder costearse sus estudios y gastos de vida. Cuatro años después, en junio 2014,

Nahomy Jhopselyn lograría graduarse como ingeniero aeroespacial.

**Reconocimiento al Coronel Castellanos por Salvar a Miles de Judíos**

En mayo de 2010, el Museo del Holocausto *Yad Vashem* en Jerusalén declara como *"Justo entre las Naciones"* al Coronel y diplomático salvadoreño José Arturo Castellanos por haber salvado a miles de judíos durante la Segunda Guerra Mundial. Castellanos, quien fungiera como Cónsul General de El Salvador en Ginebra, Suiza, durante el período de 1942- 45, junto a George Mandel (nombre verdadero Gyorgy Mandl), un judío de origen húngaro- rumano a quien Castellanos diera el cargo ficticio de Primer Secretario, otorgan de manera clandestina miles de certificados de nacionalidad salvadoreña a familias judías, principalmente provenientes de Hungría, Rumanía y Eslovaquia, para evitar que terminaran siendo exterminados en los campos de concentración Nazis. Se estima que al menos unos 25,000 judíos sobrevivieron gracias a esta arriesgada operación del Consulado salvadoreño.

José Arturo Castellanos, el
"Schindler" Salvadoreño
(Foto: Familia Castellanos)

El Coronel Castellanos (a quien muchos hoy llaman el "Schindler" salvadoreño, por la famosa película "The Schindler´s List" del director Steven Spielberg) falleció en 1977 en San Salvador, a los 86 años, sin haber recibido en vida los reconocimientos por su arriesgada y heroica labor.

## Tormenta Agatha Atraviesa el País

Entre el 23 de mayo y el 1 de junio de 2010, la tormenta tropical *Agatha* atraviesa el territorio nacional ocasionando graves daños y pérdidas económicas. Las precipitaciones diarias llegan a alcanzar arriba de los 480mm, ocasionando deslizamientos, derrumbes, desbordamientos e inundaciones en todo el territorio, especialmente en las zonas costeras del centro y occidente del país. El fenómeno natural ocasiona 12 víctimas mortales, mientras que estimados preliminares de la CEPAL calculan en aproximadamente unos $120 millones de dólares los daños y pérdidas económicas. Agatha ocurre apenas 6 meses después de la llegada de la Tormenta *Ida*, que causara graves daños y numerosas víctimas en toda la región centroamericana.

## Enfrentamientos entre Corte Suprema y Asamblea Legislativa

El 29 de julio de 2010, la Sala de lo Constitucional de la CSJ declara que los artículos 215 (varios incisos), 238, 239 (inciso 1°), 250 (inciso 1°), 253 (inciso 3°), y 262 (inciso 6°) del Código Electoral son inconstitucionales al exigir la pertenencia a un partido político para poder ser candidato a diputado y por definir las listas de posibles candidatos en forma "cerrada y bloqueada". Sin esperar a ser notificada formalmente, la Asamblea Legislativa responde con una reforma constitucional que establece la obligatoriedad de pertenecer a un partido político para poder optar a cargos de elección municipal y legislativa. La reforma— que debe ser ratificada por la próxima Legislatura de 2012- 2015— también establece que las listas de candidatos y su orden deben ser establecidos por los partidos políticos.

## Aprueban Disposiciones Electorales para Candidatos Independientes

El 16 de diciembre de 2010, los partidos FMLN y ARENA, en una extraña alianza coyuntural, aprueban una serie de disposiciones relacionadas con postulación de candidaturas independientes para las próximas elecciones legislativas de 2012. El nuevo decreto establece que los independientes deben reunir en un período no mayor a 25 días, entre 6,000 y 12,000 firmas, dependiendo del total de electores residentes en el municipio donde deseen postularse. Este decreto es considerado por muchos como una burla que pretende obstaculizar la participación de ciudadanos no partidarios.

# 2011

## Lisiados de Guerra Desocupan la Catedral

El 8 de enero de 2011, tras 18 días de ocupación, un grupo de excombatientes lisiados del FMLN abandonan las instalaciones de la Catedral Metropolitana de San Salvador, sin que hayan sido satisfechas sus peticiones.

## CSJ Retoma Control de sus Instalaciones

El 23 de enero de 2011, las autoridades de la Corte Suprema de Justicia, con el apoyo de la Policía Nacional Civil, recuperan el control de sus instalaciones judiciales, tras 7 días de paro por parte de los diferentes sindicatos laborales en esa institución. Los huelguistas exigen mejoras salariales.

## Presidente Inaugura Año Escolar

El 24 de enero de 2011, el presidente Mauricio Funes inaugura el año escolar 2011, anunciando una inversión de $75 millones de dólares para proporcionar paquetes escolares gratuitos (uniformes, zapatos, cuadernos, lápices, accesorios, etc.) a una población estimada en más de 1, 380,000 estudiantes de escuelas públicas.

## Presidente de Estados Unidos Visita El Salvador

Durante los días 22 y 23 de marzo de 2011, el presidente Barack Obama realiza una breve visita a San Salvador, último punto de parada de su gira latinoamericana que lo ha llevado a Brasil y Chile. Obama, acompañado de su esposa Michelle y de sus dos hijas, llega al país en horas del mediodía, siendo recibidos por el canciller de la república. Entre los principales temas a discutir con las autoridades salvadoreñas se encuentran: seguridad regional, la política de migración norteamericana, el crecimiento económico y la reducción de la pobreza.

La visita representa un fuerte espaldarazo al presidente Funes, quien durante su discurso inaugural como presidente de la República ha dicho que Obama y el presidente brasileño Lula Da Silva serían los principales referentes de su gobierno. Aunque no hay grandes anuncios de apoyo económico al país, en conferencia de prensa Obama informa que se asignarán $200 millones al programa CARSI (Central American Regional Security Initiative) a ser distribuidos entre los cinco países centroamericanos, para combatir a las organizaciones criminales y narcotraficantes. En horas de la tarde del día 22, el centro de San Salvador es cerrado y despejado completamente para permitir una visita privada de Obama a la tumba de Monseñor Oscar Romero, en la Catedral Metropolitana. El arzobispo de San Salvador, Monseñor Luis Escobar Alas y el presidente salvadoreño le acompañan en la visita. Por su parte, Michelle Obama, en compañía de Vanda Pignato de Funes, visitan la sede del proyecto "Ciudad Mujer", en Colón, Departamento de La Libertad.

Visita del Presidente Barack Obama a El Salvador en 2011 (Diseño: C. R. Colindres, IRC- Embajada Americana en El Salvador)

El 23 de marzo, a última hora y debido a la crisis en Libia, el presidente norteamericano se ve obligado a cancelar una visita programada al sitio arqueológico de *Joya de Cerén*. Antes de partir en horas del mediodía, Obama realiza una breve visita a la embajada estadounidense en Antiguo Cuscatlán, donde comparte algunos minutos con la embajadora Mari Carmen Aponte y los empleados de la embajada.

### PNC Decomisa Productos Químicos Ilegales

El 12 de abril de 2011, la Policía Nacional Civil confisca unas 55 toneladas de materiales químicos utilizados para la preparación de metanfetaminas, valoradas en cerca de $170 millones de dólares. La PNC sospecha que los químicos iban con rumbo a laboratorios clandestinos en la vecina Guatemala.

## CSJ Ordena Cancelar Antiguos Partidos Políticos

El 29 de abril de 2011, la Sala de lo Constitucional de la CSJ ordena al Tribunal Supremo Electoral (TSE) cancelar los partidos políticos Conciliación Nacional (PCN) y Demócrata Cristiano (PDC), por no haber alcanzado los porcentajes mínimos requeridos. Ambos aparatos políticos fueron creados a inicios de los años 1960, siendo los más antiguos todavía activos en el país. Solamente tres de los cinco magistrados del TSE firman el acuerdo para el cierre de los partidos, siendo ellos Eugenio Chicas (representante de FMLN), Eduardo Urquilla (representante de CSJ), y Gilberto Canjura (por FMLN y GANA). Fernando Arguello (representante de CSJ) y Walter Araujo (ARENA) votan en contra. La resolución final se basa en los resultados de las elecciones presidenciales de 2004, cuando ni el PDC (obteniendo apenas el 3.9% en coalición con el CD- Cambio Democrático) ni el PCN (con apenas 2.71%) logran alcanzar el mínimo requerido por la ley electoral: 6% en coaliciones ó 3% compitiendo individualmente. Tanto el PCN como PDC se mantenían activos gracias a un amparo de la misma CSJ promulgado en 2006.

## Legislatura Aprueba Polémico Decreto 743

El 2 de junio de 2011, los partidos ARENA, GANA, PDC, y PCN aprueban en la Asamblea Legislativa el decreto 743 mediante el cual busca controlar la toma de decisiones de la Sala Constitucional de la Corte Suprema de Justicia. Según este decreto, las decisiones de la Sala deben ser aprobadas en forma unánime. Hasta entonces, se ha estado haciendo por mayoría de votos. El decreto — firmado inclusive por Lorena Peña y Lourdes Palacios, integrantes del FMLN en la junta directiva de la Asamblea— es enviado de manera "express" a la Casa Presidencial, donde el mandatario Mauricio Funes Cartagena lo sanciona de inmediato y lo envía a su publicación en el Diario Oficial. De esta forma, los poderes Ejecutivo y Legislativo se confabulan para bloquear o detener las decisiones que han estado tomando la Sala Constitucional, muchas veces afectando los intereses de los partidos políticos, a favor de los derechos ciudadanos. Cientos de salvadoreños protestan en las calles y en las redes sociales contra los diputados pues consideran que el Decreto 743 es un atentado contra la democracia.

### Corte Suprema Declara No Aplicable el Decreto 743

El 6 de junio de 2011, la Sala Constitucional decreta inaplicable el Decreto 743 emitido por la Asamblea Legislativa días atrás, considerando que *"la exigencia de 5 votos sobre 5 posibles se puede convertir en un obstáculo insuperable en casos de trascendencia nacional"*, según reza la nueva sentencia judicial. El polémico decreto terminaría siendo derogado el 27 de julio, gracias a los 57 votos de los diputados de ARENA, FMLN, y PDC, con un voto en contra (Francisco Merino, PCN) y la no abstención de PCN y GANA.

### Militar Salvadoreño es Arrestado en Boston

El 23 de agosto de 2011, el ex -coronel Inocente Orlando Montano, quien fuera Vice- Ministro de Defensa y Seguridad Pública durante la década de los ochentas, es arrestado en Boston, EE.UU., por haber ocultado en su declaración migratoria que alguna vez sirvió en el ejército de su país. Montano perteneció al grupo militar salvadoreño conocido popularmente como "La Tandona", que estuvo a cargo de conducir la lucha contra las fuerzas guerrilleras entre 1980- 1992. En El Salvador y en España, se le acusa de ser parte del Alto Mando de la Fuerza Armada que ordenó el asesinato de seis sacerdotes Jesuitas (cinco de nacionalidad española) y sus dos empleadas salvadoreñas, en noviembre de 1989.

Luego de encontrarlo culpable por fraude migratorio, en Febrero de 2016 un juez estadounidense aprobaría la extradición de Inocente Montano a España, solicitada por el juez Eloy Velasco de la Audiencia Nacional Española para enfrentar los cargos por el homicidio de los sacerdotes jesuitas.

### Ex –presidente de Brasil Visita El Salvador

El 31 de agosto de 2011, llega al país Luiz Inacio Lula Da Silva para reunirse en forma privada con el Presidente Funes y su esposa Vanda Pignato de Funes (de origen brasileño). Da Silva también sostiene encuentros con empresarios locales para impulsar el tema de desarrollo y visita el proyecto de "Ciudad Mujer" de apoyo a la mujer.

### Gran Desempeño de El Salvador en Torneo FIFA de Fútbol de Playa

Durante la Copa del Mundo FIFA de Fútbol de Playa, celebrado en Ravenna, Italia, celebrada del 1 al 11 de septiembre de 2011, el equipo salvadoreño conquista el 4°. Lugar del Torneo, solamente debajo de Rusia (campeón), Brasil (subcampeón), y Portugal.

Tras perder 2- 11 en el juego inicial contra Portugal, El Salvador derrota a Omán (4-3) y a Argentina (4-3) para quedar en el segundo lugar del grupo B. En cuartos de final, los salvadoreños, liderados por Agustín Ruiz y Frank Velázquez, eliminan al equipo italiano con marcador de 6-5. Posteriormente, los cuzcatlecos perderían 3- 7 contra Rusia en semifinales, y 2- 3 contra Portugal, por el tercer lugar. Aun así, se trata del mejor desempeño logrado por este equipo nacional, que también clasificó para los torneos de 2008 y 2009, en representación de la CONCACAF.

La misma FIFA calificaría a la selección salvadoreña como el equipo "Revelación" del torneo 2011.


### Depresión Tropical 12E Causa Daños Severos

Entre el 7 y el 15 de octubre de 2011, una depresión tropical severa conocida como "12E" atraviesa el territorio centroamericano ocasionando serios daños económicos y víctimas mortales en Guatemala, El Salvador, Honduras y Nicaragua. En el caso salvadoreño, la situación atemporalada se mantiene ininterrumpidamente durante 10 días, causando inundaciones y deslizamientos especialmente en la cadena volcánica y en la zona costera, contabilizándose un total de 34 fallecidos. De acuerdo con la CEPAL, los daños económicos (en agricultura, carreteras, puentes dañados y colapsados, escuelas afectadas, etc) ascendieron a unos $840 millones de dólares.

El año 2011 se convertiría en uno de los más copiosos de épocas recientes, con 2,378mm de precipitación (cuando el promedio anual normalmente ronda los 1,800mm).


### CSJ Falla Contra Disposiciones para Candidatos Independientes

El 25 de noviembre de 2011, la Sala de lo Constitucional declara ilegales los requisitos establecidos por la Asamblea Legislativa para candidatos no partidarios que deseen participar en futuras elecciones. Específicamente, la Sala cuestiona en su razonamiento el corto período otorgado a los ciudadanos independientes para reunir las firmas requeridas y el prohibir a diputados actuales que decidan postularse como independientes en el futuro.

Tras protestar ante los medios de prensa acusando a los magistrados de la Sala de que querer sabotear el trabajo legislativo, los diputados se ven forzados a aprobar nuevas disposiciones ante la proximidad del próximo evento electoral.

### Presidente Destituye a su Ministro de Seguridad Pública

En noviembre 2011, el Presidente Mauricio Funes Cartagena remueve del cargo al Ministro de Justicia y Seguridad Pública, Manuel Melgar, ante la falta de resultados positivos para combatir la creciente ola de criminalidad y violencia que azota al país. Se rumora que la salida de Melgar también se debe a fuertes presiones de la embajada de Estados Unidos para que el excomandante del FMLN sea destituido (Melgar participó en el operativo guerrillero que masacró a *Marines* estadounidenses y a varios civiles en un bar en la Zona Rosa de la capital salvadoreña, en 1985). Funes nombra en su lugar al actual Ministro de Defensa, general David Munguía Payés.

# 2012

### Capital Colombiano Adquiere Banco HSBC Salvadoreño

En enero 2012, la Superintendencia del Sistema Financiero (SSF) autoriza a Banco Davivienda S.A., con sede en Colombia, la compra del 98% de las acciones de Inversiones Financieras HSBC S.A. que opera en el país como Banco HSBC Salvadoreño. Las acciones son adquiridas a cambio de $801 millones USD.

### Elecciones Legislativas y Municipales en el País

El domingo 11 de marzo de 2012, se realizan nuevas elecciones municipales y legislativas en todo el país. En esta ocasión, se materializa por fin (después de muchos intentos fallidos) el "voto residencial" en aproximadamente 185 de 262 municipios totales. Igualmente, a raíz de la sentencia de 2010 de la Sala Constitucional de la CSJ, participan por primera vez candidatos independientes o no partidarios. Sin embargo, la participación de los independientes es muy limitada, ya que los partidos políticos se han puesto de acuerdo para crearles múltiples obstáculos (recoger miles de firma, revelar fuentes de financiamiento, y no poder recibir apoyo estatal). Por otra parte, gracias a otra sentencia de la CSJ (emitida en 2011), por primera vez en la historia del país, los ciudadanos pueden votar directamente por persona y ya no por bandera del partido político.

Además de ARENA y FMLN — los dos partidos "fuertes"— participan en las elecciones, el socialdemócrata CD (Cambio Democrático), los nuevos PCN (antes Conciliación Nacional, ahora conocido como *Concertación*

*Nacional*) y PES (antes Partido Demócrata Cristiano, ahora *Partido de la Esperanza*) cuyos partidos originales fueran cancelados en 2011 por la CSJ al no alcanzar el 3% mínimo requerido en las elecciones de 2004, pero que habían sido "rescatados" por un decreto de la Asamblea Legislativa. También participan otros partidos pequeños de reciente formación: el izquierdista PNL (Partido Nacional Liberal) y los ultra- conservadores FPS (Fraternidad Patriótica Salvadoreña) y PP (Partido Popular), que apenas alcanzarían un puñado de votos cada uno. Aunque ARENA logra obtener un diputado más que en la anterior elección, el gran ganador es la *Gran Alianza Nacional* (GANA) que se consolida como tercera fuerza del país con 11 escaños, desbancando al PCN de esta posición.

| RESULTADOS DE LAS ELECCIONES LEGISLATIVAS 2012 | | | |
|---|---|---|---|
| Partido | Total de Votos Válidos | # de Diputados | Porcentaje |
| ARENA | 870,418 | 33 | 39.76% |
| CD | 46,838 | 1 | 2.14% |
| FMLN | 804,760 | 31 | 36.76% |
| GANA | 210,101 | 11 | 9.6% |
| PCN | 157,074 | 6 | 7.18% |
| PES | 60,486 | 1 | 2.76% |
| PNL | 14,379 | 0 | 0.66% |
| PP | 10,952 | 0 | 0.50% |
| Otros (candidatos independientes) | | | |

FUENTE: Tribunal Supremo Electoral

En el plano municipal, ARENA obtiene 116 alcaldías mientras que el FMLN se queda con 85, el PCN con 23 y GANA con 16. El incumbente alcalde de ARENA por San Salvador, Norman Quijano, derrota fácilmente a su principal contrincante, Jorge Shafick Handal, hijo del ya fallecido líder de las FMLN. El partido de izquierda también pierde importantes alcaldías en el Área Metropolitana de San Salvador, incluyendo Mejicanos, Soyapango, Ilopango, y Apopa.

**Periódico Digital Descubre Pacto entre Gobierno y Pandillas**
El 14 de marzo de 2012, el periódico digital El Faro publica una nota en la que revela que el gobierno ha estado negociando un pacto con los líderes de

las dos principales pandillas, la Mara Salvatrucha (MS) y el Barrio 18, ofreciendo beneficios carcelarios a cambio de una reducción en el número de homicidios. De acuerdo con El Faro, la idea de contactar a las pandillas se inicia en el despacho del Ministro de Seguridad, general David Munguía Payés, a principios de 2012, con la participación del exdiputado/ exguerrillero Raúl Mijango, quien funge como asesor del Ministro. Posteriormente, se invita al obispo castrense Fabio Colindres a participar como mediador del diálogo con las pandillas. Todo el proceso es conocido desde un principio por el presidente de la República, Mauricio Funes Cartagena. El pacto de "no agresión" por un período de tres meses (prorrogables) entre las dos pandillas rivales se establece en febrero 2012 y es firmado por los principales cabecillas (todos recluidos en prisión) de la MS-13 (incluyendo a: "El Sirra", "Snyder", "Piwi", "El 13", entre otros) y el Barrio 18 (incluyendo a "Duke", "Cementerio", y el "Viejo Lin"). El Faro también revela que unos 30 cabecillas de ambos grupos han sido trasladados del penal de máxima seguridad en Zacatecoluca (conocido como "Zacatraz") hacia centro de mediana seguridad justo antes de la elecciones del 12 de marzo pasado, ante supuestas presiones de boicotear los comicios sino se aceptan las demandas de los pandilleros.

## Conferencia Episcopal Respalda Proceso de Mediación

El 8 de abril de 2012, el arzobispo de San Salvador, José Luis Escobar Alas lee un comunicado de la Conferencia Episcopal en la que se respalda la labor del obispo castrense Fabio Colindres en el proceso de mediación entre gobierno y pandillas que se ha bautizado en los medios de prensa como "La Tregua". Cautelosamente, el Nuncio Apostólico y la misma OEA (Organización de Estados Americanos) aprueban el pacto de no-agresión entre los grupos pandilleros. Pronto, sin embargo, los obispos salvadoreños y la misma OEA comenzarían a desligarse y mantenerse al margen del polémico proceso, cuestionado por muchos salvadoreños y extranjeros por negociar con delincuentes. La "Tregua" colapsaría unos 13 meses después habiendo reducido significativamente el número de homicidios durante los pasados meses, pero sin que la empresa privada, la sociedad salvadoreña en general, y el mismo gobierno se involucraran de lleno aportando los recursos económicos necesarios para mejorar las condiciones de hacinamiento en las cárceles ni creando programas de reinserción para expandilleros.

## Eligen Nuevo Presidente de la Corte Suprema

El 24 de abril de 2012, con 67 votos a favor la Asamblea Legislativa elige al Dr. Ovidio Bonilla como nuevo presidente de la Corte Suprema de Justicia, en sustitución del Dr. Berlamino Jaime quien es separado de su puesto en la Sala Constitucional. Junto con Bonilla son elegidos los magistrados Elsy Dueñas de Avilés, José Roberto Argueta, Doris Luz Rivas y José Salomón Padilla. La mayoría de los diputados de ARENA y el único diputado por el CD (Cambio Democrático) se abstienen de votar, por considerar la medida una aberración que busca vengarse de las sentencias que han estado dictando los magistrados de la Sala Constitucional.

## Secretario General de OEA se Reúne con Pandillas

El jueves 12 de julio de 2012, el Secretario General de la OEA (Organización de Estados Americanos), José Miguel Insulza, inicia una visita oficial de dos días a San Salvador para conocer de cerca "La Tregua" entre las dos principales pandillas salvadoreñas, el Barrio 18 y la Mara Salvatrucha (MS). Insulza visita el Centro Penal La Esperanza, en Mariona, en las afueras de San Salvador, en compañía de los dos principales mediadores de la tregua, el obispo castrense Fabio Colindres y el exdiputado Raúl Mijango; luego se reúne con el Ministro de Seguridad Pública, general David Munguía Payés, y el Ministro de Relaciones Exteriores, Hugo Martínez. Al día siguiente, el Secretario de la OEA asiste a un acto ecuménico en el centro histórico de la capital, donde en acto público los pandilleros hacen entrega simbólica de armamento en su poder. Desde inicios de año hasta la fecha, el número de homicidios en el país ha bajado drásticamente de 14 homicidios diarios a tan sólo 5.

## El Salvador Amanece con Dos Cortes Supremas de Justicia

El 15 de julio de 2012, el abogado Ovidio Bonilla se autoproclama Presidente de la CSJ y convoca a diez magistrados electos en 2006 y 2012 para integrar la Corte Plena. Bonilla y los jueces se presentan a las instalaciones de la CSJ rodeados de miembros del SITTOJ (Sindicato de Trabajadores del Órgano Judicial) que se han tomado dicho lugar y por simpatizantes del FMLN. Los diputados Sigfrido Reyes (FMLN), Francisco Merino (PCN), y Rodolfo Parker (PES) asisten a la actividad y proclaman esta nueva "Corte paralela", alzando los brazos de los magistrados Bonilla,

Dueñas y otros. Puesto que el despacho del presidente de la CSJ y otras oficinas se encuentran bajo llave, los "magistrados paralelos" forzan su ingreso con ayuda de un cerrajero.

Los diputados Rodolfo Parker (PDC), Sigfrido Reyes (FMLN), Francisco Merino (PCN) y Mario Tenorio (GANA) proclaman al nuevo Presidente de la Corte Suprema de Justicia, Ovidio Bonilla (Foto: Asamblea Legislativa)

El Dr. Bonilla y otros abogados habían sido electos como nuevos magistrados en abril pasado gracias a los votos del FMLN, GANA, PCN, y PES, pero sus nombramientos fueron declarados ilegales por la Sala de Constitucional. Por su parte, el presidente provisional de la "otra" Corte Suprema, Dr. Florentín Meléndez, desconoce los llamados a integrar esta nueva Corte paralela y critica a los diputados por intervenir en los procesos internos de uno de los tres poderes del Estado. La grave crisis institucional seria solucionada temporalmente en agosto de 2012, cuando Bonilla es destituido y en su lugar es electo el Lic. Salomón Padilla.

## Asamblea Elige Nuevo Fiscal de la República

El 4 de diciembre de 2012, la Asamblea Legislativa elige al abogado Luis Martínez como nuevo Fiscal General de la República, tras meses de mantener acéfala a esta institución. Antes, el 10 de julio pasado, la Sala Constitucional de la CSJ había declarado como inconstitucional la elección de Astor Escalante (quien antes fungiera como abogado de ANEP y Director de Centros Penales en los gobiernos de ARENA) para ese cargo. Poco se sabe sobre Martínez, excepto que ha ocupado cargos medios en pasadas administraciones de ARENA y que ha servido como abogado particular del ex –presidente Francisco Flores.

### Situación del País al Concluir el Año 2012

Una encuesta del IUDOP (Instituto Universitario de Opinión Pública) de la UCA[2] a finales de diciembre 2012, revela el estado de pesimismo que respira la nación. Aunque el IUDOP detecta una ligera mejoría por parte de la población en el tema de seguridad (sin duda gracias a la sensible baja de homicidios atribuida a la Tregua entre pandillas, teniendo ahora un total de 5 asesinatos diarios en comparación con 13-15 homicidios un año atrás), un 87.4% piensa que la economía siguió igual o empeoró. Al igual que en años anteriores, la Asamblea Legislativa, la Corte Suprema de Justicia, y sobre todo, los Partidos Políticos son los que generan mayor desconfianza entre los consultados, mientras que la Iglesia Católica, las iglesias evangélicas y la Fuerza Armada son los mejores evaluados.

# 2013

### Año Inicia con Paro del Transporte Público

El 2 de enero de 2013, varias ciudades del país amanecen sin transporte público. Unas 50 rutas de autobuses han suspendido labores, afectando a la población principalmente en San Salvador, Soyapango, San Marcos, Santa Tecla y otras, exigiendo al gobierno que les apruebe un incremento de $0.10 centavos en la tarifa para rutas urbanas y un 50% para interdepartamentales. El paro de labores, que durara otros dos días, obedece también a que el gobierno central no les ha cancelado a los transportistas el subsidio millonario por los altos costos de gasolina.

### Protesta de Veteranos de Guerra

El 8 de enero de 2013, los veteranos de guerra de la Fuerza Armada y la ex - guerrilla bloquean varias calles en la capital y en puntos clave del país generando el caos vehicular. La PNC termina arrestando a unos 40 manifestantes tras un enfrentamiento con integrantes de la UMO (Unidad de Mantenimiento del Orden) en la carretera que de San Salvador conduce al Aeropuerto Internacional de Comalapa que deja una docena de lesionados. Los excombatientes exigen que el gobierno cumpla con las exigencias de otorgarles una pensión de $700 mensuales y una indemnización de $10,000 para cada uno de ellos.

## En Marcha Segunda Fase de Tregua entre Pandillas
En febrero de 2013, Ilopango, Santa Tecla, Quezaltepeque y Sonsonate se convierten en los primeros "Municipios Libres de Violencia" como parte del plan del gobierno y las municipalidades para mejorar la calidad de vida de los pandilleros a cambio de la reducción de homicidios.

## Desaparece TACA, Llega AVIANCA
El 6 de mayo de 2013, la unidad de Comunicaciones de la compañía colombiana AVIANCA anuncia que la marca TACA, de la aerolínea de capital salvadoreño, desaparecerá a partir del próximo 28 de mayo, para integrarse bajo la bandera de Avianca. Desde octubre de 2009, las aerolíneas pertenecientes al grupo TACA (TACA de El Salvador, LACSA de Costa Rica, y AVIATECA de Guatemala) se han fusionado con AVIANCA produciendo grandes ganancias. Solamente durante el año 2012, esta alianza Avianca-TACA transportó a unos 23 millones de personas, teniendo un promedio de 5,000 vuelos semanales a más de 110 rutas en América Latina y otras partes del mundo, generando ingresos por aproximadamente $4,255 millones de dólares.

## Corte Suprema Destituye al Ministro de Seguridad
El 17 de mayo de 2013, una sentencia de la Sala de lo Constitucional de la CSJ destituye de sus cargos al Ministro de Justicia y Seguridad Pública, general David Munguía Payés, y al Director de la Policía Nacional Civil, el también general Francisco Salinas, argumentando que el presidente Mauricio Funes Cartagena ha violado el artículo 159 de la Constitución, el cual *"establece la separación de funciones de la defensa nacional y la seguridad pública"*. De acuerdo con la Sala, existe una prohibición constitucional explícita de nombrar a militares en cargos de Seguridad Pública, reservados para autoridades civiles. Esta nueva sentencia representa un duro golpe a la política de seguridad del gobierno, al remover de su cargo al brazo derecho del presidente de la República, y quien fuera uno de los principales gestores de la "Tregua" entre las pandillas MS-13 y Barrio 18.

## Corte Suprema Niega el Derecho a Abortar a Joven Salvadoreña

El 28 de mayo de 2013, la Sala de lo Constitucional niega a la joven "Beatriz" (nombre ficticio) el derecho a tener un aborto terapéutico, según solicitud presentada el pasado 11 de abril. Beatriz, una joven de 22 años de edad, padece lupus y está embarazada con una niña que padece anencefalia (no tiene cerebro). La decisión judicial cobra notoriedad a nivel mundial recibiendo la condena de organismos como Human Rights Watch, Women's Link, y Amnistía Internacional, quienes consideran que la mujer corre peligro de muerte. Junto con Honduras, Chile, Nicaragua, República Dominicana, El Salvador es uno de los pocos países que prohíbe el aborto de manera absoluta.

La joven Beatriz terminaría dando a luz el 4 de junio; su bebé apenas sobreviviría unas 5 horas.

## El Salvador Gana Primer Juego en un Mundial FIFA.

En junio 25 de 2013, la selección sub-20 de El Salvador (conocida como "la Azulita") hace historia al vencer 2-1 al equipo de Australia, en el mundial de fútbol que se celebra en Turquía. El Salvador logra así la primera victoria de este país en un torneo mundial organizado por la FIFA. Los goles del equipo salvadoreño son anotados por Diego Galdámez (minuto 16') y José Peña (minuto 39'). Los *Kangaroos* australianos habían abierto el marcador al anotar al minuto 9, por intermedio de Joshua Brillante.

El equipo nacional, dirigido por el Técnico Manuel "Tuco" Alfaro, perdería sus otros dos encuentros en el grupo: 0-3 ante el anfitrión Turquía y 0-3 ante Colombia.

## Concierto de Aerosmith en el "Mágico" González

Ante miles de seguidores, la legendaria banda de rock *Aerosmith* ofrece un espectacular concierto la noche del 4 de octubre de 2013 en el Estadio Nacional "Mágico" González. En su gira mundial bautizada como "The Global Warming World Tour", la banda bostoniana encabezada por Steven Tyler, Joe Perry, y Brad Whitford, deleita a sus fanáticos con clásicos que incluyen "Love in the Elevator", "Dude", "Living on the Edge", "Dream On", y "Sweet Emotion".

Steve Tyler, cantante de Aerosmith, hace un recorrido por varias comunidades de Santa Tecla antes del concierto (Foto Tomada de Diario1.com/ @Jhoel_Diaz)

Un día antes del concierto, al cantante Steven Tyler se le ve caminando casualmente en distintas partes de San Salvador (en las afueras del Hotel Real Intercontinental donde se hospedan, luego en los alrededores de Santa Tecla y en las playas salvadoreñas) tomándose fotos con sus fans.

### Corte Suprema Destituye a su Presidente

El 14 de octubre de 2013, la Sala de lo Constitucional destituye a José Salomón Padilla, actual Presidente de la Corte Suprema de Justicia, argumentando que su militancia activa en el FMLN viola el principio de independencia judicial que establece la Constitución. Padilla se había estado desempeñando recientemente como abogado de varias alcaldías gobernadas por el FMLN y también como apoderado de la empresa Alba Petróleos de El Salvador, con fuertes vínculos con el partido de izquierda. En lugar de Padilla, el 31 de octubre, la Asamblea Legislativa elige por 82 votos a favor al Dr. Oscar Pineda Navas, quien ha venido fungiendo como Gerente de Operaciones de la legislatura.

### Fiscalía Presenta Acusaciones en Caso CEL-ENEL

El 11 de noviembre de 2013, la Fiscalía General de la República presenta requerimiento formal (bajo cargos de peculado y falsedad documental) ante lo tribunales en contra 21 exfuncionarios públicos, por estar supuestamente involucrados en irregularidades en el contrato entre la CEL (Comisión Ejecutiva Hidroeléctrica del Río Lempa) y la empresa italiana ENEL Green Power, para que ésta última obtuviera el control absoluto de las acciones de la empresa estatal geotérmica conocida como LaGeo. Días después, el 25 de noviembre, el Juzgado 7°. de Paz ordena instrucción formal (con medidas sustitutivas) solamente contra ocho de los 21 imputados originales. Las personas que deberán enfrentar cargos son: Guillermo Sol Bang (expresidente de CEL), Miguel Lacayo (exministro de Economía), Jorge Simán Zablah, Julio Alberto Olano Noyola, Pedro José Escalón Pacas, Carlos Jacinto Chavarría, Thomas Roy Hawk Baker, y José Palomo Deneke. El caso CEL-ENEL ha cobrado notoriedad semanas atrás gracias a las denuncias hechas por el presidente Mauricio Funes para ejemplarizar graves actos de corrupción de las pasadas administraciones de gobiernos de ARENA. El Fiscal General, Luis Martínez (vinculado en el pasado con varias administraciones de ARENA), decide tomar el caso señalando que el Estado salvadoreño ha sido "afectado" en unos $1,800 millones de dólares, según sus propias palabras.

## Presidente Funes Denuncia a Paco Flores

El 28 de noviembre de 2013, durante una entrevista televisiva (en el Canal 21, Diálogo con Ernesto López), el presidente Mauricio Funes denuncia al exmandatario Francisco Flores (1999- 2004) por apropiación indebida de unos 10 millones de dólares entregados por el gobierno de Taiwán para proyectos de reconstrucción debido a los terremotos de 2001. Funes presenta ante las cámaras de televisión la copia de un documento confidencial del Departamento del Tesoro de EE.UU. conocido como SAR- Suspicious Activity Report (ROS, Reporte de Operaciones Sospechosas) en el que se detalla que el expresidente Francisco Flores Pérez recibió dos cheques, uno por un millón y otro por cuatro millones de dólares, a su nombre. Junto con otros cinco millones entregados posteriormente a Flores, los cheques no fueron ingresados a la Tesorería Nacional sino que fueron endosados y depositados en el Banco Cuscatlán de Costa Rica, en una cuenta perteneciente al Instituto Rodríguez Porth (un aparato político del partido ARENA). Aunque Flores desestima la acusación señalando que Funes tiene "problemas mentales", el llamado caso *Flores-Taiwan- ARENA* se convertiría en un escándalo mayúsculo en el país.

Paul Walker (izquierda) y su amigo salvadoreño Roger
Rodas (Foto: Alwaysevolving.com)

### Muere Actor Paul Walker en Accidente Automovilístico

El 30 de noviembre de 2013, muere el famoso actor estadounidense Paul Walker junto con su amigo salvadoreño Roger Rodas, un piloto de autos de carreras que conduce el vehículo, en un aparatoso accidente en Valencia, California. Walker es mundialmente reconocido por participar en la serie de películas *Fast & Furious*. Roger Rodas era un exitoso empresario oriundo de Santa Ana que había migrado a los Estados Unidos desde muy corta edad. Junto con Walker, ambos administraban la fundación caritativa *Reach Out Worldwide*. Rodas también era dueño de la empresa ambientalista *Cielo Recycling*.

# 2014

### Caso Flores-Taiwan-ARENA Llega a la Legislatura

El 7 de enero de 2014, el expresidente Francisco Flores Pérez comparece ante una comisión especial de la Asamblea Legislativa para ser interrogado sobre el destino de los fondos entregados por el gobierno de Taiwan supuestamente para proyectos de reconstrucción tras los sismos de 2001. De acuerdo con las investigaciones, dichos fondos simplemente desaparecieron tras ser depositados en una cuenta del partido ARENA en Costa Rica. Flores, que en ese momento se desempeña como uno de los principales asesores de la campaña presidencial de Norman Quijano, termina auto incriminándose en vivo ante las cámaras de televisión de la

Asamblea Legislativa. Flores no solamente admite haber recibido los cheques, sino que aclara que no fueron 10 millones (como lo acusó el presidente Funes en noviembre pasado) sino *"unos 15 a 20 millones de dólares', los recibidos a 'título personal', los cuales él mismo entregó de inmediato a alcaldes, Organizaciones No Gubernamentales, instituciones y sociedad, pero de lo cual no hay constancia."* [3]

### Encuentran Naufrago Salvadoreño tras Meses a la Deriva

El 29 de enero de 2014, es encontrado el pescador salvadoreño José Salvador Alvarenga en un remoto arrecife en las islas Marshall en el Océano Pacífico, luego de haber sobrevivido 13 meses (438 días) perdido en alta mar. Alvarenga, de 37 años, había salido el 17 de noviembre de 2012, a bordo de un pequeña barcaza de unos 7.5 metros de longitud, desde una villa en la Costa Azul en México, junto a su joven compañero Ezequiel Córdoba, pero debido a una fuerte tormenta el motor de la nave falló y su bote se fue alejando de la costa.

El naufrago salvadoreño José Salvador Alvarenga tras ser rescatado luego de 13 meses a la deriva en e Océano Pacifico (Foto: AFP/ Getty)

El mexicano Córdoba, de apenas 22 años y con poca experiencia como pescador, fallecería casi un mes después de estar a la deriva, siendo arrojado fuera de borda por su compañero. Durante su travesía de más de 10,600 kms, Alvarenga sobreviviría alimentándose de peces, tortugas, y aves, bebiendo sangre de tortuga y su propia orina. A pesar de esta precaria dieta y del largo y agotador viaje, los médicos que lo examinan confirman que el pescador salvadoreño cuenta con un buen estado de salud. Aunque muchos dudan de la veracidad del relato de Alvarenga, los expertos en corrientes marinas confirman que es posible que el bote haya sido arrastrado miles de kilómetros. Alvarenga también se somete y pasa la prueba del "detector de mentiras". De regreso en El Salvador con su familia, el pescador recibe propuestas para hacer un libro y una película narrando sus aventuras.

## Involucran a Presidente Funes en Accidente de Ferrari

El 24 de febrero de 2014, el presidente de la República, Mauricio Funes Cartagena, aparece en una entrevista del Canal 21 para negar rotundamente que haya sido él quien conducía el automóvil Ferrari *California* que se estrellara días atrás en un árbol del redondel Masferrer de la capital salvadoreña.

De acuerdo con señalamientos del partido ARENA, especialmente de la diputada Ana Vilma de Escobar, Funes era quien conducía el Ferrari tras haber llegado en avión privado desde Panamá en la madrugada del 11 de febrero pasado. Todo el percance había sido encubierto por miembros del GRP (Grupo de Reacción Policial), según la diputada Arenera. Curiosamente, Funes había sido internado ese mismo día en un hospital cercano tras sufrir una caída y golpearse la cadera. De acuerdo con Funes, su accidente se debió a que padecía artrosis (una deformación de las articulaciones). Según reportes posteriores de la Dirección de Tránsito de la PNC, el Ferrari accidentado pertenecía a Eduardo Antonio Kriete (quién supuestamente conducía aquella madrugada, llevando como acompañante a la joven Helweth Batarse Iriarte).

## Funes Denuncia Corrupción en FECEPE

A finales de febrero de 2014, durante una entrevista televisiva, el Presidente Mauricio Funes revela que ha demandado ante la Fiscalía General a la diputada Ana Vilma de Escobar y a otros exfuncionarios del gobierno de ARENA 2004- 2009, por presuntas irregularidades en el manejo del Fideicomiso Especial para la Creación de Empleo en Sectores Productivos Estratégicos (financiamiento conocido como FECEPE). El Fideicomiso fue creado en diciembre de 2004 por la Asamblea Legislativa con el propósito de que generara al menos unos 250 empleos mensuales, ofreciendo salarios mensuales no inferiores a los $200 dólares. Inicialmente se suponía que el FECEPE tendría un financiamiento total de $4.5 millones de dólares para repartir durante los siguientes 4 años. Los fondos serían entregados por el Ministerio de Economía al Banco Multisectorial de Inversiones (BMI), quien a su vez se encargaría de administrar y otorgar dichos fondos a las empresas que cumplieran los requisitos. El BMI contaría con el apoyo de un comité calificador, presidido por Ana Vilma de Escobar (entonces vicepresidenta de la República), Eduardo Zablah Touché (secretario Técnico de la Presidencia), Yolanda de Gavidia (ministra de Economía), Carmen Regina de Arévalo (viceministra de Hacienda), y el propio presidente del BMI, Nicola Angelucci, entre otros.

De acuerdo con los señalamientos del Presidente Funes, una auditoría realizada en 2009 por el Banco Central de Reserva detectó una serie de irregularidades. Entre las más graves, se encuentran la entrega por parte del viceministerio de Economía de unos $34 millones de dólares adicionales al BMI, provenientes de la llamada "partida secreta" de Casa Presidencial. Otro de los hallazgos de auditoría es la poca transparencia en la entrega de fondos a las empresas seleccionadas (por ejemplo, 8 de las 15 empresas beneficiadas recibieron la mayoría de fondos sin mayores explicaciones ni justificaciones). Además se determinó un evidente conflicto de interés entre funcionarios del BMI y los propietarios de las empresas (por ejemplo, el abogado Giancarlo Angelucci fungió como apoderado de tres de las empresas beneficiadas — siendo estas Petenati Centroamerica S.A.de C.V., CS Central America S.A. de C.V., y Vanson Leathers S.A. de C.V.— mientras Nicola Angelucci se desempeñaba como presidente del BMI).

## Elecciones Presidenciales 2014

En febrero 9 de 2014 se celebran nuevas elecciones presidenciales. Para estos comicios, tres son los candidatos participantes: 1) por el FMLN, el Profesor Salvador Sánchez Cerén (un maestro de escuela primaria que durante la Guerra Civil se convirtiera en uno de los principales comandantes guerrilleros y quien ha servido varios períodos como diputado de la legislatura. Durante la Administración Funes fungió como Vice-Presidente de la República y Ministro de Educación, éste último cargo de manera Ad-Honorem); 2) por el partido ARENA, el Dr. Norman Quijano (un odontólogo, que ha sido diputado y es el actual alcalde de San Salvador), y 3) por un nuevo movimiento civil llamado *Unidad* (conformado por los partidos políticos GANA, PCN y PES), participa Elías Antonio Saca (ex –Presidente de la República en 2004- 2009).

Aunque en esta jornada electoral el candidato del FMLN resulta triunfante, debido a que en las elecciones de Febrero de 2014 ningún partido político obtiene el 50% más uno de los votos válidos requeridos (según establece la Constitución; ver cuadro abajo), el Tribunal Supremo Electoral convoca a una *Segunda* vuelta definitoria entre los dos principales contendientes, Salvador Sánchez Cerén (FMLN) y Norman Quijano (ARENA). Esta nueva ronda electoral se efectua el 2 de marzo, teniendo como resultado el triunfo del candidato del izquierdista FMLN por uno de los márgenes más estrechos en la historia reciente del país. El profesor Sánchez Cerén obtendría apenas el 50.11% de los votos válidos, mientras que Quijano, el candidato de ARENA, recibiría el 49.89% de los votos computados. Es decir, una diferencia de apenas 6,364 votos.

| Resultado Elecciones- Febrero 02, 2014 (primera vuelta) | | |
|---|---|---|
| **Partido** | **Total de Votos Válidos** | **Porcentaje** |
| ARENA | 1,047,592 | 38.96% |
| FMLN | 1,315,768 | 48.93% |
| FPS | 6,659 | 00.25% |
| PSP | 11,314 | 00.42% |
| UNIDAD | 307,603 | 11.44% |
| Resultado Elecciones- Marzo 09, 2014 (segunda vuelta) | | |
| **Partido** | **Total de Votos Válidos** | **Porcentaje** |
| ARENA | 1,489,451 | 49.89% |
| FMLN | 1,495,815 | 50.11% |

Fuente: Tribunal Supremo Electoral

**Aeropuerto Internacional Bautizado en Honor a Monseñor Romero**

El 24 de marzo de 2014, el saliente presidente Mauricio Funes hace oficial el cambio de nombre del Aeropuerto Internacional de El Salvador en Comalapa. A partir de esta fecha, el Aeropuerto será conocido como "Aeropuerto Internacional Monseñor Oscar Arnulfo Romero", según decreto aprobado por 54 votos (de 84 posibles) en la Asamblea Legislativa. Al develar la placa con el nuevo nombre, Funes señala que *"con este reconocimiento, abrimos las puertas y damos la bienvenida a quienes nos visitan pronunciando el nombre de quien fue la voz de los sin voz en los momentos mas difíciles de la historia reciente de nuestro país"* [4].

**Ordenan Embargo de Bienes contra Implicados en Caso CEL-ENEL**

El 11 de abril de 2014, el juez Miguel Ángel García Arguello ordena realizar embargos preventivos en contra de los ocho implicados en el Caso CEL-ENEL, por más de $2,000 millones de dólares, según fuera establecido por la Fiscalía General. Así mismo, el juez ordena rastreo internacional de las cuentas bancarias a nombre de los imputados y que se embarguen las sociedades ENEL El Salvador y el de la participación accionaria de la sociedad ENEL S.P.A en la empresa estatal LaGeo. Sin embargo, el Fiscal Martínez exime de toda responsabilidad al expresidente Francisco Flores y a su exsecretario Técnico, Juan José Daboub, a pesar de que una "Comisión Especial" creada por la misma Fiscalía y presidida por el Lic. Saúl Morales, indicara que ambos parecían estar implicados en las irregularidades.

**Juez Gira Orden de Detención Contra Expresidente Flores**

El 30 de abril de 2014, un juez de San Salvador ordena la captura de Francisco Flores Pérez, quien fuera presidente de El Salvador durante el período 1999- 2004. De acuerdo con la Fiscalía General, a Flores se le acusa de tres cargos: peculado, enriquecimiento ilícito y desobediencia.

El imputado Flores Pérez permanece prófugo de la justicia desde el pasado 29 de enero cuando debía presentarse para un tercer interrogatorio ante una comisión especial ad-hoc de la Asamblea Legislativa. De acuerdo a un informe preliminar de esta comisión, a Flores se le señala de haber recibido y "extraviado" entre 10 y 75 millones de dólares provenientes del gobierno de Taiwan para ayudar en las emergencias ocasionadas por los terremotos de 2001. Según se logró establecer, los cheques fueron depositados en una cuenta del partido ARENA en el Banco Cuscatlán de Costa Rica y de ahí, fueron transferidos a instituciones financieras en Miami y luego a las Bahamas.

**Dramático Incremento de Menores en Frontera EE.UU.**

En mayo de 2014, el gobierno de Estados Unidos reporta un significativo incremento de niños y familias de migrantes centroamericanos ilegales detenidos en sus puestos fronterizos, huyendo del llamado *Triángulo Norte* (integrado por Guatemala, El Salvador, y Honduras). Según el Departamento de Seguridad Nacional (Homeland Security), en lo que va del año fiscal 2014 han sido detenidos un aproximado de 57,000 menores centroamericanos que viajan *sin acompañantes*. El Alto Comisionado de

Naciones Unidas para los Refugiados (ACNUR) reporta también un incremento de familias centroamericanas buscando refugio en países vecinos como México, Nicaragua, Costa Rica, y Panamá. Como principales causas del éxodo se identifican la violencia delincuencial desbordada y la extrema pobreza en las que vive un alto porcentaje de ciudadanos de estas naciones. El siguiente cuadro resume el número de detenciones efectuadas en la frontera norteamericana entre 2010 y 2015.

| DETENCIONES DE CENTROAMERICANOS PROVENIENTES DEL TRIANGULO NORTE (GUATEMALA; HONDURAS, Y EL SALVADOR) DURANTE 2010- 2015 | | | | | | | |
|---|---|---|---|---|---|---|---|
| | PAIS DE ORIGEN | AF.2010 | AF. 2011 | AF. 2012 | AF. 2013 | AF.2014 | AF. 2015 |
| DETENCIONES TOTALES | EL SALVADOR | 13,123 | 10,368 | 21,903 | 36,957 | 66,419 | 43,392 |
| | GUATEMALA | 16,831 | 17,582 | 34,453 | 54,143 | 80,473 | 56,691 |
| | HONDURAS | 12,231 | 11,270 | 30,349 | 46,448 | 90,968 | 33,445 |
| MENORES SIN ACOMAPAÑANTES | EL SALVADOR | 1,894 | 1,389 | 3,310 | 5,987 | 16,404 | 9,389 |
| | GUATEMALA | 1,477 | 1,550 | 3,825 | 8,058 | 17,057 | 13,589 |
| | HONDURAS | 1,000 | 973 | 2,991 | 6,740 | 18,244 | 5,409 |

AF= Año Fiscal; FUENTE: U.S. Customs and Border Protection

## NOTAS Y REFERENCIAS:

[1] Discurso Toma de Posesión del Presidente Mauricio Funes, 1 de junio de 2009, URL: http://chichicaste.blogcindario.com/2009/06/01418-discurso-toma-de-posesion-del-presidente-mauricio-funes.html

[2] Universidad Centroamericana, Instituto Universitario de Opinión Pública, Boletín de prensa, Año XXVII, No.4, URL: http://www.uca.edu.sv/publica/iudop/archivos/boletin4_2012.pdf

[3] Juan José Dalton, El País, "El caso de los fondos de Taiwán golpea a la derecha de El Salvador", publicado enero 8, 2014, URL: http://internacional.elpais.com/internacional/2014/01/08/actualidad/138 9145012_423552.html

[4] El País, "El Aeropuerto de El Salvador Lleva Desde Hoy el nombre de Monseñor Romero", Marzo 24, 2014, URL:

http://economia.elpais.com/economia/2014/03/24/agencias/1395693641
_679532.html

# 5.4 SEGUNDO GOBIERNO DEL FMLN (2014- 2019): CONTINUACION DEL MODELO NEOLIBERAL

El 1 de junio de 2014, el profesor Salvador Sánchez Cerén, candidato a la presidencia por el izquierdista partido FMLN, asume la presidencia de la República tras haber derrotado a su rival de ARENA, el odontólogo y exalcalde de San Salvador, Norman Quijano, por apenas unos 6,300 votos de diferencia. Durante esta nueva administración, el país enfrentará la creciente amenaza de las pandillas que han comenzado a mutar, dedicándose ya no solamente a exterminarse mutuamente y al negocio de las extorsiones, sino al lavado de dólares estableciendo sus propios negocios (empresas de buses, tiendas de abarrotes, importación de vehículos, etc.). Por otra parte, la economía nacional continuara mostrando un crecimiento muy modesto (alrededor del 2%, según la CEPAL), insuficiente para generar desarrollo, estabilidad o prosperidad a sus casi 7 millones de habitantes. En asuntos políticos, la población continuará siendo testigo de los desgastantes enfrentamientos entre el partido de gobierno y la principal fuerza de oposición, ARENA, y de los enfrentamientos entre el Ejecutivo y Legislativo contra la Sala de lo Constitucional de la Corte Suprema de Justicia.

## 2014

**Gabinete de Gobierno (2014- 2019):** A diferencia de la Administración Funes, el nuevo gabinete de gobierno nombrado por el Profesor Sánchez Cerén está formado casi exclusivamente por miembros de la cúpula del FMLN.

Presidente: Salvador Sánchez Cerén

Vice presidente: Oscar Ortiz

**Secretarías de Estado**

Secretario de Gobernabilidad: Francis Hato Hasbún

Secretario Técnico de la Presidencia: Rafael Lorenzana

Secretario de Asuntos Jurídicos: Francisco Rubén Alvarado

Secretario Privado de la Presidencia: José Manuel Melgar

Secretaria de Inclusión Social: Vanda Pignato de Funes

**Ministros 2014- 2019:**

Agricultura y Ganadería: Orestes Fredesman Ortez
Defensa Nacional: General David Munguía Payés
Economía: Tharsis Salomón López
Medio Ambiente & Recursos Naturales: Lina Dolorez Pohl
Hacienda: Carlos Enrique Cáceres
Relaciones Exteriores: Hugo Martinez
Salud Pública & Asistencia Social: Violeta Menjivar
Justicia & Seguridad Pública: Benito Lara
Trabajo & Asistencia Social: Sandra Guevara
Obras Públicas: Gerson Martínez
Turismo: José Napoleón Duarte Jr.

**Aparece el Virus del Chikungunya**
El 18 de junio de 2014, la Dirección General de Protección Civil emite una alerta amarilla para los municipios de Apopa, Ayutuxtepeque, Cuscatancingo, Mejicanos, Nejapa, San Salvador y San Ildefonso (San Vicente) ante la fuerte sospecha de la presencia del virus conocido como *Chikungunya* en el cantón El Zapote, en Ayutuxtepeque, desde donde aparentemente se ha esparcido hasta localidades en Apopa, Mejicanos y San Salvador. El virus, originario de África central, es transmitido por el zancudo *Aedes aegypti* y sus principales síntomas son: fiebres, fuertes dolores en las articulaciones, erupciones en la piel, etc. El Salvador se convierte así en el primer país centroamericano en reportar la febril enfermedad, que rápidamente se propagaría por toda la región. A finales del mes de junio, el Ministerio de Salud tendría más de 1,100 casos confirmados.

**Expresidente Flores Reaparece y es Enviado a la Cárcel**
El viernes 5 de septiembre de 2014, el ex mandatario Francisco Flores Pérez se presenta sorpresivamente ante los tribunales de San Salvador. El juez Levis Italmir Orellana, a cargo del "Caso de los 10 millones de Taiwán", ordena arresto domiciliar para el imputado, quien se encontraba prófugo desde enero pasado. Días después, el 19 de septiembre, la Cámara Primera de lo Penal revoca la decisión del juez Orellana de otorgarle arresto domiciliar a Flores y ordena sea enviado a una celda de la División Antinarcóticos (DAN) de la PNC. En medio de policías fuertemente

armados, periodistas, camarógrafos y decenas de curiosos, el imputado Flores es trasladado desde su casa en la colonia Escalón hasta las bartolinas de la DAN. Es la primera vez que un expresidente de la república guardaría prisión por supuestos actos de corrupción. Dos organizaciones externas que participan como querellantes, FESPAD (Fundación de Estudios para la Aplicación del Derecho) y ISD (Iniciativa Social para la Democracia) cuestionarían durante todo el proceso al Fiscal General Luis Martínez por su *"actitud parcializada y favorable al imputado Francisco Flores al negarse a cumplir con los requerimientos del juez y no presentar los elementos que acrediten la existencia del delito de lavado de dinero"* [1]

El expresidente Francisco "Paco" Flores es arrestado en su residencia en la colonia San Benito, acusado de malversación y lavado de dinero. (Foto: Economía y Negocios)

## MCC y El Salvador Firman un Segundo Fomilenio

En San Salvador, el 30 de septiembre de 2014, Kamram M. Khan, Vicepresidente de Operaciones de Convenios de la Corporación del Reto del Milenio (MCC, *Millenium Challenge Corporation*) de los Estados Unidos, y Hugo Martínez, Ministro de Relaciones Exteriores, firman un segundo convenio de Fondos del Milenio (conocido como FOMILENIO II) por $365.2 millones USD, para impulsar durante los siguientes 5 años el desarrollo social y económico en la zona costera salvadoreña. Asisten como testigos de honor el presidente Salvador Sánchez Cerén y la Embajadora

Norteamericana, Doña Mari Carmen Aponte.

Los nuevos Fondos del Milenio (de los cuáles El Salvador se compromete a aportar $88 millones) servirán principalmente para desarrollar los siguientes proyectos:

• *Fomento de Inversiones (Por $92.4 Millones):* mejora de regulaciones y trámites relacionados con los negocios, aumentando la eficiencia institucional y así incentivar y atraer nuevas inversiones.

• *Desarrollo Humano (Por $100.2 Millones):* mejoramiento de la calidad de la educación y la formación profesional y así incrementar la productividad de la mano de obra nacional (se estima que unas 400 escuelas públicas sean beneficiadas).

• *Infraestructura Logística (Por $125.3 Millones):* buscará reducir los costos asociados con la logística y transporte para incrementar la productividad del comercio de bienes y servicios. Esto incluye: mejoramiento del paso fronterizo conocido como El Amatillo, en el departamento de La Unión, y la ampliación de la carretera desde el Aeropuerto Internacional Monseñor Romero hasta la ciudad de Zacatecoluca.

La presidenta Bachelet hace entre del Premio Iberoamericano de Narrativa "Manuel Rojas" al escritor salvadoreño Horacio Castellanos (Foto: Consejocultura/ Rodrigo Campusano)

## Escritor Salvadoreño Recibe Premio Iberoamericano

El 10 de octubre de 2014, la presidenta de Chile entrega el "Premio de Narrativa Manuel Rojas 2014" al escritor y periodista salvadoreño Horacio

Castellanos Moya, en el salón Montt-Varas del palacio de La Moneda. En su discurso, la mandataria chilena agradece *"la hermandad entre Chile y El Salvador, entre Chile y Centro América, y agradezco especialmente la ficción y la contundencia de su pluma a Horacio Castellanos Moya"* [2]. Entre las principales obras del galardonado se encuentran "El Asco", "El Arma en el Hombre", "Tirana Memoria", y "El Sueño del Retorno".

El Consejo Nacional de Cultura y Artes de Chile había anunciado meses atrás que por decisión unánime del jurado —integrado por *Ana María Shua (Argentina), Santiago Roncagliolo (Perú), Edmundo Paz-Soldán (Bolivia) y las chilenas Chantal Signorio, Patricia Espinosa y Claudia Barattini, decidió otorgar el reconocimiento*— el prestigioso premio, que incluye una medalla, un diploma, y $60,000 dólares en efectivo, sería entregado al autor de origen salvadoreño- hondureño.

## El Salvador Compra Acciones de ENEL Green Power

El 12 de diciembre de 2014, el presidente de la estatal Comisión Ejecutiva Hidroeléctrica del Río Lempa (CEL), David López Villafuerte, anuncia que el país ha comprado la totalidad de acciones que estaban en poder de la compañía italiana ENEL Green Power por un valor de $287.62 millones de dólares. El acuerdo entre el gobierno (representado por el Fiscal General Luis Martínez) y los italianos incluye una cláusula mediante la cual el Estado salvadoreño se compromete a eliminar la responsabilidad civil contra los imputados, tanto empleados italianos como exfuncionarios salvadoreños.

# 2015

## Dos Salvadoreños entre los Más Poderosos de Centroamérica

En enero 2015, la revista FORBES- México publica su lista de "los 12 hombres más importantes de Centroamérica". Entre ellos se encuentran dos conocidos empresarios salvadoreños, ambos vinculados fuertemente al partido ARENA. El siguiente cuadro resume la selección de Forbes.

| LOS DOCE MILLONARIOS MAS IINFLUYENTES DE CENTROAMERICA, SEGÚN FORBES-México, 2015 | | |
|---|---|---|
| No. | NOMBRE | CARGO/ TIPO DE EMPRESA |

| 1 | Stanley Motta (Panamá) | Presidente de Motta Internacional, con tiendas libres de impuestos en más de 20 países. Fortuna Estimada: $1,200 millones USD |
|---|---|---|
| 2 | Dionisio Gutiérrez (Guatemala) | Desarrollo inmobiliario, telecomunicaciones, restaurantes, negocios agrícolas, etc |
| 3 | Ramón Mendiola (Costa Rica) | Director General de empresa de bebidas embotelladas Florida Ice & Farm, |
| 4 | Ricardo Poma (El Salvador) | Presidente del Grupo Poma, especializada en servicios automotrices, construcción y administración de 19 grandes centros comerciales en Centroamérica. |
| 5 | Mohamad Yusuf Amdani (Honduras) | Presidente de Grupo Karim a cargo de empresas textiles, hoteleras, manufactureras que operan en los stados unidos, México, Honduras, Emiratos Arabes, y otros. |
| 6 | Jaime Rosenthal Oliva (Honduras) | Presidente de Grupo Continental, con empresas financieras, bienes raíces, periódicos, telecomunicaciones, etc. |
| 7 | Roberto Kriete (El Salvador) | Presidente del Grupo Krite y del Grupo TACA (que desde 2013 operaba como AVIANCA) |
| 8 | Mario López Estrada (Guatemala) | Presidente de la empresa telefónica TIGO-Guatemala |
| 9 | Carlos Enrique Mata Castillo (Guatemala) | Presidente de Grupo CABCORP (Central American Bottling Corporation), que vende la cerveza marca Brahva. |
| 10 | José Miguel Torrebiarte (Guatemala) | Director corporativo Cementos Progreso, con empresas especializadas en cementos, desarrollo inmobiliario, e inversiones. |
| 11 | Miguel Facusse Barjum (Honduras) | Presidente de Corporación Dinant, con empresas en los rubros de agroinsdustrias, alimentos, productos de limpieza, etc. |
| 12 | Francis Durman Esquivel (Costa Rica) | Director general de Aliaxis Latinoamérica y CEO de Grupo Montecristo, con empresas participando en construcción, industrias petroquímicas, tecnologías, etc. |

Los empresarios Ricardo Poma y Roberto Kriete

### Corte Suprema Remueve a Juez del Caso Flores-Taiwán-ARENA

El 6 de febrero de 2015, por decisión de12 votos contra 3, la Corte Suprema de Justicia en pleno decide remover al juez Ítalo Levis Orellana por haber incurrido en falta disciplinaria. De acuerdo con la CSJ, Levis Orellana se negó a entregar un informe explicativo al Procurador de Derechos Humanos, Lic. David Morales, del porqué ha enviado —por segunda ocasión— al imputado Francisco Flores a arresto domiciliar, considerando que existía el riesgo que éste se escapara nuevamente de la justicia. Levis Orellana había antes justificado la detención domiciliar argumentando que el acusado padece de trombosis en las piernas. Al momento de la remoción, el juez enfrenta otras cinco denuncias en su contra en unidad de investigación judicial de la CSJ. El caso de corrupción en que está envuelto Francisco Flores pasa ahora al Juzgado Séptimo de Instrucción.

### Secretario General de la ONU Visita El Salvador

El 16 de febrero de 2015, en visita oficial, Ban Ki Moon, Secretario General de Naciones Unidas, asiste a los actos conmemorativos del 23er. Aniversario de la Firma de los Acuerdos de Paz que pusieron fin a la guerra civil salvadoreña. Durante su discurso, el funcionario destaca como El Salvador se convirtió en 1992 en un ejemplo para el mundo al demostrar que era posible alcanzar la Paz. Sin embargo, el Secretario General también hace un llamado a ese mismo espíritu de los salvadoreños para unirse, trabajar juntos y resolver la actual crisis social y delincuencial, al mencionar

*"que por supuesto, estamos muy preocupados por el nivel de inseguridad ciudadana y de*

*violencia en toda Centroamérica y El Salvador. Comparto la angustia y el dolor de tantas familias que han sufrido mucho".* [3]

Ban Ki Moon, Secretario General de la ONU a su llegada a El Salvador en 2015 (Foto: United Nations/ WebTV)

Durante su visita, el Secretario General se reúne en privado con el presidente Sánchez Cerén, realiza una visita guiada al sitio arqueológico Joya de Cerén (declarado "Patrimonio de la Humanidad" por UNESCO, en 1993), y ofrece sus respetos ante la tumba de Monseñor Oscar A. Romero en la Catedral Metropolitana. Antes de partir el día 17 de febrero, en rumbo al Aeropuerto Internacional, Ban Ki Moon y su esposa Yoo Soon Taek, se detienen junto con su comitiva a comer pupusas (el platillo típico nacional) en el sitio turístico de Olocuilta.

**Juez del Caso Flores-Taiwán Responde a las Amenazas del Fiscal**
El 25 de febrero de 2015, el juez Séptimo de Instrucción, Miguel Ángel García Arguello, le envía una nota al Fiscal General Luis Martínez señalándole que ha sido desde la Fiscalía donde salieron las divulgaciones del confidencial ROS (Reporte de Operaciones Sospechosas del Departamento del Tesoro estadounidense) y que es ahí donde debe investigar quienes fueron los responsables de sustraerlo. El juez García responde así a las amenazas y advertencias del Fiscal para que el juez y al personal del juzgado *"se abstengan de mencionar al ROS y a la agencia que lo emitió"* porque de lo contrario emprenderá acciones legales en su contra.

## Piden Investigar a Presidente de Asamblea Legislativa

En abril 2015, diversas organizaciones civiles piden a la Fiscalía General investigar al diputado presidente de la Asamblea Legislativa, Othon Sigfrido Reyes, por haber favorecido a la esposa de uno de sus sus socios con la aprobación del decreto 677 del 8 de mayo de 2014. Este decreto, aprobado con los votos del FMLN y GANA, establecía que el FOSAFFI (Fondo de Saneamiento y Fortalecimiento Financiero) debía otorgar créditos con tasas de interés y cuotas especiales a siete personas a las que se había embargado sus terrenos en la primera década de los años 2000. Entre ellas estaba la Sra. Sonia Inés Morales de Larrazábal, esposa de Byron Larrazábal Arévalo quien era asesor del diputado Reyes en la Legislatura en aquel entonces y también su socio en las empresas TERREIN S.A. de C.V. y Eko Lime S.A. (esta última dedicada a la explotación de maderas preciosas).

En diciembre 2014, Reyes había sido cuestionado por el periódico La Prensa Gráfica al adquirir, a través de su empresa TERREIN S.A., cinco lotes de terrenos del IPSFA (Instituto de Previsión Social de la Fuerza Armada) a precios especiales por un total de $440,501 dólares (en lugar de pagar , el precio normal de $631,070 dólares). La demandante organización FUNDE había exigido entonces que se investigara el origen de los fondos con los que Reyes y su socio Larrazábal habían podido comprar dichos lotes, señalando que Reyes además había contado con acceso a información privilegiada. Según señalan representantes de FUNDE, FUSADES y Aliados para la Democracia, existe un claro conflicto de intereses de parte del diputado Reyes al favorecerse él mismo, y a su ahora socio y exasesor legislativo.

## Deportan a General Salvadoreño por Crímenes de Guerra

El 8 de abril de 2015, un envejecido ex General Eugenio Vides Casanova llega al país expulsado de Estados Unidos, tras haber sido encontrado culpable de crímenes de Lesa Humanidad. Vides Casanova, quien fuera Director de la Guardia Nacional entre 1979- 1983 y Ministro de Defensa durante 1983- 1988, arriba al país esposado junto con otros 119 deportados. El médico Juan Romagoza y otras dos víctimas salvadoreñas llevaron a corte al exministro, quien residía en EE.UU. desde 1989, acusándolo de torturas. En 2002, una corte civil en West Palm Beach, Florida, lo encontró culpable de los cargos y lo condenó a pagar $54 millones en compensaciones. A la salida en el Aeropuerto Internacional Monseñor

Romero, cientos de manifestantes le gritan *"¡Asesino!... ¡Asesino!"*, y también le cantan *"¡Los gringos te entrenaron y ahora te deportaron!"*.

Ceremonia de Beatificación de Monseñor Oscar Arnulfo Romero, en San Salvador (Foto: AFP/ Getty)

## Beatificación de Monseñor Romero

El 23 de mayo de 2015, ante unas 300,000 personas congregadas alrededor de un templo especial construido en la Plaza Salvador del Mundo en San Salvador, el Cardenal Ángelo Amato, prefecto de la Congregación de la Causa de los Santos y enviado especial del papa Francisco, declara oficialmente *Beato* a Monseñor Oscar Arnulfo Romero. Según declara el cardenal Amato durante su discurso: *"su opción por los pobres no era ideológica, sino evangélica... Romero es otra estrella luminosísima que se enciende en el firmamento latinoamericano"*.

El Arzobispo Romero era considerado como el principal defensor de los derechos humanos de los más pobres y marginados a inicios del conflicto salvadoreño, y por tanto, representaba una amenaza para la oligarquía y la dictadura militar que imperaba entonces en el país. Romero muere asesinado por un francotirador mientras oficia una misa el 24 de marzo de 1980. El proceso para beatificar y luego canonizar a Monseñor Romero se encontraba abierto en Roma desde 1996, pero se sabía que había cierta oposición pues algunos religiosos lo consideraban como un caso político. Ademas, varios representantes diplomáticos de los anteriores gobiernos de

ARENA también habían confabulado en Roma contra el proceso de beatificación. En febrero pasado, el papa Francisco finalmente termina despejando toda duda, desbloqueando el proceso de Beatificación de Romero, reconociéndolo como un mártir *"que había muerto por odio a la fé"*.

Al magno evento asisten varios presidentes latinoamericanos (entre ellos, Rafael Correa de Ecuador y Juan Orlando Hernández de Honduras ), seis cardenales (incluyendo a Oscar Rodríguez de Honduras, Roger Mahony de EE.UU., y Jaime Ortega de Cuba), numerosos políticos nacionales que incluyen a miembros de la ultra- derechista ARENA, entre ellos el hijo del fundador del partido, Roberto D´Aubuisson (a quien la Comisión de la Verdad de la ONU señaló como autor intelectual del homicidio de Monseñor Romero). Casi al finalizar la ceremonia de beatificación, los asistentes fueron testigos de un gigantesco halo solar sobre los cielos de San Salvador.

### Implicados en Caso CEL- ENEL en Libertad

La mañana del viernes 3 de julio de 2015, la Fiscalía General de la República presenta una sorpresiva solicitud para que los imputados en el caso CEL- Enel sean eximidos de toda responsabilidad civil. El tribunal colegiado es presidido por el juez Manuel Turcios y las juezas Lorena Paredes de Dueñas y Rosa Estela Hernández. Presentes en el juzgado 4º. de Sentencia donde se ventila el caso, se encuentran representantes de la Embajada de EE.UU. (Los acusados Guillermo Sol Bang y Miguel Lacayo cuentan con doble nacionalidad), dos diputados de ARENA (Vilma de Escobar y Johnny Wright Sol), decenas de periodistas y fotógrafos, y el propio Fiscal Luis Martínez, encabezando su equipo de fiscales.

A propuesta de uno de los abogados defensores de cambiar el delito de *peculado doloso* (no prescriptible) a *peculado culposo* (prescriptible) — propuesta secundada sin discusión por la Fiscalía—, el juez Turcios da por cerrado el caso, dejando en libertad a Sol Bang, Lacayo, Jorge José Simán, Pedro José Escalón, y el resto de imputados.

Un día después, el presidente Salvador Sánchez Cerén declara, también sorpresivamente, que su gobierno aceptará el fallo judicial. Por otra parte, Iniciativa Social para la Democracia (ISD), una de las organizaciones que participara como querellante en éste y otros sonados casos de corrupción, pide a la Corte Suprema de Justicia que se realice una auditoría del caso, en vista de las muchas irregularidades cometidas por la Fiscalía y por le propio Juzgado de Sentencia.

### Pandillas Detienen  Transporte a Nivel Nacional

Del 27 al 29 de julio de 2015, los líderes de las principales pandillas —

Barrio 18 y MS 13— se ponen de acuerdo para imponer un paro general de transporte como medida de presión para obligar al gobierno a sentarse nuevamente a dialogar. Desde que asumió el poder en junio 2014, el presidente Sánchez Cerén ha repetido a los medios que su gobierno no negociará con grupos delincuenciales. Entre 2012 y 2013, su antecesor Mauricio Funes, a través de su Ministro de Defensa (General David Munguía Payés) y el Obispo castrense (sacerdote Fabio Colindres), promovió y facilitó una tregua en la que los principales líderes de las *maras* o pandillas encarcelados recibieron beneficios a cambio de reducir el número de homicidios en todo el territorio.

El caótico paro al transporte público dura tres días, en los cuales mueren asesinados nueve conductores de autobuses y donde unas 140 rutas de buses en todo el país suspendieron sus servicios.

### Corte Suprema Declara Terroristas a las Pandillas

El 25 de agosto de 2015, la Sala Constitucional de la Corte Suprema de Justicia (CSJ) declara como grupos terroristas a las pandillas Mara Salvatrucha y Barrio 18. Estos grupos delincuenciales mantienen control territorial en numerosas comunidades a lo largo y ancho del país. En lo que va del año, han ocurrido en el país 3,828 homicidios, lo que equivale a un promedio de 16 muertos por día. La mayoría de estos crímenes son atribuidos a las pandillas, según la unidad de Medicina Legal de la CSJ.

Para su sentencia, la Sala Constitucional considera *"que es un hecho notorio que las organizaciones criminales antes mencionadas, realizan dentro de su accionar, atentados sistemáticos a la vida, seguridad e integridad personal de la población, incluidos contra las autoridades civiles, militares, policiales y penitenciarias; contra la propiedad, mediante la ejecución de delitos de extorsión a personas naturales y jurídicas; vulneraciones al derecho de todo ciudadano de residir en cualquier lugar del territorio, obligándoles a abandonar sus residencias mediante amenazas; en contra del derecho a la educación, puesto que se obliga a la deserción de estudiantes, debido al temor a ser víctimas de aquellas organizaciones; contra el libre tránsito, debido a que hay zonas específicas donde ciertas personas no pueden circular, bajo riesgos de sufrir atentados a su vida o integridad; modifican la distribución territorial realizada por el Tribunal supremo Electoral, máxima autoridad en la materia según el art. 208 Cn., para efectos del voto residencial, y lo adecuan a la distribución de los territorios según es controlado por ellos; paralizan el transporte público de pasajeros, incluso a nivel nacional y con frecuencia atentan contra la vida del personal de los servicios de transporte público; impiden la libre realización de actividades económicas y laborales de amplios sectores de la población; entre tantas acciones realizadas de manera sistemática, planificada y organizada".* [4]

### Sala Constitucional habilita Difusiones rojas de la Interpol

El 25 de agosto de 2015, la Sala Constitucional corrige la "absurda" decisión tomada por la Corte Suprema de Justicia en 2011, habilitando nuevamente la captura — y ya no solamente la localización— de los individuos que tengan orden de difusión roja, tal como lo establecen el artículo 327 del Código Procesal Penal y los tratados internacionales.

## Funcionario de transparencia denuncia casos de corrupción

El 14 de septiembre de 2015, el Secretario de Transparencia y Participación Ciudadana, Marcos Rodríguez hablando de la necesidad de crear una *Comisión contra la Impunidad* semejante a la CICIG en la vecina Guatemala, menciona los numerosos casos señalados en administraciones de gobierno pasados, entre ellos el de FECEPE, un fondo gubernamental que fuera administrado por la expresidenta de la República, Ana Vilma de Escobar y el expresidente del BMI, Nicola Angelucci. Los señalamientos de Rodríguez ocasionarían que la ahora diputada Vilma de Escobar (por el partido ARENA) presentara una demanda en su contra por difamación y calumnia.

## Confirman presencia del virus del Zika

En noviembre de 2015, la OPS/ OMS (Organización Panamericana de la Salud/ Organización Mundial de la Salud) en el país confirma la presencia del *Zika*, un virus que es transmitido por el zancudo Aedes aegypti. Los síntomas de esta enfermedad son similares a los del *Dengue* y el *Chikungunya*: fiebre y erupciones cutáneas, a veces acompañados por conjuntivitis, malestar general, y dolor en las articulaciones. Hacia finales del año, el Ministerio de Salud tendría confirmados más de 5,000 casos en toda la República. En el continente americano, el Zika ha sido detectado por pirmera vez en Brasil (en febrero de 2015), desde donde se esparciría rápidamente por toda la región.

Posteriormente, se confirmaría que el *Zika* (cuyos orígenes se remontan a Uganda, en 1947) puede en algunos casos activar un raro desorden conocido como *Síndrome de Guillain- Barré*, que ocasiona debilidad muscular y una parálisis que puede llegar a durar meses. El CDC (Center for Disease Control, en Atlanta, Georgia) confirmaría posteriormente que el Zika también puede transmitirse por contacto sexual.

## Juez dictamina que expresidente Flores enfrente cargos

El jueves 3 de diciembre de 2015, el juez Séptimo de Instrucción, Dr. Miguel Ángel García, ordena que el imputado Francisco Flores Pérez no solamente enfrente los tres cargos establecidos por la Fiscalía General en su contra (de peculado, enriquecimiento ilícito y desobediencia), sino que agrega otro más: el de lavado de dinero (que era exigido por organizaciones de la sociedad civil como FESPAD, ISD, y otras). El juez García también revoca el arresto domiciliar del que gozaba (nuevamente) el imputado, ante la posibilidad de que éste pretenda huir de la justicia. El principal abogado defensor de Flores anuncia que apelará esta última disposición.

# 2016

### Juez español emite orden de captura contra la Tandona

El 5 de enero de 2016, el juez Eloy Velasco de la Audiencia Nacional Española emite una nueva orden de captura a la Interpol contra 17 ex – militares salvadoreños por el homicidio de seis sacerdotes jesuitas en noviembre de 1989. La Audiencia Española acusa a los salvadoreños de terrorismo y delitos de *lesa humanidad*. Los señalados por el requerimiento español, son: el exministro de Defensa Rafael Humberto Larios, Inocente Orlando Montano (detenido en Boston en 2011 por fraude migratorio), Juan Rafael Bustillo, Gonzalo Guevara, Francisco Elena Fuentes, Óscar Mariano Amaya, Antonio Ramiro Ávalos, Juan Orlando Zepeda, José Ricardo Espinoza, Ángel Pérez Vásquez, Tomás Zárpate Castillo, José Alberto Sierra, Guillermo Alfredo Benavides, Joaquín Arnoldo Cerna, Carlos Mauricio Guzmán, Héctor Ulises Cuenca y Óscar Alberto León Linares. Cuatro de estas personas, todos mandos medios durante el conflicto armado, son arrestadas en sus viviendas. Los restantes huyen y se encuentran aún prófugos de la justicia. El gobierno y la PNC son criticadas por las autoridades de la UCA (a la que pertenecían los jesuitas asesinados) y por el Procurador de Derechos Humanos de El Salvador, por haber permitido que los acusados huyeran.

En agosto de 2011, el juez Velasco había ya solicitado la detención de los militares emitiendo una *orden de difusión roja* a la Interpol, pero en una decisión aberrante, la Corte Suprema de Justicia (CSJ) en Pleno había limitado la orden a simplemente detectar y localizar — *sin capturar*— a los acusados. Esa misma CSJ terminaría denegando la extradición de los militares a España, aduciendo la prescripción de los cargos.

### MINSAL Recomienda Posponer Embarazos ante Presencia del Zika

A mediados de enero de 2016, ante el rápido crecimiento que ha tenido en el país el virus del Zika, el viceministro de Salud, Dr. Eduardo Espinoza, recomienda a las mujeres salvadoreñas posponer o abstenerse de cualquier embarazo hasta 2018, esto debido a que en el caso de contagio del Zika, una mujer embarazada puede transmitir el virus a su feto, lo que puede ocasionarle microcefalia al bebé (defectos en el tamaño de la masa cefálica al nacer). Aunque la sugerencia del viceministro parece ser poco práctica o realista, El Salvador no es el único en emitir esta recomendación: otros países, incluyendo Colombia, Honduras, y Jamaica, también han pedido retrasar los embarazos.

### Ministro de Justicia y Seguridad Presenta su Renuncia

El 22 de enero de 2016, ante los pobres resultados de su gestión, el Ministro de Justicia y Seguridad Pública, Benito Lara se retira del cargo. En su lugar, el presidente Sánchez Cerén nombra al actual Director de la PNC, Comisionado Mauricio Landaverde. Como nuevo Director de la PNC, se nombra al Comisionado Howard Cotto. El año 2015 había cerrado como el más violento de la historia reciente del país, con un promedio de 24- 25 homicidios diarios. Poco después de los nuevos nombramientos, la población se entera que Benito Lara será mantenido en la planilla de Casa Presidencial como asesor de seguridad.

## Deportan a Exmilitar Salvadoreño por Abusos a Derechos Humanos

El 8 de enero de 2016, el ex -general José Guillermo García regresa deportado de los Estados Unidos tras haberse determinado que estaba vinculado a graves violaciones a los derechos humanos durante el conflicto armado salvadoreño de 1980- 1992. El militar residía en el Estado de Florida desde 1989, hasta que su presencia fuera detectada por algunas de sus víctimas y fuera llevado a juicio acusado de ser responsable de torturas. En 2012, García, quien fuera Ministro de Defensa durante 1979- 1983, fue condenado por crímenes de guerra en una corte estadounidense. De acuerdo con la legislación norteamericana, aquellos migrantes que sean responsables de graves violaciones a derechos humanos o que tengan acusaciones de terrorismo, pueden ser expulsados del país. En 2015, un antiguo compañero de armas de García, el exgeneral Eugenio Vides Casanova, había sido deportado hacia El Salvador, bajo cargos similares.

## Fallece el Expresidente Flores

La noche del sábado 30 de enero de 2016, la esposa del ex -mandatario Francisco Flores Pérez anuncia en el Hospital de la Mujer que su esposo ha fallecido, víctima de un derrame cerebral. El imputado Flores Pérez, quien tenía 56 años de edad, estaba  siendo acusado desde dos años atrás del extravío o malversación de al menos 15 millones de dólares que habían sido entregados a él personalmente con cheques del gobierno de Taiwán para proyectos de reconstrucción luego de los terremotos de 2001. Días atrás, el 24 de enero, Flores había sido encontrado inconsciente en su casa en San Salvador, donde guardaba arresto domiciliar esperando enfrentar los cargos de peculado, enriquecimiento ilícito, desobediencia, y lavado de dinero. Curiosamente, al preguntársele a la gente en las calles del país, la mayoría considera que Francisco Flores no ha muerto y todo ha sido un engaño montado para evadir la justicia.

## Mauricio Funes a Juicio por Enriquecimiento Ilícito

El 9 de febrero de 2016, la Corte Suprema de Justicia (en decisión dividida de 9 contra 6 votos) decide enviar a juicio civil al expresidente Mauricio Funes Cartagena, debido a que no pudo aclarar ante la Sección de Probidad más de $600,000 dólares en gastos e ingresos. Es la segunda vez en la historia del país que un exmandatario deba enfrentar a la justicia para esclarecer el desmedido incremento en su patrimonio. En sus primeras reacciones ante la prensa, Funes lamenta que Probidad no tomara en cuenta varias pruebas de descargo y considera que todo se trata de una "vendetta" política orquestada por magistrados que responden a los interés de ARENA.

### Corte Suprema Ordena Juicio Contra Expresidente Saca

El 23 de febrero de 2016, la Corte Suprema de Justicia (CSJ) dictamina que hay indicios suficientes para abrir un juicio civil contra el expresidente Antonio Elías Saca. De acuerdo con la Sección de Probidad de la CSJ, aproximadamente $6,574,445 no pudieron ser justificados por Saca en sus declaraciones de ingresos. Saca fue presidente de El Salvador durante el período 2004- 2009. En su dictamen, la CSJ ordena se congelen 5 cuentas bancarias a nombre del expresidente y de su esposa, Ana Ligia Mixco de Saca. En meses anteriores, la CSJ también ha ordenado juicios civiles por enriquecimiento ilícito contra el exdirector del ISSS, Leonel Cardoza y contra diputado del PCN Reynaldo Cardoza. Diputados del partido de gobierno, el FMLN, critican que la CSJ no hay ordenado investigar a miembros del partido ARENA, que estuviera en el poder durante 20 años.

Jóvenes salvadoreños celebran la llegada de Iron Maiden al país. A la derecha, dos integrantes de la banda visitan la tumba de Monseñor Romero (Fotos: Iron Maiden/ Paulita Pike)

### Iron Maiden Visita El Salvador

La noche del 6 de marzo de 2016, el grupo británico *Iron Maiden* ofrece un sensacional concierto de Rock ante más de 25,000 fanáticos no solamente de El Salvador, sino también de Honduras, Guatemala, Nicaragua y Costa Rica. El concierto tiene lugar en el Estadio Nacional Mágico González. En su gira "The Book of Souls World Tour", el grupo integrado por Eddie The Head, Nicko McBrain, Bruce Dickinson y los otros miembros, ofrece su repertorio estelar que incluye "The Book of Souls", "The Trooper", "Hallowed Be Thy Name", y otros tantos hits.

Antes de partir al día siguiente, la banda hace una visita corta a la tumba de Monseñor Oscar Romero, en la Catedral Metropolitana. Durante el concierto, el baterista Nicko McBrain había llevado puesta una camiseta negra con la imagen de Romero y el texto "San Romero de América". El Ministro de Turismo salvadoreño, José Napoléon Duarte, agradece a los rockeros, expresando en un comunicado: *"El Salvador es un gran país. No tengo duda que los miembros de Iron Maiden se sintieron en casa. Este evento ha mostrado la habilidad de nuestro país para atraer y llevar a cabo eventos de calidad mundial en completa seguridad".* [5]

## ARENA Negocia con Pandillas

El 11 de marzo de 2016, el periódico digital El Faro da a conocer un video en el que el entonces vicepresidente de ideología del partido ARENA, Ernesto Muyshondt, junto con el alcalde de Ilopango, Salvador Ruano, se encuentra negociando con las dos principales pandillas (MS y el Barrio 18, en sus facciones Sureños y Revolucionarios ). El encuentro (que resulta no ser el único entre ARENA y las pandillas) ocurre en medio de la campaña presidencial de 2014. En el video se escucha a Muyshondt ofrecer reducir los niveles de máxima seguridad en el Penal de Zacatecoluca (conocido popularmente como Zacatraz) donde guardan prisión los cabecillas de los grupos criminales y les pregunta que les parece Facundo Guardado (excomandante guerrillero) como futuro Ministro de Seguridad. El entonces candidato presidencial Arenero, Norman Quijano, ha estado considerando a Guardado para el cargo de Ministro, en caso de ganar las elecciones.

El video significa otro duro revés para ARENA, que durante toda la campaña presidencial de 2014 se ha mantenido atacando al FMLN por haber negociado "la tregua" con las pandillas. El mismo candidato Quijano había mantenido que jamás negociaría con las pandillas y que él *"era el único que podía acabar con ellas".*

## Juramentan a Nueva Embajadora de EE.UU para El Salvador

El 17 de marzo de 2016, es juramentada la diplomática de carrera Jean Elizabeth Manes, como nueva Embajadora de los Estados Unidos en El Salvador, en sustitución de Mari Carmen Aponte. Manes, quien fuera confirmada en diciembre 2015 por el Senado Norteamericano, ha servido como Consejera de Asuntos Públicos en la Embajada de EE.UU. en Kabul, Afganistán (2012- 2013) y también en el Consulado de EE.UU. en las Islas Azores, en Portugal. Se espera el arribo al país a finales del mes de marzo.

## FMLN También Negocia con Pandillas

A principios de mayo de 2016, el periódico digital El Faro publica un nuevo y controversial video. Esta vez, se trata de una grabación en la que el actual Ministro de Gobernación, Arístides Valencia, y representantes de las pandillas MS y Barrio 18, se reúnen para discutir la movilización de votantes durante la campaña presidencial de 2014, y donde Valencia, entonces diputado por el FMLN, ofrece facilidades económicas para que los pandilleros renueven sus DUI (Documentos Únicos de Identidad).

De acuerdo con El Faro, este encuentro ocurre luego de la primera ronda electoral en febrero 2014, cuando el FMLN obtiene 10 puntos más que de su rival ARENA. Según la grabación, no se trata del primer encuentro entre FMLN y las pandillas.

## Acuerdo Comercial con Estados Unidos Cumple 10 años

El 1 de junio de 2016, se cumplen 10 años de la entrada en vigencia del acuerdo comercial conocido como CAFTA-DR, entre Estados Unidos, los cinco países centroamericanos, y la República Dominicana. Desde entonces las exportaciones salvadoreñas hacia EE.UU. pasaron de USD $1,809 millones en 2005 a $2,563 millones en 2015, es decir, tuvieron un incremento del 41%. Sin embargo, las exportaciones norteamericanas hacia El Salvador aumentaron en un 98%, pasando de $2,481 millones a $4,908 millones.

## Grupo Terra Inicia Operaciones en el País

En junio de 2016, el Grupo Terra, de capital hondureño y dueño de las operaciones bancarias de Banco Citi de El Salvador, inicia operaciones en el país utilizando el antiguo nombre de *Banco Cuscatlán*, según informa su presidente ejecutivo Fredy Nasser.

## Estados Unidos Extiende el TPS para Salvadoreños

El 7 de julio de 2016, el Departamento de Seguridad Nacional de EE.UU. (Homeland Security) confirma que se ha extendido por décima ocasión el llamado TPS (Status de Protección Temporal) para salvadoreños que viven en ese país. Jeh Jonhson, Secretario de Seguridad Nacional, justifica la extensión debido a las graves condiciones de inseguridad ciudadana que atraviesa El Salvador.

El TPS se otorgó por primera vez en 2001, a raíz de los daños ocasionados por los terremotos de 2001 en El Salvador, y se espera que beneficie a unos 200,000 compatriotas que viven en aquel país desde entonces. El nuevo TPS entrara en vigencia el 10 de septiembre de 2016 y concluye el 9 de marzo de 2018.

El comercial de la transnacional Digicel que ofende a los
diputados salvadoreños

## El Anuncio Publicitario que Ofende a los Diputados

A principios de julio de 2016, comienza a mostrarse en la televisión
salvadoreña un comercial de la transnacional de telefonía Digicel que
despierta la ira de los diputados en la Asamblea Legislativa. En el anuncio se
ridiculizan los excesos de poder y gastos excesivos en comidas, licor y viajes
al exterior en que incurren frecuentemente los legisladores y sus numerosos
asesores. Miembros de la Comisión Política de la Asamblea Legislativa
acuerdan elaborar un "recomendable" a la SIGET (Superintendencia de
Electricidad y Telecomunicaciones) y al Ministerio de Gobernación para
que se ordene el retiro del aire del *spot* publicitario por considerarlo
*"difamatorio y ofensivo"*.

Sin embargo, el respaldo masivo que recibe el comercial de parte de la
población en general hace que los ánimos se calmen y se diluya la propuesta
en los corrillos legislativos.

## Muere Acribillado Otro Alcalde

El 9 de julio de 2016, Guillermo Mejía, alcalde de Tepetitán , San Vicente,
muere acribillado a balazos por un grupo de desconocidos que llegaron a
buscarlo a su vivienda. Mejía, miembro del FMLN, es trasladado aún con
vida al Hospital Santa Gertrudis, donde fallece poco después. De acuerdo
con declaraciones de la PNC, los responsables pudieran haber sido
miembros de pandillas. Se trata del segundo alcalde asesinado en lo que va
del año, ya que en abril pasado Julio Torres, edil de San Dionisio, Usulután
(por el partido ARENA) es secuestrado y posteriormente encontrado
muerto.

## Asesinan a Cónsul Honorario de Rumania

El domingo 10 de julio de 2016, la PNC encuentra el cadáver amordazado y
apuñalado del señor Ricardo Emmanuel Salume Barake, de 71 años de

edad, cónsul honorario de Rumania en El Salvador, en su residencia en una zona exclusiva de San Salvador. Se trata del segundo diplomático asesinado en hechos confusos en lo que va del año. En mayo pasado, Carlos Alberto Lemus, cónsul honorario de Panamá, fue encontrado muerto de un disparo dentro de su vehículo, en la colonia Escalón.

## Corte Suprema Declara Inconstitucional la Ley de Amnistía

*"La decisión de la Corte Suprema salvadoreña representa un paso histórico para la investigación de las violaciones a los derechos humanos, la búsqueda de la verdad, la identificación de los responsables y la reparación a las víctimas y a sus familiares"*
— **OACNUDH, Oficina Regional para America Central del Alto Comisionado de las Naciones Unidas para los Derechos Humanos.**

En una tarde particularmente activa, el miércoles 13 de julio de 2016, la Sala Constitucional de la Corte Suprema de Justicia emite tres comunicados de prensa. El más importante de estos contiene un fallo que declara inconstitucional la *Ley de Amnistía General para la Consolidación de la Paz* de 1993, por *"la violación a los artículos 2 incisos 1 y 3 y 144 inciso 2°. de la Constitución, en relación con los artículos 1.1 y 2 de la Convención Americana sobre Derechos Humanos (CADH), 2.2 del Pacto Internacional de Derechos Civiles y Políticos (PIDCP) y 4 del protocolo II de 1977 adicional a los Convenios de Ginebra del 12 de agosto de 1949, relativo a la Protección de Víctimas de los conflictos Armados sin Carácter Internacional. Lo anterior, debido a que la extensión de la amnistía es contraria al derecho de acceso a la justicia, a la tutela judicial o protección de los derechos fundamentales, y al derecho a la reparación integral de las víctimas de los crímenes de lesa humanidad y crímenes de guerra constitutivos de graves violaciones al Derecho Internacional Humanitario (DIH)."* [6]

Esta resolución de la Sala Constitucional implica que casos emblemáticos incluidos en el informe de la Comisión de la Verdad de la ONU, tales como las masacres de El Mozote, Quebrada Seca, y el Sumpul, los asesinatos del Arzobispo Romero, de los sacerdotes jesuitas, del dirigente del FDR, Héctor Oquelí-Colindres, de los marines estadounidenses en la Zona Rosa, de los abogados Rodriguez-Porth y Peccorinni, entre muchos otros casos que han quedado impunes debido a la Ley de Amnistía, podrían ser finalmente llevados a juicio.

Las reacciones no se hacen esperar. Mientras que estando en Washington en una visita oficial, el Fiscal General, Douglas Meléndez, expresa que *"Desde la Fiscalía, en relación a esta sentencia, vamos a hacer lo que tengamos que hacer y lo que nos corresponda constitucionalmente... vamos a cumplir nuestras atribuciones constitucionales"* [7], en San Salvador el Ministro de Defensa, general David Munguía Payés declara ante las cámaras del Canal 12 de televisión que el fallo *"es un error político"* y que *"espera que no se convierta esto en una cacería de brujas"*. Consultada sobre la sentencia de la Sala, la nueva embajadora de EE.UU. en El Salvador, Jean Manes, manifiesta que *"Esa es una decisión del Gobierno de El Salvador y de la gente de El Salvador, entonces vamos a respetar las decisiones"*. [8]

Este mismo día, la Sala declara inconstitucional el incremento al 13% de las tarifas de energía eléctrica propuesto días atrás por el gobierno, así como el decreto de emisión de $900 millones de dólares para endeudamiento (por haber utilizado la figura del diputado suplente en forma fraudulenta).

## Presidente Ataca Sentencias Mientras que la UCA las Defiende

En cadena nacional de televisión, la noche del 15 de julio de 2016, el presidente Salvador Sánchez Cerén lanza una serie de cuestionamientos contra las sentencias de la Sala, argumentando que *"estas no se ubican ante los verdaderos y actuales problemas del país, y lejos de ayudar a resolver la problemática diaria de los salvadoreños, la agudiza… Estas sentencias ignoran, o no miden los efectos que pueden tener no sólo en la frágil convivencia que existe en el interior de nuestra sociedad, sino que además, no contribuyen a fortalecer la institucionalidad existente".* [9]

El mismo presidente Sánchez Cerén, quien durante el conflicto armado fuera uno de los cinco principales comandantes de la guerrilla salvadoreña, ha sido señalado en el llamado Caso Mayo-Sibrián, cuando la guerrilla de las FPL, Fuerzas Populares de Liberación (comandadas por "Leonel González", que era el pseudónimo de Sánchez Cerén durante la guerra) purgaran (asesinaran) a unos mil camaradas de armas.

Un editorial de la UCA del mismo 15 de julio, presenta un panorama mucho más positivo sobre la decisión judicial. Dice la UCA que *"Con la sentencia de inconstitucionalidad de la ley de amnistía, El Salvador se abre a una nueva etapa de su historia… Es hora de poner en el centro a las víctimas. La nueva etapa que se abre para el país es positiva, supone un avance para la democracia y la justicia, y constituye un tardío pero justo reconocimiento para aquellos que han sido irrespetados en su memoria y en su dolor. El Salvador tiene una nueva oportunidad de caminar hacia la reconciliación, que es la base de la verdadera paz"* [10]

## Medalla de Bronce para El Salvador en Olimpiada de Matemática

En la LVII Olimpiada Internacional de Matemática realizada en Hong Kong del 6 al 16 de julio de 2016, el salvadoreño Dennis Joaquín Díaz gana medalla de bronce, mientras que cuatro compañeros reciben mención honorífica. Es la primera vez que El Salvador obtiene una medalla tras 11 años de participaciones en este torneo. De esta manera, el equipo nacional termina ubicado en la posición 68 de un total de 109 países participantes.

**Visita Oficial del FMI a El Salvador**
En visita realizada del 19 al 20 de julio de 2016, una misión del Fondo Monetario Internacional (FMI) encabezada por Mario Garza, se reúne con el gobierno salvadoreño para buscar reactivar la economía nacional. En concreto, el FMI propone un incremento al IVA (del 13% al 15%) y reducir el número de plazas en el Estado, como única alternativa real para lograr frenar el creciente endeudamiento público que ya alcanza el 60%. Para el FMI, el lento crecimiento de la economía salvadoreña (que desde 2000 a la fecha se ha mantenido en un 2% anual, en comparación con el 4.0% para el resto de repúblicas centroamericanas) se debe a múltiples factores, entre ellos: 1) La exacerbada polarización política, 2) los altos niveles de violencia y delincuencia, 3) la frecuencia de desastres naturales, 4) los altos costos de la energía, y 5) la excesiva tramitología requerida para que nuevas empresas (locales y extranjeras) puedan operar en el territorio. Para finales del año 2016, el FMI tiene proyectado que la economía salvadoreña crezca apenas un 2.5%. De acuerdo con cifras oficiales, el nivel de pobreza en el país alcanza ya el 31% (es decir afecta a unos 600,000 hogares salvadoreños).

**Arrestan a Exfiscal General de la Republica (FGR)**
En Agosto 22, 2016, el ex –Fiscal General Luis Martínez se entrega a las autoridades de la sede judicial en Antiguo Cuscatlán, al saberse acusado de varios delitos, incluyendo fraude procesal y omisión de investigaciones. Horas antes, el empresario Enrique Rais, junto con su sobrino y el exfiscal Julio Arriaza (quien fuera director de la Unidad de Intereses de la Sociedad de la FGR), había sido detenido acusado de falsedad ideológica, fraude procesal y cohecho activo (intento de soborno). Semanas atrás, al exfiscal Martínez se le había impuesto una multa de $8,964.00 por parte del Tribunal de Ética gubernamental, por haber recibido dádivas de parte del empresario Rais. Según el periódico digital El Faro, Martínez había viajado a lugares turísticos (algunas veces en compañía de su familia) durante su periodo como Fiscal General, en aviones de una empresa de Enrique Rais, quien ya en ese entonces era investigado por la misma FGR. Días atrás, el senador cubano – estadounidense Marco Rubio había acusado a José Luis Merino (alto dirigente del FMLN) y a Rais de estar involucrados en actividades ilegales.

**Nicaragua Otorga Asilo Político al Expresidente Funes**
En septiembre 6 de 2016, el país se entera que el Gobierno de Daniel Ortega ha concedido asilo político al ex -mandatario salvadoreño Mauricio Funes Cartagena, a su nueva compañera de vida Ada Michell Guzmán y a sus hijos Carlos Mauricio y Diego Roberto, aduciendo que su vida corre peligro por *"haber luchado por la democracia en El Salvador"*. Funes, quien fuera

Presidente de El Salvador por el FMLN entre 2009 y 2014, es investigado por la Corte Suprema de Justicia de su país por un enriquecimiento inexplicable de más de $600,000 USD. Allanamientos de la FGR a una de las viviendas de Funes en San Salvador meses atrás, encontraron más de 50 armas, numerosas pinturas, esculturas y otros costosos artículos de lujo.

**Ordenan Reabrir Caso de El Mozote**
El 30 de septiembre de 2016, el Dr. Jorge Guzmán Urquilla, juez Segundo de Primera Instancia de San Francisco Gotera ordena reabrir el caso por las masacres de población civil en la zona del cantón de El Mozote en el departamento de Morazán. El caso se mantenía cerrado debido a la vigencia de la Ley General de Amnistía de 1993, que fuera recién derogada por la Sala constitucional de la CSJ. El juez Guzmán Urquilla también ordena acción penal contra los autores materiales y el Alto Mando salvadoreño. En diciembre de 1981, el batallón *Atlacatl*, dirigido por el fallecido Coronel Domingo Monterrosa, y varios destacamentos militares realizaron un operativo en la zona Norte, llegando a exterminar a más de 1,000 campesinos (principalmente mujeres, niños, y ancianos) en varios caseríos por considerar que apoyaban a la naciente guerrilla salvadoreña.

El expresidente Antonio "Tony" Saca es arrestado por enriquecimiento ilícito mientras celebra la boda de uno de sus hijos
(Foto: LPG)

**FGR Detiene a Expresidente de la República**
La madrugada del 30 de octubre de 2016, durante la celebración de la boda de uno de sus hijos, es detenido Antonio Elías Saca (quien fuera presidente de la Republica entre 2004- 2009) acusado en relación al caso de enriquecimiento ilícito que se le sigue a Elmer Charlaix, quien fuera su Secretario Privado en su gobierno. La recién reactivada Sección de Probidad

de la Corte Suprema de Justicia había señalado semanas atrás que Charlaix no había podido justificar transferencias de unos $15.8 millones de dólares a cuentas personales no solamente de él, sino de varios funcionarios del partido ARENA (Alianza Republicana Nacionalista), incluido el expresidente. Junto a Saca también son detenidos Julio Rank (exsecretario de Comunicaciones) y César Funes (exsecretario de la Juventud y expresidente de ANDA, Administración Nacional de Acueductos y Alcantarillados).

## Magnate Trump Triunfa en Elecciones de EE.UU.

Donald J. Trump    Hillary R. Clinton
(Foto: Wikipedia)

La noche del martes 8 de noviembre de 2016, el candidato republicano Donald J. Trump obtiene una sorpresiva victoria sobre la demócrata Hillary Clinton. En el conteo final, Trump obtiene 306 votos electorales contra 232 recibidos por Clinton (se requiere de un mínimo de 270 para triunfar). Victorias clave en los estados de Florida, Ohio, Pennsylvannia, y North Carolina terminan impulsando a Trump a la Casa Blanca. Sin embargo, es Clinton quien gana el voto popular al recibir el 48.2% de los votos (65, 853,516 votos) en comparación con el 46.1% (62, 984,825 votos) para Trump.

El controversial candidato Trump resulta victorioso tras realizar una campaña (bautizada como MAKE AMERICA GREAT AGAIN) basada en el nacionalismo, el odio racial-religioso, y medias verdades. Desde un inicio, Trump ataca a sus rivales, republicanos y demócratas, con insultos y sobrenombres ("Little" Marco Rubio, "Lying" Ted Cruz, "Low Energy" Jeb Bush, "Crooked" Hillary Clinton, etc.). Trump acusa a los migrantes mexicanos de ser "violadores y asesinos" y promete hacer que Mexico construya y pague un muro en la frontera con ese país, también acusa a los seguidores del Islam de "terroristas" y anuncia que prohibirá que musulmanes ingresen a los EE.UU.

Para El Salvador, la llegada de Trump al poder podría significar el recorte a la asistencia financiera a programas de desarrollo local, la cancelación del TPS (Status de Protección Temporal, activo desde 2002), y la deportación masiva de miles de pandilleros desde EE.UU.

### Exministra de Salud y los Sobresueldos en el Gobierno

El 29 de Noviembre de 2016, durante una entrevista en el programa radial de *Pencho y Aída*, la Doctora María Isabel Rodríguez (Ministra de Salud durante 2009- 2014 y Rectora de la Universidad de El Salvador 1999- 2004) confiesa casualmente (según ella extra micrófonos) que tanto ella como sus otros colegas ministros en la pasada administración Funes recibían "sobre sueldos" o "compensaciones" salariales que eran pagadas en efectivo tras firmar un recibo. De acuerdo con la ex –funcionaria, se trata de una práctica muy común que viene dándose desde los pasados gobiernos de ARENA, para compensar un salario ministerial "muy bajo" (De acuerdo con la Ley de Salarios, en 2016, el Ministro de Salud Pública en El Salvador recibe un salario mensual de $3,345.72 USD entre sueldo y gastos de representación). Justificando ingresos desmedidos durante una investigación de la Corte Suprema de Justicia, el exfiscal General Luis Martínez había señalado recientemente que recibió entre $10,000 y $20,000 dólares mensuales de parte de Casa Presidencial (tanto de la Administración de Mauricio Funes como del actual presidente Sánchez Cerén) durante sus tres años al frente de la FGR.

### Aprueban Desafuero al Embajador Benítez

El 5 de diciembre de 2016, en una sesión especial de la Asamblea Legislativa, con 43 votos a favor, todas las fracciones políticas, exceptuando al FMLN, aprueban retirar el fuero al General José Atilio Benítez (quien fuera Ministro de Defensa durante la pasada Administración Funes y actualmente desempeñaba el cargo de Embajador de El Salvador en Alemania). Benítez debe ahora enfrentar los cargos en su contra por estafa, actos arbitrarios, y tenencia, portación y comercio ilegal de armas.

### Magistrado Denuncia Amenazas a Muerte

El 5 de diciembre de 2016, el magistrado Florentín Meléndez de la Sala Constitucional de la Corte Suprema de Justicia denuncia que se han incrementado las amenazas a muerte en contra suya y de sus compañeros Sidney Blanco, Rodolfo González, y Belarmino Jaime. Meléndez responsabiliza directamente al Gobierno y a la alta dirigencia del FMLN de las intimidaciones. Desde meses atrás, la Relatoría de Derechos Humanos de Naciones Unidas en el país ha estado pidiendo respeto hacia la Sala Constitucional, exigiendo el cese inmediato del constante hostigamiento hacia sus miembros.

### Bukele entre Principales Tomadores de Decisiones Mundiales

El 12 de diciembre de 2016, la prestigiosa revista *Foreign Policy* incluye al actual Alcalde de San Salvador, Nayib Bukele, entre los "15 principales tomadores de decisiones en el mundo", junto a la Canciller alemana, Angela Merkel, el Primer Ministro Canadiense, Justin Trudeau, y el Secretario General de la ONU, Ban –Ki-Moon. A Bukele se le menciona  por llevar a cabo la planificación y revitalización del Centro Histórico de la ciudad de San Salvador.

### Alcaldes Exigen Pago del FODES

El 13 de diciembre de 2016, alcaldes de diversas municipalidades del país lanzan un ultimátum al gobierno central exigiendo el pago del FODES (Fondo para el Desarrollo Económico y Social de las Municipalidades de El Salvador) antes de que llegue el periodo de Navidad y Año Nuevo, caso contrario amenazando con continuar con cierre de carreteras y otras medidas de presión. El mes anterior, unos 140 alcaldes (de un total de 262) habían marchado hacia Casa Presidencial en San Salvador para demandar el pago puntual del FODES, ya que los atrasos en los desembolsos de los últimos tres meses han ocasionado paro de obras, cese de pago de planillas, etc.

### Roban Piezas Arqueológicas en el MUNA

El 23 de diciembre de 2016, la Secretaria de Cultura emite un comunicado informando que se ha detectado la desaparición de seis piezas arqueológicas del Museo Nacional de Antropología (MUNA). Heriberto Erquicia, director del MUNA, revela que el extravío ha ocurrido en una Sala del Museo cerrada al público, a la cual solamente 7 personas tienen acceso. Dias después, se anuncia que en total se trata de  9 piezas las que han sido robadas (otras tres han desaparecido de una Sala abierta al público).

# 2017

## Encuesta de la UCA Resume el Estado del País

El 10 de Enero de 2017, el IUDOP- UCA (Instituto Universitario de Opinión Publica, Universidad Centroamericana) presenta los resultados de su más reciente encuesta. Entre estos se resaltan:

- El 58.4% de la población encuestada piensa que la situación del país empeoro en 2016.
- El 40.3% manifestó su deseo de migrar al extranjero.
- El 63% considera que la delincuencia empeoró.
- El 69.3% considera que el nuevo Fiscal General (Lic. Douglas Meléndez) ha hecho un trabajo Bueno/ Muy Bueno
- Según encuestados, el gobierno del presidente Sánchez Cerén merece una nota de 5.1 (en la escala de 0 a 10)
- Las tres instituciones nacionales mejor evaluadas por la población son: Iglesias Evangélicas, Iglesia Católica, y la Fuerza Armada, en ese orden.
- Las tres instituciones peor evaluadas son: Partidos Políticos, Asamblea Legislativa, y la Empresa Privada.

## Remesas recibidas en 2016 Alcanzan Otro Récord Histórico

El 23 de enero de 2017, el Banco Central de Reserva (BCR) reporta que los ingresos por remesas familiares en 2016 alcanzaron los $4,576 millones de dólares, lo cual representa el mayor monto en la historia de la recepción de remesas del país. Este total de remesas recibidas equivale al 17.1% del Producto Interno Bruto (PIB).

| Remesas recibidas en El Salvador 2000- 2016 | |
|---|---|
| Año | Total (en millones USD) |
| 2016 | 4,576 |
| 2015 | 4,270 |
| 2014 | 4,217.2 |
| 2013 | 3,963.1 |
| 2012 | 3,910.9 |
| 2011 | 3,648 |
| 2010 | 3,539 |
| 2009 | 3,465 |
| 2008 | 3,787 |
| 2007 | 3,695 |

| 2006 | 3,315 |
|------|-------|
| 2005 | 3,017 |
| 2004 | 2,547 |
| 2003 | 2,105 |
| 2002 | 1,935 |
| 2001 | 1,910 |
| 2000 | 1,710 |

FUENTE: BCR- Banco Central de Reserva de El Salvador

## La Magnitud de los Sobresueldos de la 'Partida Secreta'

A inicios de marzo de 2017, ante el detalle de los gastos secretos de las pasadas presidencias de la Republica, durante el periodo 1994- 2016, presentado por la actual Presidencia el pasado 8 de febrero (a partir de una petición ciudadana), las investigaciones del periódico digital El Faro revelan que los montos pueden llegar a totalizar hasta unos $950 millones de dólares, de acuerdo con el siguiente detalle:

| Fondos utilizados Discrecionalmente en la 'Partida Secreta' de Casa Presidencial | |
|---|---|
| **ADMINISTRACION** | **MONTO ESTIMADO (Millones USD)** |
| Gobierno de Armando Calderón Sol (1994- 1999) | 53.2 |
| Gobierno de Francisco Flores Pérez (1999- 2004) | 145.95 |
| Gobierno de Antonio Saca González (2004- 2009) | 301.4 |
| Gobierno de Mauricio Funes Cartagena (2009- 2014) | 351.2 |
| Gobierno de Salvador Sánchez Cerén (2014- 2019)*hasta feb. 2017 | 101.3 |

Basado en datos del periódico digital ElFaro [11]

## Gobierno Reporta Elevado Número de Fallecidos en Semana Santa

El 17 de abril de 2017, la unidad de Protección Civil reporta un total de 50 personas fallecidas durante el período de Semana Santa en el país, la gran mayoría de ellas a causa de accidentes de tránsito. Además, se reportan más de 1,075 emergencias atendidas y un total de 117 incendios forestales.

## Trump Dice que Acabara con la Mara Salvatrucha

El 15 de mayo de 2017, el presidente de Estados Unidos, Donald Trump, promete acabar con la pandilla asesina conocida como MS-13 (Mara Salvatrucha). Trump aprovecha para criticar las"débiles políticas migratorias" de su antecesor Barack Obama, las que asegura que permitieron que los pandilleros se esparcieran por 46 estados de la unión norteamericana. Se estima que hay entre 6,000 a 10,000 miembros en Estados Unidos, mientras que otros 70,000 a 100,000 miembros viven en el llamado *Triángulo Norte* Centroamericano, formado por Guatemala, Honduras, y El Salvador. La Mara Salvatrucha se formó en Los Angeles, California, a inicios de la década de 1980 con inmigrantes salvadoreños que huían de la guerra civil en su país. Actualmente, la peligrosa pandilla tiene fuerte presencia también en México, España y en Milán, Italia.

## Vaticano Anuncia al Primer Cardenal Salvadoreño

El 21 de mayo de 2017, el Papa Francisco anuncia que nombrará cinco nuevos Cardenales para la Iglesia Católica Romana, incluyendo a monseñor Gregorio Rosa Chávez, Obispo Auxiliar de San Salvador. Rosa Chavez se convertirá asi en el primer Cardenal en la historia de El Salvador. Los otros cuatro religiosos a ser nombrados por el Papa son: Juan José Omella (Arzobispo de Barcelona, España), Louis-Marie Ling Mangkhanekhoun (Vicario apostólico de Pakse, Laos), Anders Arborelius (Obispo de Estocolmo, Suecia), Jean Zerbo (Arzobispo de Bamako, Mali). La ceremonia se realizará en Roma, el próximo 28 de junio.

Consultado este mismo día por los medios de prensa, monseñor Rosa Chávez responde que el nombramiento pudo deberse gracias a la influencia del obispo mártir: *"Es un regalo de Dios… El Papa ama tanto a monseñor Romero y quizá pensó en este país, el país de Oscar Romero"* [12]

## Continúa Escándalo de los Sobresueldos de Gobierno

La última semana de mayo 2017, la población salvadoreña comienza a conocer los nombres de algunos de los beneficiados de la llamada "partida secreta" de Casa Presidencial de pasados gobiernos de ARENA. El bloguero Alejandro Muyshondt publica en dos entregas en las redes sociales copias de recibos firmados por 18 miembros del partido ARENA (entre ellos, el ex –ministro de Turismo Luis Cardenal, la diputada Margarita Escobar, el ex -Director de policía y ahora diputado Rodrigo Avila, la ex – ministra de Educación Darlyn Meza, el ex –director ejecutivo del CNR Gerardo Suvillaga, entre otros) por cantidades que van desde los $1,500 a los $25,000 dólares mensuales.

## Fiscalía Anuncia que Investigará el Caso Sobresueldos

El 1 de junio de 2017, el Fiscal General Douglas Meléndez anuncia en la Asamblea Legislativa que se ha iniciado una investigación en contra de funcionarios y exfuncionarios de administraciones de gobierno que hayan recibido "sobresueldos" por considerarlos irregulares e ilegales. Al mismo tiempo, el Lic. Meléndez pide que también el Tribunal de Ética Gubernamental y la Corte de Cuentas de la República se involucren en las investigaciones pues también a ellos les corresponde.

## UCA revela desencanto con los principales partidos políticos

El 6 de junio de 2017, la más reciente encuesta del IUDOP-UCA (Instituto Universitario de Opinión Pública de la Universidad Centro Americana) muestra que la población ha perdido esperanzas en ARENA y el FMLN, los dos partidos políticos que han gobernado el país desde que finalizara el conflicto armado en 1992. Entre otras cosas, la encuesta revela que un 63% de los consultados opina que el FMLN ya no debe seguir gobernando (las próximas elecciones presidenciales son en 2019) mientras que un 68% dice no estar de acuerdo en que ARENA regrese al poder. Por otra parte, en la misma encuesta el gobierno del presidente Salvador Sánchez Cerén recibe la calificación más baja hasta la fecha (desde que asumió el poder en junio de 2014) con apenas un 4.79% de aprobación.

## Encuesta CID Gallup Muestra a Bukele como Mejor Político

La encuesta CID Gallup de inicios de junio de 2017 sobre los políticos nacionales con mejor y peor imagen en el país, revela que el actual Alcalde de San Salvador, el empresario Nayib Bukele, se encuentra mejor posicionado que el resto de políticos en la muestra, con un índice favorable del 61 puntos (73% a favor, 12% en contra). En distante segundo lugar se encuentra el empresario de derecha Carlos Calleja, con 17 puntos (32% a favor - 15% desfavorable), y en tercero, comparten con 10 puntos, el diputado de ARENA Norman Quijano (43% a favor - 32% en contra) y el ministro de Obras Públicas, Gerson Martínez (28% a favor- 18% en contra). Los políticos peor evaluados en la muestra resultan ser el presidente Salvador Sánchez Cerén (índice -27%), el coordinador del FMLN Medardo González (-9%), y el Alcalde de Santa Tecla Roberto D'Aubuisson (-6%)

## Fallece Reconocida Actriz Nacional

El 14 de junio de 2017, muere la actriz de cine y teatro Isabel Dada, quien en 2008 recibiera el Premio Nacional de Cultura y en 2004 fuera distinguida como "Actriz Meritisima de la República de El Salvador" por parte de la Asamblea Legislativa. Isabel Dada (nacida en 1941 en San Salvador) sería la actriz en el filme de vanguardia "Los peces fuera del agua", un drama psicológico de 1970 dirigido por David Calderón y considerado como el largometraje clásico del cine salvadoreño.

## Alarmante Número de Centroamericanos Busca Asilo en EE.UU.

El 20 de junio de 2017, fecha en que se conmemora el "Dia Nacional de los Refugiados", un informe de ACNUR (Agencia de Naciones Unidas para los Refugiados) revela que la cantidad de solicitudes de asilo a Estados Unidos de parte de ciudadanos centroamericanos se ha incrementado dramáticamente durante 2016 hasta alcanzar niveles nunca antes vistos desde la década de 1980. De acuerdo con el informe, El Salvador ocupa el primer lugar con 33,600 solicitudes de asilo (comparado con 18,880 solicitudes presentadas en 2015), seguido por Guatemala (con 25,700 solicitudes) y Honduras (con 19,500). Los migrantes de estos tres países que conforman el llamado *Triángulo Norte* huyen de la inseguridad y la delincuencia desbordadas en sus territorios, buscando refugio en México o en los Estados Unidos.

## Embajadora EE.UU. pide al País Aprovechar el 'Momento Histórico'

En visita a la Asamblea Legislativa el 21 de junio de 2017 (para agradecer la designación del 15 de junio como *Dia de la Amistad entre Estados Unidos y El Salvador*), la embajadora norteamericana Jean Manes resalta los logros obtenidos en apoyo a los países del Triángulo Norte (Guatemala, Honduras, y El Salvador) con el *Plan de Alianza para la Prosperidad* y asegura: *"Las Estrellas se han alineado y la pregunta es si El Salvador va a aprovechar el momento histórico"* [13]. Ante rumores de que la Administración Trump dará por terminado el TPS (el Status de Protección Temporal que beneficia a unos 200,000 salvadoreños en EE.UU. desde 2002), Guillermo Gallegos, presidente de la Asamblea pide a Trump que *"No nos deje solos"*.

El Papa Francisco (centro) con los nuevos Cardenales de Roma, incluyendo al Obispo salvadoreño Mons. Gregorio Rosa Chávez (extremo derecho; Foto: AFP/ Radio Vaticana)

## El Salvador tiene su Primer Cardenal

El 28 de junio de 2017, en la Basílica Vaticana, el **Papa Francisco** preside el Consistorio Ordinario Público para nombrar cinco nuevos cardenales: **Mons. Juan José Omella**, Arzobispo de Barcelona, España; **Mons. Anders Arborelius**, OCD, Obispo de Estocolmo, Suecia; **Mons. Louis-Marie Ling Mangkhanekhoun**, obispo titular de *Acque nuove di Proconsolare*, vicario apostólico de Paksé, Laos, **Mons. Gregorio Rosa Chávez**, Obispo Auxiliar de la arquidiócesis de San Salvador, El Salvador, y **Mons. Jean Zerbo**, arzobispo de Bamako, Mali.

Durante la ceremonia, el Papa les dice a los nuevos Cardenales: *"Jesús camina delante de ustedes y les pide que lo sigan con decisión en su camino... también ustedes caminan delante del pueblo de Dios, teniendo la mirada fija en la Cruz"* [14].

Con estos nuevos nombramientos, el Colegio cardenalicio pasa a contar con 121 purpurados electores.

¿FUTUROS RIVALES? Carlos Calleja
(Vicepresidente de Grupo Calleja) y
Nayib Bukele (Alcalde de San Salvador),
podrían competir, por ARENA y el FMLN,
en las Presidenciales de 2019
(Fotos: Diario de Hoy)

**¿Los presidenciables del 2019?**

A finales de junio de 2017, a casi dos años para que se realicen las elecciones presidenciales del periodo 2019- 2024, el actual Alcalde de San Salvador, Nayib Bukele, y el empresario Carlos Calleja (Vicepresidente del Grupo Calleja, dueño de la cadena de Supermercados Selectos), son los dos nombres que más suenan en los pasillos políticos del país para ser candidatos presidenciales por el FMLN y ARENA, respectivamente.

Sin embargo, la nominación de ambos aún no está claramente definida. Bukele, quien es presidente de Yamaha- El Salvador, ha entrado en conflicto en varias ocasiones con Medardo González, Norma Guevara, y otros líderes del FMLN, al cuestionar el camino "neoliberal" tomado por el partido. Estos veteranos del FMLN han dejado entrever claramente que preferirían a alguien "interno" al partido como presidenciable (particularmente el ministro de Obras Públicas Gerson Martínez o al canciller Hugo Martínez). Por su parte, Calleja ha estado enfrentando durante los pasados meses la creciente rivalidad del empresario textilero Javier Simán, quien durante los últimos años ha fungido como presidente de la ASI (Asociación Salvadoreña de Industriales).

**Fiscal General de EE.UU. visita El Salvador**

Julio 28, 2017. El fiscal general estadounidense, Jeff Sessions concluye una visita oficial de 2 días. Durante la visita, Sessions se reúne con el presidente Sánchez Cerén y otros altos funcionarios salvadoreños, para discutir temas relacionados con la cooperación regional en la lucha contra el narcotráfico, el crimen organizado transnacional y la corrupción en el gobierno. El fiscal Sessions también se reúne con Howard Cotto, Director General de la PNC, para discutir temas relacionados con la seguridad nacional y la lucha contra las pandillas.

## Fallece Expresidente de la Republica

Octubre 9, 2017. Armando Calderón Sol, quien fuera presidente de la Republica entre 1994- 1999, muere a los 69 años de edad en un hospital en Houston, Texas, luego de un largo padecimiento de cáncer. Milena Calderón de Escalón, hermana del difunto y quien es diputada por el partido ARENA, declara que *"este es un día muy triste para nuestro partido"*.

## FMLN Expulsa a Nayib Bukele

El 10 de octubre de 2017, Nayib Armando Bukele es expulsado de las filas del partido FMLN, por el Tribunal de Ética efemelenista, bajo acusaciones de contrariar los estatutos del partido y por haber agredido verbalmente a la síndica municipal Xóchitl Marchelli (del FMLN), siendo Bukele el Alcalde de San Salvador. Según acusaciones que se detallan en la prensa nacional, Bukele había acusado a Marchelli de ser una *"maldita traidora"* y de *"bruja"*, arrojándole una manzana. Los analistas políticos consideran que la expulsión más bien obedece a los continuos cuestionamientos y denuncias que Bukele ha hecho contra la cúpula del partido, encabezado por Medardo González y Norma Guevara, por no gobernar a favor de la población y mantener las políticas neoliberales implementadas por los pasados gobiernos de ARENA.

## Bukele Anuncia el Lanzamiento de un Nuevo Partido

Octubre 25, 2017. En una transmisión en vivo en *Facebook Live*, Nayib Bukele, recién expulsado del FMLN, anuncia la creación de un nuevo movimiento político bautizado como "Nuevas Ideas". En corto tiempo, Bukele logra reunir las 200,000 firmas necesarias para su inscripción. Sin embargo, el nuevo movimiento se enfrenta a una serie de bloqueos y retrasos por parte del TSE (Tribunal Supremo Electoral), la Corte Suprema de Justicia, y la Fiscalía General de la República. *Nuevas Ideas* seria finalmente inscrito como partido político hasta agosto de 2018, posterior a las elecciones legislativas y municipales celebradas a inicios de ese año.

# 2018

### El Insulto de Donald Trump

Enero 11, 2018. Durante una reunión bipartita en Washington DC, el presidente Donald Trump se refiere a Haití y los países africanos, como *"shitholes nations"*. Más tarde, el Washington Post confirma que la referencia de Trump también incluía a El Salvador. Durante la reunión, Trump cuestionaba porque los EE.UU. traían migrantes de *"todos estos países de mierda"* y no de lugares como Noruega.

Las reacciones a nivel mundial no se hacen esperar. La oficina de la ONU sobre Derechos Humanos emite un comunicado condenando los comentarios de Trump como *"shocking and shameful"*. El gobierno de Botswana considera las palabras de Trump como *"reprehensible and racist.*

### Elecciones Municipales y Legislativas 2018

Marzo 4, 2018. Un total de 10 partidos participan en las elecciones municipales y legislativas realizadas este domingo: ARENA, FMLN, GANA, PCN, PDC, CD, PSD (Partido Social Democrático), FPS (Fraternidad Patriótica Salvadoreña), PSP (Partido Popular Socialista), y DS (Democracia Salvadoreña).

De acuerdo con el TSE, los resultados legislativos para el periodo 2018-2021 muestran claramente que el FMLN (partido en control del Ejecutivo desde 2009) sufre una significativa derrota al perder 8 escaños, en comparación con los 31 que tenían en 2012 y 2015. Su archirrival ARENA, obtiene apenas dos asientos más que en 2015. Sin embargo, los verdaderos ganadores son GANA y PCN, quienes nuevamente se reciben la "llave" para aprobar cualquier propuesta de ley.

| RESULTADOS DE LAS ELECCIONES LEGISLATIVAS 2018 | | | |
|---|---|---|---|
| Partido | Total de Votos Válidos | # de Diputados | Porcentaje |
| ARENA | 886,365 | 37 | 41.72% |
| CD | 19,868 | 1 | 0.94% |
| DS | NA | 0 | NA |
| FMLN | 521,256 | 23 | 24.54% |
| FPS | 20,026 | 0 | 0.94% |

| | | | |
|---|---|---|---|
| GANA | 243,267 | 10 | 11.45% |
| PCN | 230,861 | 9 | 10.87% |
| PDC | 65,984 | 3 | 5.11% |
| PSD | 15,610 | 0 | 0.73% |
| PSP | NA | 0 | NA |
| Candidaturas No Partidarias | 14,546 | 1 | 0.67% |

FUENTE: Tribunal Supremo Electoral

En las municipales, ARENA gana 10 de las 14 cabeceras departamentales, incluyendo **San Salvador** (Ernesto Muyshondt), **Santa Ana** (Milena Calderón de Escalón, hermana del expresidente Calderón Sol, fallecido recientemente), y **Santa Tecla** (Roberto D'Aubuisson, hijo del notorio fundador de ARENA, vinculado a los escuadrones de la muerte durante la guerra civil). El FMLN apenas mantiene control de **San Miguel** (Miguel Pereira), la tercera ciudad en importancia en El Salvador. El Frente pierde 22 municipalidades, en comparación con 2015, manteniendo el control de apenas 64 municipios comparados con los 140 donde ARENA resulta victorioso. Muyshondt (que apareció en videos durante las presidenciales de 2014, negociando con las dos principales pandillas criminales del país) logra ganar fácilmente la alcaldía de San Salvador, al vencer a Jackeline Rivera, exdiputada que había sido seleccionada por el FMLN tras la expulsión del alcalde Nayib Bukele. Bukele, una figura muy popular, especialmente entre los jóvenes, venia cuestionando frecuentemente a la cúpula del partido izquierdista por no hacer lo suficiente para combatir la corrupción y mejorar las condiciones de vida de las clases más desposeídas del país.

El siguiente cuadro resume los resultados de las elecciones municipales:

| El SALVADOR- ELECCIONES MUNICIPALES- 2018 | |
|---|---|
| **PARTIDO** | **MUNICIPIOS GANADOS** |
| ARENA | 140 (2 en coalición con PCN) |
| FMLN | 64 (1 en coalición con CD; 1 en coalición con CD-PSD-PSP; 1 en coalición con GANA) |
| GANA | 26 (1 en coalición con FMLN-CD) |
| PCN | 25 (1 en coalición con PDC) |
| PDC | 5 (1 en coalición con FMLN; 2 en coalición con PCN) |
| PSD | 1 |
| FPS | 1 |

Fuente: Tribunal Supremo Electoral

## Bukele Busca Aliarse con Cambio Democrático

Junio 30, 2018. Nayib Bukele anuncia una alianza con CD que le permitirá participar como candidato presidencial en febrero de 2019, ante el bloqueo que sufre la creación de su propio partido, Nuevas Ideas. Sorpresivamente, la Sala de los Constitucional de la CSJ, reconoce una demanda particular que había sido presentada en 2015, donde se pide cancelar al PSD (Partido Social Demócrata) y al CD, por no haber alcanzado los votos mínimos en las anteriores elecciones.

## Sala Constitucional ordena Cancelar a Cambio Democrático

El 10 de julio de 2018, la Sala de lo Constitucional le ordena al TSE cumplir con la inhabilitación de los partidos CD y PSD. Días después, el 26 de julio, el TSE cancela al CD, a pesar de que este partido tiene todavía representación legislativa (CD cuenta en ese momento con 1 diputado en la Asamblea Legislativa) y por tanto, según la Ley de Partidos Políticos, *"ningún partido podrá ser cancelado si cuenta con representación legislativa"*.

## Bukele se Inscribe en GANA

En horas de la tarde, al filo del límite para inscribirse y poder participar en las presidenciales del siguiente año, el 26 de julio de 2018, Nayib Bukele anuncia en un evento en *Facebook Live* que se ha inscrito como candidato presidencial por el partido GANA (Gran Alianza por la Unidad Nacional), ya que no se le ha permitido participar con su propio partido Nuevas Ideas ni con el CD, que fuera cancelado en la mañana de este mismo día. Como candidato a la vicepresidencia, Bukele lleva al abogado Félix Ulloa hijo, quien fuera parte de TSE durante la década de los Noventas.

Fallece el muralista Fernando Llort (Foto: LPG)

## Fallece Reconocido Muralista

El 11 de agosto de 2018, fallece el muralista y escultor Fernando Llort en San Salvador, a los 69 años de edad. Llort recibió el *Premio Nacional de Cultura*, el más alto reconocimiento otorgado a un artista nacional, en 2013. Entre sus principales obras, estaban: el mural de mosaicos en la fachada de la Catedral Metropolitana, obra que fuera dedicada los Acuerdos de paz de 1992 (y que fuera demolida sorpresivamente por orden del nuevo arzobispo Escobar Alas, en 2011), el monumento al "Hermano Lejano" a la entrada sur de San Salvador, viniendo desde el Aeropuerto Internacional, una cruz gigante de madera en la Catedral Southwark, en Londres, entre muchas otras. La obra del artista Llort fue presentada en diversos centros culturales de prestigio en todo el mundo: el Museo Vaticano (Roma), el Museo de Arte Latinoamericano (Washington DC), el Museo Forma (San Salvador), y el Museo de arte moderno MoMA (New York). Los restos de Fernando Llort son velados en la funeraria La Auxiliadora.

Octubre 2018. Los cancilleres de El Salvador y China
Popular acuerdan establecer relaciones diplomáticas
(Foto: Reuters/ Lee).

### El Salvador establece relaciones diplomáticas con China

Agosto 21, 2018. En cadena nacional de televisión, el presidente Sánchez Cerén anuncia que se han establecido relaciones con China Popular y que su gobierno *"ha tomado la decisión de romper relaciones las relaciones diplomáticas mantenidas hasta este día entre la Republica de El Salvador y Taiwán"*. Justificando su decisión, el mandatario declaro que *"China es la segunda economía del mundo, en permanente crecimiento, y los desarrollos logrados en diversos campos de permiten posicionarse entre los países mas exitosos"*.

Por su parte, horas antes, Taiwán anuncia de la ruptura de relaciones con El Salvador. Joseph Wu, ministro de Relaciones Exteriores de Taiwán lamenta las *"acciones brutales"* de Pekín, a quien acusa de *"utilizar su peso económico"* para quitar el apoyo internacional para el gobierno democrático de la isla, que ahora cuenta apenas con el apoyo de 17 naciones en todo el mundo.

### Sigue el juicio por masacre en El Mozote

Octubre 5, 2018. Continúan las investigaciones, tras dos años desde la reapertura, del caso de El Mozote. Las indagaciones son conducidas por el juez Jorge Guzmán, en San Francisco Gotera, Morazán. El estado salvadoreño ya había sido condenado por la CIDH (Comisión Interamericana de Derechos Humanos) en 2012, por ignorar el caso y no llevar a juicio a los responsables.

El juez Guzmán ha estado exigiendo que las Fuerzas Armadas entreguen todos los registros relacionados con la masacre. Pero, al igual que en administraciones anteriores, el gobierno argumenta que esos archivos ya no existen o fueron destruidos administrativamente (tras cumplirse su vida útil de 5 años). Las víctimas son representadas por Tutela Legal del Arzobispado y por la Fundación CRISTOSAL. En diciembre de 1981, efectivos del batallón Atlacatl (entrenado por los Estados Unidos) bajo el mando del coronel Domingo Monterrosa, torturó y asesinó a 986 civiles (entre ellos más de 500 niños). El crimen había quedado en completa impunidad gracias a la ley de amnistía emitida por el presidente Cristiani, en 1993. Dicha ley fue declarada inconstitucional en 2016.

El arzobispo Oscar Romero es canonizado en Roma junto al papa Paulo VI. Sus retratos decoran la Plaza de San Pedro (Foto: AFP)

## Oscar Romero es declarado Santo de la Iglesia Católica

El domingo 14 de octubre de 2018, en una histórica ceremonia en la Santa Sede, a la que asisten más de 70,000 feligreses, el papa Francisco canoniza a monseñor de Oscar Arnulfo Romero. Miles de salvadoreños celebran orgullosos en la plaza de San Pedro, ondeando sus banderas azul y blanco. Junto a Romero es canonizado también el papa Paulo VI y otros cinco beatos. Romero se convierte así en el primer Santo salvadoreño y el primer mártir del Concilio Vaticano II.

Durante la ceremonia, el papa Francisco celebra a *"Monseñor Romero, quien dejo la seguridad del mundo, incluso su propia incolumidad, para entregar su vida según el Evangelio, cercano a los pobres y a su gente, con el corazón magnetizado por Jesús y sus hermanos"*. El papa Francisco lleva a la cintura el *cíngulo* todavía manchado de sangre que llevaba Romero el día que muriera asesinado.

Para muchos en El Salvador, y en el mundo, Oscar Romero ya era considerado un hombre santo, desde que fuera asesinado en 1980 mientras ofrecía una misa en la iglesia del hospital de la Divina Providencia, en San Salvador. Sin embargo, en tiempos del papa Juan Pablo II, Roma cuestionó la labor del entonces arzobispo de San Salvador, por considerarla demasiado cercana a la llamada "Teología de la Liberación", una doctrina que se había convertido en bandera de los grupos de izquierda. El cardenal Paglia, postulador de la causa de monseñor Romero, declararía tiempo después que *"Romero no fue comprendido"*, en su tiempo. *"Buena parte de la curia salvadoreña y de la jerarquía en Roma no lo comprendió. Lo obstaculizo. Lo veían como representante del comunismo, porque en América Latina quien se acercaba a los pobres era llamado comunista. Y quienes acusaban a Romero eran muy poderosos. Fue necesario demostrar que Romero fue siempre fiel a las enseñanzas del Concilio Vaticano".*
La Comisión de la Verdad de la ONU, estableció en 1993 que el arzobispo Romero había sido asesinado por órdenes del mayor Roberto D'Aubuisson, considerado fundador de los escuadrones de la muerte.

# 2019

### Nayib Bukele es Electo Presidente de la Republica

Febrero 3, 2019. El candidato por el partido GANA, Nayib Armando Bukele, resulta victorioso en las elecciones presidenciales obteniendo el 53.2 % de los votos válidos (suficientes para un triunfo en primera vuelta) sobre su rival de ARENA, Carlos Calleja (vicepresidente del Grupo Calleja e hijo del dueño de la cadena de Supermercados Selectos, un personaje muy influyente de ARENA). ARENA, que participa en la contienda en coalición con el PCN, el PDC y el PDS (Partido Democracia Salvadoreña), apenas alcanza el 31.7% de los votos. El candidato del partido oficial FMLN, Hugo Martínez, quien había estado fungiendo como ministro de Relaciones Exteriores desde 2009, se hunde en los resultados, recibiendo apenas un 14% del voto popular.

| El Salvador, Resultados de las Elecciones Presidenciales (Febrero 3, 2019) | | |
|---|---|---|
| Partido Político | Total de Votos Validos | Porcentaje |
| ARENA | 857,084 | 31.72% |
| FMLN | 389,289 | 14.41% |
| GANA | 1,434,856 | 53.10% |
| VAMOS | 20,763 | 00.77% |

Fuente: Tribunal Supremo Electoral

Durante la campaña presidencial, el candidato Bukele logra conectar con la población al utilizar en su Twitter *hashtags* como #DevuelvanLoRobado y #ElDineroAlcanzaCuandoNadieSeLoRoba para atacar a sus rivales. Los hashtags le recordarían una y otra vez a la población, los múltiples casos de corrupción que han cometido figuras clave de ARENA y FMLN, actos encabezados por los expresidentes Paco Flores, Tony Saca y Mauricio Funes, acusados judicialmente de haber saqueado las arcas del Estado durante años.

### Gobernador de California Visita El Salvador

Abril 15, 2019. El gobernador del estado de California, Gavin Newsom, realiza una visita oficial de tres días en El Salvador. Se trata de la primera vez que un gobernador de ese estado visita el país de manera oficial. Newsom manifiesta que la visita obedece a su interés en conocer de primera mano, las razones que causan la migración masiva en la región hacia los EE.UU. El gobernador se reúne con el presidente Salvador Sánchez Cerén, con el presidente-electo Nayib Bukele, con empresarios, y con líderes pro-derechos humanos y religiosos.

El gobernador Newsom manifiesta que: *"California's past, present and future are linked with Central America. Nearly half of all Salvadoran immigrants to the United States – approximately 680,000 people – live in California. They are central to our state's story. And while the White House casts families fleeing violence as 'invaders,' California is proudly a state of refuge."*.

Gavin Newsom, gobernador de California, visita la
tumba de monseñor Romero (Foto: AP)

Durante su visita, Newsom aprovecha para criticar los recientes comentarios del presidente Trump que sugieren que EE.UU. debería *"deshacerse del sistema de asilo"* ofrecido a los migrantes centroamericanos. Newsom también tiene oportunidad de visitar la tumba de Monseñor Romero, en la Catedral Metropolitana. Antes de su partida el gobernador manifiesta su interés en apoyar la creación de empleos y el desarrollo económico, para ayudar a estabilizar a El Salvador.

Nuevos hallazgos en el sitio de Joya de Cerén
(Foto: EDH)

## Nuevos Descubrimientos en Joya de Cerén

Mayo 23, 2019. Un grupo de arqueólogos informa haber descubierto una nueva estructura en el sitio de Joya de Cerén. Junto con esta estructura se encuentran restos de obsidiana, una olla, varias vasijas de cerámica con semillas carbonizadas, y restos de animales. Los hallazgos surgen como parte de un proyecto de mantenimiento y protección del sitio arqueológico.

Hasta la fecha, Joya de Cerén, una antigua aldea maya cubierta en su totalidad por las cenizas del volcán Loma Caldera (c650 d.C), es el único sitio nombrado por UNESCO como Patrimonio Cultural de El Salvador (en 1993).

## NOTAS Y REFERENCIAS:

[1] FESPAD, "La Fiscalía no presenta elementos para acreditar lavado de dinero en el caso Flores", publicado abril 22, 2015, URL: http://www.fespad.org.sv/la-fgr-no-presenta-elementos-para-acreditar-lavado-de-dinero-en-caso-flores/

[2] Consejo Nacional de Cultura y Artes de Chile, "Escritor Horacio Castellanos Moya recibe Premio Iberoamericano Manuel Rojas de Manos de Presidenta Bachelet", URL: http://www.cultura.gob.cl/home/escritor-horacio-castellanos-moya-recibe-premio-iberoamericano-manuel-rojas-de-manos-de-la-presidenta-bachelet/

[3] Centro de Noticias ONU, "El Salvador: Ban Ki-moon apela al espíritu de los Acuerdos de Paz para Abordar Inseguridad", Enero 16, 2015, URL:

http://www.un.org/spanish/News/story.asp?NewsID=31432#.V3f-F9ThDs0

[4] Comunicado de Prensa de la Sala de lo Constitucional, San Salvador, 24 de agosto de 2015. Publicado en su cuenta @CorteSupremaSV, en Twitter.

[5] Ministerio de Turismo de El Salvador, "El Ministerio de turismo Agradece a Iron Maiden por Visitar a El Salvador y Realizar el más grande Evento en la Historia del País", URL: http://www.corsatur.gob.sv/inicio/el-ministerio-de-turismo-agradece-a-iron-maiden-por-visitar-el-salvador-y-realizar-el-mas-grande-evento-en-la-historia-del-pais-2/

[6] Comunicado de Prensa de la Sala de lo Constitucional, "Sala declara inconstitucional la Ley de Amnistía", San Salvador, 13 de julio de 2016.

[7] El Diario de Hoy, "Fiscal: sentencia sobre Ley de Amnistía se va a cumplir", julio 14, 2016, URL: http://www.elsalvador.com/articulo/nacional/fiscal-sentencia-sobre-ley-amnistia-cumplir-119073

[8] La Página, "Embajadora Manes respeta resolución de la Sala respecto a la Amnistía", julio 15, 2016, URL: http://www.lapagina.com.sv/nacionales/119652/2016/07/15/Embajadora-Manes-respeta-resolucion-de-la-Sala-respecto-a-Ley-de-Amnistia

[9] Comunicado Presidencia de la República, "Mensaje a la nación del Presidente de la República Salvador Sánchez Cerén", pronunciado en cadena nacional de radio y televisión el viernes 15 de julio de 2016, publicado en La Prensa Gráfica, el 16 de julio de 2016, pag. 33

[10] UCA, Universidad Centro Americana "José Simeón Cañas", Editorial "Es la hora de las víctimas", URL: http://www.uca.edu.sv/noticias/texto-4324

[11] El Faro, "La Partida Secreta", URL: https://especiales.elfaro.net/es/partida_secreta/notas/20403/los-libros-de-la-partida-secreta-de-los-gobiernos-de-arena.htm

[12] La Prensa Gráfica, "Rosa Chávez, 'abrumado' al conocer que será el primer cardenal en historia de El Salvador", URL: http://www.laprensagrafica.com/2017/05/21/rosa-chavez-abrumado-al-conocer-que-sera-el-primer-cardenal-en-historia-de-el-salvador

[13] Diario1.com, "Presidente de la Asamblea a Donald Trump: 'No nos deje solos'", URL: http://diario1.com/politica/2017/06/presidente-de-asamblea-a-donald-trump-no-nos-deje-solos/

[14] Radio Vaticana, "Jesús los llama a servir a los hermanos como Él y con Él: el Papa a los nuevos cardenales", publicado junio 28, 2017, URL: http://es.radiovaticana.va/news/2017/06/28/jes%C3%BAs_los_llama_a_servir_a_los_hermanos_como_%C3%A9l_y_con_%C3%A9l_el/1321934

# 5.4 Nayib Bukele y las Nuevas Ideas (2019-2021)

El 3 de febrero de 2019, las dos principales fuerzas políticas de El Salvador, ARENA y FMLN, sufren una sorpresiva derrota durante las elecciones presidenciales. Carlos Calleja, hijo de uno de los hombres de negocios más acaudalados en el país (dueño de los Supermercados Selectos) y Hugo Martínez, candidato del FMLN, son derrotados por el joven y popular político Nayib Bukele, quien ha sido alcalde de San Salvador y de Nuevo Cuscatlán. Bukele recibe arriba del 53% de los votos válidos, los que son suficientes para la victoria en primera vuelta. Desde sus primeros meses de gobierno, Bukele buscaría acercarse al controversial gobierno "Antinmigrante" de Donald Trump, estableciendo una curiosa amistad con el embajador Ronald Johnson, quien muchas veces serviría como mediador entre los constantes conflictos entre Bukele y los partidos de oposición. Al mismo tiempo, Bukele lanzaría fuertes señalamientos contra los presidentes Daniel Ortega (Nicaragua), Juan Orlando Hernández (Honduras), y Nicolas Maduro (Venezuela), a quienes considera "dictadores" . Bukele propondría la creación de una CICIES (Comisión Internacional contra la Impunidad) similar a la CICIG guatemalteca.

A finales de 2019, Bukele se embarcaría en una serie de visitas al exterior. Tras reunirse con Donald Trump en Nueva York, Bukele viaja a Japón, China y Qatar, buscando expandir las relaciones comerciales con esos países. A su regreso al país, se enfrentaría con la sistemática oposición de la Asamblea Legislativa (controlada por ARENA, PCN, FMLN y PDC) y la Sala de lo Constitucional de la Corte Suprema de Justicia (ocupada por jueces nombrados por ARENA y FMLN). El conflicto con la oposición se agudizaría en medio de la pandemia del COVID-19 que tiene paralizada la actividad laboral del país.

Nayib Bukele y su esposa, tras ser juramentado como presidente de El Salvador (Foto: Casa Presidencial)

# 2019

## Bukele Asume la presidencia de la República

Junio 1, 2019. El exalcalde de la capital salvadoreña, Nayib Armando Bukele Ortez, es juramentado como nuevo presidente de El Salvador. Bukele se convierte de esta manera en el primer presidente que no pertenece a ninguno de los dos principales partidos, ARENA y FMLN, que han gobernado desde la firma de los Acuerdos de Paz de 1992. El abogado Félix Ulloa (hijo del Rector de la UES, Ing. Félix Ulloa, asesinado por un escuadrón de la muerte a inicios de la guerra civil) asume como nuevo vicepresidente de la república. A diferencia de otras ocasiones cuando el nuevo presidente es juramentado en el Centro de Ferias y Convenciones (CIFCO), la toma de posesión presidencial tiene lugar en la Plaza Gerardo Barrios, en el "centro histórico" de la capital. Muchos de los diputados de oposición que asisten al evento, entre ellos Norman Quijano, Margarita Escobar, Nidia Diaz y Shafik Handal jr., son abucheados por la población asistente.

## Gabinete de Gobierno 2019- 2024

Presidente: Nayib Armando Bukele Ortez
Vice presidente: Félix Ulloa
**Secretarías de Estado**
Secretario Comercio e Inversiones: Jorge Kattán
Secretario de Prensa: Ernesto Sanabria

Secretario de Innovación: Vladimir Handal
Secretario Privado de la Presidencia: Ernesto Castro
Secretaria de Comunicaciones: Sofia Verónica Medina
Secretario Jurídico de la Presidencia: Conan Tonathiu Castro
**Ministros 2019- 2024:**
Agricultura y Ganadería: Pablo Salvador Anliker
Cultura: Suecy Beverly Callejas Estrada
Defensa Nacional: Rene Francis Merino
Desarrollo Local: María Ofelia Navarrete de Dubon
Economía: María Luisa Hayem
Educación, Ciencia y Tecnología: Carla Evelyn Hanania
Gobernación y Desarrollo Territorial: Mario Edgardo Duran Gavidia
Medio Ambiente & Recursos Naturales: Fernando Andrés López Larreynaga
Hacienda: Nelson Eduardo Fuentes Menjívar (hasta julio 2020); Alejandro Zelaya (desde julio 2020)
Relaciones Exteriores: Alexandra Hill Tinoco
Salud Pública: Ana del Carmen Orellana Bendek (hasta marzo 2020; Francisco José Alabí (desde marzo 2020)
Justicia & Seguridad Pública: Rogelio Eduardo Rivas Polanco
Trabajo & Previsión Social: Oscar Rolando Castro
Vivienda y Desarrollo Urbano: Michelle Sol
Obras Públicas y Transporte: Edgar Romeo Rodríguez
Turismo: Morena Ileana Valdez Vigil

**Nayib Bukele** ✓
@nayibbukele

Se ordena a la @FUERZARMADASV retirar de inmediato el nombre del Coronel Domingo Monterrosa, del Cuartel de la Tercera Brigada de Infantería, en San Miguel.

♡ 18K   5:58 PM · Jun 1, 2019

**Primeras decisiones presidenciales**
Junio 2, 2019. Conocido como usuario frecuente de Twitter, Bukele comienza a utilizar esta red social para enviar ordenes presidenciales. En la primera de ellas, Bukele ordena vía Twitter remover el nombre del general Domingo Monterrosa (quien condujera la masacre del caserío El Mozote en 1981) de la 1ª. Brigada de infantería, con sede en San Miguel. El presidente ordena también la destitución de numerosos familiares de altos funcionarios en el anterior gobierno del FMLN, incluyendo a miembros de la familia del expresidente Sánchez Cerén.

**Nayib Bukele** ✓
@nayibbukele

Se le ordena al Ministro de Seguridad, @RogelioRivasSS, remover de su plaza de $2,500, a la Directora General de Centros Intermedios, Irma Mejía Mejía, nuera del ex Presidente Sánchez Cerén.

Promueva a un subalterno con credenciales para asumir el cargo y ahorre ese monto.

♡ 7,722   5:53 PM - Jun 4, 2019

Bukele lanza inmediatamente su PLAN DE CONTROL TERRITORIAL para combatir la presencia de pandillas en las 17 principales ciudades del país (las pandillas son responsables de múltiples homicidios, secuestros, violaciones y extorsiones en todo el país). Además, Bukele anuncia que se proveerán fondos de emergencia a la PNC y al ejército salvadoreño. Se ordena también que las principales empresas de telecomunicaciones que operan en El Salvador (TIGO, CLARO, DIGICEL, etc.) interrumpan inmediatamente las señales Wi-Fi alrededor de las prisiones (es del dominio público que los líderes pandilleros frecuentemente dan ordenes utilizando sus celulares desde las cárceles para que sus subalternos asesinen o extorsionen).

**Migrantes salvadoreños: imagen trágica que da la vuelta al mundo**
Junio 24, 2019. Los cuerpos sin vida de un padre salvadoreño y su pequeña hija son encontrados a orillas del Rio Bravo (o Grande) en la frontera Texas- México. El joven Oscar Alberto Martínez Ramírez (quien trabajaba en El Salvador como repartidor de comida rápida) y su hija Valeria (de apenas un año 11 meses de edad) estaban intentando cruzar hacia Estados Unidos cuando fueron arrastrados por la corriente. Todo ocurre rápidamente ante la mirada de espanto de la madre de la menor, Tania Vanessa Avalos, quien ya había llegado al lado estadounidense.

Los cuerpos sin vida de Oscar Alberto Martines y su hija Valeria, yacen a orillas del Rio Grande, EE.UU. (Foto: Associated Press)

## Migración de compatriotas es culpa nuestra, dice Bukele

Julio1, 2019. A raíz de la muerte de un padre y su hija al intentar cruzar un rio entre México y EE.UU., el presidente Bukele declara *"La gente no huye de sus hogares porque quiere, la gente huye porque siente que tiene que hacerlo.... Es nuestra culpa. No hemos podido lograr nada. Ni un trabajo decente, ni una escuela decente"*.

La fotografía de los cuerpos sin vida de Oscar Alberto Martínez y su hija Valeria, le dio la vuelta al mundo en un instante, dejando en evidencia, una vez más, la crisis que atraviesan los países centroamericanos. Bukele también cuestiono las políticas migratorias *"equivocadas"* de los gobiernos estadounidenses, asegurando que sería muy fácil para EE.UU. *"ayudar a convertir a El Salvador en un lugar seguro para vivir y donde la gente pueda tener empleo bien pagado"*.

## Secretario Pompeo visita El Salvador

Julio 21, 2019. En su última parada en una gira que lo ha llevado a otros tres países latinoamericanos (Argentina, Ecuador y México) , el secretario de Estado, Mike Pompeo, se reúne con el presidente Bukele en San Salvador. Tras una reunión de carácter privado, Pompeo dice *"Este es un país que puede ser un modelo en cuanto a la migración"*. La administración Trump ha manifestado una y otra vez su interés en frenar a toda costa el masivo flujo de migrantes en su frontera sur. Bukele declara no haber solicitado ninguna asistencia financiera adicional durante la reunión con el funcionario.

El actor durante una entrevista en que promueve
su nueva película (Foto: Univisión)

**DiCaprio Profesa su Predilección por las Pupusas Salvadoreñas**

En julio de 2019, durante la promoción de la nueva película "Once upon a time in Hollywood", en una entrevista junto al director Quentin Tarantino y al actor Brad Pitt, al preguntársele a Leonardo DiCaprio cuál era su platillo mexicano favorito, el actor estadounidense declara *"I'm a pupusa man, myself"*. Cuando el entrevistador le aclara que las pupusas son de origen salvadoreño, DiCaprio reconfirma diciendo *"pupusas are better tan tacos"*.

Las declaraciones surgen a raíz de la pregunta del entrevistador (de origen mexicano) sobre cual era el plato mexicano favorito de Pitt, Tarantino y DiCaprio. *"You can't beat a taco"*, había dicho Pitt minutos antes, mientras que Tarantino declaraba su predilección por *"Chicken Mole, baby!"*.

Las palabras de DiCaprio encienden las redes sociales en El Salvador y entre la diáspora salvadoreña alrededor del mundo, donde muchos piden que DiCaprio sea declarado "Hijo Meritísimo" y el mismo presidente de la republica sugiere invitar al actor para una visita.

Delegación del congreso EE.UU. Se reúne con el
presidente Bukele (Foto: U.S. Congress)

### Líder del congreso estadounidense visita El Salvador

Agosto 8-9, 2019. La señora Nancy Pelosi, líder de la cámara de representantes del congreso EE.UU., encabeza una delegación bipartita de 13 congresistas que busca fortalecer las relaciones con El Salvador, especialmente en lo relacionado con el desarrollo económico, la lucha contra la corrupción y la protección a los derechos humanos. La delegación visita el Centro Judicial Isidro Menéndez, donde se les informa de los esfuerzos de la CSJ para ayudar a las víctimas de la violencia de genero (uno de los múltiples programas financiados por EE.UU.). Además, los congresistas rinden homenaje a los sacerdotes jesuitas asesinados por un comando del Ejército salvadoreño, en noviembre de 1989. Pelosi se reúne también con Dorila Márquez, sobreviviente de la masacre del Mozote, en 1981 (a manos del batallón Atlacatl, entrenado por asesores militares estadounidenses). Finalmente, la delegación se reúne con el presidente Bukele y su gabinete, donde felicitan al mandatario salvadoreño por su interés en crear un ente internacional que ayude a combatir la corrupción.

Los congresistas visitantes son: Nancy Pelosi, Eliot Engel, Nydia Velázquez, Jim McGovern, Henry Cuellar, Lucille Roybal-Allard, Katie Hill, Jesús "Chuy" García, Mary Scanlon, Norma Torres, y Lauren Underwood.

### El Salvador firma controversial acuerdo de seguridad con EE.UU.

Agosto 28, 2019. El Salvador y Estados Unidos firman un "acuerdo de cooperación bilateral en asuntos migratorios". El acuerdo es firmado por la ministra de RR.EE., Alexandra Hill y el secretario interino de Seguridad Nacional (Homeland Security), Kevin McAleelan. El acuerdo, que busca incrementar la seguridad fronteriza, compartir información, y desarrollar la *"capacidad de asilo y protección"*, además incluye compartir información para luchar contra el narcotráfico y el crimen organizado. El acuerdo es criticado por defensores de los derechos de los migrantes que consideran que se ha proporcionado muy poca información y que al parecer se trata de un esfuerzo más de parte de la administración Trump por militarizar las fronteras de México, Guatemala, Honduras y ahora El Salvador, para detener el flujo migratorio. Cesar Ríos, director del INSAMI (Instituto Salvadoreño del Migrante) considera que el acuerdo *"puede perjudicar, impedir el paso de aquellas familias y personas que están huyendo de la violencia y que el país no tiene capacidad de proteger"*.

## Presidente Bukele se reúne con Trump

El miércoles 25 de septiembre de 2019, el presidente Nayib Bukele se reúne con Donald Trump, habiendo conseguido un espacio durante el desarrollo de la Asamblea General de Naciones Unidas, en Nueva York. La reunión, a la que asisten altos funcionarios de ambos gobiernos (incluyendo a la ministra de RR.EE., Alexandra Hill, y el Secretario de Estado, Mike Pompeo), se centra alrededor del tema migratorio y la posibilidad de extender el TPS (Temporary Protected Status) a los miles de compatriotas salvadoreños que residen en EE.UU, desde los terremotos de 2001. Mientras que Trump manifiesta que está *"muy impresionado"* por el trabajo que ambos gobiernos han realizado en contra de la corrupción y el crimen, Bukele, por su parte, le dice a Trump que *"es un presidente muy cool"*.

Bukele aprovecha para pedirle a Trump una revisión de la alerta de "advertencia de viaje" (Travel advisory) a El Salvador que aparece en el sitio Web del Departamento de Estado y que afecta el flujo de turistas hacia el país centroamericano.

## Bukele niega la existencia de archivos militares

Noviembre 15, 2019. El gobierno del presidente Bukele manifiesta al juez Jorge Guzmán, que sigue el caso de El Mozote (masacre ocurrida en diciembre 1981, a manos del batallón Atlacatl contra habitantes de la zona de El Mozote, en Morazán), que el ministerio de Defensa *"no tiene archivos militares"*, pero dice estar dispuesto a permitir las *"inspecciones físicas"* de las instalaciones militares.

El presidente Xi Jinping recibe al presidente
salvadoreño (Foto: Getty Images)

### Presidente Bukele visita Japón, China y Qatar

Noviembre- diciembre 2019. El presidente Nayib Bukele inicia una gira que lo lleva a Asia y al Medio Oriente, en busca de "cooperación e inversión".

La primera visita lo lleva al Japón, donde el 29 de noviembre se reúne con el Primer Ministro, Shinzo Abe. Tras su encuentro, Bukele anuncia el compromiso de Japón de apoyar el desarrollo de la Zona Oriental, que incluyen el "Periférico Gerardo Barrios" y el Puerto de La Unión.

Entre el 2 y 6 de diciembre, Bukele visita China, acompañado de miembros clave de su gabinete: Alexandra Hill (Relaciones Exteriores), Morena Valdez (Turismo), Pablo Anliker (Agricultura), y Luisa Hayem (Economía). Luego de su reunión con el presidente Xi Jinping, el gobierno salvadoreño anuncia que China ha aprobado una *"gigantesca cooperación no reembolsable"*, la cual incluye la construcción de un nuevo estadio deportivo, una nueva Biblioteca Nacional, una nueva planta potabilizadora de agua, así como inversiones en las zonas turísticas costeras y la restauración del muelle de La Libertad.

La gira presidencial concluye en Qatar, donde Bukele participa en el "Foro de Doha", del 14 al 15 de diciembre. También se reúne con el emir, Tamim Hamad Thani.

# 2020

El presidente ocupa militarmente las instalaciones
de la Asamblea Legislativa (Foto: ElFaro)

### La ocupación de la Asamblea Legislativa

El domingo 9 de febrero de 2020, el presidente Nayib Bukele irrumpe en las instalaciones de la Legislatura acompañado de fuerzas militares y policiales para exigirle a los diputados la aprobación de un proyecto de ley que ha estado siendo retenido por los legisladores. Durante la semana anterior, Bukele había estado exigiendo que los diputados convocaran a una sesión extraordinaria el domingo para votar por la propuesta del ejecutivo. Ante la falta de "quorum" (solo un puñado de diputados se hace presente), la plenaria no se realiza. La oposición acusa al presidente de tener tendencias "fascistas" e intentar dar un "Bukelazo", un auto-golpe de estado al estilo de Alberto Fujimori en el Perú.

### Papa Francisco aprueba beatificación de Rutilio Grande

Febrero 22, 2020. El papa Francisco aprueba el decreto que reconoce el martirio del sacerdote jesuita salvadoreño Rutilio Grande. Fuentes vaticanas confirmaron que el papa se había reunido con Angelo Beciu, prefecto de la Congregación para la Causa de los Santos, para revisar varios decretos para la beatificación, incluyendo el del padre Grande. La declaración del "martirio" del padre Grande abre el camino para la beatificación del religioso. Durante un viaje a Panamá en 2019, el papa Francisco había declarado *"Yo a Rutilio lo quiero mucho. En la entrada de mi cuarto tengo un marco que contiene un pedazo de tela ensangrentada de (Oscar) Romero y los apuntes de una catequesis de Rutilio"*. El padre "Tilo", como se le conocía a Rutilio Grande en el poblado de Aguilares, murió asesinado en 1977 por miembros de un escuadrón de la muerte del ejercito salvadoreño, junto con el menor Nelson Rutilio Lemus (de apenas 15 años) y Manuel Solorzano (de 72 años). En aquel entonces, el arzobispo Oscar Romero se reunió con el entonces presidente de la república, coronel Arturo Molina, para exigirle una investigación exhaustiva que determinara quienes fueron los responsables.

## GOES ordena cierre de fronteras debido al COVID-19

El 11 de marzo de 2020, el presidente Bukele ordena el cierre de fronteras y la suspensión de clases por un periodo de 21 días ante la amenaza de que ingrese al territorio nacional el peligroso COVID-19.

*"Hemos decidido decretar cuarentena nacional para todo el territorio nacional"*, dijo el presidente Bukele, ante el creciente número de casos en países como Italia y España. Varios casos de contagio han sido detectados en Costa Rica, Panamá y en la vecina Honduras. Las medidas del Ejecutivo incluyen: 1) cierre de fronteras terrestres, 2) cierre de entrada al Aeropuerto Internacional Oscar Romero. Los extranjeros y nacionales que deseen ingresar deberán someterse a una cuarentena obligatoria de un mes. El gobierno también anuncia que las exportaciones e importaciones podrán mantenerse activas, mientras cumplan con los controles sanitarios. Adicionalmente, son suspendidas indefinidamente las clases en todo el territorio.

Desde el 7 de marzo, el GOES ha prohibido el ingreso de pasajeros procedentes de China, Corea del Sur, Francia, Italia, Alemania, España, e Irán, que son los países más afectados hasta fecha por el nuevo y peligroso coronavirus.

## Gobierno despliega fuerzas militares en la frontera

El 13 de marzo de 2020, el GOES comienza a desplegar al Ejército en los diferentes puntos ciegos en las fronteras del país, anunciando que se ha declarado alerta roja. El presidente Bukele pide a los diputados la aprobación de decretos de "Emergencia nacional" y de "Estado de excepción". Este último, aprobado al día siguiente, busca restringir el ingreso de personas al país, así como la circulación de personas en lugares específicos. Se prohíben también las salidas del país.

## El Salvador confirma su primer caso de coronavirus

El miércoles 18 de marzo de 2020, en cadena nacional desde la Casa Presidencial, el presidente Nayib Bukele confirma la detección (ese mismo día) del primer caso oficial de COVID-19 en territorio nacional. La persona en cuestión (cuya identidad se mantiene oculta) había ingresado al país por un punto fronterizo en el municipio de Metapán, al occidente del país (a 112 kilómetros de San Salvador). Aparentemente esta persona había estado en Italia, país que estaba sufriendo los embates del coronavirus. El gobierno declara que se ha establecido un "cordón sanitario" de 48 horas en la zona de Metapán. Horas antes, el gobierno de Bukele había anunciado su "Plan de respuesta y alivio" para ayudar a paliar los efectos de la pandemia en el país, entre ellas: suspensión por tres meses de cobros de energía eléctrica, telefonía, y agua. Además, se congelan los cobros de créditos personales, hipotecarios, tarjetas de crédito, y otros.

Desde el pasado 11 de marzo, el gobierno ha cerrado sus fronteras a los extranjeros, ordenando inmediatamente una cuarentena de 21 días para los salvadoreños que recién hayan ingresado a El Salvador.

### GOES ordena una Cuarentena Nacional y ofrece ayuda económica

Marzo 22, 2020. En conferencia de prensa, el presidente Bukele anuncia que se impondrá una cuarentena domiciliar obligatoria por un mínimo de 30 días en todo el país. A cambio de la cuarentena, el gobierno ofrece una compensación de $300 dólares para ayudar a las familias más pobres y afectadas (entre ellas las que se dedican al comercio informal).

### Inicia la entrega de ayuda económica a afectados por COVID-19

Marzo 28, 2020. El GOES inicio este sábado la entrega de $300 dólares prometidos a unas 200,000 familias afectadas por el cierre de sus negocios informales, a causa de la pandemia del COVID-19. El presidente Bukele informa que el sitio web habilitado para que la población aplique a la ayuda económica colapso a tan solo "5 minutos" de ser anunciado la noche anterior. La ayuda ha comenzado a ser depositada en los beneficiados que tienen cuenta bancaria.

### Primer fallecido por COVID-19 en El Salvador

El 31 de marzo de 2020, el presidente Bukele informa en su cuenta de *Twitter* que ha ocurrido la primera muerte en el país por complicaciones del coronavirus. De acuerdo con el mandatario, la fallecida es una mujer de más de 60 años que había llegado desde los Estados Unidos. El GOES ha sido el primer gobierno en la región centroamericana en implementar medidas severas (desde el 11 de marzo) para evitar el ingreso del COVID-19. Hasta esta fecha se han detectado 32 casos de contagio, la mayoría de ellos presentando un estado estable. *"Dios nos proteja"* dijo Bukele al finalizar su tuit.

Cientos de personas protestan en las calles por no recibir aun la ayuda económica ofrecida por el gobierno (Foto: ElFaro)

**Protestas callejeras para exigir entrega de ayuda financiera**
Marzo 30-31, 2020. Cientos de personas inundan las calles de San Salvador abarrotan las calles de San Salvador, exigiendo que se agilice la entre del subsidio de $300 dólares ofrecidos por el gobierno. La forma improvisada en que se realiza la entrega es criticada por entes como el Colegio Médico y diversas organizaciones sociales.
En total, el GOES espera realizar la entrega de unos $450 millones de dólares.

**GOES adquiere Hidroxicloroquina para combatir el COVID-19**
Mayo 17, 2020. En cadena nacional, el presidente Bukele anuncia la compra de la droga hidroxicloroquina para combatir la pandemia del COVID-19. La droga hidroxicloroquina, muy eficaz contra la malaria, ha estado siendo promovida por el presidente Trump, a pesar de que sus propios expertos, entre ellos el Dr. Anthony Fauci y otros, han dicho que la droga no solo no es eficaz contra el coronavirus, sino que puede causar complicaciones severas (problemas cardiacos graves), y hasta la muerte, si es ingerida regularmente.
Aunque este día se anuncia el costo total de $575 millones por la droga, posteriormente Bukele aclararía que se invirtieron tan solo $575,000 dólares y que dicha medicina puede servirle a los pacientes con lupus.

**Presidente admite que ingiere hidroxicloroquina**
Mayo 27, 2020. El presidente Bukele anuncio hoy en conferencia de prensa

que, al igual que Donald Trump, está tomando hidroxicloroquina (una droga muy efectiva para combatir la malaria) como medida preventiva contra el COVID-19. Esta misma semana, la OMS ha anunciado que ha suspendido las pruebas clínicas con hidroxicloroquina ya que los informes indican que la tasa de mortalidad se ha incrementado en pacientes que la ingieren.

En EE.UU., Trump ha sido criticado por promover esta droga para combatir COVID-19, sin que haya un tan solo estudio científico que respalde su efectividad contra el coronavirus. Las declaraciones de Bukele se dan durante el evento en que el embajador estadounidense Ronald Johnson hace entrega de un primer lote de 250 ventiladores mecánicos, ofrecidos por la administración Trump para pacientes en estado de gravedad por el COVID-19.

### Bukele veta ley aprobada por legislatura

Junio 6, 2020. El presidente Bukele veta una ley aprobada por la Asamblea legislativa (decreto 648) que autoriza una reactivación económica dirigida a enfrentar la amenaza del COVID-19. De acuerdo con el ciudadano presidente, dicha legislación *"viola el derecho de igualdad de los trabajadores y el derecho a la salud de la población"*. Mas aun, dice el presidente, el decreto 648 no considera las recomendaciones del Ministerio de Salud, relacionadas con el estado en que se encuentra el país. Dicha legislación había sido aprobada recién el 30 de mayo pasado. Ese mismo día, el dialogo entre GOES y diputados había concluido sin producir mayores resultados.

### Embajador EE.UU. se pronuncia sobre conflicto interno

Junio 10, 2020. El embajador estadounidense Ronald Johnson pidió al GOES y a la Asamblea legislativa llegar a un acuerdo para la lanzar la reactivación del país. En su cuenta de Twitter, Johnson manifiesta que *"Vemos con preocupación que la falta de acuerdos deja a los salvadoreños sin seguridad jurídica sobre cómo proteger su salud y volver a trabajar para mantener a su familia"*.

### Asamblea supera veto presidencial

Junio 11, 2020. En medio de las crecientes fricciones entre los poderes Ejecutivo y Legislativo, la Asamblea legislativa supera el veto presidencial a la llamada "Ley de emergencia nacional por la propagación del COVID-19". Para los legisladores, esta ley, conocida como decreto 648, busca poner un orden claro *"de acciones y medidas para llevar a cabo la reanudación de las labores en los en los sectores productivos que permanecen paralizados y, en su presentación, obtuvo el respaldo de 59 de los 84 diputados salvadoreños"*.

### MINED suspende clases presenciales para el resto del 2020

Agosto 19, 2020. La ministra de educación, Carla Hanania, anuncia la decisión del gobierno de mantener suspendidas las clases en todas las instituciones públicas y privadas, para proteger a la población estudiantil y educadores posibles contagios del coronavirus. El MINED autoriza que los docentes puedan continuar sus labores preparando contenidos educativos a ser entregados en forma digital a sus alumnos, estudiando desde casa. Igualmente, confirma el ministerio, las instituciones de educación superior podrán continuar sus programas de educación remota.

Las clases presenciales habían sido suspendidas por orden presidencial desde el 11 de marzo pasado, forzando a los centros educativos a implementar clases en línea.

A la fecha se registran 23,717 casos de contagio y 633 fallecidos en El Salvador, según datos del centro de monitoreo de John Hopkins University.

Juez Jorge Guzmán, a cargo del caso de El Mozote, busca que las Fuerzas Armadas entreguen información del caso (Foto: Diario El Mundo)

### GOES rehúsa revelar información sobre Caso El Mozote

Agosto 31, 2020. Un enviado del presidente Bukele le dice al juez Jorge Guzmán, a cargo del juzgado de San Francisco Gotera, que debido a asuntos de "seguridad nacional", la Fuerza Armada no puede revelar *"planes militares secretos"* de 1981. El juez Guzmán rechaza tajantemente el argumento, ya que han pasado 40 años desde que ocurriera la masacre. La postura del gobierno es prácticamente la misma que han tenido los gobiernos de ARENA, FMLN, y PDC en las últimas 4 décadas. El Caso del Mozote fue reabierto en 2016, cuando la CSJ declarara inconstitucional la ley de amnistía de 1993. Desde entonces, el juez Guzmán ha ordenado entrevistas con sobrevivientes, médicos forenses, y expertos militares. Además, ha realizado numerosas peticiones de información a unidades del gobierno.

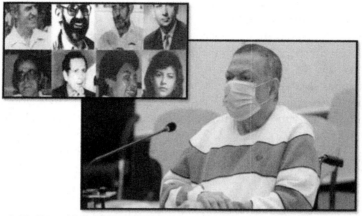

Septiembre 2020. El excoronel Inocente Montano es condenado en España por el asesinato de 5 sacerdotes jesuitas en 1989 (Fotos: Getty Images/ CoLatino)

## Condenan en España a exmiembro de la Tandona

Septiembre 11, 2020. El excoronel Inocente Montano, quien fuera comandante del Batallón Belloso durante la Guerra Civil, fue condenado este día en Madrid por el asesinato de los sacerdotes jesuitas de la UCA. Montano deberá cumplir más de 133 años de condena (26 años, 8 meses y un día de cárcel por cada una de las 5 víctimas españolas asesinadas). El crimen ocurrió el 16 de noviembre de 1989, cuando un comando militar penetró durante la madrugada en el campus de la universidad. Los sacerdotes jesuitas Ignacio Ellacuría (Rector), Ignacio Martin-Baro (Vicerrector), Juan Ramon Moreno, Segundo Montes, Amado López, y Joaquín López (salvadoreño) fueron sacados de la residencia y asesinados en el jardín. Para no dejar testigos, los militares también asesinan a la cocinera Elba Julia Ramos y a su hija de tan solo 16 años. Antes de huir, los militares colocaron pancartas haciendo creer que los asesinos eran guerrilleros. Según se estableció en el informe de la Comisión de la Verdad de Naciones Unidas, la orden de acabar con Ellacuría y los otros padres, provino de una reunión en el Estado Mayor donde estaban el presidente Cristiani y los principales comandantes militares. España había solicitado la extradición de 13 militares (casi todos ellos miembros de la "Tandona", un grupo de oficiales salvadoreños que se habían graduado de manera express, para enfrentar la insurrección guerrillera). El GOES negó la petición de Madrid. Montano había migrado a EE.UU. en 2001, acogiéndose al TPS (programa de protección temporal, para los afectados de los terremotos de

2001), residiendo en la ciudad de Boston, hasta que en 2011 fuera detenido por haberse detectado información falsa en su solicitud migratoria (Montano había negado ser miembro de las fuerzas armadas).

## Bukele informa sobre Caso El Mozote

Septiembre 24, 2020. En conferencia de prensa, el presidente Bukele asegura haber "desclasificado" toda la información pertinente a la masacre perpetrada por el batallón Atlacatl en el caserío El Mozote, en Morazán, durante un operativo militar que causó la muerte de más de 986 civiles, principalmente mujeres, ancianos y niños. Durante la conferencia se muestran 5 cajas que supuestamente contienen la información que ha sido enviada al juzgado de San Francisco Gotera, donde son procesados los jefes militares considerados responsables de la masacre. Días antes, el 21 de septiembre la Fuerza Armada había impedido el ingreso del juez Jorge Guzmán, quien ventila el caso en San Francisco Gotera, a la 2ª. Brigada Aérea en la base militar de Comalapa, aduciendo que esa unidad había sido creada en 1986, años después de la masacre.

## Banco Mundial: Impacto de la pandemia COVID-19

Octubre 2020. El Banco Mundial (BM) asegura en un informe especial que la pandemia COVID-19 tendrá un fuerte impacto en la economía del país, a pesar de que su gobierno fuera el que más prontamente implementó medidas de contención en la región. Se estima, dice el BM, que la economía nacional se contraiga y el PIB se reduzca un 8.7% para finales del 2020 debido a la reducción de la actividad económica y a la reducción de remesas enviadas desde el exterior (principalmente de EE.UU.). El Banco Mundial prevé un crecimiento del 4.9% para 2021.

Hasta fines de octubre hay 33,631 casos de coronavirus y 975 muertes en El Salvador (John Hopkins University)

## Juez niega haber recibido información sobre Caso El Mozote

Octubre 14 2020. El juez de instrucción de San Francisco Gotera, Jorge Guzmán, niega categóricamente haber recibido ninguna información oficial sobre el Caso de la masacre en El Mozote (en diciembre de 1981). *"Los expedientes o archivos que el señor presidente dijo extrajo de diferentes unidades militares, en ningún momento los ha hecho llegar".*

## Tormenta ETA atraviesa El Salvador

El 2 de noviembre de 2020, el huracán ETA (categoría 4, de acuerdo al NOAA) penetra territorio centroamericano, golpeando inicialmente a Nicaragua y Honduras. De manera preventiva, la Dirección Nacional de Protección Civil de El Salvador emite una alerta roja a nivel de todo el territorio. A partir del 4 de noviembre, ETA (ya disminuido a Tormenta

Tropical) atraviesa El Salvador con lluvias severas (con entre 160mm y 170mm de lluvia), dejando 1 persona fallecida y miles de damnificados que son trasladados a albergues en varios departamentos del país. El estado de pandemia COVID-19 que sufre el país complica la situación de los albergados y de los cuerpos de rescate. Daños reportados incluyen decenas de árboles caídos, cortes de energía eléctrica en numerosas comunidades y múltiples deslizamientos de tierra.

Huracán IOTA ingresando a territorio centroamericano (Foto satelital: NOAA)

### IOTA: una nueva Tormenta golpea El Salvador
Noviembre 16, 2020. IOTA, un nuevo huracán (categoría 5, según el NOAA), ingresa a territorio nicaragüense, dejando destrucción y zozobra a su paso. Ya reducida a depresión tropical, IOTA penetra territorio salvadoreño el 18 de noviembre, provocando deslizamientos, inundaciones, caídas de árboles y dejando al menos 30 muertos. Cientos de evacuados son llevados a distintos albergues del país.

### Políticos critican injerencia del embajador Estadounidense
Noviembre 26, 2020. Diputados y alcaldes critican un tuit del embajador Ronald Johnson en el que le responde al presidente Bukele. En su cuenta de Twitter, Bukele había afirmado que el decreto 640, aprobado por la legislatura para reorientar fondos hacia el pago del FODES (Fondo para el Desarrollo Económico y Social) era *"inconstitucional"* y además *"imposible de ejecutar"*. Johnson había comentado brevemente *"Games my friend. All games"*. Este comentario, borrado pocas horas después, desata una serie de críticas en las mismas redes sociales, contra el embajador. La diputada Marta Batres

(ARENA) responde *"Embajador, en la Asamblea no jugamos con el pueblo salvadoreño, priorizamos sus necesidades, por eso votamos"*. La izquierdista parlamentaria Cristina Cornejo (FMLN) señala que el comentario era *"una injerencia"* que debía ser investigada por el Departamento de Estado norteamericano.

**Sala ordena sancionar ley contra la pandemia COVID-19**
Diciembre 23, 2020. La Sala de lo Constitucional confirma que el decreto 757 (conocido como "Ley especial transitoria para contener la pandemia por la enfermedad COVID-19") es constitucional y debe, por tanto, ser sancionado por el presidente Bukele y luego publicado en Diario Oficial. Dicha legislación había sido aprobada por la legislatura, el pasado 29 de octubre.
Hasta la fecha hay 44,328 casos de coronavirus y 1274 muertes en El Salvador (John Hopkins University).

**GOES denuncia acciones para bloquear su trabajo**
Diciembre 24, 2020. El gobierno salvadoreño denuncia este día que las *"Recientes resoluciones de la Sala de lo Constitucional de la Corte Suprema de Justicia (CSJ) y el acuerdo ilegal entre las bancadas de oposición en la Asamblea Legislativa para aprobar el presupuesto 2021 están limitando las acciones"* para enfrentar efectivamente la crisis provocada por el COVID-19.
El día anterior, 23 de diciembre, la Sala Constitucional había resuelto en favor de la legislatura, obligando al gobierno a sancionar una nueva ley

transitoria (decreto 757) orientada a combatir la pandemia. El GOES señala que dicha legislación limita la capacidad del MINSAL para contener el virus.

# 2021

### Se reducen las perspectivas de crecimiento económico

Enero 6, 2021. El Banco Mundial pronostica un crecimiento económico menor (del 4.6%) para El Salvador, debido principalmente al impacto de la pandemia COVID-19. El organismo financiero también ajusta su previsión del PIB (Producto Interno Bruto, que mide la producción de bienes y servicios) estimando que ahora se contraerá en un -7.2% (y ya no el -8.7%, señalado en octubre pasado).

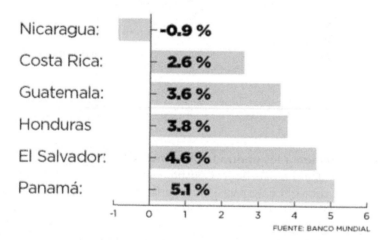

**PROYECCIÓN ECONÓMICA PARA CENTROAMÉRICA EN 2021**

| Nicaragua: | -0.9 % |
| Costa Rica: | 2.6 % |
| Guatemala: | 3.6 % |
| Honduras | 3.8 % |
| El Salvador: | 4.6 % |
| Panamá: | 5.1 % |

FUENTE: BANCO MUNDIAL

### Embajador Johnson abandona El Salvador

Enero 20, 2021. El embajador Ronald Douglas Johnson finaliza su gestión en el país este día. Tras la derrota de Donald Trump a manos del demócrata Joe Biden, el embajador Johnson, al no ser diplomático de carrera, está obligado a dejar el cargo y salir del país. Durante su estancia, Johnson sirvió muchas veces como mediador entre los conflictos del presidente Bukele con la Asamblea Legislativa y la Sala Constitucional.

El lunes pasado (enero 18), en un evento de despedida transmitido en vivo en las redes sociales, el presidente Bukele había otorgado a Johnson la nueva condecoración "Gran orden Francisco Morazán", destacando durante su discurso su cercana amistad con el embajador.

Tras haber sido confirmado por el Senado norteamericano en junio de 2019, Johnson había llegado a El Salvador el 5 de septiembre de 2019, como reemplazo de la Sra. Jane Manes.

## Legislatura publica ley contra el COVID-19

Enero 23, 2021. Mario Ponce, presidente de la Asamblea Legislativa, da la orden para que se publique el decreto 757 en el Diario Oficial. En diciembre pasado, la Sala de lo Constitucional había ordenado al presidente Bukele sancionar y publicar dicha legislación, dándole 8 días para hacerlo. La misma Sala había indicado que de no hacerlo el presidente de la república, el presidente de la legislatura estaba autorizado para hacerlo si esto no se hacía en 15 días. Bukele se había negado a hacerlo argumentando que el decreto 757 invadía funciones que solo le corresponden al Ejecutivo. Hasta la fecha hay 52,949 casos de coronavirus y 1,551 muertes en El Salvador (John Hopkins University).

## Legislatura publica ley contra el COVID-19

Febrero 1, 2021. La OPS/ OMS anuncia que el mecanismo COVAX (una iniciativa mundial que busca asegurar que los países de bajos ingresos puedan tener acceso rápido y equitativo a las vacunas contra COVID-19) ha informado a 18 países del mundo – incluido El Salvador- que recibirán una primera entrega de vacunas anticovid. Las 4 naciones latinoamericanas beneficiadas – Bolivia, Colombia, Perú y El Salvador– han cumplido *"los estrictos requerimientos y mostraron estar listos para recibir y aplicar la vacuna"*, manifiestan expertos de OPS/ OMS. Mediante el acuerdo con COVAX, El Salvador espera recibir 324,000 vacunas de AstraZeneca y 51,400 vacunas de la farmacéutica Pfizer.

COVAX está integrado, además de la Organización Mundial de la Salud (OMS), por la Alianza para las Vacunas (Gavi), la Coalición para la Promoción de Innovaciones en pro de la Preparación ante Epidemias (CEPI), el Fondo de las Naciones Unidas para la Infancia (UNICEF), el Banco Mundial, entre otros organismos.

## Crece la cantidad de remesas familiares

Febrero 2021. El BCR (Banco Central de Reserva) informo que El Salvador recibió en enero, a pesar de la pandemia global del COVID-19, cerca de $515.8 millones en concepto de remesas familiares enviadas desde el exterior, superando en un 21.5% la cantidad enviada en enero 2019.

Los principales países desde donde se recibieron las remesas son: Estados Unidos ($491.1 millones), Canadá ($5.2 millones), Italia ($2.2 millones), y España ($2.0 millones).

A inicios de la pandemia, los envíos de remesas hacia El Salvador se desplomaron rápidamente entre los meses de abril-mayo de 2020, pero gradualmente se fueron recuperando, hasta que a finales del 2020 se contabilizarían $5,918.6 millones de dólares, recibidos entre enero – diciembre de 2020.

## Las primeras vacunas anticovid19 ya están en territorio nacional

El 17 de febrero, el país recibe el primer lote de 20,000 vacunas contra el COVID19 que ha sido comprado a la farmacéutica AstraZeneca. Esa misma tarde, comienza a vacunarse personal de salud, considerados en la "primera línea" de defensa. La primera en recibir la vacuna es la enfermera del MINSAL, Mirna Esmeralda Moreno, de 53 años de edad. El acuerdo de compra con AstraZeneca es por 2 millones de vacunas. De acuerdo con el ministro de salud, Francisco Alabí, se esperan recibir unas 800,000 vacunas en las próximas semanas. El MINSAL tiene programado vacunar un promedio de 2,000 personas al día.

El presidente Bukele posa junto a simpatizantes el 28F, durante las elecciones legislativas y municipales (Foto: LPG)

## Partido Nuevas Ideas arrasa en las elecciones 2021

Febrero 28, 2021. *Nuevas Ideas*, el partido del presidente Nayib Bukele, arrasa en las elecciones legislativas y municipales que se desarrollan este domingo, en medio de la pandemia del COVID-19. A pesar de los protocolos de bioseguridad que han sido establecidos para proteger a la población votante, en la mayoría de los centros de votación pueden observarse grandes aglomeraciones de gente en las entradas, muchas de ellas no portando sus mascarillas. Al final del día se estima que ha votado un 51% de la población inscrita en el padrón electoral (5,389,017). En días anteriores, un significativo número de "hermanos lejanos" ha llegado desde el extranjero a emitir su voto.

En las legislativas, *Nuevas Ideas* consigue un 66.4% del total de votos válidos, lo que equivaldría a unos 55 diputados (de un máximo de 84). Su aliada GANA obtiene 6 escaños. Con esto, Nuevas Ideas-GANA tendría suficientes votos para la mayoría calificada en la legislatura (56 votos).

Los grandes perdedores son ARENA que apenas consigue 14 puestos (23 menos que en 2018) y el FMLN que apenas tendría 4 escaños (habiendo perdido 19, en comparación con 2018). Entre los diputados que quedan fuera de la nueva Asamblea Legislativa, se encuentran: Mario Ponce (PCN, presidente de la actual legislatura), Shafik Handal junior, Carlos "El Diablito" Ruiz, y Nidia Diaz (todos ellos del FMLN), Ernesto "Chato" Vargas y Marta Batres (ambos de ARENA), y Rodolfo Parker (PDC). Todos ellos han mantenido constantes ataques contra el presidente Bukele, desde su llegada al poder en 2019.

| RESULTADOS DE LAS ELECCIONES LEGISLATIVAS 2021- 2024 | | | |
|---|---|---|---|
| Partido | Total de Votos Válidos | # de Diputados | Porcentaje |
| NUEVAS IDEAS | 1,675,472 | 55 | 66.38% |
| ARENA | 307,292 | 14 | 12.18% |
| CD | 14,225 | 0 | 0,56% |
| FMLN | 175,056 | 4 | 6.94% |
| GANA | 134,436 | 6 | 5.33% |
| PCN | 104,182 | 2 | 4.13% |
| PDC | 43,305 | 1 | 1.72% |
| NUESTRO TIEMPO | 42,000 | 1 | 1.67% |
| VAMOS | 25,111 | 1 | 0,99% |
| Candidaturas No Partidarias | 2,694 | 0 | 0.10% |

FUENTE: Tribunal Supremo Electoral

En cuanto a los resultados municipales, Nuevas Ideas logra triunfar en 137 de los 262 municipios del país. ARENA pasa de tener 140 (elecciones 2018) a tan solo 41 en 2021.Igualmente, el FMLN, que ganó en 66 municipios en 2018, ahora solo conserva 31. La "joya de la corona", como se le conoce a la capital San Salvador, es arrebatada de las manos de ARENA y ahora el nuevo alcalde capitalino será Mario Durán (Nuevas Ideas, Durán había estado fungiendo como ministro de Gobernación y Desarrollo Territorial). Otros perdedores incluyen a Milena Calderón de Escalón (ARENA; alcaldesa de Santa Ana), Roberto D'Aubuisson (ARENA; alcalde de Santa Tecla, el lobezno hijo del fundador de los escuadrones de la muerte), y Miguel Pereira (FMLN; alcalde de San Miguel). A partir del 1 de mayo próximo, Nuevas Ideas gobernara en 13 de las 14 cabeceras departamentales del país.

El siguiente cuadro resume los resultados de las elecciones municipales:

| El SALVADOR- ELECCIONES MUNICIPALES RESULTADOS 2021- 2024 | |
|---|---|
| **PARTIDO** | **MUNICIPIOS GANADOS** |
| NUEVAS IDEAS | 137 |
| ARENA | 41 |
| FMLN | 31 |
| GANA | 32 |
| PCN | 17 |
| PDC | 3 |
| VAMOS | 1 |

Fuente: Tribunal Supremo Electoral.

### FGR incauta Bienes de Sigfrido Reyes

Marzo 3, 2021. La Fiscalía General incauta este día otros 11 bienes propiedad del expresidente de la Asamblea Legislativa y miembro de la cúpula del partido FMLN, Otton Sigfrido Reyes, de su socio-asesor Byron Larrazábal, y de una serie de prestanombres. De acuerdo con la Unidad de Extinción de Dominio de la FGR, el valor de los bienes recuperados asciende a unos $2 millones de dólares. Con esto, totalizan ya 30 las propiedades incautadas por el Estado. Sigfrido Reyes, actualmente prófugo de la justicia y asilado en México, enfrenta un proceso acusado de los delitos de peculado, lavado de dinero y estafa, por unos $6 millones por la compra sospechosa de terrenos del IPSFA (Instituto Previsional Social de la Fuerza Armada).

### Esposa de expresidente Saca Enfrenta Juicio

Marzo 6, 2021. Concluye el juicio contra la ex -primera dama de la república, Ana Ligia Mixco de Saca y otros siete implicados, por lavado de dineros, por un total de $22 millones. El fallo de la corte penal queda establecido para el 5 de mayo próximo. De ser encontrados culpables, la sentencia podría ser de 15 años en prisión. Para evitar la fuga de los acusados, la Fiscalía General solicita que se decrete detención provisional, pero la petición es denegada por el Tribunal de Sentencia de San Salvador.

El marido de la exprimera dama, el expresidente Antonio Elías Saca (2004-2009), se encuentra preso desde 2016 por desvío y lavado de más de $300 millones de dólares.

Vista aérea del incendio que consumió al mercado
de Santa Ana (Foto: Diario El Mundo)

### Incendio destruye el mercado de Santa Ana

Marzo 10, 2021. Un voraz incendio destruye casi totalmente el mercado de Santa Ana, afectando a un estimado de 3,000 vendedores que pierden casi todo su producto en el siniestro. El recién electo alcalde, Gustavo Acevedo (Nuevas Ideas) anuncia que se *"Esta levantando un censo para establecer una línea de crédito"* que permita a los comerciantes instalar su negocio en el nuevo mercado que se construirá durante su administración.

### Presidente Biden anuncia millonaria ayuda para el Triángulo Norte

Marzo 10, 2021. Roberta Jacobson, coordinadora de la Casa Blanca para la frontera sur, anuncia que la administración Biden tiene propuesto asignar $4,000 millones de dólares para impulsar el desarrollo de la región conocida como el "Triangulo Norte" centroamericano, que incluye a Guatemala, Honduras y El Salvador, durante los próximos 4 años. La ayuda será condicionada a la lucha anticorrupción

Jacobson manifestó que el presidente Biden espera que la ayuda vaya a organizaciones de la sociedad civil, instituciones religiosas y organismos internacionales. *"Nada del dinero que queremos obtener del Congreso y de los contribuyentes de EE.UU. ira a los lideres de esos gobiernos"*, dijo la funcionaria desde Washington DC.

### Congresista pide un "embajador fuerte" para El Salvador

Marzo 11, 2021. El congresista republicano Adam Kinzinger le solicita al nuevo Secretario de Estado, Antony Blinken, que se nombre *"un embajador fuerte"* para El Salvador. Kinzinger considera que el presidente Bukele *"ha cruzado la raya en temas democráticos"*. El republicano se une así a los señalamientos de congresistas demócratas que han criticado varias acciones del mandatario salvadoreño, como el intento de asalto a la legislatura (febrero 9, 2020) y sus continuos ataques contra la prensa nacional.

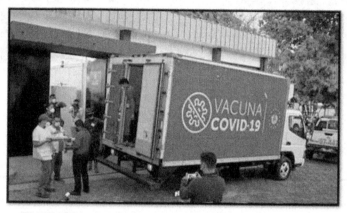

El MINSAL se prepara para distribuir las primeras vacunas contra el COVID-19 a las unidades de salud (Foto: GOES)

### Llega un nuevo lote de vacunas contra COVID-19

Marzo 11-12, 2021. Un lote de 33,600 vacunas donadas por el sistema COVAX llegan a El Salvador y son trasladadas al CENABI (Centro Nacional de Biológicos), desde donde comienzan a ser distribuidas el siguiente día a diferentes centros de salud, incluyendo:

- Unidades de salud de Soyapango, Ilopango, San Bartolo y San Martín, en San Salvador.
- Unidad de Salud de Cojutepeque en Cuscatlán.
- Unidad Médica del ISSS en Ahuachapán.
- Unidad de Salud de Ahuachapán.
- Hospital San Rafael de Santa Tecla.
- Centro de Salud El Congo de Santa Ana.

- Unidad de Salud de San Rafael Cedros en Cuscatlán
- Unidad de Salud de San Juan Opico en La Libertad.

El ministro de salud, Francisco Alabí manifiesta que serán utilizadas para proteger al personal de la llamada "primera línea" (PNC, Protección Civil, bomberos, Fuerza Armada).

La periodista Wendy Hernández ingresa al juzgado donde se ventila el caso de acosamiento sexual (Foto: EDH)

**Declaraciones controversiales en caso de acosamiento sexual**

Marzo 17, 2021. La jueza 7º de Paz dictamina medidas sustitutivas contra Jaime Ulises Perla, militante de ARENA que fuera acusado por acoso sexual contra la periodista Wendy Hernández, del Canal 10. Entre dichas medidas se encuentran: no abandonar el país, no acercarse a la víctima y reportarse a firmar al juzgado cada 15 días. Sin embargo, la periodista reacciona indignada pues la jueza le señala que *"Usted debe estar acostumbrada a ese tipo de comentarios como periodista"*. Grupos pro defensa de derechos de la mujer consideran que las palabras de la jueza *"revictimizan a la víctima"* con sus declaraciones. Para la FGR, la jueza *"minimizó el caso"* y anuncia que apelará dicha resolución.

Los comentarios del acusado Perla quedan grabados en una entrevista televisiva transmitida en vivo el 7 de marzo, en un hotel capitalino donde se realiza el escrutinio final de las elecciones del 28 de febrero. Ese día, la periodista Hernández intentaba realizar la entrevista, cuando Perla comenzó a dirigirle palabras inadecuadas y lascivas.

La surfista Katherine Diaz muere tras sufrir el impacto de un rayo mientras entrenaba para competir en los Juegos Olímpicos de Tokio (Foto: Primera Plana)

### Surfista salvadoreña muere impactada por un rayo

Marzo 19, 2021. La surfista Katherine Diaz murió este viernes fulminada por un rayo, mientras entrenaba en la Playa El Tunco, donde se preparaba para un torneo que le permitiría clasificar para los Olímpicos en Tokio.

### Iglesia Católica anuncia suspensión del Domingo de Ramos

Marzo 21, 2021. El arzobispo de San Salvador, José Escobar Alas, informó este domingo que, para evitar más contagios del COVID-19, se suspenderá la procesión del Domingo de Ramos, que debía efectuarse este próximo 28 de marzo, al inicio de la Semana Santa. El religioso aseguro que las misas y eventos religiosos se desarrollaran dentro de las iglesias, pero respetando los protocolos de bioseguridad y evitando aglomeraciones.

### Vicepresidenta Harris es delegada para enfrentar la crisis migratoria

Marzo 24, 2021. El presidente norteamericano Joe Biden nombro este día a la vicepresidenta Kamala Harris para que dirija los esfuerzos de su gobierno para que México y los países del Triángulo Norte -Guatemala, Honduras y El Salvador – detengan el creciente flujo migratorio que ha creado una nueva crisis en la frontera Sur de EE.UU. Agradeciendo el nombramiento, la Sra. Harris declara: *"While we are clear that people should not come to the border now, we also understand that we will enforce the law and that we also -- because we can chew gum and walk at the same time -- must address the root causes that cause people to make the trek, as the President has described, to come here."* Desde enero, la administración Biden elimino la política del gobierno de Trump de rechazar a menores no-acompanados que eran capturados en la frontera. En febrero pasado, U.S. Customs and Border Protection detuvo a más de 97,000 migrantes ilegales (muchos de ellos niños), lo cual representa un incremento del 28% en comparación con el año anterior. De estos migrantes, cerca de 71,000 ya fueron rechazados. Consultado sobre la situación actual en la frontera, el presidente Biden envio un mensaje a los migrantes centroamericanos: *"Don't come over!"* Se espera que la nueva administración norteamericana establezca nuevas estrategias de cooperación con los países afectados.

### Iglesia Católica renombra iglesia donde murió arzobispo Romero

Marzo 24, 2021. En una ceremonia religiosa encabezada por monseñor Rafael Urrutia (uno de los principales impulsores de la Canonización de Oscar Romero), en la iglesia del Hospital Divina Providencia en San Salvador, la iglesia es rebautizada como "Capilla Martirial San Oscar Arnulfo Romero, Obispo y Mártir" en honor al sacerdote asesinado exactamente 41 años atrás en este mismo lugar, mientras oficiaba misa.

### Bukele anuncia que no aprobara más decretos legislativos

Marzo 24, 2021. En respuesta a los decretos express que la Asamblea legislativa saliente ha comenzado a aprobar (como la Ley del Agua o la propuesta de Ley para declarar el "Día del Golpe de Estado Fallido 9f Nunca Mas"), el presidente Bukele manifiesta que ningún nuevo decreto será aprobado antes de que se instale la Legislatura electa el pasado 28 de febrero.

### Llegan las vacunas SINOVAC para enfrentar la pandemia

Marzo 28, 2021. Un lote de un millón de vacunas de la farmacéutica SINOVAC Biotech a bordo del vuelo Air China 561 aterriza en el Aeropuerto Internacional de El Salvador a primeras horas de este domingo. El lote es recibido por el ministro de Salud, Francisco Alabí, y por la embajadora china, Ou Jianhong, quien declara "Estamos aquí con mucha alegría y emoción celebrando la llegada de un lote de vacunas CoronaVac contra el COVID-19, se trata del mayor lote de vacunas que ha adquirido

El Salvador". Las vacunas son llevadas en camiones refrigerados hasta el CENABI (Centro Nacional de Biológicos). De acuerdo con el ministro, las vacunas comenzaran a aplicarse a partir del próximo 15 de abril. El día anterior, el presidente Bukele ha anunciado su intención de vacunar a todos los maestros del país. En enero pasado, el SIMEDUCO (Sindicato de Maestros de Educación Pública) había denunciado que al menos 80 docentes habían fallecido a causa del COVID-19. Las vacunas SINOVAC han sido adquiridas también por países como Brasil, Turquía, Colombia, México y Chile. Hasta la fecha, El Salvador ha recibido un total de 1,105, 400 dosis de vacunas contra el coronavirus.

Marzo 2021. El ministro de Salud y la embajadora china en El Salvador recibe el primer lote de un millón de vacunas SINOVAC. (Fotos: Porttada/ Diario El Mundo)

## Nueva Asamblea Legislativa toma posesión

Mayo 1, 2021. Este sábado por la tarde, los diputados de la nueva Asamblea Legislativa 2021-2024 toman posesión de sus cargos. Casi inmediatamente, miembros de la bancada de Nuevas Ideas (partido del presidente Bukele) proponen dos controversiales decretos.

Luego de elegir como presidente de la Legislatura a Ernesto Castro (miembro Nuevas Ideas), la Asamblea destituye a los magistrados de la Sala de lo Constitucional (64 votos a favor, 19 en contra y 1 ausente). Nuevas Ideas (con 56 diputados, suficientes para la mayoría calificada) acusa a los ahora exmagistrados de "actuar contra la Constitución, poniendo en primer lugar intereses particulares por sobre la salud y la vida de toda la población", todo esto en relación a las medidas que el Ejecutivo buscaba establecerse para combatir el covid19 durante 2020. Los legisladores señalan que además, los jueces pusieron a la población "en peligro al no cumplir las medidas que internacionalmente han sido utilizadas". Las destituciones de los jueces se basan en el artículo 86 de la Constitución de la República.

Los nuevos magistrados de la Sala Constitucional, todos afines a Nayib Bukele, que son juramentados por el diputado-presidente Castro:

- Oscar Alberto López Jerez (magistrado de la Sala de lo Civil, ahora nombrado magistrado presidente),
- Héctor Nahum Martínez (exfiscal y profesor de la UTEC),
- José Ángel Pérez Chacón (exasesor de la presidencia),
- Elsy Dueñas Lovo (exministra de Cultura), y
- Luis Javier Suárez Magaña (exjefe de la Unidad de Acceso a la Información Pública),

El nombramiento de esta nueva Sala de lo Constitucional, le permitirá a Bukele tener control efectivo de los tres poderes del Estado. El gobierno de Biden se pronuncia casi inmediatamente. La subsecretaria interina para Asuntos Latinoamericanos del Departamento de Estado, Julie Chang, tuitea "Vemos con preocupación la propuesta de algunos miembros de la Asamblea Legislativa de destituir a los cinco magistrados de la Sala de lo Constitucional de El Salvador. Un órgano judicial independiente es el cimiento de toda democracia; ninguna democracia puede sobrevivir sin eso".

El demócrata Jim McGovern se declara molesto por la remoción de los jueces, diciendo *"seamos claros: esto no es democracia, esto es la destrucción de un poder judicial independiente y del gobierno de la ley"*.

Pero los norteamericanos no son los únicos que cuestionan la decisión de la Asamblea. La UCA se pronuncia en contra de la destitución de magistrados haciendo un llamado *"a defender cívicamente lo que con tanto esfuerzo y vidas costo construir luego del fin de la guerra: una sociedad donde decir 'no' al poder no sea una quimera"*.

La respuesta del presidente Bukele a los cuestionamientos llega pronto, en un Tweet. En breve, el presidente le dice a la comunidad internacional: *"Con todo respeto, Estamos limpiando nuestra casa… y eso no es de su incumbencia"*.

Horas más tarde, la Asamblea también destituye al fiscal general, Raúl

Melara (64 votos a favor, 18 en contra y 2 ausentes), nombrando inmediatamente como reemplazo al también fiscal, Rodolfo Delgado, un veterano abogado que ha estado en la FGR desde 1999. Melara es destituido bajo señalamientos de *"notoria vinculación partidaria"* con el partido ARENA.

En horas de la noche, se observaba a miembros de la PNC custodiando las instalaciones de la CSJ para impedir el ingreso de los ahora exmagistrados. De igual manera, la PNC había tomado el control del edificio de fiscalía.

#### Esta Historia continuará …

# BIBLIOGRAFIA

## MONOGRAFIAS

- Anderson, Thomas R., El Salvador 1932, Editorial Universitaria Centroamericana EDUCA, 2ª. ed., San José, 1982.
- Arauz, Próspero, El pipil de la región de los itzalcos, Ministerio de Cultura, San Salvador, 1960.
- Armas Molina, Miguel, La cultura pipil de Centroamérica, Ministerio de Educación, San Salvador, 2ª edición, 1976.
- Arias Gómez, Jorge, Farabundo Martí, Editorial Universitaria Centroamericana EDUCA, San José, 1996.
- Arias Gómez, Jorge, Sandino, semilla de revolución, Editorial Memoria, San Salvador, 1995.
- Asamblea Legislativa de El Salvador, Guión histórico del poder legislativo de El Salvador, primera parte: constituyentes legislaturas síntesis biográficas de sus presidentes 1822 – 1870, San Salvador, 1966.
- Barba Jacob, Porfirio, Terremoto en El Salvador, Concultura, 4 ed., San Salvador, 1997.
- Barberena, Santiago I. Historia de El Salvador Tomos I & II, Ministerio de Educación, 3ed., San Salvador, 1977.
- Boyce, James K., coord., Ajuste hacia la paz: la política económica y la reconstrucción de posguerra en El Salvador, PNUD, México, 1999.
- Brockman, James R., La Palabra queda: vida de Monseñor Oscar A. Romero, UCA Editores, 1985.
- Brozenick, Norman J., Small wars, big stakes: coercion, persuasión, and airpower in counterrevolutionary war, Alabama, june 1998.
- Bustamante Maceo, Gregorio, Historia Militar de El Salvador, 2ª. Ed., Ministerio del Interior, Imprenta Nacional, San Salvador, 1951.
- Canales, Tirso, "América Latina 500 años: pero antes millares más", Revista La Universidad no.2 Nueva Epoca, Año CXIX, Universidad de El Salvador, San Salvador, Septiembre – diciembre 1994.
- Castellanos, Juan Mario, El Salvador 1930 – 1960: Antecedentes históricos de la guerra civil, Concultura, San Salvador, 2001.
- Cevallos, José Antonio, Recuerdos salvadoreños, tomos I, II, y III, 2 ed., Dirección General de Publicaciones, Ministerio de Educación, San Salvador, 1965.
- Chacón, Enrique, El Presidente Dr. Francisco Dueñas y su época, Academia Salvadoreña de la Historia, San Salvador, s.f.

- Cheney, Glenn Alan, El Salvador: country in crisis, 2 ed. rev., New York, 1990.
- Colindres, Eduardo, Fundamentos económicos de la burguesía salvadoreña, UCA Editores, 1977.
- Colindres Selva, Rafael, Los Terremotos en El Salvador, Editorial Universitaria, Universidad de El Salvador, San Salvador, 2001.
- Cárdenas, Joaquín E., San Miguel y sus hombres, Editorial Ahora, San Salvador, 1961.
- Castro Barón, Rodolfo, Población de El Salvador, UCA Editores, San Salvador, 1978.
- Comité Ejecutivo de los Festejos Conmemorativos, Memoria IV Centenario de la Ciudad de San Salvador, Tipografía La Tribuna, San Salvador, 1946.
- Cortés, Emiliano, Biografía del Capitán General Gerardo Barrios, San Salvador, 1965.
- Dalton, Roque, El Salvador monografía, UCA Editores, San Salvador, 11 ed., 2000.
- Dalton, Roque, Historias prohibidas del pulgarcito, UCA Editores, 9 ed. San Salvador, 2000.
- Dalton, Roque, Miguel Mármol: Los sucesos de 1932 en El Salvador, UCA Editores, San Salvador, 1993.
- Daugherty, Howard E., Conservación ambiental en El Salvador: recomendaciones para un programa de acción nacional, Conservation Foundation, Washington D.C., 1973.
- De Las Casas, Bartolomé, Brevísima relación de la destrucción de las Indias, Ediciones Cátedra, 9 ed., 1995.
- Delgado, Jesús, Oscar A. Romero: Biografía, UCA Editores, San Salvador, 1997.
- Díaz, Salvador Infante, Cáncer en El Salvador, Ministerio de Educación. Dirección General de Publicaciones, San Salvador, 1966.
- Domínguez, Carlos Armando, Recuerdos de estudiante y de funcionario, [s.e.], San Salvador, 2002.
- Dominguez Sosa, Julio Alberto, Ensayo histórico sobre las tribus Nonualcas y su Caudillo Anastacio Aquino, Ministerio de Educación de El Salvador, Dirección General de Publicaciones, San Salvador, 1962.Primer Premio del segundo certamen regional de los juegos florales de Zacatecoluca 1962.
- Doucette, John W., United States lessons in counterinsurgency: exposing voids in doctrinal guidance, School of Advanced Airpower studies Air University, Alabama, june 1999.
- Dueñas Van Severen, Ricardo, Biografía del General Francisco Morazán, Departamento Editorial, Ministerio de Educación, San Salvador, 1959.
- Durán, Miguel Angel, Historia de la Universidad, Colección Tlatoli, 2ª edición, Editorial Universitaria UES, 1975.
- De Ballore, F. de Montessus, Temblores y erupciones volcánicas de Centro América, Imprenta del Dr. Francisco Sangrini, San Salvador, 1884.
- El Salvador. Presidencia de la República, Esquema histórico de la electrificación en El Salvador: Del aceite de coco a la planta hidroeléctrica 5 de noviembre, San Salvador, 1954.
- Espinoza, Francisco, Los Símbolos Patrios, 10ed., Dirección General de Publiaciones e Impresos, San Salvador, 1996.
- Espinoza, Francisco, La Organización de Estados Centroamericanos y la Carta de San Salvador, Ministerio de Relaciones Exteriores, San Salvador, 1953.
- Figeac, José F., Libertad de Imprenta en El Salvador, Universidad Autónoma de El Salvador, 1947.
- Fonseca, Elizabeth, Centroamérica: su historia, Editorial Universitaria Centroamericana EDUCA, San José, 1998.
- Gabriel, Leo et al. El Salvador: del terror al diálogo, Editorial Guayampopo, 2ª. Edición,

1993.
- Galindo, David Escobar, Indice Antológico de la Poesía Salvadoreña, UCA Editores, tercera edición, 1994.
- Gallegos Valdés, Luis, Panorama de la Literatura Salvadoreña, Colección Gavidia, vol.I, UCA Editores, San Salvador, 1987.
- Gámez, José D., Gerardo Barrios ante la Posteridad: apuntes y documentos para su biografía en el XXXVI aniversario de su muerte, 3ª ed., Dirección General de Publicaciones, Ministerio de Educación, San Salvador, 1966
- González, Darío, Compendio de Geografía de la América Central seguido de Nociones de cosmografía, Appleton Editores, Nueva York, 1890.
- Grant, Stephen, Postales salvadoreñas del ayer/ Early salvadoran postcards 1900-1950, Fundación María Escalón de Nuñez ed., San Salvador, 1999.
- Guandique, José Salvador, Roberto Edmundo Canessa: directivo, fundador, ministro, candidato, víctima, San Salvador, Editorial Ungo, 1962.
- Gutierrez y Ulloa, Antonio, Estado General de la provincia de San Salvador: Reyno de Guatemala, año de 1807, Ministerio de Educación. Dirección General de Publicaciones, San Salvador, 1962.
- Infante Díaz, Salvador, Cáncer en El Salvador, Ministerio de Educación, San Salvador, 1966.
- Infante Meyer, Carlos, Historia de la Medicina en El Salvador, Imprenta Ricaldone, San Salvador, 2000.
- International Court of Justice, "Case concerning the land, islan and maritime dispute El Salvador/ Honduras: Nicaragua intervening", 1992.
- Instituto Gallach, Cartas de Relación de Hernán Cortés, Editorial Océano, Barcelona, 1986.
- Jiménez, Tomás Fidias, El Ambiente indígena en los movimientos emancipadores de El Salvador, Ministerio de Educación, San Salvador, 1960.
- Juarrós, Domingo, Statistical and commercial history of the kingdom of Guatemala in Spanish America, tr. J. Baily, J.F. Dove, London, 1823.
- Koebel, W. H., Central America: Guatemala, Nicaragua, Costa Rica, Honduras, Panama, and Salvador, Charles Scribners's Sons, New York, 1925.
- Lardé, Jorge, Obras completas, Ministerio de Cultura, San Salvador, 1960.
- Lardé y Larín, Jorge, El Salvador: Historia de sus pueblos, villas y ciudades, Depto. Editorial, Ministerio de Cultura, San Salvador, 1957.
- Liévano de Márquez, Mirna, El Salvador, un país en transición, San Salvador, 1996.
- Lopez, Matilde Elena, La Balada de Anastasio Aquino, 3ª edición, Editorial Universitaria, UES, 1996
- López Vallecillos, Italo, Gerardo Barrios y su tiempo, Tomos I y II, Ministerio de Educación, San Salvador, 1967.
- López Vallecillos, Italo, Periodismo en El Salvador, UCA Editores, San Salvador, 1987.
- Loucel, María, Reseña General de representativos femeninos en el reino de Cuscatlán, El Salvador, s.e., San Salvador, s.f.
- Lungo Uclés, Mario, El Salvador en los 80s: contrainsurgencia y revolución, FLACSO – EDUCA, San José, 1990.
- Marroquín Rojas, Clemente, Morazán y Carrera, Editorial José de Pineda Ibarra, Guatemala, 1971.
- Martín, Perry F., Salvador of the Twentieth Century, Edward Arnold, London, 1911.
- Masferrer, Alberto, El Dinero Maldito, Editorial Clásicos Roxsil, Santa Tecla, 1994.
- Masferrer, Alberto, El Mínimum Vital, Editorial Clásicos Roxsil, Santa Tecla, 1994.

- Méndez, José María, 80 a los 78: cuentos de Chema Méndez, Editorial Universitaria UES, San Salvador, 1996.
- Méndez, José María, Historia Constitucional de El Salvador: Constituciones Federales de 1898 y 1921, Tomo VI, San Salvador, 1998.
- Millman, Joel, "El Salvador y el poder militar", New York Times, 23 de diciembre de 1989.
- Ministerio de Educación. Dirección General de Publicaciones, Documentos para la historia: las Elecciones de 1964, San Salvador, 1964.
- Ministerio de Instrucción Pública. El Salvador, La cuestión económica, Imprenta Nacional, San Salvador, 1919.
- Molina, Iván; Palmer, Steven, Historia de Costa Rica, Editorial de la Universidad de Costa Rica, San José, 2002.
- Monterrosa Sicilia, Rogelio, Guerra y Terremoto en Salvador 1980 – 1986, Editorial Universitaria, San Salvador, 1987.
- Naciones Unidas, Acuerdos de El Salvador: en el camino de la paz, Editorial Arcoiris, c1992.
- Navarrete, Sarbelio, En los Jardines de Academo, Editorial Universitaria UES, 2da. Edición 1977.
- Orellana, Carlos, Santa Ana Histórico: en el 386 aniversario de su fundación, Editorial Casa de la Cultura, San Salvador, 1956.
- Paige, Jeffery M., Coffee and Power: revolution and the rise of democracy in Central America, Harvard University Press, 1998.
- Parada Aparicio, Joaquín, Discursos médico- históricos salvadoreños Tomo I, Editorial Ungo, San Salvador, 1942.
- Pérez Herrero, Pedro, América Latina y el colonialismo europeo (siglos XVI-XVIII), Editorial Síntesis, Madrid, 1992.
- Population Reference Bureau, 2001 Cuadro de la población mundial del PRB: datos y cálculos demográficos sobre los países y regiones del mundo, Washington D.C., 2001
- Quesada, Rodrigo, Recuerdos del Imperio: los ingleses en América Central 1821- 1915, Editorial Universidad Nacional de Costa Rica EUNA, San José, 1998.
- Quezada, Rufino Antonio; Martínez Hugo Roger, 25 años de estudio y lucha: Una cronología del movimiento estudiantil, San Salvador, 1995.
- Reyes, Rafael, Historia del Salvador, San Salvador, s.e., 1895.
- Romano, Luis; Acevedo, Carlos. Economía, desastre y desarrollo, FLACSO- EL Salvador, San Salvador, 2001.
- Rowles, James, Conflicto Honduras – El Salvador y el orden jurídico internacional, EDUCA, San José, 1980
- Rubio Melhado, Adolfo, Próceres salvadoreños, Ministerio de cultura, San Salvador, 1959.
- Rubio Sánchez, Manuel, Alcaldes Mayores: historia de los alcaldes mayores, justicias mayores, gobernadores intendentes, intendentes corregidores, y jefes políticos, de la provincia de San Salvador, San Miguel y San Vicente, Vol. I. y II, Dirección de Publicaciones del Ministerio de Educación de El Salvador, San Salvador, 1979.
- Ruhl, Arthur, The Central Americans: adventures and impressions between México and Panama, Charles Scribner´s Sons, New York, 1928.
- Squier, E.G., Notes on Central America, particularly the states of Honduras and San Salvador: their geography, topography, climate, population, resources, productions, etc., New York, Harper and Brothers publishers, 1855.
- Stephens, John L., Incidents of travel in Central America, Chiapas and Yucatán, Harper

& Brothers, vol.I & II, New York, 1841.
- Universidad de El Salvador, La Universidad y el Diario de Hoy, Editorial Universitaria, San Salvador, 1967.
- Universidad de El Salvador; Guión histórico de la Universidad Autónoma de El Salvador, San Salvador, 1949.
- Ventura Sosa, José Antonio, La auditoría social, Avanti Gráfica, San Salvador, 2002.
- Walker, William, La guerra de Nicaragua, Imprenta María v. de Lines, San José, 1924.
- White, Alastair, El Salvador, UCA editores, San Salvador, 2ª edición, 1987.
- World Bank, El Salvador: The Challenge of Poverty Alleviation. Report No.12315-ES, Washington, June 9, 1994.
- Wortman, Miles L., Gobierno y sociedad en Centroamérica 1680- 1840, Banco Centroamericano de Integración Económica BCIE, San José, 1991.

## BOLETINES, PERIODICOS Y REVISTAS

- Boletín Estadístico de la Caficultura Salvadoreña Año 2001, PROCAFE, Nueva San Salvador, 2001
- Bulletin of the Pan American Union, Pan American Union, Washington D.C.
- Co-Latino, San Salvador, El Salvador.
- CORSATUR, El Salvador: the oficial visitor and business guide, [s.n.], 2000
- Diario de Hoy, San Salvador, El Salvador.
- Diario El Mundo, San Salvador, El Salvador.
- El Ateneo de El Salvador, San Salvador, El Salvador.
- El Periódico, San Salvador, El Salvador.
- La Prensa Gráfica, San Salvador, El Salvador.
- La República, San Salvador, El Salvador.
- La Universidad, Universidad de El Salvador, San Salvador.
- Newsweek, New York, USA.
- Revista Trimestral Octubre- Noviembre- Diciembre 2001, Banco Central de Reserva de El Salvador
- Venceremos, Organo informativo del Frente Farabundo Martí para la Liberación Nacional, 1989
- Time Magazine, New York, USA

## ARTICULOS DE REVISTAS Y PERIODICOS

- Alvarado, Nancy, et al, "Alarma por el Dengue en 4 departamentos", La Prensa Gráfica, San Salvador, junio 14, 2002.
- Acevedo, Yesenia, "Segundo Bush que visita El Salvador", La Prensa Gráfica, San Salvador, febrero 8 de 2002, p.5
- Arias Gómez, Jorge, "Anastasio Aquino: recuerdo, valoración y presencia", Revista La Universidad Enero- Junio 1964, Nos. 1-2 Ano LXXXIX, p.61- 112
- Arias Gómez, Jorge, "El golpe del 21 de octubre de 1944", Revista La Universidad, no.1, Universidad de El Salvador, San Salvador, mayo – agosto 1994.
- Associated France Press AFP, "Dos generales salvadoreños residentes en EEUU a juicio por violación de DDHH", Co-Latino, junio 25, 2002.

- Brett, Edward T., "Arturo Rivera y Damas: another salvadorean hero", America, New York, Mar.11, 1995, p. 13-16
- DeSola, Orlando, "Tierra, Socialismo y Violencia en El Salvador", Conferencia dada en el Foro de Reforma Agraria organizada por CEES, el 28 de febrero de 1984.
- Fowler, William R., "La población nativa de El Salvador al momento de la conquista española", Revista La Universidad No. 1, Año CXIX , mayo – agosto 1994,
- García, Rafael, "Cumbre de Presidentes de C.A. en marzo", La Prensa Gráfica, San Salvador, febrero 8 de 2002, p.4-5
- Granados, Ciro, "Soy inocente: General Bustillo", Diario de Hoy, San Salvador, 12 de abril de 2000, p.12-13
- Iraheta, Alma Yanira; Soriano López Gilma Xiomara, El neoliberalismo económico y el proceso de privatización de las telecomunicaciones en El Salvador 1995- 1997, Caso ANTEL, Universidad de El Salvador, San Salvador, 1999.
- Kiesser, Ellwood E., "A Premiere in El Salvador", America, New York, April 30, 1994.
- Kinloch Tijerino, Frances, "Nicaragua bajo el acecho de la poderosa albión", Revista de Historia No.9 Primer Semestre 1997, Instituto de Historia de Nicaragua y Centroamérica UCA, pags.31- 44.
- Larín, Arístides Augusto, "Historia del movimiento sindical de El Salvador", Revista La Universidad, Julio - Agosto 1971, No. 4 Año LXCVI, p.135- 179.

- Martínez, Carlos, "PNC allana Asamblea", La Prensa Gráfica, San Salvador, 14 de febrero de 2002, p.6
- Marroquín, David, "PNC captura a diputado Arévalo", La Prensa Gráfica, San Salvador, 14 de febrero de 2002, p. 4-5
- McEoin, Gary, "Romero, martir of the poor, has already been canonized", National Catholic Reporter, September 16, 1994, p.2.
- Mulligan, Joseph E., "Remembering Archbishop Romero", America, New York, Oct.14, 1995, p.9-10
- Méndez, Diego, "Hallan mastodonte en río salvadoreño", El Nuevo Herald, Abril 7, 2001.
- Parry, Robert, Lost History: death, lies and bodywashing, the USA's secret war in El Salvador, 1981 – 1992.
- Romero Hernández, Ernesto, "Historia del régimen del Seguro Social en El Salvador 1954-1968", Revista La Universidad Noviembre - Diciembre 1969, Nos. 1-2 Ano LXXXIX, p.91- 104.
- Silva, José Enrique, "Introducción al estudio del derecho penal salvadoreño", Revista La Universidad, Julio - Agosto 1971, No. 4 Año LXCVI, p.5- 123.
- Universidad Centroamericana "José Simeón Cañas", "Diferendo Limítrofe: expectativa ante la resolución de La Haya", Proceso, año 13, número 529, septiembre 9, 1992, pgs. 7- 9.
- Universidad Centroamericana "José Simeón Cañas", "Diferendo Limítrofe: expectativa ante la resolución de La Haya", Proceso, año 13, número 530, septiembre 16, 1992, pgs. 4- 5.
- Universidad Centroamericana "José Simeón Cañas", "El fallo de la Corte de La

Haya para El Salvador", ECA, año XLVII, número 527, septiembre, 1992, pgs. 771- 7769.

- Valladares, Manuel, Biografía del General Manuel José Arce, Diccionario Histórico enciclopédico de la República de El Salvador, Gral. Manuel José Arce, Tomo I, Imprenta Nacional, San Salvador, 1947., pgs. 13-79
- Revista Vértice, El Diario de Hoy, "47 años de Historia: del buen vecino al libre comercio", 17 de marzo de 2002.
- Arce y Rubio, Pedro, Biografía de don Manuel José Arce, Diccionario Histórico enciclopédico de la República de El Salvador, Gral. Manuel José Arce, Tomo I, Imprenta Nacional, San Salvador, 1947., pgs. 81-89
- Luna, Alberto, Apuntes de Historia Centroamericana, Diccionario Histórico enciclopédico de la República de El Salvador, Gral. Manuel José Arce, Tomo I, Imprenta Nacional, San Salvador, 1947., pgs. 115- 147.
- García, Joaquín, Lucha de San Salvador contra el Imperio 1821- 1823, Diccionario Histórico enciclopédico de la República de El Salvador, Gral. Manuel José Arce, Tomo I, Imprenta Nacional, San Salvador, 1947., pgs. 149- 256

## OTROS DOCUMENTOS

- Asamblea Legislativa. Comisión Especial para investigar la existencia de desechos militares en las costas salvadoreñas, Expediente No.1007-5-2001 Dictamen No.1, 23 de julio de 2001
- Banco Central de Reserva  de El Salvador, Indicadores Económicos Anuales 1991- 1997, San Salvador, 1998.
- Banco Central de Reserva  de El Salvador, Indicadores Económicos 1996- 2000, San Salvador, 2001.
- Naciones Unidas. Comisión Económica para América Latina y el Caribe CEPAL, El Salvador: evolución económica durante 2000, México D.F., 2001
- Rodríguez, María Isabel, Semblanza de Salvador Moncada, Facultad de Medicina de la Universidad de El Salvador, 1997,

## INTERNET

- Academy Awards Acceptance Speech Database, Andre guttfreund & Peter Werner Producers, URL: http://aaspeechesdb.oscars.org/link/049-18/
- Arzobispado de San Salvador. URL: http://www.arzsansalvador.org/
- Asamblea Legislativa de El Salvador, URL: http://www.asamblea.gob.sv
- Asociación Pro Búsqueda, "General García regresa deportado al país como violador de Derechos Humanos", URL: http://www.probusqueda.org.sv/general-garcia-regresa-deportado-al-pais-como-violador-de-derechos-humanos/
- Banco Central de Reserva de El Salvador, URL: http://www.bcr.gob.sv
- Banco Hipotecario de El Salvador, "Historia del Banco", URL: http://www.bancohipotecario.com.sv/historiabh2.htm [accesado: abril 22, 2002]
- Bolivar, Simón, Carta de Jamaica, URL:

http://www.patriagrande.net/venezuela/simon.bolivar/ [accesado: abril 23, 2002]

- BBC, "El Salvador launches fight against Zika", publicado febrero 1, 2016, URL: http://www.bbc.com/news/world-latin-america-35455871
- BBCMundo, "Arrestan al Expresidente Antonio Saca por un caso de corrupción", octubre 30, 2016, URL: http://www.bbc.com/mundo/noticias-america-latina-37818711
- BBCMundo, "Bush en El Salvador: esperanza de pacto", marzo 24, 2001, URL: http://news.bbc.co.uk/hi/spanish/latin_america/newsid_1891000/1891087.stm
- BBCMundo, "Hubiera puesto bombas en Francia, EEUU o México: entrevista con el salvadoreño Otto Rodríguez Llerena, condenado a la pena capital en Cuba por actos de violencia política, junto con su compatriota Raúl Ernesto Cruz León", URL: http://www.bbc.co.uk/spanish/news010117cubaentrevista.shtml
- BBCMundo, "Llega Soldado Salvadoreño", URL: http://news.bbc.co.uk/hi/spanish/international/newsid_3615000/3615569.stm
- Betancourt, Marcelo, "Entrevista con Antonio Morales Erlich, ex Miembro de la Segunda Junta: Teníamos militares que no creían en la democracia", El Faro, enero 16 de 2002, URL: http://www.elfaro.net/lsjdg/morales.asp [accesado: Enero 16, 2002]
- Catholic Herald, "Blessed Oscar Romero Hailed as Brilliant Star of Church of the Americas", May 24, 2015, URL: http://www.catholicherald.co.uk/news/2015/05/24/blessed-oscar-romero-hailed-as-brilliant-star-of-church-of-the-americas/
- Catholic Herald, "Iron Maiden Pays Respects at Blessed Oscar Romero´s Tomb", March 8, 2016, URL: http://www.catholicherald.co.uk/news/2016/03/08/iron-maiden-pay-respects-at-blessed-oscar-romeros-tomb/
- Centers for Disease Control, "Zika virus in El Salvador", URL: http://wwwnc.cdc.gov/travel/notices/alert/zika-virus-el-salvador
- Center for International Policy , URL: http://www.us.net/cip/
- Centro de Noticias ONU, "El Salvador: Ban Ki-moon Apela al Espíritu de los Acuerdos de Paz para Abordar Inseguridad", Enero 16, 2015, URL: http://www.un.org/spanish/News/story.asp?NewsID=31432#.V3f-F9ThDs0
- CESAL, "Emergencia en El Salvador, Tormenta Ida", URL: http://www.cesal.org/v_portal/informacion/informacionver.asp?cod=828&te=&idage=&vap=0&codrel=162 [accesado: junio 05, 2016]
- Chichicaste, "El Salvador: Iglesia ELIM llama a reducir vulnerabilidad del país", julio 8, 2008, URL: http://chichicaste.blogcindario.com/2008/07/01156-el-salvador-iglesia-elim-llama-a-reducir-vulnerabilidad-del-pais.html
- ContraPunto, "A una década del CAFTA en El Salvador", mayo 23, 2016, URL: http://www.contrapunto.com.sv/economia/coyunturaeconomica/a-una-decada-del-cafta-en-el-salvador/746 [accesado: Junio 25, 2016]
- ContraPunto, "Natividad, la muerte inútil en Irak", URL: http://archivo.archivoscp.net/index.php?option=com_content&task=view&id=1590&Itemid=112&ed=58

- Chacon, Carmen, et al, "The Reluctant conversion of Oscar Romero: memories of the archbishop on the 20th anniversary of his assasination", Sojourners Online, march-april 2000. URL: http://www.sojouners.com/soj0003/000312.html
- Chomsky, Noam, "The United States attacks on Nicaragua with the media's helps", URL: http://www.connix.com/~harry/chom-nic.htm [accesado: abril 28, 2001]

- Committee in Solidarity with the People of El Salvador CISPES, "El Salvador Watch Archives", URL: http://www.cispes.org/html/eswarcv.html
- Comisión Ejecutiva Portuaria Autónoma de El Salvador CEPA, URL: http://www.cepa.gob.sv
- Comisión Interamericana de Derechos Humanos CIDH, URL: http://www.cidh.oas.org
- Comisión Interamericana de Derechos Humanos, Informe No.136/99 Caso 10.488 Ignacio Ellacuría,S.J.; Segundo Montes S.J.; Armando López, S.J.; Ignacio Martín Baró S.J.; Joaquín López y López, S.J.; Juan Ramón Moreno, S.J.; Julia Elba Ramos; y Celina Mariceth Ramos, El Salvador 22 de diciembre de 1999. URL: http://www.cidh.oas.org/annualrep/99span/ElSalvador10.488.htm
- Comisión Interamericana de Derechos Humanos, Informe No.37/00 Caso 11.481 Monseñor Oscar Arnulfo Romero y Galdámez El Salvador 13 de abril de 2000. URL: http://www.cidh.oas.org/annualrep/99span/ElSalvador11.481.htm
- Compañía Ejecutiva Hidroeléctrica del Río Lempa de El Salvador CEL, "Reseña histórica de CEL", URL: http://www.cel.gob.sv
- Consejo Nacional de Cultura y Artes de Chile, "Escritor Horacio Castellanos Moya recibe Premio Iberoamericano Manuel Rojas de Manos de Presidenta Bachelet", publicado octubre 24, 2014, URL: http://www.cultura.gob.cl/home/escritor-horacio-castellanos-moya-recibe-premio-iberoamericano-manuel-rojas-de-manos-de-la-presidenta-bachelet/ [accesado: Enero, 2015]
- CONTRACULTURA, "André Guttfreung: ahora significaría ganar más un Oscar que en ese momento", Enero 14, 2011, URL: http://www.contracultura.com.sv/andre-guttfreund-ahora-significaria-mas-ganar-el-oscar-que-en-ese-momento
- Cuba sí. ARCHIVO, "Trial fully demonstrates that acts of terrorism against Cuba are planned in the United States", URL: http://www.cuba-si.org/archiv/sonstige/terror-99.htm
- CNN, "Aid pours in for quake stricken El Salvador", january 16, 2001.URL: http://www.cnn.com/2001/WORLD/americas/01/16/quake.01/index.html
- CNN, "Clinton bound for Central America to view Mitch's wrath", march 7, 1999, URL: http://www.cnn.com/US/9903/07/clinton.centamerica/
- CNN, "Clinton meets Central American leaders in summit", march 11, 1999. URL: http://www.cnn.com/WORLD/americas/9903/11/clinton.latam/index.html
- CNN, "Earthquake shakes Central America", january 13, 2001. URL: http://www.cnn.com/2001/WORLD/americas/01/13/centralamerica.earthq.ap/index.html

- CNN, "El Salvaoran generals not liable for chuchwomen's deaths", november 3, 2000. URL: http://www.cnn.com/2000/LAW/11/03/churchwomen.verdict.int.03/index.html
- CNN, "Major Earthquake strikes Central America: two dead, Tsunami warning issued", january 13, 2001. URL:http://www.cnn.com/2001/WORLD/americas/01/13/quake.02/index.html
- CNN, "Quake aftershock frightens salvadorans", February 13, 2001. URL:http://www.cnn.com/2001/WORLD/americas/02/13/salvador.quake/index.html
- CNN, "Real- Life Castaway Survived 438 days Lost at Sea", updated January 20, 2016, URL: http://edition.cnn.com/2016/01/08/world/rewind-real-life-castaway/
- CNN, "Were salvadoran guardsmen ordered to kill nuns?", URL: http://www.cnn.com/WORLD/americas/9804/03/salvador.nuns/index.html
- CNNenespañol, "Cerca de 1500 muertos en Centroamérica por huracán Mitch", URL: http://cnnenespanol.com/latin/otros/1998/11/02/mitch/
- CNNenespañol, "Aparece un naufrago salvadoreño que dice haber vivido trece meses a la deriva", URL: http://cnnespanol.cnn.com/2014/02/03/aparece-un-naufrago-salvadoreno-que-dice-haber-vivido-13-meses-a-la-deriva/#0
- CNNenespañol, "Encuentran restos de mamíferos prehistóricos en El Salvador", URL: http://ccnenpanol.com/2001/tec/04/15/salvador/
- CNNenespañol, "Júbilo en El Salvador por la Beatificación de Monseñor Romero", mayo 23, 2015, URL: http://cnnespanol.cnn.com/2015/05/23/jubilo-en-el-salvador-por-la-beatificacion-de-arnulfo-romero/
- CNNenespañol, "piden liberar documentos secretos sobre el asesinato de las religiosas en El Salvador", URL: http://www.cnnenespanol.com/2000/latin/OTROS/10/17/elsalvador/index.html
- ContraPunto, "¿Hacia dónde va la economía en El Salvador", publicado noviembre 18, 2015, URL: http://www.contrapunto.com.sv/archivo2016/economia/coyuntura-economica/hacia-donde-va-la-economia-en-el-salvador
- Diario1.com, "Aerosmith se da una vuelta por El Salvador", octubre 4, 2013, URL: http://diario1.com/vida/2013/10/aerosmith-se-da-una-vuelta-por-el-salvador/
- Diario1.com, "Maria Isabel Rodriguez confirma sobresueldos en gestión de Mauricio Funes", publicado Noviembre 29, 2016, URL: http://diario1.com/nacionales/2016/11/maria-isabel-rodriguez-confirma-sobresueldos-en-gestion-de-mauricio-funes/
- Dwight D. Eisenhower Library, URL: http://www.eisenhower.utexas.edu/
- El Diario, "Envidiable estado físico del náufrago salvadoreño sorprende a médicos", Febrero 12, 2014, URL: http://www.eldiario.es/politica/Envidiable-naufrago-salvadoreno-sorprende-medicos_0_228178179.html
- El Diario de Hoy, "Aplicación de la Ley Combate a las Pandillas, una mano

suave y una mano dura", septiembre 28, 2005, URL:
http://archivo.elsalvador.com/noticias/2005/09/28/nacional/nac21.asp

- El Diario de Hoy, "El Oscar salvadoreño", Febrero 24, 2016, URL:
  http://www.elsalvador.com/articulo/trends/oscar-salvadoreno-102743
- El Diario de Hoy, "ExMinistra de Salud admite que recibió sobresueldos",
  publicado Noviembre 29, 2016, URL:
  http://www.elsalvador.com/articulo/nacional/exministra-salud-admite-que-
  recibio-sobresueldos-133451
- El Diario de Hoy, "Las 9 razones por las cuáles el FMI considera que la
  economía salvadoreña no crece", publicado julio 20, 2016, URL:
  http://www.elsalvador.com/articulo/negocios/las-razones-por-las-cuales-fmi-
  considera-que-economia-salvadorena-crece-119600
- El Diario de Hoy, "Los trece momentos que marcaron la historia del deporte
  en El Salvador", octubre 28, 2014, URL:
  http://www.edhdeportes.com/articulo/polideportivo/los-momentos-que-
  marcaron-historia-del-deporte-salvador-18325
- El Diario de Hoy, "Shafick Handal muere por paro cardíaco", URL:
  http://archivo.elsalvador.com/noticias/2006/01/24/nacional/cambio4.asp
- El Diario de Hoy, "Tragedia en la Málaga", URL:
  http://archivo.elsalvador.com/Especiales/2008/TragediaMalaga/
- El Faro, "Criminales de guerra del ejército y la guerrilla pierden inmunidad",
  publicado julio14, 2016, URL:
  http://www.elfaro.net/es/201607/el_salvador/18961/Criminales-de-guerra-
  del-ej%C3%A9rcito-y-la-guerrilla-pierden-inmunidad.htm
- El Faro, "El cuento de las mil y una huelgas", URL:
  http://archivo.elfaro.net/Secciones/Noticias/20030616/noticias7_20030616.a
  sp
- El Faro, "El general se reencuentra con los gritos de sus víctimas", publicado
  abril 9, 2015, URL: http://www.elfaro.net/es/201504/noticias/16825/El-
  general-se-reencuentra-con-los-gritos-de-sus-v%C3%ADctimas.htm
- El Faro, "El gran ganador del tratado de libre comercio con Estados unidos
  fue... Estados Unidos", URL:
  http://www.elfaro.net/es/201304/internacionales/11882/El-gran-ganador-
  del-Tratado-de-Libre-Comercio-con-Estados-Unidos-fue%E2%80%A6-Estados-
  Unidos.htm [accesado junio 25, 2016]
- ElFaro, "El papa Francisco Desbloquea el Proceso de Beatificación de
  Monseñor Romero", publicado abril 22, 2015, URL:
  http://www.elfaro.net/es/201304/noticias/11809/El-papa-Francisco-
  desbloquea-el-proceso-de-beatificaci%C3%B3n-de-Monse%C3%B1or-
  Romero.htm
- El Faro, "Expresidente Funes a juicio por enriquecimiento ilícito", publicado
  febrero 9, 2016, URL:
  http://www.elfaro.net/es/201602/el_salvador/18004/Expresidente-Funes-a-
  juicio-por-enriquecimiento-il%C3%ADcito.htm

- El Faro, "Fiscalía desiste del caso CEL-Enel y todos los acusados quedan en
  libertad", publicado julio 4, 2015, URL:

http://www.elfaro.net/es/201507/noticias/17154/Fiscal%C3%ADa-desiste-del-caso-CEL-Enel-y-todos-los-acusados-quedan-en-libertad.htm

- El Faro, "Reyes, Parker y Merino entronizan a Bonilla en Corte paralela", publicado julio 17, 2012, URL: http://www.elfaro.net/es/201207/noticias/9144/Reyes-Parker-y-Merino-entronizan-a-Bonilla-en-Corte-paralela.htm
- El Mundo, "Detienen al exPresidente de El Salvador Antonio Saca acusado de practicas corruptas", publicado Octubre 30, 2016, URL: http://www.elmundo.es/internacional/2016/10/30/581604f946163f39488b4614.html
- El Mundo, "Diputados pedirán ala SIGET y Gobernación sacar el anuncio Digicel", publicado julio 7, 2016, URL: http://elmundo.sv/diputados-pediran-a-la-siget-y-a-gobernacion-sacar-anuncio-de-digicel/
- El País, "Beatificado el Arzobispo Romero ante 300,000 personas en San Salvador", Mayo 23, 2015, URL: http://internacional.elpais.com/internacional/2015/05/23/actualidad/1432409201_139353.html
- El Salvador, Dirección General de Protección Civil, "Se emite alerta amarilla por la enfermedad febril del Chicungunya", publicado junio 18, 2014, URL: http://www.salud.gob.sv/archivos/pdf/promocion_salud/material_educativo/Dengue_Lineamientos/boletin_prensa_alerta_amarilla_chikungunya_18062014.pdf
- El Salvador, Ministerio de Salud y Previsión Social, "Información sobre la fiebre Chikungunya (CHIKV)", publicado enero 15, 2016, URL: http://www.salud.gob.sv/chikungunya/
- El Universo, "Presidente Bush viaja a EEUU tras concluir breve visita a El Salvador", marzo 24, 2002, URL: http://www.eluniverso.com/2002/03/24/0001/14/A65901DED5F74B1F87FF1B774C5ECFAE.html
- Embajada de los Estados Unidos en San Salvador, URL: http://www.usinfo.org.sv/
- Embassy of the United States, Ambassador Douglas Barclay, "El Salvador´s Achievements how to preserve them", URL: http://sansalvador.usembassy.gov/sp-10162006.html
- El Nuevo Herald- Cuba News, "Condenado a muerte pide ayuda al Presidente Flores" (diciembre 19 de 2000) URL: http://64.21.33.164/Cnews/y00/dec00/19o1.htm
- Estrategia y Negocios, "El Salvador: FMI insiste en subir el IVA y reducir empleos en el gobierno", publicado juio 20, 2016, URL: http://www.estrategiaynegocios.net/lasclavesdeldia/981904-330/el-salvador-fmi-insiste-en-subir-el-iva-y-reducir-empleos-en

- Federación Internacional de Fútbol Asociado FIFA [accesado: octubre 16, 2001] http://www.fifa2.com
- Fuerza Aérea de El Salvador, URL: http://www.fas.gob.sv/
- Fowler Jr, William R., "La distribución prehistórica e histórica de los pipiles", URL: https://dialnet.unirioja.es/descarga/articulo/4009287.pdf [accesado: Junio, 2006]

- Fowler Jr., William R., "The end of pre- Columbian Pipil civilization, Ciudad Vieja, El Salvador", URL: http://www.famsi.org/reports/02091/02091Fowler01.pdf [accesado: junio, 2016]
- García, Jaime, "Corte Falla contra Munguía Payés", El Diario de Hoy, URL: http://www.elsalvador.com/noticias/2001/8/8/NACIONAL/nacio11.html [accesado: Enero 16, 2002]
- Galen Carpenter, Ted, "The United States and Third World dictatorships: a case for benign detachment", Policy análisis No.58, August, 1985. URL: http://www.cato.org/pubs/pas/pa058.html
- George H. Bush Presidential Library and Museum, URL: http://bushlibrary.tamu.edu/
- Georgetown University, Political Database of the Americas, "El Salvador: Electoral Results/ Resultados Electorales", URL: http://pdba.georgetown.edu/Elecdata/ElSal/elsal.html
- Gilbert, Lauren, "El Salvador's Death Squads: new evidence from U.S. documents", Center for International Policy. URL: http://www.us.net/cip/dethsqu.htm
- Guevara, Christian, "Entrevista a Roberto Avila: La única alternativa era la creación de una tercera fuerza política", El Faro, enero 10 de 2002, URL: http://www.elfaro.net/lsjdg/dada.asp [accesado: Enero 10, 2002]
- International Court of Justice, URL: http://www.icj-cij.org/
- Jimmy Carter Library and Museum, URL: http://www.jimmycarterlibrary.org/
- La Página, "Concierto de Aerosmith calentó al público salvadoreño", octubre 5, 2013, URL: http://www.lapagina.com.sv/jet_set/87783/2013/10/06/Concierto-de-Aerosmith-calento-al-publico-salvadoreno
- La Página, "Diputados eligieron a magistrados de la Corte Suprema de Justicia", publicado abril 24, 2012, URL: http://www.lapagina.com.sv/nacionales/65572/2012/04/24/Ovidio-Bonilla-nuevo-presidente-de-la-Corte-Suprema-de-Justicia
- La Página, "Mareros asesinan al alcalde de Tepetitán del partido FMLN en San Vicente", julio 9, 2016, URL: http://www.lapagina.com.sv/nacionales/119459/2016/07/09/Asesinan-alcalde-de-Tepetitan-del-partido-FMLN-en-San-Vicente
- La Página, "Ordenan juicio por enriquecimiento ilícito contra Antonio Saca y le congelan las cuentas", marzo 7, 2016, URL: http://www.lapagina.com.sv/nacionales/115262/2016/03/07/Ordenan-juicio-por-enriquecimiento-ilicito-contra-Antonio-Saca-y-le-congelan-cinco-cuentas
- La Página, "Roberto Kriete y Ricardo Poma entre millonarios más importantes de Centroamérica", publicado: mayo 27, 2014, URL: http://www.lapagina.com.sv/nacionales/95806/2014/05/27/Ricardo-Poma-y-Roberto-Kriete-entre-los-millonarios-mas-importantes-de-Centroamerica
- La Prensa Gráfica, "Aprueban desaforar a General Atilio Benitez", publicado Diciembre 5, 2016, 2016, URL: http://www.laprensagrafica.com/2016/12/05/realizan-sesion-especial-de-antejuicio-contra-benitez

- La Prensa Gráfica, "Así se despidió Iron Maiden de El Salvador", marzo 7, 2016, URL: http://www.laprensagrafica.com/2016/03/07/asi-se-despidio-iron-maiden-de-el-salvador
- La Prensa Gráfica, "Carlos Hernández, el más famoso del boxeo", junio 2, 2015, URL: http://www.laprensagrafica.com/2015/06/02/carlos-hernandez-el-mas-famoso-del-boxeo
- La Prensa Gráfica, "CSJ ordena juicio por enriquecimiento ilícito contra expresidente Saca", Febrero 23, 2016, URL: http://www.laprensagrafica.com/2016/02/23/csj-ordena-juicio-por-enriquecimiento-ilicito-contra-expresidente-saca
- La Prensa Gráfica, "El Salvador en Iraq: siete años después sigue polémica por misión", septiembre 12, 2010, URL: http://www.laprensagrafica.com/el-salvador/politica/141397-el-salvador-en-iraq-7-anos-despues-sigue-polemica-por-mision
- La Prensa Gráfica, "El Salvador puede aprovechar mejor el CAFTA, según EE.UU.", URL: http://www.laprensagrafica.com/2016/05/24/el-salvador-puede-aprovechar-mejor-el-cafta-segun-eua [accesado: junio 25, 2016]
- La Prensa Gráfica, "Espectacular Concierto de Aerosmith en El Salvador", octubre 5, 2013, URL: http://mediacenter.laprensagrafica.com/galerias/g/espectacular-concierto-de-aerosmith-en-el-salvador
- La Prensa Gráfica, "Extienden TPS para inmigrantes salvadoreños en EEUU", julio 7, 2016, URL: http://www.laprensagrafica.com/2016/07/07/extienden-tps-para-inmigrantes-salvadoreos-en-eua
- La Prensa Gráfica, "Funes a juicio por por posible enriquecimiento ilícito", publicado febrero 10, 2016, URL: http://www.laprensagrafica.com/2016/02/10/funes-a-juicio-por-posible-enriquecimiento-ilicito
- La Prensa Gráfica, "Juez español envía orden de captura en contra de 17 militares por caso jesuitas", URL: http://www.laprensagrafica.com/2016/01/05/juez-espaol-pide-detener-a-17-militares-salvadoreos-por-asesinato-jesuitas
- La Prensa Gráfica, "Sala: difusión roja de Interpol sí equivale a captura de fugitivos", Agosto 25, 2015, URL: http://www.laprensagrafica.com/2015/08/26/sala-difusion-roja-de-interpol-si-equivale-a-captura-de-fugitivos
- La Prensa on the Web, "Campesinos los más afectados por el huracán Mitch en El Salvador", Honduras. URL: http://www.laprensahn.com/caarc/9811/c06004.htm
- Maggie Jaffe, "The Camera is a shield: John Hoagland, combat photographer". URL: http://thedagger.com/archive/elsal/
- Ministerio de Salud Pública y Asistencia Social de El Salvador, "Atención durante el huracán Mitch". URL: http://www.mspas.gob.sv/ActMitch.htm
- Monseñor Oscar A. Romero. URL: http://www.romeroes.com
- Naciones Unidas, "Crecimiento de número de estados miembros de las Naciones Unidas, 1945- 2002". URL: http://www.un.org/spanish/aboutun/growth.htm
- Naciones Unidas, "Historia de la ONU", URL:

http://www.un.org/spanish/aboutun/origin.htm
- Oficina del Alto Comisionado para los Derechos Humanos, "Oficina de Derechos Humanos de la ONU saluda decisión de la Corte suprema de Justicia de El Salvador", julio14, 2016, URL: http://www.oacnudh.org/?p=4669
- Presidencia de El Salvador, "Reseña biográfica Dra. María Isabel Rodríguez", URL: http://www.presidencia.gob.sv/resena-biografica-maria-isabel-rodriguez/
- Ramos, Carlos; Cabrera, Amadeo, "E.U.A. lanzó municiones de la Segunda Guerra Mundial, La Prensa Gráfica Online, junio 7, 2001. URL: http://archive.laprensa.com.sv/20010607/nacionales/nac30.asp
- Revista Probidad. URL: http://www.probidad.org.sv
- Reuters, "El Salvador compra acciones de italiana Enel Green Power y cierra litigio", publicado diciembre 13, 2014, URL: http://lta.reuters.com/article/idLTAKBN0JR01520141213
- Richard M. Nixon Library and Birthplace. URL: http://www.nixonfoundation.org/index.shtml
- Rivas, José Eduviges, Modernización del Estado y Globalización: privatización o desmantelamiento, 1997, URL: http://lucas.simplenet.com/trabajos/modernizacion/modernizacion.html [accesado: enero 22, 2002]
- Rivas, José Eduviges, La triste historia de las privatizaciones en Latinoamérica, 1998.URL: http://www,nadir.org/nadir/initiativ/agp/free/imf/privatizaciones.htm [accesado: diciembre 19, 2002]
- Rivas, José Eduviges, Modernización del Estado y Globalización: privatización o desmantelamiento, 1997. URL: http://www.lafacu.com/apuntes/politica/moderni_global/default.htm [accesado: diciembre 19, 2002]
- Ronald Reagan Presidential Library. URL: http://www.reagan.utexas.edu/
- RT, "Reconocimiento a José Arturo Castellanos, Salvadoreño y Salvador de Judíos", Mayo 17, 2010, URL: https://actualidad.rt.com/actualidad/view/11653-Reconocimiento-a-Jos%C3%A9-Arturo-Castellanos%2C-salvadore%C3%B1o-y-salvador-de-jud%C3%ADos
- School of the Americas Watch, "El Salvador's Graduates" [accesado: julio 12, 2001] URL: http://www.soaw.org/Graduates/elsal-not.html
- Transparencia Activa, "Ordenan embargos de bienes y cuentas contra implicados en caso CEL- ENEL", publicado abril 11, 2014, URL: http://www.transparenciaactiva.gob.sv/ordenan-embargo-de-bienes-y-cuentas-de-implicados-en-caso-cel-enel
- TELESUR, "Ban Ki Moon Vista El Salvador para Conmemorar los Acuerdos de Paz", Enero 16, 2015, URL: http://www.telesurtv.net/news/Ban-Ki-Moon-visita-El-Salvador-para-conmemorar-Acuerdos-de-Paz-20150116-0005.html
- TELESUR, "Beatificación de Monseñor Romero", URL: http://www.telesurtv.net/pages/Especiales/Arnulfo-Romero/index.jsp
- Tribunal Supremo Electoral de El Salvador, URL: http://www.tse.org.sv
- The Guardian, "U.S. judge approves extradition of Salvadoran war crimes crimes suspect to Spain", February 5, 2016, URL:

https://www.theguardian.com/world/2016/feb/05/el-salvador-war-crime-extradition-inocente-orlando-montano-morales-spain

- The White House, "Presidents of the United States", URL:
  http://www.whitehouse.gov/history/presidents/ [accesado: julio 30, 2001]
- The White House, "George Bush: Forty first president 1989- 1993". URL:
  http://www.whitehouse.gov/history/presidents/gb41.html [accesado: abril 28, 2001]
- The White House, "James Monroe: fifth president 1817- 1825". URL:
  http://www.whitehouse.gov/history/presidents/jm5.html [accesado: julio 30, 2001]
- The White House, "Jimmy Carter: Thirty ninth president 1977- 1981". URL:
  http://www.whitehouse.gov/history/presidents/mb8.html [accesado: abril 28, 2001]
- The White House, "Martin Van Buren: eight president 1837- 1841". URL:
  http://www.whitehouse.gov/history/presidents/mb8.html [accesado: julio 30, 2001]
- The White House, "Ronald Reagan: fortieth president 1981- 1989". URL:
  http://www.whitehouse.gov/history/presidents/rr40.html [accesado: abril 28, 2001]
- Thurlow, George, "Re- militarizing El Salvador", URL: http://www.alternet.org [accesado: Septiembre 11, 2000]
- UN Web TV, "Ban Ki Moon visits El Salvador to Attend the 23rd Anniversary of the Signing of the Peace Agreements", January 16, 2015, URL:
  http://webtv.un.org/www.ohchr.org/EN/HRBodies/UPR/Pages/TRSession21.aspx/watch/ban-ki-moon-visits-el-salvador-to-attend-the-23rd-anniversary-of-the-signing-of-the-peace-agreements/3993370510001#full-text
- Universidad Centroamericana "José Simeón Cañas", "Editorial: El caso ENEL", publicado junio 18, 2015, URL: http://www.uca.edu.sv/noticias/texto-3716
- Universidad de El Salvador, "Historia de la Universidad de El Salvador", URL:
  http://www.ues.edu.sv/historia/
- Universidad de El Salvador, Secretaria de Comunicaciones, Revista Acontecer UES, "Entregan Honoris Causa a Dr. Fabio Castillo", URL:
  http://acontecerues.blogspot.com/2008/02/nunca-es-tarde-para-honrar-quien-honor.html
- Universidad "José Matías Delgado". URL: http://www.ujmd.edu.sv
- Universidad de San Carlos de Guatemala, URL: http://www.usac.edu.gt
- Univisión, "Los 12 millonarios más importantes de Centroamérica", publicado: enero 9, 2015, URL: http://www.univision.com/noticias/dinero/los-12-millonarios-mas-importantes-de-centroamerica
- United States Department of State, "Country Reports on Human Rights – El Salvador 2000". URL: http://www.state.gov/
- United States Institute of Peace Library, "Truth Commissions Reports: El Salvador". URL:
  http://www.usip.org/library/tc/doc/reports/el_salvador/tc_es_03151993_intro.html
- United States Geological Survey, National Earthquake Information Service, "Earthquake bulletin: El Salvador 01/01/13", URL:
  http://neic.usgs.gov/neis/bulletin/01_EVENTS/010113173329/010113173329.

html
- United States Geological Survey, National Earthquake Information Service, "Earthquake bulletin: El Salvador 01/02/13", URL: http://neic.usgs.gov/neis/bulletin/01_EVENTS/010213142205/010213142205. html
- United States Library of Congress, "El Salvador, a country study", URL: http://lcweb2.loc.gov/frd/cs/svtoc.html
- Vann, Bill, "Bush Nominee linked to Latin American terrorism", URL: http://www.wsws.org/articles/2001/nov2001/reic-n24.shtml [marzo 21, 2002]
- Valencia, Ricardo José, "Entrevista con Héctor Dada Hirezi: Eramos ilusos", El Faro, enero 16 de 2002, URL: http://www.elfaro.net/lsjdg/dada.asp [accesado: Enero 16, 2002]
- Verdad Digital, "El Salvador compra acciones de Enel Green Power", publicado diciembre 13, 2014, URL: http://verdaddigital.com/archivo/index.php/44-nacional/14426-el-salvador-compra-acciones-de-enel-green-power-r
- Virtual Jerusalem, "Salvadoran Colonel Who Saved Over 25,000 Jews Honored in Germany", May 17, 2016, URL: http://www.virtualjerusalem.com/blogs.php?Itemid=21561
- Virtual Truth Comisión, Reports by country: El Salvador. URL: http://pages.prodigy.com/T/R/E/truthpage/salvador.htm
- Washington Post, "As Zika virus spreads, El Salvador asks women not to get pregnant until 2018", publicado enero 22, 2016, URL: https://www.washingtonpost.com/world/the_americas/as-zika-virus-spreads-el-salvador-asks-women-not-to-get-pregnant-until-2018/2016/01/22/1dc2dadc-c11f-11e5-98c8-7fab78677d51_story.html
- Woodward, Ralph Lee, "National elites, the State, and Foreign Enterprise in 19th Century Central America". URL: http://www.tulane.edu/¬woodward/nurembrg.htm

## ENCICLOPEDIAS Y DICCIONARIOS

- Diccionario Histórico Enciclopédico de El Salvador, Miguel Angel García
- Gran Enciclopedia de España y América, GELA/ Espasa Calpe, Madrid
- Enciclopedia de El Salvador, Tomos I & II, Editorial Océano, Barcelona, 2000
- Enciclopedia of Latin American History and Culture, Charles Scribner's and sons, Barbara Tenebaum ed.
- Enciclopedia Británica, 2001
- Encyclopedia Encarta, Microsoft, 1995- 2001

# ACERCA DEL AUTOR

**Carlos R. Colindres** es un analista de información que se ha desempeñado como Director del Centro de Recursos Informativos de la Embajada de los Estados Unidos en El Salvador y previamente como Director del Sistema Bibliotecario de la Universidad de El Salvador. Carlos R. Colindres cuenta con una Maestría en Ciencias de la Información de *Dominican University*, en Illinois, y una Licenciatura en Ciencias de *University of Alberta*, en Canadá.

Otros libros de Carlos R. Colindres:

"El Salvador, Resumen Histórico Ilustrado 1501- 2017"

"Las Ciencias de la Información en el siglo XXI"

"Sueños Recursivos: una colección de relatos"

"El Salvador Today: Archaeological Sites, Arts & Culture, Government, Economy, Geography &, Environment, History, Science & Technology "

Made in the USA
Middletown, DE
10 September 2023

37808433R00285